Vertrauensschutz bei Angaben Dritter im Umsatzsteuerrecht

FINANZ- UND STEUERRECHT IN DEUTSCHLAND UND EUROPA

Herausgegeben von Klaus-Dieter Drüen,
Hanno Kube und Rainer Wernsmann

Band 22

PL ACADEMIC RESEARCH

Katarina Günther

Vertrauensschutz bei Angaben Dritter im Umsatzsteuerrecht

PL ACADEMIC RESEARCH

Bibliografische Information der Deutschen Nationalbibliothek
Die Deutsche Nationalbibliothek verzeichnet diese Publikation in der Deutschen Nationalbibliografie; detaillierte bibliografische Daten sind im Internet über http://dnb.d-nb.de abrufbar.

Zugl.: Berlin, Humboldt-Univ., Diss., 2013

Gedruckt mit Unterstützung
der Hans-Böckler-Stiftung, Düsseldorf.

Gedruckt auf alterungsbeständigem,
säurefreiem Papier.

11
ISSN 1863-141X
ISBN 978-3-631-64466-9 (Print)
E-ISBN 978-3-653-03197-3 (E-Book)
DOI 10.3726/978-3-653-03197-3

PL Academic Research ist ein Imprint der Peter Lang GmbH.

Peter Lang – Frankfurt am Main · Bern · Bruxelles · New York · Oxford · Warszawa · Wien

www.peterlang.de

Meinen Eltern
Dagmar und Jürgen

Vorwort

Die Problematik des Vertrauensschutzes im Umsatzsteuerrecht ist von besonderer Praxisrelevanz. Die hohe Betrugsanfälligkeit der Umsatzsteuer führt zu immer höheren Anforderungen an den Steuerpflichtigen. Diesem ist es jedoch nur in begrenztem Maße möglich, die Angaben Dritter, die er zur Erfüllung seiner Nachweispflichten benötigt, zu überprüfen. Er muss also vertrauen, um alle möglichen Handlungsalternativen auf ein lebbares Maß zu reduzieren. Das System kommt demnach nicht ohne Vertrauen aus, daher muss dieses auch geschützt werden. Vertrauensschutz ist letztliche eine Frage der Risikoverteilung zwischen Staat und Steuerpflichtigem. Im Zentrum meiner Untersuchungen stehen die Fragen, auf welcher Rechtsgrundlage der Vertrauensschutz im Umsatzsteuerrecht basiert und ob er einheitlich normiert werden sollte. Dazu analysiere ich im ersten Schritt die einzelnen Konstellationen, in denen Vertrauensschutz relevant wird. Im nächsten Schritt untersuche ich die europäische und nationale Rechtsprechung, um zu klären, ob es eines Vertrauensschutzes bedarf und wie die nationale Rechtsprechung die Vorgaben des Europäischen Gerichtshofes (EuGH) umgesetzt hat. Dann zeige ich bereits vorhandene Lösungsmöglichkeiten auf und überprüfe, ob das Vertrauen durch nationale Regelungen, die analoge Anwendung des zum Teil normierten Vertrauensschutzes oder andere Konstruktionen bereits ausreichend geschützt ist.

Diese Arbeit befasst sich ausschließlich mit dem Vertrauensschutz bezüglich Angaben Dritter im Umsatzsteuerrecht. Nicht behandelt werden daher der Vertrauensschutz bezüglich Exekutiv- und Legislativakten. Wichtige Fortentwicklungen in Gesetzgebung, Rechtsprechung und Literatur sind bis Ende Februar 2013 berücksichtigt.

An dieser Stelle möchte ich mich von Herzen bei all denen bedanke, die mich im Entstehungsprozess dieser Arbeit unterstützt haben.

Zuerst und ganz besonders danke ich meinem Doktorvater *Prof. Dr. Thomas Stapperfend*, der diese Dissertation ermöglicht und durch seine zahlreichen wertvollen Hinweise vorangebracht und bereichert hat. Sein Verständnis, die Gesprächsbereitschaft und seine Geduld waren immens wichtig für den Entstehungsprozess.

Prof. Dr. Andreas Musil danke ich für die schnelle Erstellung des Zweitgutachtens und *Prof. Dr. Klaus-Dieter Drüen, Prof. Dr. Hanno Kube* und *Prof. Dr. Rainer Wernsmann* für die freundliche Aufnahme in ihre Schriftenreihe.

Außerdem gilt mein herzlicher Dank *meinen Eltern* für ihre Unterstützung und dafür, dass sie immer in an mich geglaubt haben. Ihnen ist diese Arbeit gewidmet. Besonders danke ich meiner Mama, *Dagmar Günther*, für das unermüdliche Korrekturlesen.

Meinem langjährigen Freund und Mentor *Steffen Karlus* danke ich für die vielen gewinnbringende Gespräche, wertvollen Anregungen, fachlichen Hinweise und die Aufmunterung in schwierigen Phasen.

Meinem Liebsten *Jan Schofer* gilt mein Dank für seine Geduld und seinen Einsatz bei der Vorbereitung der Disputation.

Danken möchte ich für die Hilfe bei den Übersetzungen des Gesetzesvorschlages: *Jana Schramm, Philip Heather* und *Judith Syga.*

Katharina Bodlée gebührt Dank für die Unterstützung bei der Erstellung der Grafik zu den Umsatzsteuerkarussellen.

Zu Dank verpflichtet für ihre besondere Unterstützung bin ich auch *Brigitte Zypries*, *Monika Zeep*, *Hans von Cölln, Andreas Funke, Dr. Martin Nanzka, Prof. Walter Maier* und *René Salomon.*

Nicht zuletzt möchte ich der *Hans-Böckler-Stiftung,* ganz besonders *Birgit Grafe,* sowohl für die Finanzierung der Dissertation danken, als auch für die ideelle Förderung und die Möglichkeit Menschen kennen zu lernen, die meine Leben bereichert haben.

Inhaltsübersicht

Inhaltsverzeichnis

Abbildungsverzeichnis

Abkürzungsverzeichnis

A

a.F.	alte Fassung
ABl.	Amtsblatt
Abs.	Absatz
Abschn.	Abschnitt
AktStr	Aktiensteuerrecht (Zeitschrift)
Anm.	Anmerkung
AO-StB	Abgabenordung-Steuerberater (Zeitschrift)
Art.	Artikel
Aufl.	Auflage
AW-Prax	Außenwirtschaftliche Praxis (Zeitschrift)

B

BayVBl.	Bayerische Verwaltungs-Blätter (Zeitschrift)
BB	Betriebsberater (Zeitschrift)
BBK	Buchführung, Bilanz, Kostenrechnung (Zeitschrift)
BC	Bilanzierung, Rechungswesen und Controlling (Zeitschrift)
Begr.	Begründer
BFH	Bundesfinanzhof
BFH/NV	Sammlung nichtveröffentlichter Entscheidungen des Bundesfinanzhofes (Zeitschrift)
BFHE	Entscheidungen des Bundesfinanzhofes (Amtliche Sammlung)
BGBl.	Bundesgesetzblatt
BGH	Bundesgerichtshof
BGHZ	Entscheidungen des Bundesgerichtshofes in Zivilsachen (Amtliche Sammlung)
BMF	Bundesministerium der Finanzen
BStBl.	Bundessteuerblatt
BT	Bundestag
BT-Drs.	Bundestag-Drucksachen
BVerfG	Bundesverfassungsgericht

BVerfGE	Entscheidungen des Bundesverfassungsgerichts (Amtliche Sammlung)
BZSt	Bundeszentralamt für Steuern
B2B	business to business (Geschäft zwischen zwei Unternehmern)
B2C	business to consumer (Geschäft zwischen einem Unternehmer und einem Endverbraucher)

D

DB	Der Betrieb (Zeitschrift)
DBA	Doppelbesteuerungsabkommen
ders.	derselbe
DStjG	Deutsche Steuerjuristische Gesellschaft
DStR	Deutsches Steuerrecht (Zeitschrift)
DStRE	Deutsches Steuerrecht Entscheidungsdienst
DStR-KR	Deutsches Steuerrecht Kammer-Report (Zeitschrift)
DStV	Deutscher Steuerberaterverband e.V.
DStZ	Deutsche Steuer-Zeitung (Zeitschrift)
DVBl.	Deutsches Verwaltungsblatt

E

EFG	Entscheidungen der Finanzgerichte (Zeitschrift)
EU	Europäische Union
EuGH	Europäischer Gerichtshof
EuGHE	Entscheidungen des EuGH (Amtliche Sammlung)
EG	Europäische Gemeinschaft
Egl.	Ergänzungslieferung
ELR	European Law Reporter (Zeitschrift)
EuGRZ	Europäische Grundrechte-Zeitschrift (Zeitschrift)
EuR	Europarecht (Zeitschrift)
EU-UStB	Europäische-Umsatzsteuer-Berater (Zeitschrift)
EuZW	Europäische Zeitschrift für Wirtschaftsrecht (Zeitschrift)
EWS	Europäisches Wirtschafts- und Steuerrecht, Betriebs-Berater für Europarecht (Zeitschrift)

F

f.	folgende
ff.	ferner folgende (Seiten)
FG	Finanzgericht
Fn.	Fußnote
FR	Finanzrundschau

G

GA	Generalanwalt
GBl.	Gesetzblatt
GewArch	Gewerbearchiv (Zeitschrift)
gem.	gemäß

H

HFR	Höchstrichterliche Finanzrechtsprechung
HHSp	Hübschmann/Hepp/Spitaler
Hrsg./hrsg.	Herausgeber / herausgegeben

I

i.d.F.	in der Fassung
INF	Die Information über Steuer und Wirtschaft (Zeitschrift)
i.S.v.	im Sinne von
IStR	Internationales Steuerrecht (Zeitschrift)
i.V.m.	in Verbindung mit

J

JuS	Juristische Schulung (Zeitschrift)
jurisPR-SteuerR	juris-Praxisreport-Steuerrecht

M

m.E.	meines Erachtens
M/K	Münchener Kommentar
m.w.N.	mit weiteren Nachweisen
MwStSystRL	Mehrwertsteuersystemrichtlinie

N

n.n.	nomen nescio, Platzhalter für eine unbekannte Person
NJW	Neue Juristische Wochenschrift (Zeitschrift)
NVwZ	Neue Zeitschrift für Verwaltungsrecht (Zeitschrift)
NWB	Neue Wirtschafts-Briefe (Zeitschrift)

O

OECD	Organisation für wirtschaftliche Zusammenarbeit und Entwicklung (engl. Organisation for Economic Co-operation and Development)

P

PStR	Praxis Steuerstrafrecht (Zeitschrift)

R

RL	Richtlinie
Rn.	Randnummer
Rspr.	Rechtsprechung

S

S.	Seite
Slg.	Sammlung
sog.	sogenannt(e)
Stgb	Die Steuerberatung (Zeitschrift)
StC	Steuer-Consultant (Zeitschrift)
SteuK	Steuerrecht kurzgefaßt (Zeitschrift)
StuB	Steuern und Bilanzen (Zeitschrift)
StStud	Steuern und Studium (Zeitschrift)
StuW	Steuern und Wirtschaft (Zeitschrift)

U

u.a.	unter anderem
UStB	Umsatzsteuer-Berater (Zeitschrift)
UR	Umsatzsteuer-Rundschau (Zeitschrift)
UStIdNr.	Umsatzsteuer-Identifikationsnummer
UVR	Umsatzsteuer und Verkehrssteuerrecht (Zeitschrift)

V

vgl.	vergleiche
Vorbem.	Vorbemerkung
VVDStRL	Veröffentlichungen der Vereinigung deutscher Staatsrechtslehrer

W

wistra	Zeitschrift für Wirtschaft- und Steuerstrafrecht (Zeitschrift)

Z

z.B.	zum Beispiel
ZRP	Zeitschrift für Rechtspolitik (Zeitschrift)

Literaturverzeichnis

Abbas, Judith; Slotty-Harms, Ulrike (2006): Stolpersteine bei der Anwendung des § 6a UStG. Überblick über den Stand der Rechtsprechung. In: *UVR* 2006 (7), S. 213-219.

Achatz, Markus; Kepler Johannes (2009): Formale Voraussetzungen, materielle Berechtigung und Gutglaubensschutz. In: Roman Seer (Hrsg.): Umsatzsteuer im Europäischen Binnenmarkt. 33. Jahrestagung der Deutschen Steuerjuristischen Gesellschaft e.V. Bochum, 15. und 16. September 2008, Bd. 32. Köln, S. 461-488.

Albrecht, Peter-Alexis u.a. (Hrsg.) (1987): Kritische Vierteljahresschrift für Gesetzgebung und Rechtswissenschaft 1987. 1. Aufl. München.

Altmeyer, Sabine (2003): Vertrauensschutz im Recht der Europäischen Union und im deutschen Recht. 1. Aufl. Baden-Baden.

Aristoteles (2006): Die Nikomachische Ethik. 7. Aufl. München.

Barth, Rainer (1996): Richterliche Rechtsfortbildung im Steuerrecht. 1. Aufl. Berlin (Schriften zum Steuerrecht, 50).

Becker, Felix; Müller-Lee, Jens (2009): Mehrwertsteuer-Paket. Klärungsbedarf nach dem BMF-Schreiben vom 4.9.2009. Praktische Auswirkungen ab dem 1.1.2010. In: *UStB* 2009 (11), S. 320-332.

Becker, Stefanie (2009): Erfordernis eines allgemeinen Gutglaubensschutz im Umsatzsteuerrecht. In: *UR* 2009 (19), S. 664-672.

Berg, Wilfried (2005): Entwicklung und Grundstrukturen der Eigentumsgarantie. In: *JuS* 2005, S. 961-966.

Bielefeld, Franz (2006): Atempause im Streit über Nachweis innergemeinschaftlicher Lieferungen. Zugleich Anmerkung zum Beschluss des BFH vom 25.11.2005. In: *DStR* 2006, S. 355-358.

Bielefeld, Franz (2007): Fortbildung des Umsatzsteuerstrafrechts durch den EuGH? Auswirkung der Entscheidungen des EuGH v. 12.1.2006, 11.5.2006 und 6.7.2006 auf das Umsatzsteuerstrafrecht. In: *wistra* 2007 (1), S. 9-13.

Birk, Dieter (1985): Verfassungsfragen bei der Gewährung vorläufigen Rechtsschutzes im finanzgerichtlichen Verfahren. In: Hans-Uwe Erichsen, Werner Hoppe und Albert v. Mutius (Hrsg.): System des verwaltungsrechtlichen Rechtsschutzes. Festschrift für Christian-Friedrich Menger. 1. Aufl. Berlin, Bonn, München.

Birk, Dieter (2001): Die Umsatzsteuer aus juristischer Sicht. In: Paul Kirchhof und Manfred J.M Neumann (Hrsg.): Freiheit, Gleichheit, Effizienz. Ökonomische und verfassungsrechtliche Grundlagen der Steuergesetzgebung. 1 Band. Bad Homburg, S. 61-70.

Birk, Dieter (2011): Steuerrecht. 14. Aufl. Heidelberg, München, Landsberg, Frechen, Hamburg.

Birkenfeld, Wolfram (1998): Der Einfluß des Gemeinschaftsrechts auf die Rechtsverwirklichung im Steuerrecht. In: *StuW* 1998 (1), S. 55-75.

Birkenfeld, Wolfram (2002): Umsatzsteuer 2002. In: *UR* 2002 (4), S. 152-162.

Birkenfeld, Wolfram (2004): Das große Umsatzsteuerhandbuch. Köln.

Blackstone, William (1888): Commentaries on the laws of England. 2. Aufl. New York.

Borchardt, Klaus-Dieter (1988): Vertrauensschutz im Europäischen Gemeinschaftsrecht. Die Rechtsprechung des EuGH von Alegra über CNTA bis Mulder und von Deetzen. In: *EuGRZ* 1988, S. 309-315.

Bruschke, Gerhard (2007): Die verbindliche Auskunft nach § 89 Abs. 2 AO. In: *DStZ* 2007 (9), S. 267-273.

Buciek, Klaus (1999): Bindende Erklärungen der Finanzverwaltung. In: *DStZ* 1999 (11), S. 389-400.

Bühler, Ottmar; Strickrodt, Georg (1959): Steuerrecht. 3. Aufl. Wiesbaden (I).

Bülte, Jens (2011): USt-Hinterziehung bei innergemeinschaftlichen Lieferungen. Anmerkung zu EuGH-Urteil vom 7.12.2010 – Rs. C-285/09, R, DB 2010 S. 2774. In: DB 2011, S. 442-444.

Bundesministerium der Justiz (2008): Handbuch der Rechtsförmlichkeit. 3. Aufl. Köln.

Bunjes, Johann (2012): Umsatzsteuergesetz Kommentar. 11. Aufl. München.

Bunjes, Johann; Geist, Reinhold (2009): Umsatzsteuergesetz Kommentar. 9. Aufl. München.

Bürger, Sebastian; Paul, Ulrike (2011): Steine statt Brot: Die Entscheidung des EuGH vom 7.12.2010 zur Steuerbefreiung innergemeinschaftlicher Lieferungen. In: *BB* 2011, S. 540-544.

Bydlinski, Frank (1982): Juristische Methodenlehre. 1. Aufl. Wien/ New York.

Calliess, Christian; Rufert, Matthias (2011): EUV, AEUV Kommentar. 4. Aufl. München.

Cölln, Hans-Hinrich von (2010): Vertrauensschutz im Umsatzsteuerrecht. Ernst & Young. IFA-Sektion Berlin. Berlin, 10.03.2010.

Cölln, Hans-Hinrich von; Franke, Verona (2008): Drum prüfe, wer sich (ewig) bindet – Zur Bindungswirkung einer verbindlichen Auskunft nach § 89 AO, der neuen Steuer-Auskunftsverordnung und der Änderung des AEAO. In: *BB* 2008, S. 584-590.

Danwitz, Thomas von (2003): Der Grundsatz der Verhältnismäßigkeit im Gemeinschaftsrecht. In: *EWS* 2003, S. 393-402.

Deutscher Anwaltverein Arbeitsgemeinschaft Steuerrecht (Hrsg.) (2009): Praxisleitfaden Internationales Steuerrecht 2008/2009. 1. Aufl. Stuttgart.

DG (2009): Steuerfreiheit für Ausfuhrlieferungen bei gefälschtem Ausfuhrnachweis (Änderung der Rechtsprechung). In: *DStZ* 2009 (6), S. 178.

DG (2011): Keine Umsatzsteuerbefreiung für innergemeinschaftliche Lieferungen bei vorsätzlicher Beteiligung an Hinterziehung der Erwerbsteuer im Bestimmungsland. In: *DStZ* 2011 (4), S. 94-95.

Dietlein, Johannes; Mehrbrey Kim L. (2001): Grenzen der Umsatzbesteuerung bei Manipulationsfällen im Rahmen des sog. „Exports über den Ladentisch". In: *BB* 2001, S. 446-451.

Doerfert, Carsten; Oberratz, Jörg-Dieter; Schäfer, Peter (2003): Europarecht. 1. Aufl. Stuttgart.

Dreier, Horst (2004): Grundgesetz Kommentar. 2. Aufl. Tübingen.

Drüen, Klaus-Dieter (Hrsg.) (2009): Jahrbuch der Fachanwälte für Steuerrecht 2008/2009. 1. Aufl. Herne.

Drüen, Klaus-Dieter (2010): Gutglaubensschutz im Umsatzsteuerrecht. In: *DB* 2010 (34), S. 1847-1850.

Drüen, Klaus-Dieter (Hrsg.) (2010): Jahrbuch der Fachanwälte für Steuerrecht 2009/2010. 1. Aufl. Herne.

Dziadkowski, Dieter (1998): Verbindliche Zusage häufig unverbindlich. In: *UR* 1998, S. 302-304.

Dziadkowski, Dieter (1999): Das Neutralitätsprinzip als Basis der Mehrwertbesteuerung in Europa. In: *DStZ* 1999 (17), S. 625-629.

Dziadkowski, Dieter; Robisch, Martin; Sabitzer, Grit (1995): Funktion des Vorsteuerabzugs im Mehrwertsteuersystem und seine Bedeutung bei „gespaltenen Erzeugern, Händlern und Dienstleistenden" sowie bei „erfolglosen Unternehmern". In: *UR* 1995, S. 429-435.

Ebenroth, Carsten Thomas; Boujong, Karlheinz; Joost, Detlev; Strohn, Lutz (2009): Handelsbesetzbuch. 2. Aufl. München (2).

Eckert, Karl-Hermann (2008): Nachweispflichten und Vertrauensschutz bei innergemeinschaftlichen Lieferungen und Ausfuhrlieferungen. Ableitung von Praxisempfehlungen aus der Rechtsprechung. In: *BBK* 2008 (22), S. 1163-1176.

Eggers, Joachim H.; Günther, Ingo (2002): Änderungen des Umsatzsteuerrechts zum 1.1.2002. In: *BC* 2002, S. 27-30.

Ehlers, Dirk (2009): Europäische Grundrechte und Grundfreiheiten. 3. Aufl. Berlin.

Emmerich-Fritsche, Angelika (2000): Der Grundsatz der Verhältnismäßigkeit als Direktive und Schranke der EG-Rechtssetzung. 1. Aufl.: Berlin.

Endriss, Wolfgang (1978): Grundriß des Steuerrechts. 1. Aufl. Ludwigshafen.
Englisch, Joachim (2008): Nachweispflichten und Vertrauensschutz bei innergemeinschaftlichen Lieferungen. In: *UR* 2008 (13), S. 481-524.
Englisch, Joachim; Becker, Stefanie; Kurzenberger, Jörg F. (2010): BMF-Schreiben zu innergemeinschaftlichen Lieferungen. In: *UR* 2010, S. 285-320.
Englisch, Joachim; Korf, Ralph E.; Birkenfeld, Wolfram; Widmann, Werner (2011): Mehrwertsteuer-Umgehungsbetrug. In: *DB* 2011 (5), S. 15-16.
Englisch, Joachim; Nieskens, Hans (Hrsg.) (2011): Umsatzsteuer-Kongress-Bericht 2010. Neutralitätsprinzip, Zuordnung von Vorleistungen, Grenzüberschreitender Handel, Organschaft. Köln.
Epping, Volker; Hillgruber, Christian (2012): Beck'scher Online-Kommentar GG. München.
Erichsen, Hans-Uwe; Hoppe, Werner; Mutius, Albert v. (Hrsg.) (1985): System des verwaltungsrechtlichen Rechtsschutzes. Festschrift für Christian-Friedrich Menger. 1. Aufl. Berlin, Bonn, München.
Fischer, Clemens (2007): Die Rechtfertigung einer Umsatzbesteuerung und ihre Vereinbarkeit mit den Grundrechten. 1. Aufl. Frankfurt am Main.
Forster, Eduard (2011): Qualifikation von Bauträgern als Bauleister i.S. von § 13b Abs. 5 Satz 2 UStG. In: *DStR* 2011, S. 351-352.
Forster, Eduard; Schorer, Eva (2002): Anwendbarkeit der neu eingeführten Umsatzsteuerhaftung nach § 25d UStG auf Insolvenzfälle. In: *UR* 2002 (08), S. 361-363.
Frenz, Walter (2009): Die Europäische Unternehmerfreiheit. In: *GewArch* 2009, S. 427-434.
Frenz, Walter (2009): Handbuch Europarecht. Band 4 Europäische Grundrechte. 1. Aufl. Heidelberg.
Friauf, Karl Heinrich (1978): Unser Steuerstaat als Rechtsstaat. In: Franz Hörstmann und Ursula Niemann (Hrsg.): Steuerberater-Jahrbuch 1977/1978. 1. Aufl. Köln, S. 39-63.
Frieauf, Karl Heinrich; Höfling, Wolfram (2012 37. Egl.): Berliner Kommentar zum Grundgesetz. Berlin (2).
Füllsack, Markus (2006): Klarstellung des EuGH zum Vorsteuerabzug bei Umsatzsteuerkarussellen. Anmerkung zum Urteil vom 12.1.2006. In: *DStR* 2006, S. 456-459.
Geiger, Rudolf; Kahn, Daniel-Erasmus; Kotzur, Markus (2010): EUV/AEUV. Vertrag über die Europäische Union und Vertrag über die Arbeitsweise der Europäischen Union. 5. Aufl. München.
Georgy, Lutz (1993): Die Besteuerung des innergemeinschaftlichen Warenverkehrs mit neuen Fahrzeugen ab 1.1.1993. In: *UR* 1993 (1), S. 8-14.

Gerhards, Daniela (2009): Umsatzsteuerbefreiung für innergemeinschaftliche Lieferungen. Anmerkungen zum BMF-Schreiben vom 6.1.2009. In: *UStB* 2009 (4), S. 102-107.

Gerloff, Wilhelm; Meisel, Franz (Hrsg.) (1927): Handbuch der Finanzwissenschaft. 1. Aufl. 3 Bände. Tübingen (2).

Gerloff, Wilhelm; Neumark, Fritz (Hrsg.) (1956): Handbuch der Finanzwissenschaft. 2. Aufl. 3 Bände. Tübingen (2).

Grabitz, Eberhard (1966): Gemeinschaftsrecht bricht nationales Recht. 1. Aufl. Zeven.

Grabitz, Eberhard; Hilf, Meinhard (2009 40. Egl.): Das Recht der Europäischen Union. München.

Grabitz, Eberhard; Hilf, Meinhard; Nettesheim, Martin (2012 47. Egl.): Das Recht der Europäischen Union. München (1).

Graf, Helmut; Bisle, Michael (2006): Umsatzsteuerbetrug bei Karussell- und Streckengeschäften. In: *INF* 2006 (6), S. 222-224.

Groeben, Hans von der; Schwarz, Jürgen (2003): Kommentar zum Vertrag über die Europäische Union und zur Gründung der Europäischen Gemeinschaft. 6. Aufl. Baden-Baden.

Grube, Friederike (2009): Steuerbefreiung bei Ausfuhren in ein Drittland im Billigkeitsweg. In: *jurisPR-SteuerR* 2009 (9), S. Anm. 6.

Grube, Friederike (2011): Versagung der Befreiung innergemeinschaftlicher Warenlieferungen von der Mehrwertsteuer. In: *jurisPR-SteuerR* 2011 (13), S. Anm. 5.

Grune, Jörg (2006): Neue Rechtsprechung zum Vertrauensschutz beim Vorsteuerabzug und innergemeinschaftlichen Lieferungen. In: *AktStr* 2006 (2), S. 255-272.

Gundel, Jörg (2008): Die „gespaltene Harmonisierung" von Produktnormen durch den Gemeinschaftsgesetzgeber: Ein Fall für die Warenverkehrsfreiheit? In: *EuR* 2008, S. 248-256.

Hahn, Hartmut (2004): Der Einfluss des Thomas von Aquin auf die Besteuerung nach der wirtschaftlichen Leistungsfähigkeit. In: *StuW* 2004, S. 167-177.

Heinrichshofen, Stefan (2011): Umsatzsteuerhinterziehung durch Kettengeschäfte. In: *wistra* 2011, S. 310-311.

Heinsohn, Stephanie (1997): Der öffentliche Grundsatz der Verhältnismäßigkeit. Historische Ursprünge im deutschen Recht, Übernahme in das Recht der Europäischen Gemeinschaft sowie Entwicklung im französischen und im englischen Recht. 1. Aufl. Hamburg.

Heintzen, Markus (2009): Eigentumsschutz und Besteuerung. In: Philip Kunig und Makoto Nagata (Hg.): Persönlichkeitsschutz und Eigentumsfreiheit. 1. Aufl. München (46), S. 65-73.

Hentschel, Carsten (2003): Rechtliche Hindernisse bei der Bekämpfung des grenzüberschreitenden Umsatzsteuerbetruges. Kritische Anmerkungen zur Wirksamkeit des StVBG und zum Vertrauensschutz bei innergemeinschaftlichen Lieferungen. In: *DStR* 2003 (4), S. 102-113.

Henze, Thomas (2007): Gemeinschaftsrechtliche Vorgaben für den Nachweis der innergemeinschaftlichen Lieferung. In: *EU-UStB* 2007, S. 89-93.

Henze, Thomas (2009): Gemeinschaftsrechtliche Vorgaben nationaler Missbrauchsbekämpfung im Lichte der neueren Rechtsprechung des Europäischen Gerichtshofes. In: Roman Seer (Hrsg.): Umsatzsteuer im Europäischen Binnenmarkt. 33. Jahrestagung der Deutschen Steuerjuristischen Gesellschaft e.V. Bochum, 15. und 16. September 2008. Köln, S. 247-267.

Henze, Thomas (2011): Grundsatz der steuerlichen Neutralität im gemeinsamen Mehrwertsteuersystem. In: Joachim Englisch und Hans Nieskens (Hrsg.): Umsatzsteuer-Kongress-Bericht 2010. Neutralitätsprinzip, Zuordnung von Vorleistungen, Grenzüberschreitender Handel, Organschaft. Köln, S. 7-24.

Herdegen, Matthias (2011): Europarecht. 13. Aufl. München.

Hersel, Frank Fritsch (2004): Vorsteuerabzug im Umsatzsteuer-Karussell. In: *UStB* 2004 (12), S. 404.

Hiller, Matthias (2009): „Nachweis für die Steuerbefreiung vom Steuerpflichtigen kaum zu bewältigen". In: *BB* 2009, S. 370-372.

Hofmann, Rainer (1996): Rechtsstaatlichkeit in Europa. 1. Aufl. Heidelberg.

Hölzle, Steffen (2011): „Collée rückwärts" oder logische Fortsetzung der umsatzsteuerlichen Beurteilung innergemeinschaftlicher Lieferungen? Anmerkung zum EuGH-Urteil vom 7.12.2010 in der Rechtssache „R". In: *DStR* 2011, S. 602-607.

Hörmann, Julia (2008): Steuerbefreiung innergemeinschaftlicher Lieferung auch ohne Buchnachweis. Albert Collée als Gesamtrechtsnachfolger der Collée KG./. Finanzamt Limburg an der Lahn, EuGH vom 27.9.2007. In: *ELR* 2008 (1), S. 25-28.

Hörstmann, Franz; Niemann, Ursula (Hrsg.) (1978): Steuerberater-Jahrbuch 1977/1978. 1. Aufl. Köln.

Hufen, Friedhelm (2011): Staatsrecht II. Grundrechte. 3. Aufl. München.

Hundt-Eßwein, Hans U. (2011): Der EuGH setzt seine Rechtsprechung zur missbräuchlichen Erlangung umsatzsteuerlicher Vorteile fort. In: *UStB* 2011, S. 52-56.

Huschens, Ferdinand: Steuerpflicht einer innergemeinschaftlichen Lieferung bei Verschleierung des wahren Abnehmers. In: *EU-UStB* 2011, S. 7-9.

Huschens, Ferdinand (2006): Kein Vorsteuerabzug bei Beteiligung an einer Steuerhinterziehung. In: *EU-UStB* 2006, S. 37-38.

Huschens, Ferdinand (2010): Das EuGH-Urteil „Pannon Gép“ und die zeitliche Wirkung einer Rechnungsberichtigung – zugleich eine Replik auf Wäger und Wagner. In: *UVR* 2010 (11), S. 333-337.

Huschens, Ferdinand (2012): Vorsteuerabzug: Rechnungen von einem nicht registrierten oder steuerunehrlichen Unternehmer. In: *EU-UStB* 2012, 94-96.

Ipsen, Hans Peter (1972): Europäisches Gemeinschaftsrecht. 1. Aufl. Tübingen.

Ipsen, Jörn (2011): Staatsrecht II. Grundrechte. 14. Aufl. München.

Isensee, Josef; Kirchhof, Paul (Hrsg.) (1988): Handbuch des Staatsrechts. 1. Aufl. Heidelberg.

Isensee, Josef; Kirchhof, Paul (Hrsg.) (2007): Handbuch des Staatsrechts. 3. Aufl. Heidelberg (V.).

Jacobs, Thomas (2006): 90 Jahre Umsatzbesteuerung in Deutschland. In: *DStZ* 2006 (19), S. 654-660.

Jakob, Wolfgang (2009): Umsatzsteuer. 4. Aufl. München.

Jarass, Hans D. (2010): Charta der Grundrechte der Europäischen Union. Kommentar. 1. Aufl. München.

Jarass, Hans D.; Pieroth, Bodo (2012): GG. Grundgesetz für die Bundesrepublik Deutschland. 12. Aufl. München.

Kant, Immanuel (1908): Kant´s gesammelte Schriften. 1. Aufl. Berlin.

Kellersmann, Dietrich (2006): Wirtschaftliche Tätigkeit eines gutgläubig an einer dem Umsatzsteuerkarussellbetrug dienenden Lieferkette beteiligten Unternehmens. In: *UR* 2006, S. 157-166.

Kemper, Martin (2005): Umsatzsteuerkarussellbetrug. In: *UStB* 2005 (1), S. 1-4.

Kemper, Martin (2006): „Umsatzsteuerkarusselle“ als besondere Begehungsform der schweren Steuerhinterziehung. In: *ZRP* 2006, S. 205-208.

Kirchhof, Paul (1981): Besteuerung und Eigentum. In: Jörg P. Müller und Klaus Schlaich (Hrsg.): Die Verfassungsgerichtsbarkeit im Gefüge der Staatsfunktionen (VVDStRL 39). 1. Aufl. Berlin.

Kirchhof, Paul (2002): Entwicklungsmöglichkeiten der Umsatzsteuer im Rahmen von Verfassungs- und Europarecht. In: *UR* 2002 (12), S. 541-548.

Kirchhof, Paul (2004): Der sanfte Verlust der Freiheit. 1. Aufl. München.

Kirchhof, Paul (2007): Die Steuer. In: Josef Isensee und Paul Kirchhof (Hrsg.): Handbuch des Staatsrecht. 3. Aufl. Heidelberg (V.), S. 959-278.

Kirchhof, Paul (2008): 40 Jahre Umsatzsteuergesetz – Eine Steuer im Umbruch. In: *DStR* 2008, S. 1-8.

Kirchhof, Paul; Neumann, Manfred J.M (Hrsg.) (2001): Freiheit, Gleichheit, Effizienz. Ökonomische und verfassungsrechtliche Grundlagen der Steuergesetzgebung. 1 Band. Bad Homburg.

Kischel, Uwe (1997): Zur Dogmatik des Gleichheitssatzes in der Europäischen Union. In: *EuGRZ* 1997, S. 1-11.

Kischel, Uwe (2000): Die Kontrolle der Verhältnismäßigkeit durch den Europäischen Gerichtshof. In: *EuR* 2000, S. 380-402.

Klein, Franz (2012): Abgabenordnung. 11. Aufl. München.

Klezath, Peter (1998): Umsatzsteuer und Binnenmarkt – Die Übergangsregelung zum 1.1.1993 1998 (3), S. 61-66.

Klöttschen, Gert (2009): Das Mehrwertsteuerpaket 2010 – Wie Unternehmen sich jetzt vorbereiten sollten. In: *StuB* 2009 (20), S. 769-775.

Koch, Oliver (2003): Der Grundsatz der Verhältnismäßigkeit in der Rechtsprechung des Gerichtshofes der Europäischen Gemeinschaften. 1. Aufl. Berlin (Schriften zum Europäischen Recht, 92).

Koller, Ingo; Roth, Wulf-Henning; Morck, Winfried (2011): Handelsgesetzbuch. 7. Aufl. München.

Korf, Ralph (2007): Risikoverteilung und Pflichtenkatalog bei innergemeinschaftlichen Lieferungen. Zugleich eine Besprechung der EuGH-Urteile vom 27.9.2007. In: *IStR* 2007 (774-780).

Kortschak, Hans-Peter; Hahn, Volker (2009): Lehrbuch der Umsatzsteuer. 12. Aufl. Ludwigsburg, Karlsruhe.

Kraeusel, Jörg (2005): Verhältnis der Nachweispflichten nach § 6a Abs. 3 UStG zum Vertrauensschutztatbestand des § 6a Abs. 4 UStG. In: *UR* 2005 (4), S. 187-193.

Küffner, Thomas (2007): Buchnachweis bei innergemeinschaftlicher Lieferung ("Collée"). In: *jurisPR-SteuerR* 2007 (48), Anm. 5.

Küffner, Thomas (2009): Steuerbefreiung gemäß § 4 Nr. 1b i.V.m. § 6a UStG für innergemeinschaftliche Lieferungen. Anmerkung zum BMF-Schreiben vom 6.1.2009. In: *DStR* 2009, S. 106-113.

Küffner, Thomas; Langer, Ronny (2008): Nachweispflichten bei innergemeinschaftlichen Lieferungen. BFH stärkt Gutglaubensschutz von Exporteuren. In: *DB* 2008 (21), S. 1116-1120.

Küffner, Thomas; Streit, Thomas (2011): EuGH: Versagung der Umsatzsteuerfreiheit für innergemeinschaftliche Lieferungen bei vorsätzlicher Hinterziehung der Erwerbsbesteuerung. In: *SteuK* 2011, S. 84.

Küffner, Thomas; Streit, Thomas (2011): Keine Steuerbefreiung für zum Zweck der Steuerhinterziehung tatsächlich ausgeführte innergemeinschaftliche Lieferungen. In: *DStR* 2011, S. 2572-2576.

Küffner, Thomas; Streit, Thomas (2012): Grundlegende Änderungen der Nachweispflichten bei innergemeinschaftlichen Lieferungen. In: *BC* 2012, S. 2-3.

Küffner, Thomas; Zugmaier, Oliver (2007): EuGH stärkt Rechtsposition bei innergemeinschaftlicher Lieferung. Anmerkung zu den EuGH-Urteilen vom 27.9.2007, C-146/05, Collée, DStR 2007, 1811, C-409/04, Teleos, BeckRS 2007, 70771 und C-184/05, Twoh International, BeckRS 2007, 70768. In: *DStR* 2007, S. 1807-1809.

Küffner, Thomas; Zugmaier, Oliver (2008): Unwissentlich im Umsatzsteuerkarussell. Bundesfinanzhof gewährt Gutglaubensschutz. In: *UVR* 2008 (1), S. 30-32.

Kuhla, Wolfgang; Hüttenbrink, Jost; Endler, Jan (2002): Der Verwaltungsprozess. 3. Aufl. München.

Kühn, Rolf; Wedelstädt, Alexander von (2011): Abgabenordnung, Finanzgerichtsordnung. 20. Aufl. Stuttgart.

Kunig, Philip; Nagata, Makoto (Hrsg.) (2009): Persönlichkeitsschutz und Eigentumsfreiheit. 1. Aufl. München (46).

Kurzenberger, Jörg F. (2008): Nachweisproblematik und Gutglaubensschutz bei innergemeinschaftlichen Lieferungen. Diplomarbeit. 1. Aufl. Norderstedt.

Kußmaul, Heinz; Sopp, Karina (2009): Nachweispflichten und Vertrauensschutz bei innergemeinschaftlichen Lieferungen. Anm. zum BMF-Schreiben vom 6.1.2009. In: *DB* 2009 (05), S. 201-203.

Kutscher, Hans; Ress Georg; Teitgen Francis; Ermacora Felix; Umbertazzi Giovanni (1985): Der Grundsatz der Verhältnismäßigkeit in europäischen Rechtsordnungen. Europäische Gemeinschaft, Europäische Menschenrechtskonvention, Bundesrepublik Deutschland, Frankreich, Italien, Österreich. 1. Aufl. Heidelberg.

Lahme, Stefan; Reiser, Hagen (2007): Verbindliche Auskünfte und Gebührenpflicht – eine erste Analyse. In: *BB* 2007, S. 408-413.

Langer, Ronny (2009): Strenge Nachweisanforderungen bei innergemeinschaftlichen Lieferungen. BMF legt Voraussetzungen/Nachweispflichten erstmalig fest. In: *NWB* 2009 (11), S. 778-783.

Langer, Ronny; Zugmaier, Oliver: Netto-Supermarkt GmbH & Co. OHG dazu Anmerkung Langer, Ronny; Zugmaier Oliver. In: *DStR* 2008 (10), S. 450-453.

Lehr, Helmut (2005): Die verbindliche Auskunft (nach Treu und Glauben). In: *StStud* 2005, S. 195-199.

Lehr, Helmut (2005): Innergemeinschaftliche Lieferung: Brennpunkt Vertrauensschutz. In: *DStR* 2005, S. 586-588.

Leisner, Walter (1970): Verfassungsrechtliche Grenzen der Erbschaftsbesteuerung. 1. Aufl. Berlin.

Leitl, Heiko (2008): Rechtsauslegung contra legem durch den EuGH. Anmerkung zur Entscheidung des EuGH v. 27.9.2007 in der Rs. Teleos, C-409/04. In: *UVR* 2008 (5), S. 138-147.

Leonard, Axel (2002): Steuerverkürzungsbekämpfungsgesetz und 6. EG-Richtlinie. In: *UR* 2002 (5), S. 241-288.

Ling, Rainer (1989): Zur Rechtsnatur sogenannter verbindlicher Zusagen. In: *DStZ* 1989, S. 424-426.

Lippross, Otto-Gerd (2012 70. Egl.): Basiskommentar Steuerrecht. 1. Aufl. Köln.

Lippross, Otto-Gerd (2008): Umsatzsteuer. S. 434-435. 22. Aufl. Achim (11).
Lohse, Christian (2004): Neutralitätsgrundsatz im Umsatz/ Mehrwertsteuerrecht. – Gefestigte Erkenntnisse und neue Fragen –. In: *UR* 2004, S. 582-590.
Lohse, Christian (2008): Ausfuhr-Steuerbefreiung bei Gutgläubigkeit der sorgfältigen Lieferanten. In: *BB* 2008 (16), S. 822-823.
Lohse, Christian; Spilker, Bettina; Zitzl, Alexander (2010): Parallelen der Besteuerung von innergemeinschaftlichen Dienstleistungen und Lieferungen. Besteuerungssystematik und Vertrauensschutz. In: *UR* 2010 (17), S. 633-642.
Looks, Nicole (2009): Netto Supermarkt: Steckt nun auch das Umsatzsteuerrecht in der Vertrauenskrise? Replik zum Aufsatz von Sterzinger (DStR 2008, 2450). In: *DStR* 2009 (513-516).
Lüdemann, Peter (1992): EG-Recht und nationales Steuerrecht. In: *BB* 1992, S. 1606-1614.
Luft, Lisa (2011): Die Praxisprobleme der Steuerschuldumkehr für Gebäudereinigungsleistungen. In: *DStR* 2011, S. 749-753.
Luhmann, Niklas (1981): Ausdifferenzierung des Rechts. 1. Aufl. Frankfurt am Main.
Luhmann, Niklas (1986): Ökologische Kommunikation. Kann die moderne Gesellschaft sich auf ökologische Gefährdungen einstellen? 1. Aufl. Opladen.
Luhmann, Niklas (1993): Das Recht der Gesellschaft. 1. Aufl. Frankfurt am Main.
Luhmann, Niklas (2000): Vertrauen. 4. Aufl. Stuttgart.
Lutter, Marcus; Stimpel, Walter; Wiedemann, Herbert (Hrsg.) (1979): Festschrift für Robert Fischer. 1. Aufl. Berlin.
Mangoldt, Hermann von; Klein, Friedrich; Starck, Christian (2010): GG Kommentar Band 2 Art. 20-82. 6. Aufl. München (2).
Manssen, Gerrit (2012): Staatsrecht II. Grundrechte. 9. Aufl. München.
Marcic, René (1957): Vom Gesetzesstaat zum Richterstaat. 1. Aufl. Wien.
Matheis, Philipp (2010): Sicherstellung der Unternehmereigenschaft im Rahmen der Ortsbestimmung bei Dienstleistungen. In: *UVR* 2010 (2), S. 57-60.
Matheis, Philipp; Braun, Andreas (2009): Wann endet die Debatte um den Buch- und Belegnachweis? Überlegungen zur aktuellen BFH-Rechtsprechung aus Sicht der Praxis. In: *UVR* 2009 (10), S. 296-304.
Matheis, Philipp; Krieg, Simone (2007): Neues zum Vorsteuerabzug beim Import und Export von Handelswaren. Die aktuelle Rechtsprechung zum Vorsteuerabzug im Umsatzsteuer-Karussell. In: *BC* 2007, S. 342-345.
Maunz, Stefan (2006): Nachholbarkeit des Belegnachweises bei innergemeinschaftlichen Lieferungen. Kommentierung BFH-Urteil vom 30.03.2006 – V R 47/03. In: *UR* 2006 (7), S. 397-401.
Maunz, Stefan (2012): Anmerkung zu EuGH-Urteil C-80/11 und C-142/11. In: UR 2012, S. 591-602.

Maurer, Hartmut (1988): Kontinuitätsgewährt und Vertrauensschutz. In: Josef Isensee und Paul Kirchhof (Hrsg.): Handbuch des Staatsrechts. 1. Aufl. Heidelberg.

Meesenburg, Cliff (1998): Das Vertrauensschutzprinzip im europäischen Finanzverwaltungsrecht. Ein Vergleich vertrauensschützender Normen des europäischen Zollkodex mit richterrechtlichen Verwaltungsgrundsätzen der EG und vertrauensschützenden Normen des deutschen Abgabenrechts. 1. Aufl. Baden-Baden.

Meurer, Thomas (2010): Der Rechnungsberichtigung kommt keine Rückwirkung zu. In: *DStR* 2010, S. 2442-2445.

Meyer, Jürgen (2011): Charta der Grundrechte der Europäischen Union. 3. Aufl. Baden-Baden.

Meyer-Burow, Jochen; Connemann, Michael (2011): Schuldner der Steuer, Vorsteuerabzug und Bescheinigung USt 1 TS. – Zweifel über die Ansässigkeit des leistenden Unternehmers (§13b Abs. 7 Satz 4 UStG) –. In: *UR* 2011, S. 374-378.

Meyer-Ladewig, Jens (2011): EMRK Europäische Menschenrechtskonvention. 3. Aufl. Baden-Baden.

Michael, Lothar; Morlok, Martin (2010): Grundrechte. 2. Aufl. Baden-Baden.

Michel, Bettina (2008): „Gutglaubensschutz gibt es nur, wenn die Anforderungen an die zu erbringenden Nachweise erfüllt sind". BB-Kommentar. In: *BB* 2008, S. 1268-1269.

Möller, Thomas (2008): Steuerbefreiung bei Ausfuhrlieferungen. In: *AW-Prax* 2008, S. 213-214.

Möller, Thomas; Harksen, Nathalie (2008): Nachweispflichten im grenzüberschreitenden Warenverkehr. In: *UStB* 2008 (3), S. 78-85.

Monfort, Bertrand (2002): Abschaffung des Abzugsverfahrens bzw. der Null-Regelung und Umkehrung der Steuerschuldnerschaft durch das Steueränderungsgesetz 2001. In: *UR* 2002 (6), S. 245-255.

Moosburger, Hermann (2009): Albert Collée zum Zweiten: Strafbarkeit des Exporteuers bei innergemeinschaftlichen Lieferungen. In: *stbg* 2009, S. 366-371.

Moosburger, Hermann (2010): Albert Collée die Dritte: BFH widerspricht BGH. In: *stbg* 2010 (2), S. 76-80.

Möstl, Markus (2003): Verfassungsrechtliche Grenzen der Besteuerung Dargestellt am Beispiel der Vermögensteuer, Veräußerungsgewinnsteuer und Abgeltungssteuer. In: *DStR* 2003, S. 720-726.

Müller, Jörg P.; Schlaich, Klaus (Hrsg.) (1981): Die Verfassungsgerichtsbarkeit im Gefüge der Staatsfunktionen (VVDStRL 39). 1. Aufl. Berlin.

Münch, Ingo von; Kunig, Philip (2012): Grundgesetz Kommentar. 6. Aufl. München.

n.n. (2012): Einführung einer Gelangensbestätigung. In: *DStR-KR* 2012, S. 18.

Neeser, Alexander (2009): Die Steuerbefreiung von innergemeinschaftlichen Lieferungen aus Sicht der Finanzverwaltung. Analyse des BMF-Schreibens vom 6.1.2009 und kritische Anmerkungen. In: *UVR* 2009 (3), S. 82-89.

Nettkämper, Stefanie; Scholz, Jürgen (2008): Praxisrelevante Entscheidungen des EuGH seit September 2006. Überblick zu ausgewählten aktuellen Fragen und Entwicklungen. In: *EU-UStB* 2008, S. 72-80.

Nicolaysen, Gert (2002): Europarecht I. 2. Aufl. Baden-Baden.

Nieskens, Hans (2002): Steueränderungsgesetz 2001 und Steuerverkürzungsbekämpfungsgesetz. In: *UR* 2002 (2), S. 53-75.

Nieskens, Hans (2004): Aktuelles zur EuGH-Rechtsprechung. – Fünf Thesen zum besseren Missverständnis des EuGH –. In: *UR* 2004 (9), S. 441-500.

Nieskens, Hans (2006): Die Umsatzsteuermissbrauchsbekämpfung durch Reverse-Charge im R-Check und seine Auswirkungen auf die Beratungspraxis. Fluch oder Segen? In: *BB* 2006, S. 356-360.

Nieskens, Hans (2006): Missbrauch in der Umsatzsteuer und seine Folgen. In: *EU-UStB* 2006, S. 19-20.

Nieskens, Hans (2007): Gutglaubensschutz bei innergemeinschaftlichen Lieferungen III. In: *EU-UStB* 2007, S. 85-86.

Nieskens, Hans (2007): Gutglaubensschutz bei innergemeinschaftlicher Lieferung. In: *EU-UStB* 2007, S. 83-84.

Nieskens, Hans (2008): Gutglaubensschutz bei nachträglich ungültiger Umsatzsteuer-Identifikationsnummer. In: *UR* 2008 (21), S. 812-815.

Nieskens, Hans (2008): Nachweispflichten und guter Glaube. In: *EU-UStB* 2008, S. 57-59.

Nieskens, Hans (2009): Ausfuhrlieferung und innergemeinschaftliche Lieferung: Rettet der BFH den Export? In: *StC* 2009, S. 16-21.

Nieskens, Hans (2010): Anmerkung zu Pannon Gép. In: *UR* 2010 (18), S. 697-700.

Nieskens, Hans (2011): Status, Eigenschaft und Ort des Dienstleistungsempfängers. In: *DB* 2011 (26/27), S. 1470-1477.

Oelmaier, Alexander (2008): Zum Nachweis der innergemeinschaftlichen Lieferung – Anmerkungen zur (jüngsten) Rechtsprechung des BFH. In: *DStR* 2008, S. 1213-1217.

Oetker, Hartmut (2011): Kommentar zum Handelsgesetzbuch (HGB). 2. Aufl. München.

Ohlf, Gunther (1994): Billigkeitsmaßnahmen bei der Umsatzsteuer. In: *UR* 1994 (7), S. 264-266.

Oppermann, Thomas; Classen, Claus Dieter; Nettesheim, Martin (2011): Europarecht. Ein Studienbuch. 5. Aufl. München.

Pache, Eckhard (1999): Der Grundsatz der Verhältnismäßigkeit in der Rechtsprechung der Europäischen Gemeinschaft. In: *NVwZ* 1999, S. 1033-1040.

Panning, Jörg (1999): Europäisierte Umsatzsteuer. Gestaltung und Vereinfachung; Auswirkung der EuGH-Rechtsprechung. 1. Aufl. Bielefeld.

Papier, Hans-Jürgen (1987): Steuern und Abgaben – Die offene Flanke des Rechtsstaats –. In: Albrecht, Peter-Alexis u.a. (Hrsg.). Kritische Vierteljahresschrift für Gesetzgebung und Rechtswissenschaft 1987, 1. Aufl. München, S. 140-156.

Paulick, Heinz (1977): Lehrbuch des allgemeinen Steuerrechts. 3. Aufl. Berlin.

Pernice, Ingolf (1990): Gemeinschaftsverfassung und Grundrechtsschutz – Grundlagen, Bestand und Perspektiven. In: *NJW* 1990 (39), S. 2409-2421.

Pflanzer, Tobias; Voith, Stefan; Güldner, Ulrich (2004): § 13b UStG – Risikokumulation für den Fiskus bei Bauleistungen. In: *DStR* 2004, S. 1163-1164.

Plückebaum, Konrad; Malitzky, Heinz (2012 193. Egl.): Umsatzsteuergesetz Kommentar. 10. Aufl. Berlin.

Prätzler, Robert (2010): BMF-Schreiben zur Umsatzsteuerbefreiung von innergemeinschaftlichen Lieferungen vom 05.05.2010 (IV D 3-S 7141/08/10001, 2010/0334195 – BStBl I 2010, 508). In: *juris Praxis Report* 2010 (29), S. Anm. 1.

Prätzler, Robert (2010): Gewährung von Vorsteuerabzug bei unzutreffender Rechnungsanschrift im Billigkeitsverfahren. BFH, Urt. vom 08.07.2009 – XI R 51/07. In: *jurisPR-SteuerR* 2010 (12), S. Anm. 6.

Prätzler, Robert (2012): Vorsteuerabzug des gutgläubigen Erwerbers in einer Lieferkette („Mahageben und David"). In: *jurisPR-SteuerR* 43/2012, Anm. 5.

Pump, Hermann (2007): Probleme durch unwirksamen Vertrauensschutz bei innergemeinschaftlichen Lieferungen. Europarechtswidrige Irrwege und Unzulänglichkeiten durch § 6a Abs. 4 UStG. In: *UStB* 2007 (6), S. 165-172.

Radeisen, Rolf-Rüdiger (2009): Ort der sonstigen Leistung im USt-Recht ab dem 1.1.2010. In: *DB* 2009 (42), S. 2229-2236.

Radeisen, Rolf Rüdiger (2011): Finanzverwaltung lehnt rückwirkende Rechnungsberichtigung ab: DB 2011 (15), S. 10.

Rau, Günter; Dürrwächter, Erich (2012 151. EGL): Kommentar zum Umsatzsteuergesetz. Köln.

Rawls, John (1975): Eine Theorie der Gerechtigkeit. 1. Aufl. Frankfurt am Main.

Rengeling, Hans-Werner (1977): Rechtsgrundsätze beim Verwaltungsvollzug des Europäischen Gemeinschaftsrechts. 1. Aufl. Berlin.

Rolletschke, Stefan (2006): Karussellprobleme. Anmerkungen zum EuGH-Urteil in der Rechtssache Optigen u.a. vom 12.1.2006. In: *UR* 2006, S. 189-193.

Rousseau, Jean-Jacques (1791): Du Contrat social au Principe du Droit politique. 1. Aufl. Paris.

Rüthers, Bernd; Fischer, Christian (2010): Rechtstheorie. Begriff, Geltung und Anwendung des Rechts. 5. Aufl. München: Beck. Online verfügbar unter http://www.worldcat.org/oclc/643101446.

Sachs, Michael (2011): GG Kommentar. 6. Aufl. München.

Salder, Christian (2010): Die Besteuerung von Umsätzen mit werthaltigen Abfällen. Die umsatzsteuerlichen Rechtsänderungen mit Wirkung zum 1.1.2011. In: *DStR* 2010, S. 2277-2283.

Schmidt, Karsten (2009): Münchner Kommentar zum Handelsgesetzbuch §§ 343-372. Recht des Zahlungsverkehrs, Effektengeschäfte, Depotgeschäft, Ottawa Übereinkommen über Internationales Factoring. 2. Aufl. München (5).

Schmidt-Bleibtreu, Bruno; Hofmann, Hans; Hopfau, Axel (2011): GG Kommentar zum Grundgesetz. 12. Aufl. Lavis.

Schmitz, Thomas (2004): Die Grundrecht als Teil der Verfassung der Europäischen Union. In: *EuR* 2004, S. 691-713.

Schuhmann, Helmut (1993): Zur Vertrauensschutzregelung des § 6a Abs. 4 UStG. In: *UVR* 1993 (10), S. 300-302.

Schulz, Reiner; Zuleeg, Manfred; Kadelbach, Stefan (2010): Europarecht. Handbuch für die deutsche Rechtspraxis. 2. Aufl. Baden-Baden.

Schwarz (2012 150. Egl.): AO Abgabenordnung-Kommentar. Freiburg.

Schwarz, Kyrill-Alexander (2001): Vertrauensschutz als Verfassungsprinzip. 1. Aufl. Baden-Baden.

Schwarz, Kyrill-Alexander (2001): Vertrauensschutz im Spannungsverhältnis von Europäischem Gerichtshof und Bundesverfassungsgericht. In: *Die Verwaltung* 2001 (34), S. 397-431.

Schwarze, Jürgen (1988): Europäisches Verwaltungsrecht. Entstehung und Entwicklung im Rahmen der Europäischen Gemeinschaft. 1. Aufl. Baden-Baden.

Schwarze, Jürgen (2001): Der Grundrechtsschutz für Unternehmen in der Europäischen Grundrechte-Charta. In: *EuZW* 2001, S. 517-524.

Schwarze, Jürgen (2005): Europäisches Verwaltungsrecht. Entstehung und Entwicklung im Rahmen der Europäischen Gemeinschaft. 2. Aufl. Baden-Baden.

Seer, Roman (1999): Der Halbteilungsgrundsatz als verfassungsrechtliche Belastungsobergrenze. In: *FR* 1999 (23), S. 1280-1291.

Seer, Roman (Hrsg.) (2009): Umsatzsteuer im Europäischen Binnenmarkt. 33. Jahrestagung der Deutschen Steuerjuristischen Gesellschaft e.V. Bochum, 15. und 16. September 2008. Köln.

Simon, Hans-Jörg (2007): Die neue Gebührenpflicht für die Bearbeitung von verbindlichen Auskünften. In: *DStR* 2007, S. 557-564.

Sodan, Helge (2011): Grundgesetz Beck'scher Kompakt-Kommentar. 2. Aufl. München: C.H. Beck.
Sölch, Otto; Ringleb, Karl (2012 67. Egl.): Umsatzsteuer Kommentar. München.
Sopp, Karina (2010): Nachweispflichten bei innergemeinschaftlichen Lieferungen. Zugleich Anmerkung zum BMF-Schreiben vom 5.5.2010 – IV D 3 – S 7141/ 0810001. In: *DB* 2010 (20), S. 1092-1095.
Sopp, Karina (2010): Umsatzbesteuerung beim Handel in der EU. Nachweispflichten und Vertrauensschutz. 1. Aufl. Berlin (Bilanz-, Prüfungs- und Steuerwesen, 18).
Sopp, Karina (2010): Verbrauchsbesteuerung beim grenzüberschreitenden EU-weiten Warenhandel nach der Novellierung des Verbrauchsteuerrechts und deren Verhältnis zur Umsatzbesteuerung. In: *UR* 2010 (18), S. 677-712.
Stadie, Holger (2012): Umsatzsteuergesetz. 2. Aufl. Köln.
Stapperfend, Thomas (2010): Vertrauensschutz im Umsatzsteuerrecht. Vortrag Management Circle, 04.11.2010.
Stark, Thorsten (2007): Die Verfassungsmäßigkeit der Auskunftsgebühr. In: *DB* 2007 (43), S. 2333-2338.
Staub, Hermann (2004): HGB. 4. Aufl. Berlin (4).
Sterzinger, Christian (2008): Buch und Belegnachweis bei einer innergemeinschaftlichen Lieferung. In: *UR* 2008 (5), S. 169-174.
Sterzinger, Christian (2008): Genereller Vertrauensschutz bei Ausfuhrlieferungen? In: *DStR* 2008, S. 2450-2455.
Sterzinger, Christian (2009): Buch- und Belegnachweis bei Ausfuhr- und innergemeinschaftlicher Lieferung. BFH, Urteil 12.5.2009 – V R 65/06. In: *BB* 2009, S. 2130-2132.
Sterzinger, Christian (2010): Allgemeiner Vertrauensschutz gutgläubiger Unternehmer? In: *DStR* 2010, S. 2606-2611.
Sterzinger, Christian (2010): Anmerkung zu Pannon Gép. In: *UR* 2010 (18), S. 700-701.
Sterzinger, Christian (2011): Anmerkung zu Urteil C-285/09. In: *UR* 2011, S. 20-23.
Sterzinger, Christian (2012): Anmerkung zu Urteil C-80/11 und C-142/11. In: *UR* 2012, 591-602.
Streinz, Rudolf (2012): EUV/AEUV. Vertrag über die Europäische Union und Vertrag über die Arbeitsweise der Europäischen Union. 2. Aufl. München.
Streit, Georg von (2012): Gewährung des Vertrauensschutzes im Mehrwertsteuerrecht. In: *UStB* 2012, S. 288-295.
Streit, Georg von (2013): Ablehnung des Vorsteuerabzugs nur bei objektivem Nachweis eines Versagungsgrundes. In: EU-UStB, 9-11.

Take, Michael (1999): Berücksichtigung der Grundrechte in streitigen Steuerrechtsfragen. In: *BB* 1999, S. 1790-1798.

Tehler, Hermann-Josef (2002): Steuerschuldnerschaft des Leistungsempfängers. – Ein weiteres Gesetz mit „heißer Nadel“ genäht – . In: *UR* 2002 (9), S. 412-416.

Tehler, Hermann-Josef (2008): Buch- und Belegnachweis – materiell-rechtliche Voraussetzungen für die Steuerfreiheit der Ausfuhrlieferung? In: *UVR* 2008 (11), S. 350-352.

Terhechte, Jörg Philipp (2008): Grundwissen – Öffentliches Recht: Der Vorrang des Unionsrechts. In: *JuS* 2008, S. 403-405.

Tettinger, Peter J.; Stern, Klaus (2006): Europäische Grundrechte-Charta. 1. Aufl. München.

Tetzlaff, Gunnar; Schallock, Alexander (2008): Vertrauensschutz für die Steuerbefreiung bei Ausfuhrlieferungen. In: *UStB* 2008 (6), S. 180-184.

Theile, Carsten (1993): Die Sorgfalt des ordentlichen Kaufmanns im Umsatzsteuerrecht. In: *UR* 1993 (2), S. 73-77.

Theile, Carsten (1995): Wettbewerbsneutralität der harmonisierten Umsatzsteuer. 1. Aufl. Köln.

Thiel, Jochen (1988): Vertrauensschutz im Besteuerungsverfahren. In: *DB* 1988 (26/27), S. 1343-1352.

Thouet, Phillipp Baluch Christina (2008): Ist die Restschuldbefreiung wirklich einkommensteuerpflichtig? In: *DB* 2008 (30), S. 1595-1598.

Tiedtke, Walter (2004): Umsatzsteuerbetrug in Theorie und Praxis. Von Karussellen, Schwindeleien und Gesetzgebungsarbeit. In: *UR* 2004 (1), S. 6-12.

Tipke, Klaus (1972): Die Umsatzsteuer im Steuersystem. In: *UR* 1972, S. 2-6.

Tipke, Klaus (1972): Steuerwissenschaft und Steuersystem. In: Klaus Vogel (Hrsg.): Verfassung, Verwaltung, Finanzen. Festschrift für Gerhard Wacke zum 70. Geburtstag. 1. Aufl. Köln, S. 211-232.

Tipke, Klaus (1972): Über Grenzen der Auslegung und Analogie, behandelt am Beispiel der Entstrickung. Zugleich Rezension der BFH-Urteile I 266/65 vom 16.7.69, IR 55/66 vom 28.4.71 und I R 205/66 vom 9.2.72. In: *StuW* 1972, S. 264-288.

Tipke, Klaus (1983): Umsatzsteuer – Verkehrsteuer und / oder Verbrauchsteuer. In: *DStR* 1983, S. 595-597.

Tipke, Klaus (2000): Die Steuerrechtsordnung. 2. Aufl. Köln.

Tipke, Klaus; Joachim Lang (2010): Steuerrecht. 20. Aufl. Köln.

Umbach, Dieter C.; Clemens, Thomas (2002): Grundgesetz. Mitarbeiterkommentar und Handbuch. 1. Aufl. Heidelberg.

Underhill, Ralph (1975): Economic and Political Antecendents of Monotheism: A Cross-cultural Study,. In: *American Journal of Sociology* 1975, S. 841-861.

Vedder, Christoph; Heintschel Heinegg, Wolff von (2012): Europäisches Unionsrecht EUV/AEUV/Grundrechte-Charta. Handkommentar. 1. Aufl. Baden-Baden.

Vellen, Michael (2003): Vorsteuerabzug im USt-Karussell. In: *UStB* 2003 (10), S. 293-294.

Vellen, Michael (2011): Neue bzw. geplante Richtlinien und Verordnungen. In: *EU-UStB* 2011, S. 40-46.

Vogel, Klaus (1972): Finanzverfassung und politisches Ermessen. 1. Aufl. Karlsruhe.

Vogel, Klaus (Hrsg.) (1972): Verfassung, Verwaltung, Finanzen. Festschrift für Gerhard Wacke zum 70. Geburtstag. 1. Aufl. Köln.

Vogel, Klaus (1980): Lenkungssteuern und Eigentumsgarantie. In: *BayVBl.* 1980, S. 523-532.

Wäger, Christoph (2000): Die Besteuerung innergemeinschaftlicher Reihengeschäfte. 1. Aufl. München.

Wäger, Christoph (2006): Versagung des Vorsteuerabzugs eines Leistungsempfängers bei seiner möglichen Kenntnis von der Einbeziehung des Eingangsumsatzes in eine Mehrwertsteuerhinterziehung des Leistenden. In: *UR* 2006, S. 594-601.

Wäger, Christoph (2009): Nachweis der Steuerfreiheit bei Ausfuhrlieferung und innergemeinschaftlicher Lieferung. In: *DStR* 2009, S. 1621-1625.

Wäger, Christoph (2010): Recht auf Vorsteuerabzug – Nationale Regelungen, die eine falsche Angabe auf der Rechnung mit dem Verlust des Rechts auf Vorsteuerabzug ahnden. In: *DStR* 2010, S. 1475-1479.

Wäger, Christoph (2010): Umsatzsteuer: Neues aus Gesetzgebung & Rechtsprechung. In: Klaus-Dieter Drüen (Hg.): Jahrbuch der Fachanwälte für Steuerrecht 2009/2010. 1. Aufl. Herne, S. 626-627.

Wagner, Wilfried (2006): Vor- und Nachteile des Reverse-Charge-Modells aus der Sicht der Gerichtsbarkeit. In: *UVR* 2006 (5), S. 141-146.

Wagner, Wilfried (2009): Neue Gestaltungsmöglichkeiten bei der Umsatzsteuer (Diskussionsbeitrag). In: Klaus-Dieter Drüen (Hg.): Jahrbuch der Fachanwälte für Steuerrecht 2008/2009. 1. Aufl. Herne, S. 601.

Wagner, Wilfried (2010): EuGH erkennt Rückwirkung der Berichtigung unvollständiger oder unrichtiger Rechnungsangaben für den Vorsteuerabzug an. In: *UVR* 2010 (10), S. 311-317.

Wahle, Corinna (2002): Der allgemeine Gleichheitssatz in der Europäischen Union. Neuere Entwicklungen und Perspektiven unter Berücksichtigung der Europäischen Menschenrechtskonvention (EMRK) sowie der Rechtsordnungen Deutschlands, Frankreichs und Großbritanniens. 1. Aufl. Osnabrück.

Waldhoff, Christian: Steuerrecht und Verfassungsrecht. In: *Die Verwaltung* 2008, S. 259-294.

Walkenhorst, Ralf (2007): Vorsteuerabzug im Zusammenhang mit Karussellgeschäften. In: *UStB* 2007 (10), S. 276-277.

Walkenhorst, Ralf (2009): Ort der sonstigen Leistung ab dem 1.1.2010. In: *UStB* 2009, S. 296-303.

Weber, Christian (2003): Der lange Weg zum Ursprungslandprinzip. Die Ära des Karussellbetruges. In: *UR* 2003 (9), S. 422-427.

Weber, Christian (2009): Das BMF-Schreiben vom 6.1.2009 zur Umsatzsteuerbefreiung für innergemeinschaftliche Lieferungen. In: *BB* 2009, S. 248-256.

Weber-Dürler, Beatrice (1983): Vertrauensschutz im öffentlichen Recht. 1. Aufl. Basel.

Weber, Till (2013): Der EuGH modifiziert den deutschen Untersuchungsgrundsatz des § 88 AO. In: Stbg 2013, S. 49-53.

Wedelstädt, Alexander von (2001): Verbindliche Auskunft. Hinweise zu Antrag, Erteilung, Bindung und Korrektur. In: *AO-StB* 2001 (7), S. 232-235.

Wegner, Carsten (2004): Vorsteuerabzug des sog. Buffer II in einem Umsatzsteuer-Karussell. In: *PSTR* 2004 (11), S. 243.

Wegner, Carsten (2010): Innergemeinschaftliche Lieferungen: Kein Vorsteuerabzug beim „Buffer". In: *PSTR* 2010 (12), S. 294.

Weigel, Martin (2005): Buchnachweis und guter Glauben bei innergemeinschaftlicher Lieferung. In: *UStB* 2005 (11), S. 331-332.

Weigel, Martin (2007): Buchnachweis und Belegnachweis bei innergemeinschaftlichen Lieferungen. Anmerkung zu V R 52/03. In: *UStB* 2007, S. 95-96.

Weigel, Martin (2007): Vorsteuer im Umsatzsteuerkarussell. In: *UStB* 2007 (8), S. 217-218.

Weigel, Martin (2008): Kein Vorsteuerabzug des Buffer II im Umsatzsteuerkarussell. FG BW Urteil vom 01.10.200 – 12 K 160/04. In: *UStB* 2008 (7), S. 191-192.

Weimann, Rüdiger (2004): Betrugsanfälligkeit der Umsatzsteuer. In: *UStB* 2004 (6), S. 218-219.

Weimann, Rüdiger (2008): BFH: Zu der den Beleg- und Buchnachweisenen nach „Collée" und „Teleos" verbleibenden Bedeutung. In: *UStB* 2008 (12), S. 349-351.

Weimann, Rüdiger (2009): Umsatzsteuerlicher Gutglaubensschutz – Verfahrensfragen. In: *UStB* 2009 (9), S. 273-274.

Weimann, Rüdiger; Lang, Fritz (2011): Umsatzsteuer, national und international. Kompakt-Kommentar. 3. Aufl. Stuttgart.

Weiss, Eberhard (1980): Zeitpunkt von Ausfuhr- und Buchnachweis bei Ausfuhrlieferungen. Kommentierung Urteil vom 28.2.1980. In: *UStR* 1980 (8), S. 160-162.

Weiss, Eberhard (1988): Leistungsentgelt oder Schadensersatz – Restwerklohn gem. § 6. In: *UR* 1988, S. 277-279.

Weiss, Eberhard (1993): Quo vadis Umsatzsteuer? Rückblick und Ausblick auf zwei Umsatzsteuersysteme. In: *UR* 1993 (10), S. 328-335.

Weiß, Thomas (2006): Vertrauensschutz gestärkt? Urteil des EuGH zum Mehrwertsteuerbetrug durch Karussellgeschäfte. In: *AW-Prax* 2006, S. 160-161.

Widmann, Werner (1985): Zum Angelteich-Urteil des Bundesfinanzhofs vom 4.7.1985. In: *DB* 1985, S. 2073-2074.

Widmann, Werner (1992): Das Umsatzsteuer-Binnenmarktgesetz. In: *UR* 1992 (9), S. 249-271.

Widmann, Werner (2000): Die umsatzsteuerliche Zuordnung von Vorbezügen eines Unternehmers zu seinem Unternehmen. In: *DB* 2000 (23), S. 1145-1148.

Widmann, Werner (2006): Besteuerung von Umsätzen im Rahmen von Umsatzsteuerkarussellen. Anmerkung zu Optigen. In: *DB* 2006 (6), S. 316-319.

Widmann, Werner (2011): Mehrwertsteuer-Umgehungsbetrug. In: *DB* 2011, S. 15-16.

Wieacker, Franz (1979): Geschichtliche Wurzeln des Prinzips der verhältnismäßigen Rechtsanwendung. In: Marcus Lutter, Walter Stimpel und Herbert Wiedemann (Hg.): Festschrift für Robert Fischer. 1. Aufl. Berlin, S. 867-881.

Wienbracke, Mike (2007): Gebühr für verbindliche Auskunft (§ 89 III-V AO) verfassungsgemäß? In: *NVwZ* 2007, S. 749-754.

Winter, Matthias (1993): Erfolgloser Unternehmer und Vorsteuerabzugsrecht oder: Wehret den Anfängen. In: *UR* 1993, S. 411-413.

Winter, Matthias (2005): „Ende des Vertrauensschutzes bei innergemeinschaftlicher Lieferung? In: *UR* 2005 (5), S. 247-525.

Winter, Matthias (2007): EuGH bestätigt Vertrauensschutzregelung gem. § 6a Abs. 4 UStG. In: *UR* 2007 (23), S. 881-886.

Wolf, Ursula (Hrsg.) (1994): Platon Sämtliche Werke. Timaios, Kritias, Minos, Nomoi. 1. Aufl. 4 Bände. Reinbeck bei Hamburg (4).

Wolffgang, Hans-Michael (Hrsg.) (1998): Öffentliches Recht und Europarecht. 1. Aufl. Herne/Berlin.

wt (2011): Versagung der Steuerbefreiung für innergemeinschaftliche Lieferungen in Betrugsfällen. In: *UVR* 2011 (1), S. 5-6.

Wulf, Martin (2009): Aktuelle Fragen des Umsatzsteuerrechts und Verfahrensfragen. In: Deutscher Anwaltverein Arbeitsgemeinschaft Steuerrecht (Hrsg.): Praxisleitfaden Internationales Steuerrecht 2008/2009. 1. Aufl. Stuttgart, S. 337-355.

Wunderlich, Nina (2000): Das Grundrecht der Berufsfreiheit im Europäischen Gemeinschaftsrecht. 1. Aufl. Baden-Baden.

Zimmermann, Heiko (1998): Öffentliches Recht und Europarecht. In: Hans-Michael Wolffgang (Hrsg.): Öffentliches Recht und Europarecht. 1. Aufl. Herne/Berlin, S. 188-363.

Zorn, Nikolaus; Twardosz, Benjamin (2007): Gemeinschaftsrechte und Verfassungsrechte im Steuerrecht. In: *DStR* 2007, S. 2185-2193.

Zugmaier, Oliver; Salder, Christian (2011): Erweiterung des Reverse-Charge-Verfahrens ab 1.1.2011 durch JStG 2010. In: *DStR* 2011, S. 895-899.

Zugmaier, Oliver; Streit, Thomas (2010): Erwiderung auf Meurer, „Rechnungsberichtigung kommt keine Rückwirkung zu", in diesem Heft DStR 2010, 2442. In: *DStR* 2010, S. 2446-2447.

A. Einleitung

„Vertrauen ist nicht das einzige Fundament der Welt; aber eine sehr komplexe und doch strukturierte Weltvorstellung ist ohne eine ziemlich komplexe Gesellschaft und diese ohne Vertrauen nicht zu konstituieren."[1]

Niklas Luhmann

Recht ist das Fundament für Vertrauen[2]. Es hat die Funktion die eigenen Erwartungen zu stabilisieren und bietet somit eine Basis für die Vertrauensgewährung[3]. Vertrauen wiederum dient der „Reduktion von Komplexität"[4]. Die unzähligen für den Einzelnen unüberschaubaren Erlebens- und Handlungsmöglichkeiten werden durch Vertrauen auf ein lebbares Maß reduziert[5]. Das Verhältnis von Recht und Vertrauen hat sich im Laufe der Zeit jedoch verändert. Zwar basiert jede Form des Agierens zwischen Menschen und damit auch das gesamt Rechtssystem auf Vertrauen, und auch Vertrauen wird aufgrund der Sicherheit, die eine rechtliche Grundlage bietet, gewährt, jedoch zeigt die derzeitige Rechtsdogmatik die Distanzierung des Rechtssystems vom Vertrauensgedanken[6]. Recht hat heutzutage grundsätzlich eine andere Funktion als Vertrauen. Es erfordert weder Erwartungen, noch eine Risikobereitschaft des Vertragspartners oder eine Bewährung in der konkreten Situation[7]. Dies ist auch notwendig, um eine Unabhängigkeit des Handelns der Vertragspartner von der Unsicherheit des Vertrauens zu gewährleisten.

Nach *Luhmann*[8] sind die rechtsdogmatischen Konstruktionen, die sich nur auf den Schutz des Vertrauens beziehen, lediglich der Versuch, durch eine Nachnormierung den vorhandenden „Grundsätzen" und Vorstellungen mit einer ethischen Argumentation entgegenzutreten. Aus diesem Grund solle es nicht zu einer Ausuferung des Vertrauensschutzes im Recht kommen. Andere „besser ausformulierte

1 *Luhmann*, Vertrauen, 126.
2 *Luhmann*, Ausdifferenzierung des Rechts, 118.
3 *Luhmann*, Das Recht der Gesellschaft, 132.
4 *Luhmann*, Vertrauen, 8.
5 *Luhmann*, Vertrauen, 1,8, 9,14-15; in diesem Kontext bemerkenswert scheinen mir die Untersuchungen *Underhills*, der davon ausgeht, dass das Interesse an einem Hochgott, der die Menschen moralisch beurteilt mit der wirtschaftlichen Entwicklung und mit dem Vertrauensbedarf bei Eigentums- und Handelsverhältnissen zusammenhängt, siehe hierzu *Underhill*, Economic and Political Antecendents of Monotheism: A Cross-cultural Study, American Journal of Sociology 80 (1975), 841-861.
6 *Luhmann*, Vertrauen, 44.
7 *Luhmann*, Vertrauen, 42.
8 *Luhmann*, Vertrauen, 43 f.

konstruktive Errungenschaften" würden sonst gefährdet werden[9]. „Oder es kommt zu undisziplinierten Auswüchsen: zu überflüssigen Parallelkonstruktionen [und] zu undifferenzierten Begründungen [...]"[10]. M.E. ist es jedoch unmöglich, ein System zu konstruieren, das jeden Einzelfall mitberücksichtigt. Daher ist eine Nachjustierung immer dann notwendig, wenn das Ergebnis gegen das Rechtsempfinden verstößt. Ein Rechtssystem, das ohne Vertrauensschutz auskommt, wäre wünschenswert, ist aber, vor dem Hintergrund der unzähligen Handlungsvariationen, unrealistisch.

So verhält es sich auch beim Vertrauensschutz im Umsatzsteuerrecht. Er dient der Erhaltung des vorhandenen Systems, welches ohne den Schutz des Vertrauens nicht gerecht und für den Steuerpflichtigen unverhältnismäßig ist. Es muss die Möglichkeit geben, Gerechtigkeit im Einzelfall über die Konstruktion von Vertrauensschutz herzustellen. Obwohl die Umsatzsteuer letztlich vom Endverbraucher getragen wird, ist der praktische Steuervollzug – also die Steueranmeldung und -zahlung – dem Unternehmer auferlegt[11]. Dieser muss ex ante richtig über Steuerbarkeit, Steuerfreiheit und das Recht zum Vorsteuerabzug entscheiden, wobei er oft auf die Angaben des Leistungsempfängers angewiesen ist. Der Finanzverwaltung kommt die Aufgabe zu, ex post die Richtigkeit der umsatzsteuerrechtlichen Behandlung im Rahmen der Steuerveranlagung, einer Umsatzsteuer-Sonderprüfung, einer Außenprüfung oder einer Steuerfahndungsprüfung zu kontrollieren[12]. Die Finanzverwaltung und die Gerichte beurteilen nur ausgewählte und streitige Sachverhalte in erforderlicher Intensität. Zudem verfügen sie über hoheitliche Mittel zur Aufklärung jener Vorfälle[13]. Beispielsweise können Behörden Kfz-Zulassungsdaten erhalten, ein Unternehmer nicht. Dem Steuerpflichtigen obliegen außerdem häufig die Darlegungslasten[14]. Schon diese unausgewogene Ausgangsposition verdeutlicht die Notwendigkeit eines Vertrauensschutzes im Umsatzsteuerrecht.

Die Umsatzsteuer ist eine indirekte Steuer. Der Steuerschuldner kann die Steuer auf den Verbraucher (Steuerträger) abwälzen[15]. Ob es sich bei der Umsatzsteuer um eine Verkehrs- oder Verbrauchssteuer handelt, ist seit jeher umstritten[16].

---

9 *Luhmann*, Vertrauen, 44.

10 *Luhmann*, Vertrauen, 44.

11 *Hahn/Kortschak*, Lehrbuch der Umsatzsteuer, 6 Rn. 10.

12 *Drüen*, DB 2010, 1847 (1847).

13 *von Cölln*, Vortrag IFA-Sektion Berlin 10. März 2010, S. 7.

14 § 6a Abs. 3 UStG, § 6 Abs. 4 UStG.

15 Rau/Dürrwächter-*Stadie*, Einf. Anm. 129 f.; *P. Kirchhof*, DStR 2008, 1 (3); Elemente einer direkten Steuer finden sich hingegen in der Umkehr der Steuerschuldnerschaft gemäß § 13b UStG, bei der Einfuhr gemäß § 1 Abs. 1 Nr. 4 UStG oder dem innergemeinschaftlichen Erwerb nach § 1 Abs. 1 Nr. 5 UStG, wenn der Leistungsempfänger nicht zum Vorsteuerabzug berechtigt ist. Steuerschuldner und Steuerträger sind dann identisch; Rau/Dürrwächter-*Stadie*, Einf. Anm. 150.

16 Siehe ausführlich zum Meinungsstreit m.w.N. *Birkenfeld*, Einf. Rn. 134-139.1; Rau/Dürrwächter-*Stadie*, Einf. Anm. 97-149; Technisch knüpft die Umsatzsteuer an Vorgänge des Wirtschaftsverkehrs an und könnte somit als Verkehrssteuer zu qualifizieren sein; BFH-Urteil vom 30.04.1953

Die Existenz der Umsatzsteuer wird teilweise damit begründet, dass die Höhe der Konsumentennachfrage einen typisierten Rückschluss auf die individuelle Leistungsfähigkeit zulässt.[17] *Kirchhof*[18] sieht ihre Rechtfertigung darin, dass die Rechtsgemeinschaft Zugang zum Markt verschafft und dadurch Leistungsfähigkeit vermittelt. Die Umsatzsteuer könne die einzelne Leistungsfähigkeit nicht erfassen, denn der Einzelne trete anonym am Markt auf[19]. Lediglich die durch den Leistungsaustausch vermutete Leistungsfähigkeit werde erfasst[20]. *Popitz*[21] bezeichnet die indirekte Steuer daher auch als „brutalere, primitivere unter den allgemeinen Besteuerungsformen". Obwohl lediglich eine vermutete Leistungsfähigkeit besteuert werden könne, stehe die Umsatzsteuer mittlerweile gleichwertig neben der Einkommensteuer[22]. Der Vorteil der Umsatzsteuer ist, dass sie nicht den ruhenden Teil des Vermögens belaste und so die Freiheit des Steuerpflichtigen weniger einschränke[23].

Die Umsatzsteuer wird durch ein Allphasen-Nettoumsatzsteuersystem mit sofortigem Vorsteuerabzug erhoben[24]. Gegenstände, die dem Verbrauch dienen, durchlaufen meist mehrere Produktionsstufen. Allphasen bedeutet, dass eine Besteuerung in jeder Phase der Produktion vorgesehen ist. Allerdings wird durch die Möglichkeit des Vorsteuerabzugs für die Zwischenunternehmer erreicht, dass nur der Endverbraucher belastet wird[25].

– V 84/51 S, BStBl. III 1953, 183 (188); BFH-Urteil vom 25.09.1953, 332 (333); BFH-Urteil vom 08.11.1972 – II B 24/72, BStBl. II 1973, 94 (96); *Herting*, BB 1955, 389 (393); *Weiss*, UR 1988, 277 (279); *Weiss*, UR 1993, 328 (333); *Hübner*, UR 1985, 6; *Widmann*, DB 1985, 2073 (2074); *Wörner*, DStJG 13 (1190) 252; *Walz/Fischer*, JuS 2003, 237 (242); *Groll*, FR 2007, 540 (541). Besteuert wird allerdings der Aufwand des Verbrauchers, was wiederum eine Qualifikation als Verbrauchssteuer möglich erscheinen lässt; *Tipke*, Steuerwissenschaft und Steuersystem, in: Klaus Vogel (Hrsg.) Festschrift Wacke, 1972, 211; *Tipke,* UR 1972, 2; *Tipke*, DStR 1983, 595. Dafür spricht auch, dass die Richtlinien zur Harmonisierung der Umsatzsteuer, von Anfang an von einer Verbrauchssteuer sprechen; Vgl. hierzu Art. 1 Abs. 2 MwStSystRL. *Birkenfeld* hingegen versteht die Umsatzsteuer als „verkehrssteuerartige Verbrauchssteuer"; *Birkenfeld*, Einf. Rn. 137.

17 Mit Einschränkungen *Birk*, Die Umsatzsteuer aus juristischer Sicht, in: P. Kirchhof/Neumann (Hrsg.), Freiheit, Gleichheit, Effizienz, 2001, 63-64, 66; *Rawls*, Eine Theorie der Gerechtigkeit, 312.

18 *P. Kirchhof*, UR 2002, 541 (543-544).

19 *P. Kirchhof*, UR 2002, 541 (544).

20 *P. Kirchhof*, UR 2002, 541 (544).

21 *Popitz*, in: Gerloff/Meisel (Begr./Hrsg.), Handbuch der Finanzwissenschaft, Bd. II, 1927, 182.

22 *P. Kirchhof*, DStR 2008, 1 (1).

23 *P. Kirchhof*, DStR 2008, 1 (1).

24 *Scheffler*, 385 ; zum Teil auch als subtraktive Mehrwertsteuerberechnung durch Vorsteuerabzug, als Vorsteuerabzugsverfahren oder als Mehrwertsteuer bezeichnet.

25 *Hahn/Kortschak*, Lehrbuch der Umsatzsteuer, § 6 Rn. 11.

Gerade aus dem Selbstvollzug der Umsatzsteuer ergibt sich ein hohes Betrugs- und Missbrauchspotenzial[26]. Allein durch die sogenannten Karussellgeschäfte gehen dem Staat jedes Jahr vermutlich 15 bis 17 Milliarden Euro verloren[27]. Die Notwendigkeit einer Rechtsgrundlage für den Schutz des Vertrauens ergibt sich erst aus dem mit der hohen Betrugsanfälligkeit verbundenen, wachsenden Misstrauen der Finanzbehörden gegenüber dem Steuerpflichtigen. Das gesamte Steuerrecht basiert auf einem Selbstverständnis von Vertrauen mit einer begrenzten Möglichkeit, es zu überprüfen. Besteht in einem sozialen System die Notwendigkeit des Misstrauens, so müssen dem auch Mechanismen entgegengesetzt werden, die verhindern, dass das Misstrauen zu groß wird und zur Handlungsunfähigkeit der Beteiligten führt[28]. Grundsätzlich wird unter Vertrauensschutz im Recht prinzipiell die Frage verstanden, ob der Bürger auf den „Fortbestand gesetzlicher Regelungen, administrativer Entscheidungen und sonstiger Erscheinungsformen öffentlicher Gewalt" geschützt ist[29]. Die Frage, ob Vertrauen schützenswert ist, stellt sich aber nicht lediglich im Zusammenhang mit der Ausübung von Hoheitsgewalt, sondern auch bei der Problematik der Angaben Dritter im Umsatzsteuerrecht. Der Schutz des Vertrauens soll in diesem Zusammenhang verhindern, dass der Steuerpflichtige von einer Transaktion absieht wegen der Befürchtung, die Finanzbehörde könne ihn im Nachhinein zur Umsatzsteuer heranziehen, wenn sich herausstellt, dass die Voraussetzungen für den Vorsteuerabzug, die Steuerfreiheit oder die Verlagerung der Steuerschuld aufgrund falscher Angaben Dritter nicht vorlagen.

Die Problematik des Vertrauens auf Angaben Dritter tritt besonders bei der sonstigen Leistung § 3 Abs. 9 UStG i.V.m. § 3a UStG, der Ausfuhrlieferung gemäß § 4 Nr. 1a i.V.m. § 6 UStG, der innergemeinschaftliche Lieferung § 4 Nr. 1b i.V.m. § 6a UStG, der Umkehrung der Steuerschuldnerschaft nach § 13b UStG und dem Vorsteuerabzug gemäß §§ 15 ff. UStG auf.

Die Möglichkeit der Fremdmanipulation durch Dritte stellt hier eine sehr praxisrelevante Gefahr dar. In diesem Rahmen stellt sich die Frage, wer letztendlich das Risiko einer Fremdmanipulation tragen muss und inwiefern das Vertrauen des Steuerpflichtigen schützenswert ist. Die Untersuchungen setzen an dieser Stelle an. Besonders hoher Stellenwert kommt dabei der aktuellen europäischen Rechtsprechung zu, der – im Gegensatz zur Verwaltungspraxis der deutschen Steuer-

---

26 *Oellerich*, Defizitärer Vollzug des USt-Rechts, 25ff.; *Parsche,* ifo-Schnelldienst, 55: 2008 beträgt die Umsatzsteuerausfallquote ca. 9 Prozent bezogen auf das hypothetische Aufkommen.

27 *Jakob*, Umsatzsteuer, Rn. 581.

28 *Luhmann*, Vertrauen, 100.

29 *Schwarz*, Vertrauensschutz als Verfassungsprinzip, 28.

behörden – eine deutliche Tendenz zur Annahme einer bürgerfreundlicheren Auslegung des Unionsrechts zu entnehmen ist[30].

Gerade die Globalisierung und die Verwirklichung des Binnenmarktes führen zu einer hochkomplexen Handelsstruktur und zu unüberschaubaren Verhaltensmöglichkeiten der Marktakteure. Dementsprechend bedarf es mehrerer unterschiedlicher Konstruktionen, die die Bildung von Vertrauen unterstützen und stabilisieren, den Steuerpflichtigen also entlasten[31]. Die Komplexität des Umsatzsteuerrechtes und die unzureichende Möglichkeit der Überprüfung der Angaben und der Vorhersehbarkeit des Handelns des Vertragspartners erfordern den Schutz des Vertrauens, denn der Vertrauende trägt das Risiko der Vorleistung[32].

Der Vertrauende wird indes nur vertrauen, wenn er objektive Anhaltspunkte hat, die seine subjektiven Vorstellungen untermauern[33]. Es müssen Informationen vorhanden sein[34]. Diese müssen nicht in jeder Hinsicht zuverlässig oder vollständig sein, sollten aber das Risiko der Vertrauensvorleistung verkleinern[35]. Für den Unternehmer besteht nicht die Möglichkeit, komplette Sicherheit bezüglich der Angaben des Dritten zu erlangen. Er hat lediglich Anhaltspunkte, Informationen, auf die er sich stützen kann und die letztlich ausschlaggebend für eine Vertrauensgewährung sind. Da eine komplette Absicherung in keinem Fall möglich ist, da letztlich für den Steuerpflichtigen nicht vorhersehbar ist, welche der möglichen Handlungsalternativen der Dritte wählt, ist – um eine verhältnismäßige Risikoverteilung zu gewähren – der Schutz des Vertrauens unumgänglich, um das Restrisiko, das den Steuerpflichtigen von einer Transaktion abhalten könnte, auszuschließen. Vertrauen allein ist nicht ausreichend. Es muss eine Normierung stattfinden, denn Recht hat die gesellschaftliche Funktion, Konflikten vorzubeugen und im Fall der Enttäuschung für stabile Erwartungen zu sorgen[36]. Der Steuerpflichtige muss sich darauf verlassen können, dass sein Vertrauen auf einen Drit-

---

30 EuGH-Urteil vom 27.09.2007 – Rs. C-409/04 – *Teleos*, UR 2007, 774, Rn. 50, 58, 60, 65-67, Tenor 2; EuGH-Urteil vom 27.09.2007 – Rs. C-184/05 – *Twoh International*, UR 2007, 782, Rn. 25, 27; EuGH-Urteil vom 27.09.2007 – Rs. C-146/05 – *Albert Collée*, UR 2007, 813, Rn. 29-33, 34, 40, 41, Tenor.

31 *Luhmann*, Vertrauen, 112: „[…] vielleicht müssen hochdifferenzierte Gesellschaften, die mehr Vertrauen zur Reduktion ihrer Komplexität benötigen als einfache, auch entsprechend mehr verschiedenartige Mechanismen der Bildung und Stabilisierung von Vertrauen bereithalten, also die Vertrauensbereitschaft ihrer Systeme stärker in Anspruch nehmen und zugleich stärker entlasten, als dies in einfachen Gesellschaften der Fall ist."

32 *Luhmann*, Vertrauen, 27.

33 *Luhmann*, Vertrauen, 40.

34 *Luhmann*, Vertrauen, 40.

35 *Luhmann*, Vertrauen, 40.

36 *Luhmann*, Ökologische Kommunikation , 128; *Luhmann*, Ausdifferenzierung des Rechts, 100, 112.

ten geschützt ist, wenn er alles getan hat, um zu verhindern, dass er sich an einer Steuerhinterziehung beteiligt.

Die Risikoverteilung zwischen Verwaltungsbehörde und Steuerpflichtigem muss grundsätzlich angemessen sein[37]. In der Verhaltenspraxis der deutschen Finanzbehörden ist jedoch eine Tendenz ersichtlich, die Verantwortlichkeit auf den Steuerpflichtigen abzuwälzen[38]. Dem treten in der jüngeren Rechtsprechung der Europäische Gerichtshof (EuGH) und der Bundesfinanzhof (BFH) entgegen, indem sie dem Vertrauensschutz ein stärkeres Gewicht beimessen[39].

Trotzdem hat die Konstruktion des Vertrauensschutzes „[...]etwas Unabgeschlossenes, Zufälliges und daher Unbefriedigendes an sich.“ [40] Der Vertrauensschutz im Umsatzsteuerrecht dient mehr der Rettung des vorhandenen unzureichenden Systems[41]. Die Notwendigkeit der unabhängigen Existenz von Recht und Vertrauen verlangt, dass eine Koordination nur in nicht anders lösbaren Einzelfragen erfolgt[42]. Folglich ist die Normierung von Vertrauensschutz jedoch dann erforderlich und notwendig, wenn die aktuelle Gesetzeslage wegen ihrer Lückhaftigkeit einen Bedarf hervorruft.

---

37 *Sopp*, Umsatzbesteuerung beim Handel in der EU, 2; EuGH-Urteil vom 27.09.2007 – Rs. C-409/04 – *Teleos*, UR 2007, 774, Rn. 58.

38 *Winter*, UR 2007, 881 (883).

39 EuGH-Urteil vom 27.09.2007 – Rs. C-409/04 – *Teleos*, UR 2007, 774, Rn. 50, 58, 60, 65-67, Tenor 2; EuGH-Urteil vom 27.09.2007 – Rs. C-184/05 – *Twoh International*, UR 2007, 782, Rn. 25, 27; EuGH-Urteil vom 27.09.2007 – Rs. C-146/05 – *Albert Collée*, UR 2007, 813, Rn. 29-33, 34, 40, 41, Tenor; BFH-Urteil vom 08.11.2007 – V R 26/05, DStR 2008, 819; BFH-Urteil vom 08.11.2007 – V R 71/05, DStR 2008, 718; BFH-Urteil vom 08.11.2007 – V R 72/05, DStR 2008, 716.

40 *Luhmann*, Vertrauen, 43.

41 Zu den Alternativen zum Bestimmungslandprinzip: *Rahn*, Dezentrale Umsatzbesteuerung und Europäischer Binnenmarkt.

42 *Luhmann*, Vertrauen, 44.

B. Geschichte der Umsatzbesteuerung

I. Entstehung und Entwicklung der Umsatzsteuer

Die Umsatzsteuer „spiegelt die Zeit, in der sie angewendet wurde“[43]. Die geschichtliche Entwicklung der Umsatzsteuer widerspiegelt ihre Anpassung an die Notwendigkeiten der Gesellschaft und ihre Nutzung als politisches Lenkungsinstrument.

Bereits im Altertum gab es allgemeine Verbrauchsabgaben, die dann in der Karolingerzeit unter dem Begriff teloneum[44] wieder in Erscheinung traten. Auch wenn die Akzisen[45] und die Quittungssteuern[46] des Mittelalters nicht als direkte Vorläufer der heutigen Umsatzsteuer bezeichnet werden können, so entsprechen sie doch im Ansatz ihrer Grundidee[47]. Sie besteuern den Verbrauch oder den Verkehr bestimmter Waren[48]. Allerdings wurden sowohl Akzisen, als auch Quittungssteuern Mitte des 19. Jahrhunderts abgeschafft[49].

Im Rahmen des Gesetzes über einen Warenumsatzstempel vom 26.06.1916 wurde dieser als Steuer in Höhe von 0,1 Prozent auf Warenlieferungen und Werklieferungen von Gewerbetreibenden erhoben[50].

---

43 *Birkenfeld*, § 1 Rn. 1; siehe hierzu auch *Birkenfeld*, UR 1993, 321.

44 Sammelbegriff für Zölle, Gebühren, Verkehr- und Verbrauchssteuern; BMF, Glossar Umsatzsteuer, abrufbar unter http://www.bundesfinanzministerium.de/hh_310/DE/BMF_Startseite/Service/Glossar/U/003_Umsatzsteuer.html (Zugriffsdatum: 30.08.2011).

45 Akzisen wurden durch Staat, von Unternehmern, für bestimmte Handlungen mit Waren, die zum Verbrauch im Inland bestimmt waren, erhoben. Es wurde zwischen Spezialakzisen auf bestimmte Waren und Generalakzisen auf alle Waren unterschieden. Die Akzisen haben sich aus den Waagegeldern und Marktstandsgeldern, Regalien und Bannrechten entwickelt; siehe hierzu *Elster/Weber/Wieser*, Handwörterbuch der Staatswissenschaften, Bd. I, 205.

46 Die Quittungssteuer ist eine Steuer auf den Zahlungsverkehr bei Rechtsgeschäften. Sie wird mit dem Quittungsstempel erhoben; siehe hierzu *Klein*, Handbuch der Finanzwissenschaft, Bd. II 1956, 627.

47 Sehr anschaulich zur Geschichte der Umsatzsteuer *Jacobs*, DStZ 2006, 654; *Birkenfeld*, UR 1993, 321; Rau/Dürrwächter-*Stadie*, Einf. Anm. 1.

48 *Jacobs*, DStZ 2006, 654 (654-655).

49 *Jacobs*, DStZ 2006, 654 (655).

50 RGBl. 1916, 639.

Um den Finanzbedarf des 1. Weltkrieges zu decken, wurde 1918 durch das Reichsumsatzsteuergesetz die Allphasen-Bruttoumsatzsteuer eingeführt[51].

Während des 2. Weltkrieges wurde die Umsatzsteuer für politische Zwecke missbraucht, indem beispielsweise bestimmte Steuerbefreiungen für Juden nicht galten[52].

Infolge der Besetzung Berlins am 02.05.1945 wurde die Stadt in vier Sektoren aufgeteilt. Zur Unterstützung der Wirtschaft in West-Berlin wurde für Berliner-Unternehmer, die Waren aus Berlin verkauften, die Umsatzsteuer gesenkt, und ab 01.08.1952 wurden diese Umsätze sogar ganz steuerfrei gestellt[53]. Die Allphasen-Bruttoumsatzsteuer stieß jedoch auf breite Kritik. Aufgrund der Erhebung auf jeder Wirtschaftsstufe ergaben sich Kumulationseffekte, durch die große Unternehmen bevorteilt wurden, die mehrere Produktionsschritte im eigenen Unternehmen vornehmen konnten[54]. Dies führte zu einer Wettbewerbsverzerrung[55]. Die entscheidenden Impulse zur Überarbeitung des bisherigen Systems gingen von der Europäischen Wirtschaftsgemeinschaft[56] und dem BVerfG[57] aus[58].

Die Bruttoumsatzsteuer wurde mit dem UStG 1967[59] durch ein Allphasen-Nettoumsatzsteuersystem mit Vorsteuerabzug abgelöst. Der Steuersatz betrug zunächst 10 Prozent der Bemessungsgrundlage und stieg dann stetig an[60].

In der sowjetischen Besatzungszone galt zunächst das UStG von 1934 weiter, bis es 1970 durch das UStG-DDR abgelöst wurde, das nicht auf Umsätze staatlicher Organe und Einrichtungen, der volkseigenen Kombinate und Betriebe, der landwirtschaftlichen und handwerklichen Produktionsgenossenschaften anwendbar war[61]. Dieses Gesetz hielt weiterhin an dem System der Allphasen-Bruttoumsatzsteuer fest[62]. Mit dem Staatsvertrag vom 08.05.1990 war die DDR verpflichtet, zum 01.07.1990 das Umsatzsteuergesetz der Bundesrepublik zu überneh-

---

51 RGBl. 1918, 775.

52 § 4 Nr. 13 und 14 UStG 1934 i.V.m. §§ 39, 40 UStDV 1938; *Birkenfeld*, UR 1993, 321 (323).

53 *Birkenfeld*, UR 1993, 321 (327); BGBl. I 1950, 41; BGBl. I 1952, 390.

54 *P. Kirchhof*, DStR 2008, 1 (2); *Birkenfeld*, § 2 Rn. 2.

55 *Weiss*, UR 1993, 329 (330).

56 Art. 1 Abs. 1 und Abs. 2 der Richtlinie 67/277/EWG vom 11.04.1967, ABl. EG Nr. L 71, 1301 enthielt die Verpflichtung der Mitgliedstaaten, ihr Umsatzsteuersystem bis zum 1.1.1970 durch ein Umsatzsteuersystem mit Vorsteuerabzug zu ersetzen.

57 BVerfG-Urteil vom 20.12.1966 – 1 BvR 320/57, 1 BvR 70/63, BStBl. 1967, 7; *P. Kirchhof*, DStR 2008, 1 (2).

58 Rau/Dürrwächter-*Stadie*, Einf. Anm. 39-44; *Birkenfeld*, § 2 Rn. 4-7.

59 Begründung zum Regierungsentwurfes BT-Drs. IV/1590 vom 30.10.1963, 2; Stellungnahme des Finanzausschusses des Bundestages BT-Drs. V/1581 vom 17.03.1967, 16-28.

60 1993 waren es beispielsweise schon 15 Prozent der Bemessungsgrundlage.

61 *Birkenfeld*, UR 1993, 321 (328), *Birkenfeld*, § 1 Rn. 92.

62 *Birkenfeld*, § 1 Rn. 91; Rau/Dürrwächter-*Stadie*, Einf. Anm. 88.

men[63]. Die Umsetzung erfolgte durch das Umsatzsteuergesetz 1990, das bis zum 31.12.1990 in Kraft war[64]. Die beiden Staaten behielten bis dahin ihr eigenes Erhebungsgebiet[65].

Erst ab dem 01.01.1991 war Deutschland erhebungstechnisch als ein Inland zu betrachten[66].

II. Harmonisierung der Umsatzsteuer in Europa

1. 1. und 2. EG-Richtlinie

Weil innerhalb der europäischen Union i.S.v. Art. 3 Abs. 2 EUV, Art. 26 AEUV[67] ein freier Binnenmarkt geschaffen werden sollte, basiert die Umsatzsteuer heute zum größten Teil auf europäischem Recht[68]. Art. 113 AEUV enthält einen ausdrücklichen Harmonisierungsauftrag. Ob eine Harmonisierung notwendig ist und in welchem Umfang sie stattzufinden hat, ergibt sich aus der durch die Umsatzsteuer eventuell bewirkten Beschränkung der Grundfreiheiten oder des freien Wettbewerbs[69]. Die Harmonisierung der Mehrwertsteuer in Europa verfolgt folgende Hauptziele: die Herstellung von Wettbewerbsneutralität im Binnenmarkt, die Beseitigung von Steuergrenzen und die eigene Finanzierbarkeit durch Mehrwertsteuereinnahmen aufgrund einer einheitlichen Bemessungsgrundlage[70].

Bei Einführung der 1. und 2. Richtlinie zur Harmonisierung der Umsatzsteuer am 11.4.1967[71] war das vorrangige Ziel die Einführung eines einheitlichen Umsatzsteuersystems zur Schaffung eines Gemeinsamen Marktes in allen EWG-Mitgliedstaaten[72].

Ziel der 1. EG-Richtlinie war die Einführung eines einheitlichen Mehrwertsteuersystems, welches auf allen Produktions- und Vertriebsstufen sowie auf

---

63 „Vertrag über die Schaffung einer Währungs-, Wirtschafts- und Sozialunion zwischen der Bundesrepublik Deutschland und der Deutschen Demokratischen Republik" GBl. DDR I 1990, 332.

64 Einigungsvertragsgesetz i.V.m. Anlage I Kap. IV Sachgeb. B Abschn. II Nr. 14 Einigungsvertrag, BGBl. II 1990, 885 (973).

65 *Birkenfeld*, § 1 Rn. 99.

66 *Birkenfeld*, UR 1993, 321 (328).

67 *Birk*, 445 Rn. 1678.

68 dazu *Birkenfeld*, StuW 1998, 55 (70 ff.).

69 *Lüdemann*, BB 1992, 1606 (1606).

70 Sölch/Ringleb-*Klenk*, Einf. Rn. 7.

71 Richtlinie 67/227/EWG vom 11.04.1967, ABl. EG Nr. L 71, 1301; Richtlinie 67/228/EWG vom 11.04.1967, ABl. EG Nr. L 71, 1303.

72 Richtlinie 67/227/EWG vom 11.04.1967, ABl. EG Nr. L 71, 1301, Erwägungsgründe; Richtlinie 67/228/EWG vom 11.04.1967, ABl. EG Nr. L 71 S. 1303.

Dienstleistungen Anwendung findet und einen Vorsteuerabzug gewährleistet, um die Neutralität der Mehrwertsteuer sicherzustellen[73]. Die Struktur und die weiteren Anwendungsmodalitäten des gemeinsamen Mehrwertsteuersystems werden in der 2. EG-Richtlinie ausführlich dargelegt[74].

2. 6. EG-Richtlinie

Die 6. EG-Richtlinie vom 17.5.1977[75] ersetzte die 2. EG-Richtlinie und regelte die innergemeinschaftliche Vereinheitlichung der umsatzsteuerlichen Bemessungsgrundlage und des Vorsteuerabzuges. Dies war vor dem Hintergrund einer gerechten Erhebung und Steuerlastverteilung auf die Mitgliedstaaten erforderlich[76]. Ziel der Richtlinie war außerdem, die „effektive Freizügigkeit der Person und die effektive Liberalisierung des Güter-, Dienstleistungs- und Kapitalverkehrs und die Verflechtung der Volkswirtschaft weiterzuverfolgen“[77].

Die Abschaffung der steuerlichen Grenzen wurde mit dem Weißbuch zur Vollendung des Binnenmarktes[78] und der Binnenmarktrichtlinie vom 16.12.1991[79] weiter vorangetrieben. Ergänzend zur 6. EG-Richtlinie sollten nun die Einfuhrbesteuerung und die Steuerbefreiung bei der Ausfuhr endgültig abgeschafft werden[80]. Das Bestimmungslandprinzip sollte als Übergangsregelung für vier Jahre beibehalten werden. Angestrebtes Ziel blieb das Ursprungslandprinzip[81]. Allerdings scheiterte die Umsetzung bis heute am Widerstand der Mitgliedstaaten[82] und die in der Binnenmarktrichtlinie vorgesehene automatische Verlängerung trat in Kraft[83].

73 Richtlinie 67/227/EWG vom 11.04.1967, ABl. EG Nr. L 71, 1301, Erwägungsgründe.

74 Richtlinie 67/228/EWG vom 11.04.1967, ABl. EG Nr. L 71, 1303.

75 Richtlinie 77/388/EWG vom 17.05.1977, ABl. EG Nr. L 154, 1.

76 *Klezath*, UR 1992, 61(61).

77 Richtlinie 77/388/EWG vom 17.05.1977, ABl. EG Nr. L 154, 1, Erwägungsgrund 3.

78 Weißbuch der Kommission an den Europäischen Rat – Vollendung des Binnenmarktes vom 14.06.1985, abrufbar unter http://www.europa.eu/documents/comm/white_papers/pdf/com1985_0310_f_de.pdf (Zugriffsdatum: 16.05.2012).

79 Richtlinie 91/680/EWG vom 16.12.1991, ABl. EG Nr. L 376, 1.

80 Richtlinie 91/680/EWG vom 16.12.1991, ABl. EG Nr. L 376, 1, Erwägungsgründe 2, 6.

81 Richtlinie 91/680/EWG vom 16.12.1991, ABl. EG Nr. L 376, 1, Erwägungsgrund 7.

82 *Panning*, Europäisierte Umsatzsteuer, 18-19.

83 Richtlinie 91/680/EWG vom 16.12.1991, ABl. EG Nr. L 376, 1, Art. 28l.

3. Mehrwertsteuersystemrichtlinie

Die 6. EG-Richtlinie wurde zum 01.01.2007 durch die Mehrwertsteuersystemrichtlinie (MwStSystRL) vom 28.11.2006 ersetzt[84]. Mit der Transformation sollte die durch zahlreiche Änderungen unübersichtlich gewordene 6. EG-Richtlinie neugefasst werden[85]. Rechtliche Änderungen gingen damit nicht einher[86].

Die Umsatzsteuer stellt mittlerweile die aufkommensstärkste Einzelsteuer in der Bundesrepublik Deutschland dar[87]. Sie dient als Lenkungsinstrument neben wirtschaftspolitischen Zwecken ebenso der Umsetzung sozialstaatlicher Zielsetzungen[88].

---

84 Richtlinie 2006/112/EG vom 28.11.2006, ABl. EU Nr. L 347, 1.

85 Richtlinie 2006/112/EG vom 28.11.2006, ABl. EU Nr. L 347, 1, Erwägungsgrund 1.

86 Richtlinie 2006/112/EG vom 28.11.2006, ABl. EU Nr. L 347, 1, Erwägungsgrund 2.

87 Umsatzsteuereinnahmen des Staates betrugen im Jahr 2009 176.991.302 €: BMF I A 6 14.01.2010; Die Umsatzsteuer gehört nach Art. 106 Abs. 3, Abs. 4 und Abs. 6 GG zu den Gemeinschaftssteuern, an denen sowohl der Bund als auch die Länder und Gemeinden teilhaben. Die Aufteilung ist im Finanzausgleichgesetz geregelt. Außerdem steht gemäß Art. 2 Abs. 2 lit. c Beschluss des Rates über das System der Eigenmittel vom 29.9.2000 ein Teil des Aufkommens vorweg der Europäischen Gemeinschaft zu: *Birk*, 443 Rn. 1670.

88 *Völkel/Karg*, Umsatzsteuer, 1; z.B. durch unterschiedliche Steuersätze und Steuerbefreiungen.

C. Vertrauensschutzrechtlich relevante Konstellationen

Abb. 1 Vertrauensschutzrechtlich relevante Konstellationen

I. Sonstige Leistung § 3 Abs. 9 UStG i.V.m. § 3a UStG

1. Ort der sonstigen Leistung gemäß § 3a UStG seit dem 01.01.2010

a) Historische Entwicklung

Bereits bei der ursprünglichen Einführung der Mehrwertsteuer war im Jahr 1973 zunächst auch für grenzüberschreitende Dienstleistungen eine Besteuerung im Bestimmungsland als Inlandsumsatz angedacht. Diese wurde aber wegen der schweren Nachvollziehbarkeit mangels Körperlichkeit der sonstigen Leistung verworfen[89]. Die Einführung erfolgte nur für bestimmte Dienstleistungen, insbesondere an Nichtsteuerpflichtige, also Endverbraucher.

89 *Lohse/Spilker/Zitzel*, UR 2011, 633 (634).

Die Bestimmung des Ortes der sonstigen Leistung ist durch zwei europäische Richtlinien und zwei Verordnungen grundlegend geändert worden[90]. Indem die Leistung dort, wo sie ge- oder verbraucht wird, besteuert wird, soll das Bestimmungslandprinzip durchgesetzt werden[91]. Durch das Jahressteuergesetz 2009 erfolgte die Umsetzung in nationales Recht mit Wirkung zum 01.01.2010[92]. Die neue Verordnung vom 23.03.2011[93] soll eine einheitliche Anwendung der neuen Regelungen sicherstellen. Aufgrund der unmittelbaren Wirkung dient das BMF-Schreiben vom 10.06.2011[94] lediglich der Erläuterung der europäischen Regelung. Leider werden die eigentlich verständlichen neuen Neuregelungen zur Ortsbestimmung durch die Verordnung verkompliziert[95]. Es werden neue Definitionen eingeführt, allerdings mit dem Hinweis darauf, es handele sich lediglich um die Regelung einzelner Anwendungsfragen, die nur den Einzelfall betreffen und sich nicht übertragen lassen[96].

b) Grundregel

Der Ort der Leistung bestimmt sich gemäß § 3a UStG nach den zwei folgenden Grundsätzen.

Wird eine sonstige Leistung an einen Unternehmer im Sinne des § 2 UStG für dessen Unternehmen[97] ausgeführt[98], ist der Ort der Leistung nach § 3a Abs. 2 UStG dort, wo der Leistungsempfänger sein Unternehmen oder eine die Leistung empfangene Betriebsstätte unterhält.

Das Gleiche gilt bei einer Leistungserbringung an eine juristische Person, die nicht Unternehmer ist, der aber eine UStIdNr. erteilt worden ist.

Wird die sonstige Leistung an einen Nichtunternehmer oder an einen Unternehmer für dessen privaten Bereich ausgeführt[99], ist der Ort der Leistung nach

---

90 Richtlinie 2008/8/EG vom 12.02.2008, ABl. EU Nr. L 44/2008; Richtlinie 2008/8/EG vom 12.02.2008, ABl. EU Nr. L 44/2008; Verordnung Nr. 143/2008 vom 12.02.2008, ABl. EU Nr. L 44/2008; Verordnung Nr. 282/2011 vom 15.03.2011, ABl. EU Nr. L 2011/77.

91 *Radeisen*, DB 2009, 2229 (2229).

92 BGBl 2008 I S. 2794 (vgl. auch das Einführungsschreiben des BMF vom 04.09.2009 – IV B 9 – S 7117/08/10001).

93 Verordnung Nr. 282/2011 vom 15.03.2011, ABl. EU Nr. L 2011/77, 4. Erwägungsgrund.

94 BMF-Schreiben vom 10.06.2011, BStBl. I 2011, 583.

95 *Nieskens*, DB 2011, 1470 (1470).

96 Verordnung Nr. 282/2011 vom 15.03.2011, ABl. EU Nr. L 2011/77, 5. Erwägungsgrund.

97 Vgl. § 21 AO. Ist dieser Ort bei natürlichen Personen nicht eindeutig bestimmbar, ist der Leistungsort entweder der Wohnsitz des Unternehmers gemäß § 8 AO oder der Ort des gewöhnlichen Aufenthalts gemäß § 9 AO der Leistungsort.

98 B2B-Umsätze (business to business).

99 B2C-Umsätze (business to consumer).

§ 3a Abs. 1 UStG dort, wo der leistende Unternehmer sein Unternehmen oder die die Leistung abgebende Betriebsstätte hat. Künftig sollen gemäß § 3a Abs. 2 S. 1 UStG-E auch Leistungen, die für den nichtunternehmerischen Bereich erbracht werden, am Ort der empfangenden juristischen Person umsatzsteuerpflichtig sein[100]. Abweichend davon sollen Leistungen für den privaten Bedarf des Personals gemäß § 3a Abs. 2 S. 3 Nr. 1 UStG-E weiterhin am Ort des leistenden Unternehmers zu versteuern sein.

c) Ausnahmen

Nicht unter die Ortsregelung des § 3a Abs. 1 und Abs. 2 UStG fallen die in § 3a Abs. 3 bis Abs. 8 UStG, §§ 3b und 3e UStG aufgezählten sonstigen Leistungen. Diese Sonderregelungen sind vorrangig zu prüfen[101].

In der folgenden Übersicht[102] wird der Ort der sonstigen Leistung für die wichtigsten Ausnahmen dargestellt und ob Ortsverlagerung nur für Umsätze zwischen Unternehmern oder auch für Umsätze zwischen Unternehmern und Verbrauchern gilt.

Sonstige Leistung	Ort ab 2010	B2B	B2C
Grundstücksbezogene Umsätze (Vermietung, Architektenleistungen)	Belegenheitsort des Grundstückes § 3a Abs. 3 Nr. 1 UStG Art. 47 MwStSystRL	x	x
Kurzfristige Vermietung von Beförderungsmitteln (30 Tage; 90 Tage bei Wasserfahrzeugen)	Ort der tatsächlichen Zurverfügungstellung § 3a Abs. 3 Nr. 2 UStG Art. 56 MwStSystRL	x	x
Künstlerische, kulturelle, sportliche, unterrichtende oder ähnliche Leistungen sowie Leistungen im Zusammenhang mit einer Messe Einräumung einer Zutrittsberechtigung zu o.g. Veranstaltungen und damit zusammenhängende Leistungen	Erbringungsort § 3a Abs. 3 Nr. 3a UStG Art. 53 MwStSystRL § 3a Abs. 3 Nr. 5 UStG	x	x

100 Regierungsentwurf zum Jahressteuergesetz 2013 vom 23.05.2012, abrufbar unter http://www.bundesfinanzministerium.de/Content/DE/Publikationen/Aktuelle_Gesetze/Gesetzentwuerfe_Arbeitsfassungen/2012-05-23-jahressteuergesetz-2013-anl.pdf?__blob=publicationFile&v=4 (Zugriffsdatum: 03.08.2012).

101 *Radeisen*, DB 2009, 2229 (2232).

102 Übersicht ist angelehnt an die Übersichten in *Klöttschen*, StuB 2009, 769 (772); *Birkenfeld*, § 71 Rn. 121; siehe hierzu auch *Walkenhorst*, UStB 2009, 296, 332.

Sonstige Leistung	Ort ab 2010	B2B	B2C
Restaurations- und Verpflegungsleistungen An Bord eines Beförderungsmittels	Erbringungsort § 3a Abs. 3 Nr. 3b UStG Art. 55 MwStSystRL Abgabeort des Beförderungsmittels § 3e Abs. 1 UStG Art. 57 MwStSystRL	x	x
Personenbeförderung	Beförderungsstrecke § 3b Abs. 1 S. 1 UStG Art. 48 MwStSystRL	x	x
Arbeiten an beweglichen körperlichen Gegenständen	Erbringungsort § 3a Abs. 3 Nr. 3c UStG Art. 54b MwStSystRL		x
Vermittlungsleistungen	Ort des vermittelten Umsatzes § 3a Abs. 3 Nr. 4 UStG Art. 46 MwStSystRL		x
Katalogleistungen (z.B. Leistungen von Rechtsanwälten, Steuerberatern, Personalgestellung)	Wohnsitz oder Sitz des Empfängers § 3a Abs. 4 UStG Art. 59 MwStSystRL		x
Elektronisch erbrachte Dienstleistungen von einem im Drittland ansässigen Unternehmer	Empfängersitz § 3a Abs. 5 UStG Art. 58 MwStSystRL		x
Telekommunikationsdienstleistungen, Rundfunk-, Fernsehdienstleistungen durch ein im Drittland ansässigen Unternehmer	Inland, wenn die Leistung hier genutzt oder ausgewertet wird § 3a Abs. 6 Nr. 3 UStG Art. 59b MwStSystRL		x
Güterbeförderung	Beförderungsstrecke § 3b Abs. 1 S. 3 UStG Art. 49 MwStSystRL		x
Nebenleistungen zur Güterbeförderung	Erbringungsort § 3b Abs. 2 UStG Art. 54 MwStSystRL		x
Innergemeinschaftliche Güterbeförderung	Beginn der innergemeinschaftlichen Güterbeförderung § 3b Abs. 3 UStG Art. 50 MwStSystRL		x

Im Rahmen des Jahressteuergesetzes 2013 soll gemäß § 3a Abs. 3 Nr. 2 UStG-E die nicht kurzfristige Vermietungsleistung an einen Nichtunternehmer am Wohnsitz oder Sitz des Leistungsempfängers versteuert werden[103].

103 Regierungsentwurf zum Jahressteuergesetz 2013 vom 23.05.2012, abrufbar unter http://www.bundesfinanzministerium.de/Content/DE/Publikationen/Aktuelle_Gesetze/Gesetzentwuerfe_Arbeitsfassungen/2012-05-23-jahressteuergesetz-2013-anl.pdf?__blob=publicationFile&v=4 (Zugriffsdatum: 03.08.2012).

2. Tatbestandsmerkmale des § 3 Abs. 9 UStG i.V.m. § 3a UStG

a) Unternehmereigenschaft des Leistungsempfängers

Gemäß § 3a Abs. 2 S. 1 UStG muss die Dienstleistung an einen anderen Unternehmer[104] erbracht worden sein. Von der Unternehmereigenschaft kann der Dienstleistungserbringer innerhalb der Europäischen Union dann ausgehen, wenn der Dienstleistungsempfänger seine UStIdNr. angegeben hatte und diese im qualifizierten Verfahren überprüft wurde[105]. Wurde noch keine UStIdNr. vergeben, so ist der Nachweis, dass diese beantragt wurde, zu kontrollieren[106].

Außerhalb des Gebietes der europäischen Union kann von der Unternehmereigenschaft ausgegangen werden, wenn andere Bescheinigungen der zuständigen Behörde vorgelegt werden, aus denen auf die Unternehmereigenschaft geschlossen werden kann[107]. Ist die Vorlage einer solchen Bescheinigung nicht möglich, so kann auch ein anderer handelsüblicher Nachweis vorgelegt werden[108]. Zudem müssen die Angaben in einem zumutbaren Rahmen überprüft worden sein[109].

b) Leistungsbezug für das Unternehmen

Die Verordnung stellt noch einmal klar, dass die Leistung nur dann außerhalb des Unternehmens bezogen wird, wenn sie ausschließlich zum privaten Gebrauch empfangen wird[110]. Auch für gemischt genutzte Gegenstände gilt die Ortsbestimmung gemäß Art. 44 MwStSystRL[111].

Der Leistungsbezug gilt als für die feste Niederlassung erbracht, sowie eine Struktur vorliegt, die es ihr von der personellen und technischen Ausstattung her

104 In der Verordnung Nr. 282/2011 vom 15.03.2011, ABl. EU Nr. L 2011/77 wird von dem Steuerpflichtigen gesprochen.

105 Verordnung Nr. 282/2011 vom 15.03.2011, ABl. EU Nr. L 2011/77, Art. 18 Abs. 1 a); Abschn. 3a.2 Abs. 9 S. 5 UStAE.

106 Verordnung Nr. 282/2011 vom 15.03.2011, ABl. EU Nr. L 2011/77, Art. 18 Abs. 1 b); Abschn. 3a.2 Abs. 9 S. 6 UStAE.

107 Verordnung Nr. 282/2011 vom 15.03.2011, ABl. EU Nr. L 2011/77, Art. 18 Abs. 3 a); Abschn. 3a.2 Abs. 11 S. 1 UStAE.

108 Verordnung Nr. 282/2011 vom 15.03.2011, ABl. EU Nr. L 2011/77, Art. 18 Abs. 3 b); Abschn. 3a.2 Abs. 11 S. 3 UStAE.

109 Verordnung Nr. 282/2011 vom 15.03.2011, ABl. EU Nr. L 2011/77, Art. 18 Abs. 3 a) und b).

110 Verordnung Nr. 282/2011 vom 15.03.2011, ABl. EU Nr. L 2011/77, Art. 19.

111 Verordnung Nr. 282/2011 vom 15.03.2011, ABl. EU Nr. L 2011/77, Art. 19; das entspricht auch der neuen Sichtweise zum Vorsteuerabzug gemäß § 15 Abs. S. 1 Nr. 1 UStG.

möglich macht, Dienstleistungen, die für den Eigenbedarf dieser Niederlassung erbracht werden, zu empfangen und dort zu verwenden[112].

Die Dienstleistung gilt an die feste Niederlassung erbracht, wenn die vom Empfänger angegebenen UStIdNr. die der Niederlassung ist und die Dienstleistung von der Niederlassung bezahlt wird[113].

c) Ort von dem der Unternehmer sein Unternehmen betreibt

aa) Sitz der wirtschaftlichen Tätigkeit

Sowohl § 3a Abs. 1 UStG, als auch § 3a Abs. 2 UStG stellen als Leistungsort auf den Ort ab, von dem der Leistende oder der Leistungsempfänger sein Unternehmen aus betreibt. Maßgeblicher für die Beurteilung ist der Zeitpunkt, in dem die Leistung an den Leistungsempfänger erbracht wird[114].

Dabei ist zunächst auf den Sitz der wirtschaftlichen Tätigkeit abzustellen. Damit ist der Ort gemeint, an dem die Handlungen zur zentralen Verwaltung des Unternehmens vorgenommen werden[115]. Das ist besonders der Ort, an dem die wesentlichen Entscheidungen zur allgemeinen Leitung des Unternehmens getroffen werden oder der Ort seines satzungsgemäßen Sitzes[116].

Kann hiernach der Ort nicht mit Sicherheit bestimmt werden, so wird der Ort, an dem die Unternehmensleitung zusammenkommt, herangezogen[117].

bb) Sitz der festen Niederlassung

Der Ort der Leistung ist der Sitz der festen Niederlassung, wenn von dieser oder an diese die Leistung erbracht wurde. In § 3a Abs. 1 S. 2 und Abs. 2 UStG wird statt von einer festen Niederlassung von einer Betriebsstätte gesprochen.

Der Begriff der Betriebsstätte entspricht dem der festen Niederlassung Art. 44 MwStSystRL. Unter einer festen Niederlassung begreift die europäische und nachfolgende nationale Rechtsprechung eine gegenüber dem Unternehmen

---

112 Verordnung Nr. 282/2011 vom 15.03.2011, ABl. EU Nr. L 2011/77, Art. 11 Abs. 1.

113 Verordnung Nr. 282/2011 vom 15.03.2011, ABl. EU Nr. L 2011/77, Art. 22,

114 Verordnung Nr. 282/2011 vom 15.03.2011, ABl. EU Nr. L 2011/77, Art. 25; Abschn. 3a.1 Abs. 1 S. 1 Hs. 2 UStAE.

115 Verordnung Nr. 282/2011 vom 15.03.2011, ABl. EU Nr. L 2011/77, Art. 10 Abs. 1; Abschn. 3a.1 Abs. 1 S. 4 UStAE.

116 Verordnung Nr. 282/2011 vom 15.03.2011, ABl. EU Nr. L 2011/77, Art. 10 Abs. 2; Abschn. 3a.1 Abs. 1 S. 4 UStAE.

117 Verordnung Nr. 282/2011 vom 15.03.2011, ABl. EU Nr. L 2011/77, Art. 10 Abs. 2; Abschn. 3a.1 Abs. 1 S. 5 UStAE.

unselbstständige[118] Betriebsstätte, die mit einem Mindestbestand an personellen und sachlichen Mitteln ausgestattetet ist, die die Betriebsstätte in die Lage versetzt, die Dienstleistung selbst zu erbringen[119]. Zudem muss ein hinreichender Grad an Beständigkeit, das heißt eine hinreichende Verfestigung des Sitzes der wirtschaftlichen Tätigkeit, erreicht worden sein[120]. Die Aussage in der Verordnung vom 23.03.2011, dass allein aus der Tatsache, dass eine UStIdNr. erteilt wurde nicht auf das Vorhandensein einer festen Niederlassung geschlossen werden kann, wurde nicht in den UStAE übernommen.

cc) Wohnsitz/gewöhnlicher Aufenthalt

Verfügt eine natürliche Person weder über einen Unternehmenssitz noch über eine Betriebsstätte, kommen als Leistungsort der Wohnsitz des leistenden Unternehmers oder der Ort seines gewöhnlichen Aufenthalts in Betracht[121].

d) Leistungsbezug durch eine juristische Person

Bei der Erbringung einer sonstigen Leistung gegenüber einer juristischen Person, die ausschließlich unternehmerisch tätig ist und die Dienstleistung für ihr Unternehmen bezieht, befindet sich der Leistungsort gemäß § 3a Abs. 2 S. 1 UStG am Sitzort oder am Ort der Betriebsstätte. Dies gilt gemäß § 3a Abs. 2 S. 3 UStG auch dann, wenn die juristische Person nicht unternehmerisch tätig ist, aber zur Ausführung des Umsatzes ihre UStIdNr. verwendet.

Bezieht eine juristische Person des Privatrechts die Leistung, die sowohl unternehmerisch, als auch nicht unternehmerisch tätig ist, kommt es für die Frage der Ortsbestimmung nicht darauf an, ob die Leistung für das Unternehmen ausgeführt worden ist[122]. Der Leistungsort bestimmt sich nach § 3a Abs. 2 S. 1 UStG. § 3a Abs. 2 S. 3 UStG findet keine Anwendung.

Ist der Leistungsempfänger eine juristische Person des öffentlichen Rechts, die sowohl unternehmerisch, als auch nichtunternehmerisch, also hoheitlich tätig

---

118 Unselbständig bedeutet eine tatsächliche Abhängigkeit, vgl. Art. 5 Abs. 1 des OECD-Musterabkommens zur festen Geschäftseinrichtung.

119 EuGH-Urteil vom 20.02.1997 – C-260/95 – *DFDS*, Slg. 1997, I-01005, Rn. 20; BFH-Urteil vom 10.12.1998 – V R 49/97, BFH/NV 1999, 839, Leitsatz 2.

120 Bunjes-*Korn*, § 3a Rn. 13; BMF-Schreiben vom 04.09.2009, BStBl. I 2009, 1005, Rn. 4; Verordnung Nr. 282/2011 vom 15.03.2011, ABl. EU Nr. L 2011/77, Art. 11; BMF-Schreiben vom 10.06.2011, BStBl. I 2011, 583; Abschn. 3a.1 Abs. 3 UStAE.

121 Näheres hierzu in Verordnung Nr. 282/2011 vom 15.03.2011, ABl. EU Nr. L 2011/77, Art. 13; Abschn. 3a.1 Abs. 1 S. 8 UStAE.

122 Verordnung Nr. 282/2011 vom 15.03.2011, ABl. EU Nr. L 2011/77, Art. 19; Abschn. 3a.1 Abs. 13 UStAE.

wird, bestimmt sich der Ort der sonstigen Leistung nach § 3a Abs. 2 S. 1 UStG, unabhängig davon, ob die Leistung für den hoheitlichen oder den unternehmerischen Bereich bezogen wird[123]. Ausgeschlossen sind lediglich Leistungen für den privaten Bedarf des Personals[124]. In diesem Fall darf auch die UStIdNr. nicht verwendet werden.

Ist die juristische Person ausschließlich hoheitlich tätig, verwendet jedoch für den Bezug der Leistung ihre UStIdNr., wird sie einem Unternehmer gemäß § 3a Abs. 2 S. 3 UStG gleichgestellt[125].

3. Nachweis der Voraussetzungen der Verlagerung der Steuerschuld

a) Nachweis der Unternehmereigenschaft in der Europäischen Union

Problematisch ist zunächst, ob den Unternehmer überhaupt eine Nachweispflicht trifft. Weder die MwStSystRL noch das deutsche UStG schreiben vor, ob und wie die Voraussetzungen der Verlagerung der Steuerschuld auf den Bestimmungsort nachgewiesen werden sollen[126]. § 3a Abs. 2 UStG regelt nicht nur nicht, wie der Nachweis aussehen soll, sondern auch nicht, dass überhaupt eine Nachweispflicht besteht[127].

Im Steuerrecht gilt gemäß § 88 AO und § 76 I S. 1 FGO der Untersuchungs- oder Amtsermittlungsgrundsatz. Die Beteiligten sind gemäß § 90 Abs. 1 AO und § 76 Abs. 1 S. 2-4 FGO zur Mitwirkung bei der Ermittlung des Sachverhalts verpflichtet, indem sie die für die Besteuerung relevanten Tatsachen vollständig und wahrheitsgemäß offenlegen. Der Umfang der Pflicht richtet sich nach dem Einzelfall[128]. Liegen die Tatsachen in der von dem Steuerpflichtigen beherrschten Informations- und Tätigkeitssphäre, sind die Aufklärungspflichten für diesen höher[129]. M.E. kann hieraus auf die Pflicht des Leistenden geschlossen werden, zumindest darzulegen, woran er die Unternehmereigenschaft des Leistungsempfängers

123 Verordnung Nr. 282/2011 vom 15.03.2011, ABl. EU Nr. L 2011/77, Art. 19; Abschn. 3a.1 Abs. 14 S. 1 und 2 UStAE

124 Verordnung Nr. 282/2011 vom 15.03.2011, ABl. EU Nr. L 2011/77, Art. 19; Abschn. 3a.1 Abs. 14 S.3 UStAE

125 Verordnung Nr. 282/2011 vom 15.03.2011, ABl. EU Nr. L 2011/77, Art. 17; Abschn. 3a.1 Abs. 14 S.6 UStAE.

126 *Matheis*, UVR 2010, 57 (58); *Becker/Müller-Lee*, UStB 2009, 320 (322).

127 *Becker/Müller-Lee*, UStB 2009, 320 (323).

128 Gräber-*Stapperfend*, § 76 Rn. 37.

129 Klein-*Brockmeyer*, § 90 Rn. 3; Gräber-*Stapperfend*, § 76 Rn. 50.

ausmacht. Ist der Sachverhalt nicht bis zum erforderlichen Grad der Gewissheit ermittelbar, so greifen die Grundsätze der objektiven Feststellungslast[130]. Danach trägt derjenige die Feststellungslast für die Voraussetzungen der Norm, die für sein Prozessbegehren günstig ist[131]. Daher trägt der Steuergläubiger die Feststellungslast für die steuerbegründenden Tatsachen und der Steuerschuldner die Feststellungslast für die steuermindernden oder steuerbefreienden Tatsachen[132]. Der Steuerpflichtige muss daher die Voraussetzungen für die Verlagerung der Steuerschuld nachweisen.

Auch die Finanzverwaltung geht in ihrem BMF-Schreiben davon aus, dass der Nachweis durch den Leistenden erforderlich ist. Eine solche Nachweispflicht sollte sich mangels Normierung jedoch auf Fälle beschränken, die Anlass zu Zweifel geben, wenn die Unternehmereigenschaft des ausländischen Abnehmers also nicht offensichtlich ist[133]. Hinzu kommt, dass sich die Anforderungen der Finanzverwaltung an den Nachweis der Unternehmereigenschaft bei der sonstigen Leistung im rechtsfreien Raum bewegen[134]. Einen Nachweis, dass der Unternehmer die sonstige Leistung auch für das Unternehmen bezieht und nicht für private Zwecke verwendet, lässt sich zudem praktisch nicht erbringen[135].

Es muss ausreichen, dass aufgrund des Auftretens des Empfängers der Leistung als Unternehmer auf seine Unternehmereigenschaft geschlossen werden kann[136].

Grundsätzlich kann der Unternehmer selbst bestimmen, wie er nachweist, dass es sich bei dem Leistungsempfänger um einen Unternehmer handelt, der die Leistung für sein Unternehmen bezieht[137]. Zudem ist auch keine Ermächtigungsvorschrift zur Einführung von Buch- und Belegnachweisen in Rechtsverordnungen, wie es bei der Ausfuhr und der innergemeinschaftlichen Lieferung der Fall ist, vorgesehen[138]. Vom Steuerpflichtigen kann aus Gründen der Rechtssicherheit nicht mehr verlangt werden, als gesetzlich normiert ist. In der Konsequenz kann der Nachweis nicht von einer bestimmten Form abhängig gemacht werden[139].

---

130 Klein-*Brockmeyer*, § 90 Rn. 15; Gräber-*Stapperfend*, § 96 Rn. 50, 51.

131 Gräber-*Stapperfend*, § 96 Rn. 51.

132 Gräber-*Stapperfend*, § 96 Rn. 51.

133 *Birkenfeld*, § 73 Rn. 8; Rau/Dürrwächter-*Stadie*, § 3a Rn. 152, *Matheis*, UVR 2010, 57 (59); Demgegenüber ist die Kommission der Ansicht, dass der Dienstleistungserbringer stets einen ausreichenden „Nachweis" über die Steuerpflichtigeneigenschaft des Empfängers benötige, Art. 3 Abs. 2 und 3 und Art. 21 (Abs. 3) des Vorschlags der Kommission vom 17.12.2009 für die DurchführungsVO zur MwStSystRL, KOM (2009) 0672 endg.

134 *Radeisen*, DB 2009, 2229 (2230).

135 *Radeisen*, DB 2009, 2229 (2230).

136 *Becker/Müller-Lee*, UStB 2009, 320 (322).

137 Lippross-*Janzen*, § 3a Rn. 17; BMF-Schreiben vom 04.09.2009, BStBl. I 2009, 1005, Rn. 15; Abschn. 3a.1 Abs. 9.

138 *Radeisen*, DB 2009, 2229 (2230).

139 *Radeisen*, DB 2009, 2229 (2230).

Zwar ist zur Sicherstellung der Besteuerung vorgesehen, dass die UStIdNr. des Empfängers der Leistung in der Rechnung gemäß § 14a Abs. 1 UStG vermerkt wird und die UStIdNr. auch in der zusammenfassenden Meldung gemäß § 18a Abs. 7 Nr. 3a UStG angegeben wird, sie ist aber nicht Voraussetzung für die Anwendung des § 3a Abs. 2 UStG[140].

Wird eine Leistung durch einen Unternehmer bezogen, der seinen Sitz innerhalb der europäischen Union hat, wird für den Nachweis der Unternehmereigenschaft die UStIdNr. der Einfachheit halber sicherlich trotzdem herangezogen werden[141]. Auch das BMF-Schreiben lässt die Verwendung der UStIdNr. als Nachweis ausreichen und knüpft daran die Vermutung, dass es sich um einen Unternehmer handelt[142]. Die Finanzverwaltung gewährt einen eingeschränkten Vertrauensschutz, wenn die UStIdNr. des Leistungsempfängers beim Bundeszentralamt für Steuern in einem qualifizierten Verfahren gemäß § 18e UStG bestätigt wurde[143]. Der Ort der Leistung richtet sich in diesem Fall auch dann nach § 3a Abs. 2 UStG, wenn sich später herausstellt, dass die Leistung vom Empfänger nicht für das Unternehmen bezogen wurde.

Unter Verwendung sei allerdings ein aktives Tun zu verstehen[144]. Die schriftliche Aufzeichnung der Erklärung der Unternehmereigenschaft unter Verwendung einer UStIdNr. bei Abschluss eines mündlichen Vertrages sei ausreichend. Zudem gibt es die Möglichkeit, bei der erstmaligen Erfassung der Stammdaten eine Erklärung des Dienstleistungsempfängers einzuholen, dass die einmal erfasste UStIdNr. für alle künftigen Geschäfte verwendet werden soll[145]. Dies erscheint vor dem Hintergrund, dass es unrealistisch ist, eine Verwendung vor Ausführung jedes Umsatzes zu verlangen, sinnvoll[146]. Eine lediglich im Briefkopf enthaltene UStIdNr. reiche hingegen nicht aus. M.E. stellt die Wahl des Briefkopfes mit der UStIdNr. zumindest ein Indiz dafür dar, dass der Leistungsempfänger als Unternehmer handelt[147]. Die Verordnung vom 23.03.2011 ist m.E. dahingehend auszulegen, dass lediglich die Mitteilung der UStIdNr. ausreichend ist, eine Verwendung wird nicht verlangt[148].

Es bleibt auch abzuwarten, was das BMF darunter versteht, dass der Steuerpflichtige „regelmäßig“ davon ausgehen kann, dass es sich bei dem Leistungs-

---

140 Rau/Dürrwächter-*Stadie*, § 3a Rn. 145; *Becker/Müller-Lee*, UStB 2009, 320 (323).

141 Sölch/Ringleb-*Wäger*, § 3a Rn. 75; *Birkenfeld*, § 73 Rn. 91; *Radeisen*, DB 2009, 2229 (2230).

142 BMF-Schreiben vom 04.09.2009, BStBl. I 2009, 1005, Rn. 15; Abschn. 3a.1 Abs. 9 UStAE.

143 BMF-Schreiben vom 04.09.2009, BStBl. I 2009, 1005, Rn. 15; Abschn. 3a.1 Abs. 9 UStAE.

144 BMF-Schreiben vom 04.09.2009, BStBl. I 2009, 1005, Rn. 16; Abschn. 3a.1 Abs. 10 UStAE.

145 BMF-Schreiben vom 04.09.2009, BStBl. I 2009, 1005, Rn. 15; Abschn. 3a.1 Abs. 9 UStAE.

146 So auch *Becker/Müller-Lee*, UStB 2009, 320 (323).

147 So auch Rau/Dürrwächter-*Stadie*, § 3a Rn. 141.

148 Verordnung Nr. 282/2011 vom 15.03.2011, ABl. EU Nr. L 2011/77, Art. 18 Abs. 1.

empfänger um einen Unternehmer handelt, der die Leistung für sein Unternehmen bezieht[149]. Es ist nicht geklärt, wann der Leistende nicht mehr davon ausgehen kann, obwohl er die UStIdNr. aufgezeichnet hat. Die Finanzverwaltung hat damit die Möglichkeit, die Vermutungsregel zu umgehen.

Der Vorschlag von *Matheis*[150], eine Art kaufmännisches Bestätigungsschreiben[151] aufzusetzen, in welchem dargelegt wird, dass von der Verwendung der UStIdNr. ausgegangen wird und bei Schweigen eine Annahme fingiert wird, ist nur dann sinnvoll, wenn das Schweigen unter Kaufleuten auch in dem Land des Empfängers zu einer fingierten Annahme führt. Sonst kann das Bestätigungsschreiben nicht als Nachweis dienen. Zuzustimmen ist *Matheis* darin, dass ein Rundschreiben, welches eine schriftliche Bestätigung der Verwendung der USt-IdNr. verlangt, von den meisten Leistungsempfängern nicht beantwortet wird und daher nicht praktikabel ist[152].

b) Nachweis der Unternehmereigenschaft bei Ansässigkeit im Drittland

Wird die Leistung an einen Unternehmer mit Sitz im Drittland erbracht, so sind Unternehmereigenschaft und Ansässigkeit des Leistenden nachzuweisen[153].

Laut der Finanzverwaltung kann der Nachweis beispielsweise durch eine Bescheinigung einer Behörde des Sitzstaates geführt werden[154]. Die Bescheinigung muss bestätigen, dass der Leistungsempfänger als Unternehmer erfasst ist[155]. Inhaltlich soll sie der Unternehmerbescheinigung für Zwecke der Vorsteuervergütung gemäß Abschn. 18.13 Abs. 6 UStAE entsprechen[156]. Für jeden Leistungsempfänger eine solche Bescheinigung einzuholen, kann im Einzelfall jedoch unverhältnismäßig sein[157]. Vorstellbar wäre auch der Nachweis anhand von Indizien, die für die Unternehmereigenschaft sprechen, wie ein dem deutschen Handelsregisterauszug entsprechendes Dokument oder langjährige Kundenbeziehungen[158]. Die Nachweispflicht sollte sich jedoch auch bei Ansässigkeit des

---

149 BMF-Schreiben vom 04.09.2009, BStBl. I 2009, 1005, Rn. 15; Abschn. 3a.1 Abs. 9 UStAE; *Becker/Müller-Lee*, UStB 2009, 320 (323).

150 *Matheis*, UVR 2010, 57 (59).

151 Gemäß § 362 HGB gilt das Schweigen auf ein kaufmännisches Bestätigungsschreiben als Annahme.

152 Diese Vorgehensweise wird in dem BMF-Schreiben vom 04.09.2009, BStBl. I 2009, 1005, Rn. 16 dargelegt; Abschn. 3a.1 Abs. 10 UStAE; dazu *Matheis*, UVR 2010, 57 (59).

153 Sölch/Ringleb-*Wäger*, § 3a Rn. 77.

154 BMF-Schreiben vom 04.09.2009, BStBl. I 2009, 1005, Rn. 17; Abschn. 3a.1 Abs. 11 UStAE.

155 BMF-Schreiben vom 04.09.2009, BStBl. I 2009, 1005, Rn. 17; Abschn. 3a.1 Abs. 11 UStAE.

156 BMF-Schreiben vom 04.09.2009, BStBl. I 2009, 1005, Rn. 17; Abschn. 3a.1 Abs. 11 UStAE.

157 *Matheis*, UVR 2010, 57 (59).

158 *Matheis*, UVR 2010, 57 (59).

Empfängers im Drittland auf die Fälle beschränken, bei denen begründete Zweifel bestehen[159].

c) Nachweis der unternehmerischen Verwendung

Verwendet der Empfänger der Leistung seine UStIdNr. gegenüber dem Leistenden, so geht das BMF von der Vermutung aus, dass die Leistung für den unternehmerischen Bereich bezogen wird[160]. Wurden sowohl die

UStIdNr., als auch Name und Anschrift der Person, der diese Nummer erteilt wurde, gemäß § 18e UStG im qualifizierten Bestätigungsverfahren überprüft, gilt die Vermutung selbst dann, wenn sich im Nachhinein herausstellt, dass die Leistung nicht für unternehmerische Zwecke verwendet wurde[161]. Diese Vermutung ist auch in Art. 18 der Verordnung vom 23.03.2011 normiert. Sie steht allerdings unter dem Vorbehalt, dass keine gegenteiligen Informationen vorliegen. Was darunter zu verstehen ist, wird in der Verordnung nicht erläutert.

Ist der Leistungsempfänger im Drittland ansässig, so ist der Nachweis der Unternehmereigenschaft durch die UStIdNr. nicht möglich[162]. Vorsichtshalber sollte eine Bestätigung gemäß § 61a Abs. 4 UStDV eingeholt werden[163]. In Zweifelsfällen kann auch hier davon ausgegangen werden, dass eine Überprüfung der Angaben stattfinden wird.

Selbstverständlich erübrigt sich der Verwendungsnachweis, wenn die Dienstleistung auch dann im Drittland als ausgeführt gilt, wenn sie an einem Verbraucher erbracht wurde[164].

d) Nachweis des Ortes des Dienstleistungsempfängers

Ist der Dienstleistungsempfänger lediglich in einem einzigen Land ansässig, so ist die Dienstleistung in diesem Land zu besteuern[165].

Bei einer Ansässigkeit in mehreren Ländern ist die Dienstleistung in dem Land zu besteuern, in dem der Dienstleistungsempfänger den Sitz seiner wirtschaftlichen Tätigkeit hat[166].

---

159 *Matheis*, UVR 2010, 57 (59).

160 BMF-Schreiben vom 04.09.2009, BStBl. I 2009, 1005, Rn. 15; Abschn. 3a.1 Abs. 9 UStAE.

161 Verordnung Nr. 282/2011 vom 15.03.2011, ABl. EU Nr. L 2011/77, Art. 19 Abs 1; BMF-Schreiben vom 04.09.2009, BStBl. I 2009, 1005, Rn. 15; Abschn. 3a.1 Abs. 9 S. 4 und 5 UStAE.

162 *Matheis*, UVR 2010, 57 (59).

163 *Matheis*, UVR 2010, 57 (59).

164 Insbesondere sonstige Leistungen gemäß § 3a Abs. 4 S. 2 UStG, § 3a Abs. 3 Nr. 4 UStG.

165 *Nieskens*, DB 2011, 1470 (1473).

Art. 20 der Verordnung vom 23.03.2011 verlangt, dass der Dienstleistungserbringer den Ort der Leistung feststellt und anhand der erhaltenen Informationen, mittels handelsüblicher Sicherheitsmaßnahmen überprüft. Wird die Dienstleistung an eine feste Niederlassung/Betriebsstätte erbracht, so ist deren Ort gemäß § 3a Abs. 2 S. 2 UStG der Ort der Dienstleistung.

Nach Art. 22 Abs. 1 der Verordnung vom 23.03.2011[167] hat der Dienstleistungserbringer anhand der Art der erbrachten Dienstleistung und ihrer Verwendung zu ermitteln, ob und an welcher festen Niederlassung die Dienstleistung erbracht wurde. Kann der Dienstleistungserbringer den Ort der Niederlassung so nicht ermitteln, ist dieser anhand anderer Kriterien wie Vertrag, Bestellschein (vereinbarte Bedingungen), der Bezahlung der Dienstleistung oder anhand der dem Dienstleistungsempfänger mitgeteilten UStIdNr. festzustellen. Ist auch das nicht möglich, so kann davon ausgegangen werden, dass die Dienstleistung an dem Ort erbracht wird, an dem der Dienstleistungsempfänger den Sitz seiner wirtschaftlichen Tätigkeit hat. Allerdings werden in der Verordnung keine eindeutigen Rechtsfolgen für das Nichterfüllen oder das mangelhafte Erfüllen der genannten Pflichten proklamiert[168].

Problematisch ist, dass es sich m.E. hierbei um eine unzulässige Risikoverteilung zu Lasten des Steuerpflichtigen handelt[169]. Vereinfacht sollte zumindest gemäß der deutschen Protokollerklärung zu Art. 22 der Verordnung vom 23.03.2011[170] im Zweifelsfall der Mitgliedstaat als Ort der Leistung anzusehen sein, dessen UStIdNr. für den Bezug der Leistung angegeben wurde, wenn diese gemäß § 18e UStG im qualifizierten Verfahren überprüft wurde[171].

4. Vertrauensschutzrechtlich relevante Problemfelder

a) Notwendigkeit des Vertrauensschutzes bei den sonstigen Leistungen gemäß § 3a Abs. 2 S. 1 UStG

Die Notwendigkeit des Vertrauensschutzes ergibt sich aus den Parallelen in der Besteuerung von innergemeinschaftlicher Lieferung und Dienstleistung[172]. Bei

---

166 Verordnung Nr. 282/2011 vom 15.03.2011, ABl. EU Nr. L 2011/77, Art. 10 Abs. 1; Abschn. 3a.1 Abs. 1 S. 4 UStAE.

167 Umgesetzt durch Abschn. 3a.2 Abs. 4 S. 4-5 UStAE.

168 *Nieskens*, DB 2011, 1470 (1473).

169 So auch *Nieskens*, DB 2011, 1470 (1473).

170 Institutionelles Dossier: 2009/0177 (NLE), abrufbar unter http://www.register.consillium.europa.eu/pdf/de/11/st07/st07262-ad01.de11.pdf (Zugriffsdatum: 02.05.2012).

171 *Vellen*, EU-UStB 2011, 40 (42).

172 *Lohse/Spilker/Zitzl,* UR 2010, 633 (634).

der Dienstleistung gibt es zwar nur ein Steuersubjekt und unterschiedliche Steuerschuldner und bei der innergemeinschaftlichen Lieferung verschiedene Steuersubjekte, die Voraussetzung für die Verlagerung des Leistungsortes oder der Steuerfreiheit des innergemeinschaftlichen Erwerbs ist für beide jedoch die Unternehmereigenschaft und die Verwendung für das Unternehmen[173]. Auch bei der sonstigen Leistung ergibt sich ein Betrugspotenzial aus der Abhängigkeit von Angaben des Leistungsempfängers. Die Verhältnisse des Leistenden haben die gleiche mehrwertsteuerliche Bedeutung wie beim innergemeinschaftlichen Warenverkehr[174].

Auch wird in beiden Konstellationen die Belastungsneutralität durch die Möglichkeit des Vorsteuerabzuges gemäß § 15 Abs. 1 Nr. 3 UStG und § 15 Abs. 1 Nr. 4 UStG hergestellt[175].

Um Vertrauensschutz in Anspruch nehmen zu können, müssen allerdings in jedem Fall Nachweise erbracht werden. Vertrauen muss sich auf etwas gründen und benötigt eine Basis. Ohne Nachweise fehlt es an der Grundlage für die Vertrauensbildung[176].

b) Voraussetzungen der Verlagerung des Leistungsortes ins EU-Ausland oder Drittland

Gemäß § 3a Abs. 2 S. 1 UStG verlagert sich der Ort der Leistung an den Unternehmensort des Leistungsempfängers, wenn der Leistungsempfänger ein Unternehmer ist und die sonstige Leistung für sein Unternehmen bezieht[177]. Bezüglich jeder dieser Voraussetzungen ist der Leistende auf Angaben des Leistungsempfängers angewiesen und es besteht die Möglichkeit, dass diese Angaben falsch sind, der Empfänger der Leistung also kein Unternehmer ist oder die Leistung nicht für sein Unternehmen bezieht. Wurde dem Leistenden die UStIdNr. mitgeteilt und hat er diese gemäß § 18e UStG durch ein qualifiziertes Verfahren überprüfen lassen, so kann er davon ausgehen, dass es sich bei dem Leistungsempfänger um

173 *Lohse/Spilker/Zitzl,* UR 2010, 633 (634).

174 *Lohse/Spilker/Zitzl,* UR 2010, 633 (638).

175 *Lohse/Spilker/Zitzl,* UR 2010, 633 (635).

176 So auch für die Ausfuhr *Dietlein/Drüen*, Grundlagen und Reichweiten des Vertrauensschutzes bei Ausfuhrlieferungen im nichtkommerziellen Reiseverkehr, 74.

177 Dies gilt entsprechend, wenn die sonstige Leistung an eine Betriebsstätte des Leistungsempfängers ausgeführt wird oder wenn der Leistungsempfänger eine juristische Person ist, die zwar nicht unternehmerisch tätig ist, aber in einem anderen Mitgliedstaat eine UStIdNr. erteilt wird (staatliche oder halbstaatliche Organisationen oder Hoheitsbetriebe) § 3a Abs. 2 S. 2 und 3 UStG.

einen Unternehmer handelt, der die Leistung für sein Unternehmen verwendet[178]. Das gilt auch für die Leistungserbringung an eine Betriebsstätte[179].

Die Indizwirkung der UStIdNr. entfällt, sobald dem Dienstleistungserbringer „gegenteilige Informationen“ vorliegen[180]. Der Begriff der „gegenteiligen Information“ wird in der Richtlinie nicht definiert[181]. Hat der Unternehmer die UStIdNr. gemäß § 18e UStG qualifiziert überprüfen lassen, so wäre es unverhältnismäßig schon bei bloßen Zweifeln oder bei Unterstellungen eines bloßen Wissenmüssen bei der vorliegenden objektiven Sachlage von „gegenteiligen Informationen“ auszugehen[182]. Daher kann hierunter nur eine positive Kenntnis des Gegenteils verstanden werden, die von der Finanzbehörde zu beweisen ist[183].

Gemäß der Richtlinie vom 23.03.2011 kann auch bei der Leistungserbringung an einen Empfänger im Drittland davon ausgegangen werden, dass es sich um einen Unternehmer handelt, wenn er vom Dienstleistungsempfänger die von der für ihn zuständigen Steuerbehörde ausgestellte Bescheinigung erlangt, wonach der Dienstleistungsempfänger eine wirtschaftliche Tätigkeit ausübt, die es ihm ermöglicht eine Erstattung der Mehrwertsteuer zu erhalten oder wenn ihm – sofern der Dienstleistungsempfänger diese Bescheinigung nicht besitzt – eine Mehrwertsteuernummer oder eine ähnliche zur Identifizierung von Unternehmen verwendete Nummer vorliegt, anhand derer nachgewiesen werden kann, dass es sich um einen Unternehmer handelt und der Leistende mittels handelsüblicher Sicherheitsmaßnahmen in zumutbarem Umfang die Richtigkeit der Angaben überprüft[184]. Hierbei handelt es sich m.E. auch um die Gewährung von Vertrauensschutz. Sind die Angaben falsch, so liegt dies nicht in der Risikosphäre des Dienstleistenden. Leider wurde diese Regelung so nicht in den UStAE übernommen. Die Verordnung ist m.E. an dieser Stelle nur unzureichend umgesetzt worden.

---

178 Verordnung Nr. 282/2011 vom 15.03.2011, ABl. EU Nr. L 2011/77, Art. 18 Abs. 1, Abs. 1 a), Art. 19 Abs. 1; BMF-Schreiben vom 04.09.2009, BStBl. I 2009, 1005, Rn. 15; Abschn. 3a.1 Abs. 9 S. 4 und 5 UStAE; siehe auch Bunjes-*Korn*, § 3a Rn. 34.

179 Verordnung Nr. 282/2011 vom 15.03.2011, ABl. EU Nr. L 2011/77, Art. 18 Abs. 1, Abs. 1 a), Art. 22; Abschn. 3a.2 Abs. 4 S. 4.

180 Verordnung Nr. 282/2011 vom 15.03.2011, ABl. EU Nr. L 2011/77, Art. 18 Abs. 1. Abs. 2, Art. 19.

181 *Nieskens*, DB 2011, 1470 (1474).

182 *Nieskens*, DB 2011, 1470 (1474-1475).

183 *Nieskens*, DB 2011, 1470 (1474-1475).

184 Verordnung Nr. 282/2011 vom 15.03.2011, ABl. EU Nr. L 2011/77, Art. 18 Abs. 1, Abs. 1 a), Art. 19 Abs. 3.

c) Übergang der Steuerschuld nach § 13b Abs. 1, Abs. 2 S. 1 und Abs. 5 UStG

Vertrauensschutzrechtlich relevant sind zudem die Konstellationen, in denen der Leistungsempfänger die Umsatzsteuer gemäß § 13b Abs. 1 und 2 S. 1 UStG an das Finanzamt abführen muss. Gemäß § 13b Abs. 5 UStG trifft dies für die Fälle des § 13b Abs. 1 und 2 S. 1 UStG zu, wenn der Leistende ein Unternehmer oder eine juristische Person ist, die im Ausland oder im Gebiet der EU ansässig ist. Gemäß Art. 13b Abs. 7 S. 2 UStG ist auch ein Unternehmer mit Betriebstätte im Inland als im Ausland oder im Gebiet der EU ansässig anzusehen, wenn der Umsatz nicht von der Betriebsstätte ausgeführt worden ist. Das ist regelmäßig dann der Fall, wenn gemäß Abschn. 13b.11 Abs. 2 S. 4 UStAE der Unternehmer hierfür nicht die technische und personelle Ausstattung dieser Betriebsstätte nutzt. Wird aber die UStIdNr. der Betriebsstätte angegeben, so gilt die Betriebsstätte als am Umsatz beteiligt[185]. Der Leistungsempfänger kann also darauf vertrauen, dass die Steuerschuld nicht nach § 13b Abs. 1 und 2 S. 1 UStG übergegangen ist.

Trotz dieser Regeleung wird grundsätzlich davon ausgegangen, dass Vertrauensschutz im Festsetzungsverfahren abzulehnen ist, mit der Begründung, dass ein solcher in § 13b UStG nicht vorgesehen sei[186].

Ob die Leistung für das Unternehmen verwendet wird, ist irrelevant[187]. Notwendig ist, dass der Leistungserbringer die Regelungen des Staates kennt, in dem der Ort der Leistung ist. Denn hiernach bestimmt sich wer Steuerschuldner ist.

5. Zwischenergebnis

M.E. ist die Normierung eines teilweisen Vertrauensschutzes allein bezüglich der UStIdNr. nicht ausreichend. Zudem ist der Vertrauensschutz nicht ins Gesetz aufgenommen worden, sondern wird lediglich durch ein BMF-Schreiben, eine europäische Verordnung und den UStAE gewährt. Für den Steuerpflichtigen ist nicht ersichtlich, warum der Vertrauensschutz für die innergemeinschaftliche Lieferung in § 6a Abs. 4 UStG normiert wurde und für die sonstige Leistung nicht. Dies führt zu Rechtsunsicherheiten.

185 Verordnung Nr. 282/2011 vom 15.03.2011, ABl. EU Nr. L 2011/77, Art. 53 Abs. 2; Abschn. 13b.11 Abs. 1 S. 6 UStAE.

186 FG München Beschluss vom 19.01.2010 – 14 V 2377/09, DStR 2010, 1009; Sölch/Ringleb-*Mößlang*, § 13b Rn. 10.

187 *Radeisen*, DB 2009, 2229 (2235).

II. Ausfuhrlieferung gemäß § 4 Nr. 1a i.V.m. § 6 UStG

1. Tatbestandsmerkmale der Ausfuhrlieferung

a) Steuerbefreiung der Ausfuhrlieferung gemäß § 4 Nr. 1a UStG i.V.m. § 6 Abs. 1 Nr. 1 UStG

Ausfuhrlieferungen sind gemäß § 4 Nr. 1a UStG i.V.m. § 6 Abs. 1 Nr. 1 UStG von der Umsatzsteuer befreit. Die Befreiung beruht auf Art. 15 Nr. 1 und 2 der Sechsten Richtlinie, welche durch die Mehrwertsteuer-Systemrichtlinie mit Wirkung zum 01.01.2007 ersetzt wurde[188]. Die Voraussetzungen für die Steuerfreiheit muss der Unternehmer selbst nachweisen[189]. Vertrauensschutzregelungen wie die für innergemeinschaftliche Lieferungen sind für die Ausfuhrlieferung nicht vorgesehen, sodass fraglich ist, ob auf die Billigkeitsregelungen in der Abgabenordnung gemäß §§ 163, 227 AO zurückgegriffen werden muss.

Eine Ausfuhr liegt gemäß § 6 Abs. 1 Nr. 1 und 2 UStG bei einer Bewegung der Ware durch den Unternehmer oder den ausländischen Abnehmer vom Inland ins Drittlandgebiet oder in ein Gebiet nach § 1 Abs. 3 UStG vor.

Gemäß § 6 Abs. 1 Nr. 3 UStG ist von einer Ausfuhrlieferung auszugehen, wenn der Unternehmer oder der Abnehmer den Liefergegenstand in ein Gebiet des § 1 Abs. 3 UStG, also die Freihäfen und Gewässer oder Watten zwischen Hoheitsgrenzen und der jeweiligen Strandlinie, befördert oder versendet. Der Abnehmer muss Unternehmer sein und den Liefergegenstand für Zwecke seines Unternehmens erwerben oder er muss ausländischer Nichtunternehmer sein, wenn der Gegenstand in das übrige Drittlandsgebiet gelangt.

Normalerweise muss der Gegenstand der Lieferung ausgeführt werden. Nach § 6 Abs. 1 S. 2 UStG steht es jedoch der Steuerbefreiung nicht entgegen, wenn vor der Ausfuhr durch einen oder mehrere vom Abnehmer beauftragte Unternehmer eine identitätsverändernde Be- oder Verarbeitung stattfindet.

b) Befördern und Versenden

Gemäß § 3 Abs. 6 S. 2 UStG wird der Gegenstand bei jeder Fortbewegung befördert[190]. Ein Gegenstand wird gemäß § 3 Abs. 6 S. 3 versendet, wenn die Beförderung durch einen selbstständigen Beauftragten ausgeführt oder besorgt wird[191].

---

188 Art. 146 Abs. 1 lit. a, b MwStSystRL.

189 § 6 Abs. 1 i.V.m. § 6 Abs. 4 UStG.

190 Abschn. 3.12 Abs. 2 UStAE.

191 *Kortschak*, Lehrbuch Umsatzsteuer, Rn. 359.

c) Ausländischer Abnehmer

Die Ausfuhr muss an einen ausländischen Abnehmer erfolgen. Ausländisch ist ein Abnehmer gemäß § 6 Abs. 2 Nr. 1 UStG dann, wenn er seinen Wohnort oder Sitz im Ausland, mit Ausnahme der Gebiete des § 1 Abs. 3 UStG, hat oder gemäß § 6 Abs. 2 Nr. 2 UStG eine Zweigniederlassung eines im Inland ansässigen Unternehmers, die ihren Sitz im Ausland hat, ausgenommen die bezeichneten Gebiete. Zudem muss das Umsatzgeschäft im eigenen Namen abgeschlossen worden sein.

Der Wohnort ist der örtliche Mittelpunkt des Lebens[192]. Er ist identisch mit dem Wohnsitz i.S.d. Art. 43 und 56 MwStSystRL, nicht jedoch mit dem Wohnsitz i.S.d. § 8 AO[193].

Den Sitz hat eine Körperschaft, Personenvereinigung oder Vermögensmasse gemäß § 11 AO grundsätzlich an dem Ort, der durch Gesetz, Gesellschaftsvertrag, Satzung, Stiftungsgeschäft bestimmt ist. Für die Anwendung bezüglich des § 6 UStG ist der Begriff des Sitzes jedoch richtlinienkonform auszulegen. Art. 146 Abs. 1 lit. b) MwStSystRL stellt auf die Ansässigkeit ab, welche sich nach dem Sitz der wirtschaftlichen Tätigkeit oder dem Ort einer festen Niederlassung richtet[194].

Die Zweigniederlassung soll das Umsatzgeschäft in eigenem Namen abschließen. Eine Zweigniederlassung ist als rechtlich unselbstständige Funktionseinheit nicht selbst rechtsfähig gemäß § 13 HGB und kann demzufolge selbst keine Verträge abschließen[195], sondern nur im Namen des Rechtsträgers handeln. Folglich macht dieses Erfordernis nur Sinn, wenn man davon ausgeht, dass gemeint ist, dass die Lieferung an die Zweigniederlassung für deren Zwecke erfolgt, so dass eine wirtschaftliche Zurechnung erfolgen kann[196]. Die Regelung ist eine Ausnahme vom Grundsatz der Unternehmenseinheit[197]. Es soll erreicht werden, dass auch die Lieferung an eine Zweigniederlassung als Ausfuhr und nicht etwa als inländischer Umsatz behandelt wird[198].

---

192 BFH-Urteil vom 31.07.1975 – V R 52/74, BStBl. II 1976, 80, Leitsatz; BFH-Urteil vom 14.12.1994 – XI R 70/93, BStBl. II 1995, 515, Rn. II. 3.; BFH-Beschluss vom 07.04.2000 – V B 176/99, BFH/NV 2000, 1370, Rn. II. 1. a); BFH-Urteil vom 11.02.1993 – V R 90/89, BFH/NV 1993, 631, Rn. II. 2. a); Abschn. 6.3 Abs. 2 UStAE.

193 *Stadie*, § 6 Rn. 19.

194 *Stadie*, § 6 Rn. 21.

195 Rau/Dürrwächter-*Tehler*, § 6 Rn. 316.

196 ähnlich Art. 7 OECD-Muster-DBA, online abrufbar unter http://www.oecd.org/document/50/0,3343,de_34968570_34968855_41206066_1_1_1_1,00.html (Zugriffsdatum: 24.05.2011).

197 Rau/Dürrwächter-*Tehler*, § 6 Rn. 311.

198 Rau/Dürrwächter-*Tehler*, § 6 Rn. 311.

2. Nachweis der Voraussetzungen der Steuerbefreiung

a) Ausfuhrnachweise als formelle Voraussetzung für die Steuerbefreiung

Bei den Ausfuhrnachweisen handelte es sich nach älterer Rechtsauffassung nicht lediglich um Formalitäten, sondern um materielle Voraussetzungen für die Steuerfreiheit[199]. Das EuGH-Urteil vom 27.09.2007 führt jedoch zu einer Revidierung der bisherigen Rechtsauffassung[200].

Nach Auffassung des EuGH erfordert der Grundsatz der steuerlichen Neutralität, dass die Steuerfreiheit auch dann gewährt wird, wenn alle materiellen Voraussetzungen vorliegen, der Steuerpflichtige aber nicht alle formellen Pflichten erfüllt hat[201]. Das Urteil ist zwar zu den Nachweispflichten bei einer innergemeinschaftlichen Lieferung ergangen, muss aber aufgrund des Gleichheitsgrundsatzes gemäß Art. 3 Abs. 1 GG auch für die Ausfuhrlieferung gelten. Überdies ist der Wortlaut der Vorschriften zu den Nachweispflichten der innergemeinschaftlichen Lieferung und der Ausfuhrlieferung nahezu identisch[202]. Schon aus diesem Grund verbietet sich eine unterschiedliche Behandlung[203].

In seinen früheren Entscheidungen ist der BFH davon ausgegangen, dass eine generelle Pflicht bestehe, den erforderlichen Buchnachweis laufend und unmittelbar zu führen[204]. Der Buch- und Belegnachweis wurde ferner als materiellrechtliche Voraussetzung für die Steuerbefreiung der innergemeinschaftlichen Lieferung und der Ausfuhr angesehen[205]. Eine Relativierung bezüglich der Belegnachweise bestand nur insofern, als dass diese bis zum Abschluss der mündlichen Verhandlung noch vorgelegt werden konnten[206]. Auch der BGH folgte diesem

199 *Kortschak*, Lehrbuch Umsatzsteuer, Rn. 365; BFH-Beschluss vom 30.06.2000 – V B 17/00, BFH/NV 2001, 212, Leitsatz; BFH-Urteil vom 27.04.1995 – V R 2/94, BFH/NV 1996, 184, Leitsatz; BFH-Urteil vom 28.02.1980 – V R 118/76, BStBl. II 1980, 415, Rn. I. 1.

200 EuGH-Urteil vom 27.09.2007 – Rs. C-146/05 – *Albert Collée*, UR 2007, 813; Plückebaum/Malitzky-*Schwarz*, 178. Egl., § 6 Rn. 264.

201 EuGH-Urteil vom 27.09.2007 – Rs. C-146/05 – *Albert Collée*, UR 2007, 813, Rn. 29, 31; *Weimann*, UStB 2008, 349 (349).

202 *Tehler*, UVR 2008, 350 (351).

203 FG Niedersachsen Urteil vom 19.05.2008 – 16 K 177/07, EFG 2008, 1500, Rn. 24, 25; siehe hierzu auch *Nieskens*, StC 2009, 16 (21).

204 BFH-Urteil vom 28.02.1980 – V R 118/76, BStBl. II 1980, 415, Rn. I. 1. ; mit Anmerkung *Weiss*, UStR 1980, 160 (162); BFH-Urteil vom 18.07.2002 – V R 3/02, BStBl. II 2003, 616, Rn. II. 1. a).

205 BFH-Beschlüsse vom 02.04.1997 – V B 159/96, BFH/NV 1997, 629, Rn. II. 1. a); vom 05.02.2004 – V B 180/03, BFH/NV 2004, 988, Rn. II. 1.

206 BFH-Urteil vom 30.03.2006 – V R 47/03, UR 2006, 397, Rn. (4) c), mit Anm. *Maunz*; *Sterzinger*, UR 2008, 169 (171).

Verständnis und verurteilte schon dann wegen Steuerhinterziehung, wenn die UStIdNr. in den Aufzeichnungen fehlte[207].

In der Rechtssache *Collée-KG* kamen dem BFH vor dem Hintergrund des Grundsatzes der Neutralität der Mehrwertsteuer Zweifel, ob es rechtmäßig sei, eine Steuerbefreiung zu versagen, weil bestimmte Nachweise nicht vollständig oder nicht zeitgerecht vorgelegen haben.

Aus diesem Grund legte der BFH dem EuGH folgende Frage vor: „Darf die Finanzverwaltung zweifelsfreie Steuerfreiheit einer innergemeinschaftlichen Lieferung allein mit der Begründung versagen, der dafür vorgeschriebene Buchnachweis sei nicht rechtzeitig geführt"[208].

Dem Vorabentscheidungsverfahren lag folgende Fragestellung zugrunde:

Kann die Steuerfreiheit für eine innergemeinschaftliche Lieferung versagt werden, wenn der Buchnachweis aufgrund der tatsächlichen Umstände erst nachträglich und nicht laufend und unmittelbar nach Ausführung der Umsätze vorgenommen werden konnte, obwohl niemand an dem tatsächlichen Vorliegen einer innergemeinschaftlichen Lieferung zweifelt[209]?

Der EuGH verdeutlicht in seiner Entscheidung zur Rechtssache *Collée*, dass es vor dem Hintergrund des Grundsatzes der Neutralität der Mehrwertsteuer unverhältnismäßig ist, die Steuerbefreiung aufgrund der Nichteinhaltung formeller Formvorschriften zu versagen[210]. Anders wäre der Fall nur zu beurteilen gewesen, wenn der Verstoß gegen die formellen Nachweispflichten dazu geführt hätte, dass der sichere Nachweis, dass die materiellen Anforderungen erfüllt sind, verhindert worden wäre. Sonst sei allein auf die objektiven Merkmale der jeweiligen Lieferung abzustellen[211]. Daher müssten bei einer innergemeinschaftlichen Lieferung folgende Kriterien erfüllt sein[212]. Der gelieferte Gegenstand hat das Inland physisch verlassen und ist in ein anderes EU-Land gelangt. Dem Erwerber ist die Verfügungsmacht über den Gegenstand übertragen worden. Zudem ist die Lieferung an einen Unternehmer oder eine juristische Person erfolgt, die in ihrem Land den Vorschriften des innergemeinschaftlichen Erwerbs unterliegt.

Dem EuGH ist zuzustimmen. Es ist unverhältnismäßig, der Einhaltung formeller Verpflichtungen einen höheren Stellenwert einzuräumen als dem Grundsatz

207 BGH-Urteil vom 12.05.2005 – 5 StR 36/05, DStR 2005, 127; *Bielefeld*, DStR 2006, 355 (356).

208 BFH EuGH-Vorlage vom 10.02.2005, BStBl. II 2005, 537, Leitsatz 1.

209 BFH-Urteil vom 06.12.2007 – V R 59/03, BStBl. II 2009, Rn. 1-19.

210 EuGH-Urteil vom 27.09.2007 – Rs. C-146/05 – *Albert Collée*, UR 2007, 813, Rn. 29, 31.

211 EuGH-Urteil vom 27.09.2007 – Rs. C-146/05 – *Albert Collée*, UR 2007, 813, Rn. 29-33; mit Anmerkungen *Maunz*; EuGH-Urteil vom 27.09.2007 – Rs. C-409/04– *Teleos*, UR 2007, 774, Rn. 40.

212 Siehe hierzu auch *Nieskens*, UR 2008, 812 (812).

der Neutralität der Mehrwertsteuer[213]. Der Neutralitätsgrundsatz untersagt es, gleichartige im Wettbewerb miteinander stehende Leistungen hinsichtlich der Mehrwertsteuer unterschiedlich zu behandeln. Bezüglich der Steuerbefreiung nach § 4 Nr. 1 a) und b) UStG bedeutet dies, dass Steuerpflichtige, die innergemeinschaftliche Lieferungen oder Ausfuhren tätigen, nicht schlechter gestellt werden dürfen als Steuerpflichtige, die nur inländische Umsätze tätigen und aufgrund der Tatsache, dass die Umsatzsteuer eine indirekte Verbrauchssteuer ist, nicht mit Umsatzsteuer belastet werden[214]. Die vom Unternehmer abgeführte Umsatzsteuer wird auf den Nettobetrag für den Leistungsempfänger aufgeschlagen und die auf Eingangsrechnungen gezahlte Umsatzsteuer kann als Vorsteuer wieder abgezogen werden[215].

Die Entscheidung in der Rechtssache *Collée* ist im Zusammenhang mit zwei weiteren Entscheidungen ergangen, in welchen der EuGH deutlich macht, dass die Bekämpfung der Umsatzsteuerhinterziehung ein Ziel der MwStSystRL ist und die Mitgliedstaaten durchaus dazu legitimiert sind, hohe Anforderungen an die Steuerbefreiung zu stellen[216]. Zu beachten seien dabei aber die Grundsätze der Neutralität, der Verhältnismäßigkeit und der Rechtsicherheit, sowie die Grundfreiheiten, im Besonderen die Warenverkehrsfreiheit[217]. Dem Unternehmer „als entschädigungslos herangezogenem Fiskalgehilfen" dürften keine unverhältnismäßigen Pflichten und Risiken aufgebürdet werden[218].

Auch der BFH schließt sich in seiner Folgeentscheidung zur Rechtssache *Collée* vom 06.12.2007 und den Entscheidungen vom 08.11.2007 der Argumentation des EuGH an[219]. Er stellt fest, dass die Nachweise im Sinne der §§ 17a, 17c UStDV zwar mit dem Unionsrecht vereinbar, aber keine materiell-rechtliche Voraussetzung für die Umsatzsteuerbefreiung der innergemeinschaftlichen Lieferung seien[220], sondern lediglich ein „prima facie"-Beweis, dass die Voraussetzungen des

213 So auch *Hörmann*, ELR 2008, 25 (27); *Sterzinger*, UR 2008, 169 (174); *Neeser*, UVR 2009, 82 (83).

214 *Küffner/Langer*, DB 2008, 1116 (1116); *Winter*, UR 2007, 881 (883).

215 Rau/Dürrwächter-*Nieskens*, § 25d UStG, Rn. 31.

216 *Langer,* NWB 2009, 778 (778).

217 EuGH-Urteil vom 27.09.2007 – Rs. C-409/04 – *Teleos*, UR 2007, 774, Rn. 45; EuGH-Urteil vom 27.09.2007 – Rs. C-184/05 – *Twoh International*, UR 2007, 782, Rn. 25.

218 *Englisch/Becker/Kurzenberger*, UR 2010, 285 (287).

219 BFH-Urteil vom 06.12.2007 – V R 59/03, BStBl. II 2009; BFH-Urteil vom 08.11.2007 – V R 71/05, BStBl. II 2009, 52; BFH-Urteil vom 08.11.2007 – V R 72/05, BStBl. II 2009, 55; BFH-Urteil vom 08.11.2007 – VR 26/05, BStBl. II 2009, 49; Auch die nationalen Finanzgericht haben sich dieser Ansicht angeschlossen aktuell: FG München Urteil vom 18.12.2012 – 2 K 2283/10, abrufbar unter http://www. legios.de (Zugriffsdatum 21.03.2013).

220 BFH-Urteil vom 06.12.2007 – V R 59/03, BStBl. II 2009, Leitsatz 1, Rn. II. 1. d); BFH-Urteil vom 08.11.2007 – V R 72/05, BStBl. II 2009, 55, Leitsatz 2, Rn. II. 1. c).

§ 6a Abs. 1 UStG vorgelegen haben[221]. Dem ist zuzustimmen. Die Vermutungswirkung entfällt nur, wenn es dem Buch- und Belegnachweis schon dem äußeren Anschein nach an Plausibilität fehlt[222]. Eine Steuerbefreiung ist auch dann zu gewähren, wenn trotz Nichterfüllung der formellen Nachweispflichten aufgrund der objektiven Beweislage deutlich wird, dass die Voraussetzungen des § 6a Abs. 1 UStG vorliegen[223]. Kann der Steuerpflichtige die Voraussetzungen nachweisen, kommt es auf einen nicht beachteten Buch- und Belegnachweis nicht mehr an[224].

Wird aber gegen die Nachweispflichten nach § 6a Abs. 3 UStG verstoßen, um die Identität des Abnehmers der innergemeinschaftlichen Lieferung zu verschleiern und diesem so eine Mehrwertsteuerhinterziehung im Bestimmungsland ermöglicht, kann die Steuerfreiheit nicht aufgrund des objektiven Nachweises der Voraussetzungen gewährt werden[225].

In drei weiteren Urteilen stellt der BFH klar, dass die vom Gesetzgeber normierten Nachweispflichten nicht durch die Finanzverwaltung ergänzt werden dürften[226]. Werden zu einem späteren Zeitpunkt zusätzliche Nachweise verlangt, die zum Zeitpunkt der Ausführung der Leistung nicht ersichtlich waren, liegt ein Verstoß gegen den Grundsatz der Rechtssicherheit vor[227]. Die Nachweise stehen jedoch unter dem Vorbehalt der eingehenden Prüfung durch das Finanzamt[228]. Sie haben lediglich Vorläufigkeitscharakter[229]. Zeigt sich, dass die Angaben unzutreffend sind, obliegt die Last einer nicht geglückten Aufklärung der Finanzbehörde[230].

Ob die Voraussetzungen der Steuerbefreiung nach der objektiven Beweislage gegeben sind, wird im finanzgerichtlichen Verfahren aufgrund der tatrichterlichen

---

221 *Nieskens*, UR 2008, 812 (812); *Englisch/Becker/Kurzenberger,* UR 2010, 285 (287).

222 BFH-Urteil vom 12.05.2009 – V R 65/06, UR 2009, 719, Rn. B. 1. c); *Englisch/Becker/Kurzenberger,* UR 2010, 285 (287).

223 BFH-Urteil vom 06.12.2007 – V R 59/03, BStBl. II 2009, Leitsatz 4, Rn. II. 1. d); BFH-Urteil vom 08.11.2007 – V R 72/05, BStBl. II 2009, 55, Rn. II. 1. c): Annahme der spanischen Finanzbehörde, dass es sich bei dem spanischen Unternehmen um ein Scheinunternehmen handelt ist für die umsatzsteuerliche Behandlung irrelevant.

224 *Neeser,* UVR 2009, 82 (87).

225 Abschn. 6a.2 Abs. 7 UStAE; Umsetzung der Urteile: EuGH-Urteil vom 07.12.2010 – C-285/09 – *R*, ABl. EU 2011, Nr. C 55, 10; BFH-Urteil vom 17.02.2011 – V R 30/10, BStBl. 2011 II, 769, durch das BMF-Schreiben vom 26.09.2011, BStBl. I 2011, 980; siehe auch BFH-Urteil vom 11.08.2011 – V R 50/09, DB 2011, 2417, Leitsatz; BFH-Urteil vom 14.12.2011, XI R 33/10, BFH/NV 2012, 1009, Rn. II. B. 3.

226 BFH-Urteil vom 12.05.2009 – V R 65/06, DB 2009, 1740; BFH-Urteil vom 23.4.2009 – V R 84/07, DB 2009, 1851; BFH-Urteil vom 28.05.2009 – V R 23/08, DB 2009, 1856; *Matheis/Braun*, UVR 2009, 296 (301).

227 *Sterzinger*, BB 2009, 2130 (2131).

228 BFH-Urteil vom 12.05.2009 – V R 65/06, DB 2009, 1740, Leitsatz 2.

229 *Nieskens*, StC 2009, 16 (17).

230 *Matheis/Braun*, UVR 2009, 296 (301).

Würdigung und Überzeugungsbildung durch das FG ermittelt[231]. Gemäß § 118 Abs. 2 FGO kann diese tatrichterliche Würdigung nur noch in Grenzen überprüft werden[232]. Letztlich verlagert sich somit das Problem der Nachweispflichten nur auf die Ebene der Beweiswürdigung[233].

Die Voraussetzungen für die Steuerfreiheit sind gemäß § 6 Abs. 4 S. 1 UStG vom Unternehmer, der sich auf die Steuerfreiheit beruft, nachzuweisen. Durch § 6 Abs. 4 S. 2 UStG wird das BMF ermächtigt, durch Rechtsverordnung zu präzisieren, welche Nachweise zu erbringen sind. Mit den §§ 8-11, 13 und § 17 UStDV wurde von dieser Ermächtigung Gebrauch gemacht. Je nach Art der Ausfuhrlieferung gelten unterschiedliche Regelungen, welche in den §§ 8-11 UStDV dargelegt sind.

Mit Verordnung des Bundesministeriums der Finanzen vom 13.10.2011[234] werden mit Wirkung zum 01.12.2011 die als Sollvorschriften ausgestalteten Regelungen der Nachweispflichten für die Ausfuhr in §§ 8, 11, 13 und 17 UStDV in Mussvorschriften umgewandelt, weil dies der gängigen Auslegung entspräche[235]. Der Bundesrat hat der Verordnung mit Beschluss vom 25.11.2011[236] gemäß Art. 80 Abs. 2 GG zugestimmt. Für bis zum 31.03.2012 ausgeführte Ausfuhrlieferungen wird nicht beanstandet, wenn der beleg- und buchmäßige Nachweise der Voraussetzungen der Steuerbefreiung noch auf Grundlage, der bis zum 31.12.2011 geltenden Rechtslage geführt werden[237]. Vor dem Hintergrund der erläuterten EuGH-Rechtsprechung ist diese Änderung nicht nachzuvollziehen. Hieraus ergibt sich eindeutig der Charakter der Nachweispflichten als vorläufiger Anscheinsbeweis[238]. Auch die deutsche Finanzverwaltung und die Rechtsprechung gehen von Sollvorschriften aus. Das Argument, es würde sich nach der gängigen Auslegung um Mussvorschriften handeln ist schlichtweg falsch. Würde es zu einer Änderung der Vorschriften kommen, so müssten sie aufgrund der effektiven Durchsetzung des Europarechts dennoch als Sollvorschriften verstanden werden. Allerdings wird der Wortlaut der Verordnung die Verwaltung und die Betriebsprüfer dazu animieren, auf die Verwendung der vorgeschriebenen Nachweise zu bestehen. In

---

231 BFH-Urteil vom 28.05.2009 – V R 23/08, BStBl. II 2010, 517, Rn. II. 1.

232 Hierzu auch *Wäger*, DStR 2009, 1621 (1623).

233 *Küffner/Langer*, DB 2008, 1116 (1117).

234 BRat-Drs. 628/11 vom 13.10.2011.

235 BRat-Drs. 628/11 vom 13.10.2011, S. 13, 15, 17; die Anpassung des UStAE erfolgte mit BMF-Schreiben vom 06.02.2012, BStBl. I 2012, 212.

236 Beschluss zur BRat-Drs. 628/11 vom 13.10.2011.

237 BMF-Schreiben vom 09.12.2011, BStBl. I 2011, 1287, 1.

238 So auch die Verbände der deutschen Wirtschaft in der Stellungnahme vom 01.09.2011, abrufbar unter http://www.bdi.eu/download_content/8er_UStDV_1109.pdf (Zugriffsdatum: 16.05.2012) und das IDW, Stellungnahme vom 02.09.2011, abrufbar unter http://www.idw.de/idw/portal/d612148 (Zugriffsdatum: 16.05.2012).

der Praxis führt dies zu einer untragbaren Risikoverlagerung auf den Steuerpflichtigen.

Grundsätzlich muss gemäß § 8 Abs. 1 UStDV durch eindeutige und leicht nachprüfbare Belege nachgewiesen werden, dass der Unternehmer oder sein Abnehmer den Gegenstand der Lieferung in das Drittlandsgebiet befördert oder versendet haben. Wird der Gegenstand be- oder verarbeitet, muss auch dies ersichtlich sein.

b) Ausfuhrnachweis in Beförderungsfällen § 9 UStDV

§ 9 UStDV regelt den erforderlichen Belegnachweis, wenn der Gegenstand der Lieferung durch den Lieferer oder durch Abnehmer in das Drittlandsgebiet befördert wird.

Gemäß § 9 Abs. 1 Nr. 1 UStDV hat der Unternehmer den Ausfuhrnachweis bei Ausfuhranmeldung im elektronischen Ausfuhrverfahren nach Art. 787 der Durchführungsverordnung zum Zollkodex mit der durch die zuständige Ausfuhrstelle auf elektronischem Weg übermittelten Bestätigung, dass der Gegenstands ausgeführt wurde.

Das elektronische Ausfuhrfahren dient seit 2006 der Ersetzung der schriftlichen Ausfuhranmeldung und wird auf nationaler Ebene durch das IT-Verfahren ATLAS-Ausfuhr realisiert[239]. Der Ausfuhrnachweis wird in Form eines mit EDIFACT-Nachricht[240] übermittelten PDF-Dokumentes „Ausgangsvermerk" geführt oder auf Antrag mit einem Ausdruck, der mit Dienststempelabdruck und Unterschrift zu versehen ist[241].

Bei allen anderen Ausfuhranmeldungen durch Beleg muss der Ausfuhrbeleg gemäß § 9 Abs. 2 Nr. 2 UStDV den Namen und die Anschrift des Unternehmers, die handelsübliche Bezeichnung und die Menge des ausgeführten Gegenstands, den Ort und Tag der Ausfuhr in das Drittlandsgebiet und die Ausfuhrbestätigung der den Ausgang des Gegenstands aus dem Gebiet der europäischen Union überwachenden Grenzzollstelle eines Mitgliedstaates enthalten. Anstelle der Ausfuhrbestätigung tritt gemäß § 9 Abs. 3 UStDV bei einer Ausfuhr im gemeinsamen oder gemeinschaftlichen Versandverfahren oder bei einer Ausfuhr mit Carnets TIR, wenn diese Verfahren nicht bei einer Grenzzollstelle beginnen, eine Ausfuhrbestätigung der Abgangsstelle.

---

239 *Harksen/Möller*, UStB 2008, 78 (83).

240 EIDFACT = Electronic Data Interchange For Administration, Commerce and Transport – Branchenübergreifender internationaler Standard für das Format elektronischer Daten im Geschäftsverkehr.

241 Plückebaum/Malitzky-*Schwarz*, 178 Egl., § 6 Rn. 304.

Weitere Anforderungen gelten gemäß § 9 Abs. 2 Nr. 1 und 2 UStDV für die Ausfuhr von für den Straßenverkehr zugelassenen Fahrzeugen. Mit der Erweiterung der Nachweispflichten für einzelne Branchen widerspricht die Finanzverwaltung der BFH-Entscheidung vom 31.07.2011[242], in welcher erhöhte Anforderungen auch unter der Berücksichtigung der Gefahr des Missbrauchs als nicht verhältnismäßig angesehen wurden[243].

Ohne nähere Erläuterung wird auch die Möglichkeit des Nachweises durch eine Abfertigungsbestätigung der Abgangsstelle in Verbindung mit einer Eingangsbescheinigung der Bestimmungsstelle im Drittlandsgebiet lediglich mit der Begründung gestrichen, dies wäre in der Praxis nicht genutzt worden[244].

Bei Ausfuhren mit mündlicher oder konkludenter Anmeldung oder geringer wirtschaftlicher Bedeutung kann sich die Bestätigung der Ausfuhr oder Abfertigung auf einem handelsüblichen Geschäftsbeleg, z.B. Lieferschein, Rechnungsdurchschrift, Mehrstück der Versandanmeldung, der Ausfuhranmeldung oder der Ausfuhrkontrollmeldung befinden[245].

Ist es im Einzelfall nicht möglich oder zumutbar, den Nachweis der Ausfuhr durch Belege mit einer Bestätigung der Zollbehörde zu erbringen[246], sind auch Ersatzbelege[247] als Nachweis ausreichend. Allerdings nur dann, wenn man davon ausgeht, dass es sich europarechtskonform weiterhin um Sollvorschriften handelt.

c) Ausfuhrnachweis in Versendungsfällen § 10 UStDV

Wird der Gegenstand versendet, ist gemäß § 10 Abs. 1 Nr. 1 UStDV bei der Ausfuhranmeldung im elektronischen Ausfuhrverfahren nach Art. 787 der Durchführungsverordnung zum Zollkodex mit dem Ausgangsvermerk, bei allen anderen Ausfuhranmeldungen durch einen Versendungsbeleg oder einen sonstigen handelsüblichen Beleg, insbesondere eine Bescheinigung des beauftragten

---

242 BFH-Urteil vom 31.07.2008 – V R 21/06, BFHE 222, 143, Leitsatz 1, Rn. II. 1.

243 IDW, Stellungnahme vom 02.09.2011, abrufbar unter http://www.idw.de/idw/portal/d612148 (Zugriffsdatum: 16.05.2012), 2.

244 IDW, Stellungnahme vom 02.09.2011, abrufbar unter http://www.idw.de/idw/portal/d612148 (Zugriffsdatum: 16.05.2012), 2; BRat-Drs. 628/11 vom 13.10.2011, 15.

245 Begründung zur Verordnung BRat-Drucks. 628/11, 14; Sölch/Ringleb-*Treiber*, § 6a Rn. 112.

246 Z.B. Ausfuhr von Gegenständen im Reiseverkehr für angegebenes Reisegepäck, durch die Kurier- und Poststelle des Auswärtigen Amtes oder durch Transportmittel der Bundeswehr oder der Stationierungsgruppen.

247 Nach der Weisung des BMF in Abschn. 6.6 Abs. 6 UStAE werden grundsätzlich anerkannt: Bescheinigung des Auswärtigen Amtes einschließlich ihrer im Drittlandesgebiet stationierten Truppeneinheiten, Belege über die Verzollung oder Einfuhrbesteuerung durch außergemeinschaftliche Zollstellen oder beglaubigte Abschriften davon, Transportbelege der Stationierungstruppen, z.B. Militärfrachtbriefe, und Abwicklungsscheine.

Spediteurs oder eine Versandbestätigung des Lieferers, die Ausfuhr nachzuweisen. Der handelsübliche Beleg muss die Angaben gemäß § 10 Abs. 2 Nr. 2 a) und b) UStDV wie z.B. Name und Anschrift des Ausstellers sowie den Tag der Ausstellung, die handelsübliche Bezeichnung, die Menge des ausgeführten Gegenstandes und die Unterschrift des Ausstellers enthalten. Nach neuerer Rechtsprechung ist der CMR-Frachtbrief auch dann als Versendungsbeleg gemäß § 17a Abs. 4 S. 1 i.V.m. § 10 Abs. 1 Nr. 2 UStDV anzuerkennen, wenn der Auftraggeber des Frachtführers diesen nicht unterzeichnet hat[248]. Indes ist es erforderlich, dass der Bestimmungsort angegeben wird[249]. Die Finanzverwaltung versucht diese Rechtsprechung zu umgehen, indem als Versendungsbeleg insbesondere ein handelsrechtlicher Frachtbrief, der vom Auftraggeber des Frachtführers unterzeichnet ist, anerkannt wird[250]. Betrug wird durch das Erfordernis einer Unterschrift zudem auch nicht verhindert, es besteht daher kein Mehrwert[251].

Ist es dem Unternehmer nicht möglich oder nicht zumutbar, bei einer Ausfuhr im elektronischen Verfahren den Ausfuhrnachweis nach § 10 Abs. 1 S. 1 Nr. 1 UStDV zu führen, kann dieser den Nachweis der Ausfuhr nur dann nach § 10 Abs. 1 S. 1 Nr. 2 UStDV erbringen, wenn der Beleg zusätzlich die Versendungsbezugsnummer[252] der Ausfuhranmeldung nach Artikel 796c S. 3 der Durchführungsverordnung zum Zollkodex enthalten. Warum der Steuerpflichtige mit weiteren Dokumentationspflichten belastet werden soll, ist nicht ersichtlich[253].

Sollte es im Einzelfall dem Unternehmer nicht möglich oder unzumutbar sein, den Ausfuhrnachweis nach § 10 Abs. 1 S. 1 Nr. 2 UStDV zu führen, so kann er nach § 10 Abs. 4 UStDV die Ausfuhr wie im Beförderungsfall nachweisen.

d) Ausfuhrnachweis in Bearbeitungs- und Verarbeitungsfällen § 11 UStDV

Im Falle der Be- oder Verarbeitung durch Beauftragte ist die Ausfuhr gemäß § 11 Abs. 1 UStDV durch einen Beleg nach § 9 UStDV oder § 10 UStDV zu führen, der zusätzlich Angaben über den Namen und die Anschrift des Beauftragten, die handelsübliche Bezeichnung und die Menge des an den Beauftragten übergebenen oder

---

248 BFH-Urteil vom 17.02.2011 – V R 28/10, BFHE 233, 331, Rn. Leitsatz, Rn. II. 3. a); BFH-Urteil vom 04.05.2011 – XI R 10/09, BFHE 233,374, Rn. II. 2. c); BFH-Urteil vom 14.12.2011 – XI R 18/10, BFH/NV 2012, 1006, Rn. II. 3. a);

249 BFH-Urteil vom 04.05.2011, XI R 10/09, BFHE 233, 374, Leitsatz, Rn. II. 3. a).

250 IDW, Stellungnahme vom 02.09.2011, abrufbar unter http://www.idw.de/idw/portal/d612148 (Zugriffsdatum: 16.05.2012), 3.

251 Verbände der deutschen Wirtschaft in der Stellungnahme vom 01.09.2011, abrufbar unter http://www.bdi.eu/download_content/8er_UStDV_1109.pdf (Zugriffsdatum: 16.05.2012), 7.

252 Movement Reference Number – MRN.

253 IDW, Stellungnahme vom 02.09.2011, abrufbar unter http://www.idw.de/idw/portal/d612148 (Zugriffsdatum: 16.05.2012), 3.

versendeten Gegenstandes, den Ort und den Tag der Entgegennahme des Gegenstandes durch den Beauftragten und die Bezeichnung des Auftrags und der vom Beauftragten vorgenommenen Bearbeitung oder Verarbeitung enthält.

e) Buchnachweise

Gemäß § 6 Abs. 4 UStG i.V.m. § 13 UStDV sind die Voraussetzungen der Steuerbefreiung der Ausfuhrlieferung buchmäßig nachzuweisen. Das heißt: Die Voraussetzungen müssen gemäß § 13 Abs. 1 S. 2 UStDV leicht nachprüfbar aus der Buchführung hervorgehen[254].

Auch der buchmäßige Nachweis gemäß § 13 Abs. 1 S. 1 UStDV ist nur eine formelle Voraussetzung der Steuerbefreiung[255], auch wenn sie durch die Verordnung zur Änderung steuerlicher Verordnungen nur als Mussvorschrift ausgestaltet ist. Es obliegt dem Unternehmer, der die Steuerbefreiung in Anspruch nehmen will, die Geschäftsvorfälle in seinen Büchern zu erfassen[256]. Der Buch- und der Belegnachweis bilden eine Einheit[257]. Der Buchnachweis verlangt mehr als den bloßen Nachweis durch Aufzeichnungen und Belege. Durch Hinweise in den Aufzeichnungen werden die Belege Bestandteile des Buchnachweises[258].

Der Inhalt und der Umfang der buchmäßigen Nachweise sind in § 13 Abs. 2 bis Abs. 6 UStDV geregelt. Der Nachweis muss aber auch in anderer Weise möglich sein, um den europarechtlichen Anforderungen gerecht zu werden. Der Buchnachweis muss einzeln für jeden Umsatz geführt werden und so beschaffen sein, dass die einzelnen Voraussetzungen ersichtlich sind[259].

Auch die MwStSystRL enthält keine Vorgaben bezüglich der Nachweispflichten. Gemäß Art. 131 MwStSystRL können die Mitgliedstaaten zur Gewährung der korrekten und einfachen Anwendung der Steuerbefreiung und zur Verhinderung von Steuerhinterziehung, Steuerumgehung oder Missbrauch Bedingungen, an die sie die Steuerfreiheit knüpfen, festlegen.

Allerdings darf nach ständiger Rechtsprechung des EuGH der Grundsatz der Neutralität und Verhältnismäßigkeit der Mehrwertsteuer nicht verletzt werden[260].

---

254 Plückebaum/Malitzky-*Schwarz*, 178. Egl., § 6 Rn. 410.

255 Plückebaum/Malitzky-*Schwarz*, 178. Egl., § 6 Rn. 411.

256 EuGH-Urteil vom 27.09.2007 – Rs. C-184/05 – *Twoh International*, Slg. 2007, I-07897, Rn. 22 ff.; FG München vom 24.4.2002 – 14 K 4520/97, EFG 2002, 1334, Rn. II. 1. a).

257 BFH vom 28.02.1980 – V R 118/76, BStBl. II 1980, 415, Rn. I. 1.

258 Rau/Dürrwächter-*Theler*, § 6 Rn. 716.

259 Abschn. 4.5.4. UStAE.

260 EuGH-Urteil vom 19.09.2000 – C-454/98, Slg. 2000, I-06973, Leitsatz 1; EuGH-Urteil vom 21.02.2006 – C-255/02 – *Halifax*, Slg. 2006, I-01609, Rn. 57, 72, 73, 78; EuGH-Urteil vom 27.09.2007 – C-409/04 – *Teleos*, Slg. 2007, I-07797, Rn. 50, 58; EuGH-Urteil vom 18.12.1997 – C-286/94 – *Molenheide u.a.*, Slg. 1997, I-07281, Leitsatz 2, Rn. 48, 49.

Durch den EuGH und den BFH ist geklärt, dass die Steuerfreiheit in dem Voranmeldungszeitraum in Anspruch genommen werden kann, in dem die objektiven Tatbestandsvoraussetzungen vorgelegen haben, auch wenn der Buchnachweis noch nicht vollständig erbracht ist[261].

Die Grundaufzeichnungen gemäß § 13 Abs. 2 UStDV beinhalten:

1. die Menge des Gegenstandes der Lieferung oder die Art und den Umfang der Lohnveredlung sowie die handelsübliche Bezeichnung einschließlich der Fahrzeug-Identifikationsnummer bei Fahrzeugen im Sinne des § 1b Abs. 2 des Gesetzes,
2. den Namen und die Anschrift des Abnehmers,
3. den Tag der Lieferung oder der Lohnveredlung,
4. das vereinbarte Entgelt oder bei der Besteuerung nach vereinnahmten Entgelten das vereinnahmte Entgelt und den Tag der Vereinnahmung,
5. die Art und den Umfang einer Be- oder Verarbeitung vor der Ausfuhr und
6. den Tag der Ausfuhr sowie
7. in den Fällen des § 9 Abs. 1 S. 1 Nr. 1, des § 10 Abs. 1 S. 1 Nr. 1 und des § 10 Abs. 3 die Movement Reference Number.

Bei der Be- oder Verarbeitung ist die MRN jedoch noch nicht bekannt und muss nachträglich erst ermittelt werden. Daher bedeutet besonders in Verarbeitungsfällen, wenn die Exporterklärung durch den Verarbeiter erfolgt, die Aufzeichnung der MRN einen hohen administrativen Aufwand[262].

In § 13 Abs. 3 bis 6 UStDV sind zusätzliche Aufzeichnungspflichten enthalten, wenn der Unternehmer an einen Abnehmer, der nicht ausländischer Abnehmer ist, befördert oder versendet, gemäß § 6 Abs. 1 Nr. 1 UStG, die Lieferung gemäß § 6 Abs. 1 Nr. 3 UStG in die in § 1 Abs. 3 UStG bezeichneten Gebiete erfolgt oder der Gegenstand der Lieferung gemäß § 6 Abs. 3 UStG zur Ausrüstung oder Versorgung von Beförderungsmitteln bestimmt ist.

Problematisch an dem Buchnachweis ist, dass er eigentlich zum Nachweis nicht geeignet ist. Die eigenhändigen Verweise des Unternehmers beweisen lediglich die Eintragung an sich und haben letztlich keine Aussagekraft[263].

---

261 EuGH-Urteil vom 27.09.2007 – C-146/05 – *Albert Collée*, Slg. 2007, I-07861, Rn. 31; BFH-Urteil vom 06.12.2007 – V R 59/03, UR 2008, 186, Rn. II. 1. c).

262 Verbände der deutschen Wirtschaft in der Stellungnahme vom 01.09.2011, abrufbar unter http://www.bdi.eu/download_content/8er_UStDV_1109.pdf (Zugriffsdatum: 16.05.2012), 11-12.

263 *Stadie*, § 6 Rn. 42.

3. Vertrauensschutzrechtlich relevante Problemfelder

a) § 6 Abs. 4 UStG als abschließende Regelung der Darlegungs- und Feststellungslast[264]

Der Unternehmer hat die Voraussetzungen für eine steuerfreie Ausfuhr gemäß § 6 Abs. 4 UStG selbst nachzuweisen. Darin könnte eine abschließende Regelung der Darlegungs- und Feststellungslast zu Gunsten des Staates zu sehen sein. Stellt sich später heraus, dass die Voraussetzungen nicht vorgelegen haben, würde dies zu Lasten des Unternehmers gehen.

Zwar steht der Erstattungsanspruch dem Unternehmer nicht genuin zu, ein staatlicher Eingriff durch die Inanspruchnahme des Steuerpflichtigen im Falle eines Betruges bedarf jedoch eines spezifischen Zurechnungszusammenhangs[265]. Gibt der Steuerpflichtige jedoch keinen Anlass für eine staatliche Inanspruchnahme, da er auch bei Anwendung der Sorgfalt eines ordentlichen Kaufmanns den Betrug nicht erkennen konnte, so ist eine solche als unverhältnismäßig anzusehen[266]. Das Risiko der Belegfälschung kann daher nicht einseitig dem Unternehmer aufgebürdet werden.

Auch aus gleichheitsrechtlichen Erwägungen verbietet sich die Annahme einer abschließenden Regelung der Darlegungs- und Feststellungslast zu Lasten des Unternehmers in § 6 Abs. 4 UStG[267]. In § 6a Abs. 4 UStG wurde eine Regelung bezüglich des Vertrauensschutzes für die innergemeinschaftliche Lieferung normiert. Das Vertrauen des Lieferers beschränkt sich bei der Ausfuhr jedoch nicht nur auf individuelle Angaben Dritter, sondern auf Ausfuhrnachweise und Zollbelege, die letztlich sogar eher in die Risikosphäre des Staates fallen[268]. Das Vertrauen des Unternehmers ist daher bei der Ausfuhrlieferung sogar noch schützenswerter[269] und zumindest gegenüber der innergemeinschaftlichen Lieferung gleich zu behandeln.

Eine Auslegung des § 6 Abs. 4 UStG als abschließende Darlegungs- und Feststellungslast ist unverhältnismäßig. Sie verstößt gegen den Gleichheitsgrundsatz und ist daher abzulehnen.

---

264 *Dietlein* und *Mehrbrey*, BB 2001, 446 (447) sprechen von einer abschließenden materiellen Beweislastregelung. Im Steuerrecht gilt gemäß § 88 AO und § 76 I S. 1 FGO der Amtsermittlungsgrundsatz, so dass aus Klarstellungsgesichtspunkten besser von einer Darlegungs- und Feststellungslast gesprochen werden sollte; Gräber-*Stapperfend*, § 96 Rn. 51.

265 *Dietlein/Mehrbrey*, BB 2001, 446 (447).

266 *Dietlein/Mehrbrey*, BB 2001, 446 (447).

267 *Dietlein/Mehrbrey*, BB 2001, 446 (448).

268 *Dietlein/Mehrbrey*, BB 2001, 446 (448).

269 *Dietlein/Mehrbrey*, BB 2001, 446 (448).

b) Vortäuschen von (Schein-)Lieferungen in das Drittland

Vertrauensschutz kommt bei der Ausfuhrlieferung dann in Betracht, wenn Voraussetzungen für die Steuerfreiheit der Ausfuhr nicht vorliegen, der Unternehmer dies jedoch auch bei Beachtung der Sorgfalt eines ordentlichen Kaufmanns nicht erkennen konnte. Besonders häufig werden Zollstempelabdrucke manuell oder computertechnisch gefälscht. Eine Fälschung ist für den Unternehmer meist nur schwer erkennbar und nur durch spezielle Prüfgeräte oder verwaltungsinterne Kenntnisse überprüfbar[270]. Ist die Fälschung mit dem bloßen Auge nicht erkennbar und auch nicht mit dem Steuerpflichtigen zumutbaren Methoden überprüfbar, ist ihm vor dem Hintergrund des Verhältnismäßigkeitsgrundsatzes Vertrauensschutz zu gewähren[271].

Wendet sich der Steuerpflichtige sogar vorher mit der Bitte um Überprüfung der Belege an die Zollverwaltung oder das Finanzamt und wird ihm dann die Echtheit bestätigt, ist ihm m.E. besonderer Vertrauensschutz zu gewähren[272].

c) Lieferung an einen Strohmann

Erfolgt die Lieferung an einen Strohmann, ist eigentlich der Buchnachweis gemäß § 13 Abs. 2 Nr. 2 UStG nicht erfüllt. Die Finanzverwaltung geht auch hier – wie bei der innergemeinschaftlichen Lieferung davon aus – dass lediglich die Aufzeichnung des wirklichen Abnehmers als Buchnachweis anerkannt ist[273].

Konnte der Unternehmer nicht erkennen, dass der Strohmann auf Rechnung einer anderen Person handelt, so kommt das Geschäft zwischen dem Strohmann und dem Lieferer zustanden. Es zählen nur die Angaben des Strohmanns. Insofern ist dem Leistenden also Vertrauensschutz zu gewähren, wenn der Strohmann in das Liefergeschäft einbezogen ist und gehandelt hat und der Lieferer darauf vertraut hat, dass der Strohmann sein Geschäftspartner ist und dies auch aufgrund der Angaben des Strohmanns nach der Sorgfalt eines ordentlichen Kaufmanns durfte. Auch das BMF geht davon aus, dass der Strohmann Vertragspartner sein kann.

Ist allen Beteiligten, also Strohmann, Hintermann und Lieferer, bekannt oder hätte ihnen bekannt sein müssen, dass ein Strohmann für den Geschäftsabschluss eingesetzt wird, kommt das Geschäft zwischen dem Lieferer und dem Hintermann zustande. Das Strohmanngeschäft ist dann unbeachtlich[274]. Wurden dann die

---

270 *Sterzinger*, DStR 2008, 2450 (2454).

271 So auch *Stadie*, § 6 Rn. 32.

272 *Sterzinger*, DStR 2008, 2450 (2454).

273 BMF-Schreiben vom 31.05.2006, UR 2006, 432.

274 BFH-Urteil vom 12.05.2011 – V R 25/10, BFH/NV 2011, 1541, Rz. II. 1. c); BFH-Beschluss vom 31.01.2002 – V B 108/01, BStBl. II 2004, 622, Leitsatz 2, Rn. II. 4. c).

Angaben des Strohmanns aufgezeichnet, ist Vertrauensschutz nicht zu gewähren und der Nachweis, dass der Gegenstand ins Drittland verbracht wurde, gilt als nicht erbracht.

d) Lieferung an eine Scheingesellschaft

Wird der Gegenstand an eine Scheingesellschaft oder einen Scheinunternehmer geliefert, ist die Voraussetzung der Lieferung an einen Abnehmer im Drittland nicht erfüllt. Hat der Steuerpflichtige jedoch alle ihm zumutbaren Maßnahmen ergriffen, um sicherzustellen, dass sein Umsatz nicht in einen Betrug einbezogen ist, ist ihm Vertrauensschutz zu gewähren. Vertrauensgrundlage können in diesem Fall beispielsweise langjährige Kundenbeziehungen oder die Vorlage von Dokumenten sein, die – ähnlich dem deutschen Handelsregister – die Unternehmereigenschaft darlegen.

4. Zwischenergebnis

Die Steuerbefreiung der Ausfuhr gemäß § 4 Nr. 1b UStG ist an eine Vielzahl von Voraussetzungen geknüpft, die der Unternehmer gemäß § 6 Abs. 3 UStG selbstständig zu erbringen hat. Ausfuhrnachweise wurden in der Vergangenheit oft betrügerisch manipuliert. Dies ist für den Steuerpflichtigen meist nicht erkennbar und aufgrund der Professionalität der Fälschung auch für die Steuerbehörde erst durch aufwändige Prüfverfahren ersichtlich. Dem Unternehmer steht jedoch kein Schutz bezüglich seiner Gutgläubigkeit zu, und es kommt zur Versagung der Steuerfreiheit durch das Finanzamt. Das verstößt gegen den Grundsatz der Verhältnismäßigkeit und ist daher nicht tragbar.

III. Innergemeinschaftliche Lieferung § 4 Nr. 1b i.V.m. § 6a UStG

1. Tatbestandsmerkmale der innergemeinschaftlichen Lieferung

Die Betrugsproblematik hat nach Wegfall der Grenzen besonders beim innergemeinschaftlichen Handelsverkehr an Relevanz gewonnen. Besonders hier treten Konstellationen auf, in denen durch falsche Angaben Dritter Steuerhinterziehungen ermöglicht werden. Im Gegensatz dazu wird hier allerdings auch der Vertrauensschutz besonders relevant. Eine innergemeinschaftliche Lieferung nach

§ 4 Nr. 1 b) UStG liegt gemäß § 6a Abs.1 UStG vor, wenn die Lieferung durch einen Unternehmer erfolgt, der Unternehmer oder der Abnehmer den Gegenstand der Lieferung in das übrige Gebiet der europäischen Union befördert oder versendet[275] hat und der Abnehmer den Gegenstand für sein Unternehmen erwirbt oder eine juristische Person ist. Der Erwerb durch den Abnehmer muss der Erwerbsbesteuerung in einem anderen Mitgliedstaat unterliegen.

a) Lieferung eines Gegenstandes

Gemäß § 3 Abs. 1 UStG liegt eine Lieferung vor, wenn einem anderen die Verfügungsmacht an einem Gegenstand verschafft wird. Dem Empfänger der Lieferung muss die Befähigung, wie ein Eigentümer über den Gegenstand zu verfügen, übertragen worden sein[276]. Entscheidend sind jedoch nicht die Formen der Eigentumsübertragung nach dem jeweiligen Zivilrecht, sondern die Ermächtigung der Person, über den Gegenstand faktisch so zu verfügen, als wäre sie Eigentümer[277].

Gegenstand i.S.d. § 3 Abs. 1 UStG ist jeder bewegliche und unbewegliche körperliche Gegenstand sowie jedes nicht körperliche Wirtschaftsgut[278], das im Wirtschaftsverkehr wie eine Sache behandelt wird[279]. Eine Be- oder Verarbeitung im Auftrag des Abnehmers durch einen oder mehrere Dritte steht der Steuerbefreiung nicht entgegen[280]. Die Bestellung und Übertragung von Rechten gehört dagegen stets zu den sonstigen Leistungen i.S.d. § 3 UStG[281].

b) Lieferung durch einen Unternehmer

Der Lieferer muss Unternehmer i.S.d. § 2 UStG sein und die Lieferung im Rahmen seines Unternehmens erbringen[282]. Ist der Unternehmer Kleinunternehmer i.S.d. § 19 UStG, kann er die Steuerbefreiung nur dann in Anspruch nehmen, wenn er zur Besteuerung nach § 19 Abs. 2 UStG optiert hat. Eine Ausnahme gilt nur bei der Lieferung neuer Fahrzeuge. Hier werden gemäß § 2a UStG auch Nichtunternehmer als Unternehmer behandelt.

---

275 Erläuterung Beförderungs- und Versendungslieferung siehe BMF-Schreiben vom 05.05.2010, BStBl. 2010, 508, Rn. 5.

276 Art. 14 Abs. 1 MwStSystRL.

277 EuGH-Urteil vom 06.02.03 – C-185/01 – *Auto Lease Holland*, Slg. 2003, I-01317, Rn. 32; EuGH-Urteil vom 15.12.05 – C-63/04 – *Centralan Property Ltd*, Slg. 2005, I-11087, Rn. 62.

278 Sache gem. § 90 BGB.

279 BFH-Urteil vom 21.12.1988 – V R 24/87, BStBl. II 1989, 430, Rn. II.; BFH-Urteil vom 08.11.1995 – XI R 63/94, BStBl. II 1996, 114, Rn. II. 2. a).

280 *Stadie*, § 6a Rn. 29.

281 Bunjes-*Heidner*, § 3 Rn. 41.

282 Bunjes-*Robisch*, § 6a Rn. 11; Birkenfeld, § 109 Rn. 11.

c) Lieferung im Inland

Die Steuerbarkeit der Lieferung im Inland richtet sich nach den allgemeinen Vorschriften zur Ortsbestimmung gemäß § 3 Abs. 6-8 UStG. Daher liegt dann keine innergemeinschaftliche Lieferung vor, wenn nach § 3c UStG oder nach § 3e der Ort der Lieferung nicht im Inland liegt[283].

d) Lieferung an einen Unternehmer für sein Unternehmen oder eine juristische Person

Auch die Problematik, ob der Erwerber Unternehmer ist, bestimmt sich nach § 2 UStG[284]. Im Falle der Lieferung neuer Fahrzeuge kann gemäß § 6a Abs. 1 Nr. 2 c) UStG jeder Erwerber sein. Die Erwerbereigenschaft bestimmt sich nach dem schuldrechtlichen Verhältnis, das der Lieferung zugrunde liegt[285].

Ob der Unternehmer den Gegenstand für sein Unternehmen erworben hat, bestimmt sich nach den Abgrenzungskriterien, die sich aus den entsprechenden Tatbestandsmerkmalen des § 15 Abs. 1 UStG ergeben[286]. Es kommt letztlich nur auf die Zuordnungsentscheidung des Erwerbers im Zeitpunkt des Erwerbes an[287]. Von einem Erwerb für das Unternehmen kann ausgegangen werden, wenn sich aus Menge und Art der erworbenen Gegenstände keine Zweifel an der unternehmerischen Verwendung ergeben[288]. Bei der Verwendung einer UStIdNr. wird vermutet, dass der Unternehmer den Gegenstand für sein Unternehmen erworben hat[289]. In Zweifelsfällen muss der Unternehmer eine schriftliche Bestätigung des Abnehmers vorweisen[290].

---

283 Bunjes-*Robisch*, § 6a Rn. 12; Sölch/Ringleb-*Weymüller*, 55. Egl. 2006, § 6a Rn. 15; BMF-Schreiben vom 05.05.2010, BStBl. 2010, 508, Rn. 7.

284 Bunjes-*Robisch*, § 6a Rn. 32.

285 BFH-Urteil vom 29.08.2002 – V R 40/01, UR 03, 148, Rn. II.1.; BFH-Urteil vom 16.08.2001 – V R 67/00, BFH/NV 2002, 223, Rn. II. 1.; BFH-Urteil vom 07.11.2000 – V R 49/99, BStBl. II 2008, 493, Rn. II. 2.; BFH-Urteil vom 01.10.1998 – V R 31/98, BStBl. II 2008, 497, Rn. II. 2. b); BFH-Urteil vom 16.03.2000 – V R 44/99, BStBl. II 2000, 361, Rn. II. 1. a); BFH-Urteil vom 30.09.1999 – V R 8/99, BFH/NV 2000, 353, Rn. II. a); BFH-Urteil vom 24.06.1999 – V R 99/98, BFH/NV 99, 1648, Rn. 2 a); BFH-Urteil vom 05.10.1995 – V R 113/92, BStBl. II 1996, 11, Rn. II. 3.; BFH-Urteil vom 16.03.1995 – V R 128/92, BStBl. II 1995, 651, Rn. II.; BFH-Urteil vom 09.03.1995 – V R 102/89, BStBl. II 1995, 564, Rn. II. 2.

286 Bunjes-*Robisch*, § 6a Rn. 32.

287 EuGH-Urteil vom 04.10.1995 – C-291/92 – *Ambrecht*, Slg. 1995, I-02775, Rn. 22, 29.

288 Bunjes-*Robisch*, § 6a Rn. 32; Sölch/Ringleb-*Treiber*, § 6a Rn. 32; *Stadie*, § 6a Rn. 21.

289 BMF-Schreiben vom 05.05.2010, BStBl. 2010, 508, Rn. 11, 12; so schon die Gesetzesbegründung zum Umsatzsteuer-Binnenmarktgesetz, BT-Drs. 12/2463 vom 27.04.1992, 30.

290 *Stadie*, § 6a Rn. 21.

Gemäß § 6a Abs. 1 Nr. 2 b) UStG kann auch eine juristische Person Abnehmer sein, die nicht Unternehmer ist oder den Gegenstand nicht für ihr Unternehmen erwirbt. Unter Beachtung des § 6a Abs. 1 S. 1 Nr. 3 UStG gilt dies jedoch nur, wenn die juristische Person im Erwerbsland der Erwerbsbesteuerung unterliegt[291].

e) Besteuerung in einem anderen Mitgliedstaat

Durch das Erfordernis der Besteuerung in einem anderen Mitgliedstaat wird sichergestellt, dass eine Steuerbefreiung auch dann möglich ist, wenn der andere Mitgliedstaat die erbrachte Leistung nicht als Lieferung, sondern als Dienstleistung oder als steuerfrei wertet[292]. Dass eine tatsächliche Besteuerung erfolgt, ist nicht Voraussetzung der Steuerbefreiung[293]. Dies würde zu einer unverhältnismäßigen Verlagerung des Besteuerungsrisikos auf den Steuerpflichtigen führen[294].

Zudem wird sichergestellt, dass die Steuerbefreiung dann nicht zum Zuge kommt, wenn der Erwerber zu den in Art. 139 MwStSystRL genannten Personen gehört[295] und der innergemeinschaftliche Erwerb somit nicht der Umsatzsteuer unterliegt.

Nachforschungspflichten bezüglich des Unterliegens der Erwerbsbesteuerung bestehen grundsätzlich nicht. Regelmäßig kann jedoch bei Angabe einer UStIdNr. des Erwerbers von einer Erwerbsbesteuerung ausgegangen werden[296], wobei den Lieferer bestimmte Sorgfaltspflichten treffen[297].

Allerdings stellt das Verwenden der UStIdNr. keine zwingende Voraussetzung dar, wenn der Lieferer nachweisen kann, dass der Erwerber den Erwerb in

---

291 Sölch/Ringleb-*Treiber*, § 6a Rn. 35.

292 *Stadie*, § 6a Rn. 22; BMF-Schreiben vom 05.05.2010, BStBl. 2010, 508, Rn. 16.

293 BMF-Schreiben vom 05.05.2010, BStBl. 2010, 508, Rn. 17; BFH-Urteil vom 30.03.2006 – V R 47/03, BStBl. II 2006, 634, Rn. II. 1. b); BFH-Urteil vom 7.12.2006 – V R 52/03, DStR 2007, 485, Rn. II. 2. a); mit Anm. *Weigel*, UStB 2007, 95 (95); BFH-Urteil vom 14.12.2011 – XI R 32/09, HFR 2012, 785, Rn. II. 3. a).

294 *Stadie*, § 6a Rn. 23.

295 Dies ist der Fall, wenn der Abnehmer Kleinunternehmer ist, für dessen Umsätze USt nicht erhoben wird, Pauschalland- oder Forstwirt ist (§ 1a Abs. 3 Nr. 1 Buchst. c) und die Leistung ausschließlich für Umsätze im Sinne der Art. 295 ff. MwStSystRL verwendet (vgl. § 1a Rz. 30), der Erwerber nach einer anderen der in Rz. 12 genannten Sonderregelungen (insbesondere Differenzbesteuerung) besteuert wird, zwar Unternehmer ist, aber ausschließlich steuerfreie, den Vorsteuerabzug ausschließende Umsätze ausführt, eine juristische Person ist, die keine Unternehmereigenschaft besitzt oder die Gegenstände für ihren nichtunternehmerischen Bereich bezieht, die maßgebliche Erwerbsschwelle des Bestimmungsmitgliedsstaates nicht überschritten ist. Dies gilt mit der Einschränkung, dass der Erwerber auf die Anwendung dieser Regelung nicht verzichtet hat. Auflistung siehe Sölch/Ringleb-*Treiber*, § 6a Rn. 41.

296 BFH-Urteil vom 02.04.1997 – V B 159/96, BFH/NV 1997, 629, Rn. II. 1. a).

297 Sölch/Ringleb-*Treiber*, § 6a Rn. 32.

seinem Land besteuert hat[298]. Würde die UStIdNr. als „conditio sine qua non" für die Steuerbefreiung betrachtet werden, verstöße dies gegen das Übermaßverbot[299]. Allerdings ergibt sich indirekt eine Verpflichtung zur Aufzeichnung der UStIdNr. aus § 14a Abs. 3 S. 2 UStG und § 6a Abs. 3 UStG i.V.m. § 17c Abs. 1 S. 1 UStDV[300]. Sie hat daher eine große Bedeutung für Lieferer als Erkennungsmerkmal bezüglich des Status des Abnehmers[301]. In seinen Schlussanträgen vom 21.07.2012 hat der Generalanwalt *Cruz Villalón*[302] ausgeführt, dass es die Sechste Richtlinie nicht zulässt, dass die Mitgliedstaaten die Anerkennung einer steuerfreien innergemeinschaftlichen Lieferung davon abhängig machen, dass der Steuerpflichtige die Abgabe einer Steuererklärung über den innergemeinschaftlichen Erwerb durch den Erwerber im Bestimmungsland nachweist. Auch in dem Urteil in der Rechtssache *VSTR*[303] geht der EuGH zwar davon aus, dass es grundsätzlich möglich ist, die Steuerbefreiung von der Mitteilung der Identifikationsnummer des Erwerbers abhängig zu machen. Ist diese Verpflichtung nicht erfüllt worden, so dürfe die Steuerfreiheit jedoch nicht versagt werden, wenn der Lieferer alle ihm zumutbaren Maßnahmen ergriffen hat und die Identifikationsnummer trotzdem nicht erhalten konnte[304].

f) Tatbestandsmerkmale des innergemeinschaftlichen Verbringens

Der steuerfreien innergemeinschaftlichen Lieferung ist gemäß § 6a Abs. 2 UStG das Verbringen eines Gegenstandes gleichgestellt[305]. Ein steuerfreies innergemeinschaftliches Verbringen liegt vor, wenn ein Gegenstand des Unternehmers durch den Unternehmer aus dem Gebiet des Mitgliedstaates in das Gebiet eines anderen Mitgliedstaates der Europäischen Union befördert oder versendet wird[306], die Verbringung zur Verfügung des Unternehmers und nicht nur vorübergehend erfolgt[307]. Der Unternehmer ist im Ausgangsstaat als Lieferer (§ 3 Abs. 1a S. 2 UStG) und im Bestimmungsstaat als Erwerber anzusehen und muss sich folglich dort registrieren und eine UStIdNr. zuteilen lassen[308].

298 *Stadie*, § 6a Rn. 26.

299 *Stadie*, § 6a Rn. 26, 80.

300 Sölch-Ringleb-*Treiber*, § 6a Rn. 66; siehe hierzu aber: EuGH-Schlussanträge vom 21.06.2012 – C-587/10 – *VSTR*, BeckRS 2012, 81294, Rn. 84 Nr. 2.

301 *Sopp*, Umsatzbesteuerung beim Handel in der EU, 93; zur Bedeutung der Umsatzsteuer-Identifikationsnummer siehe auch § 27a UStG.

302 EuGH-Schlussanträge vom 21.06.2012 – C-587/10 – *VSTR*, BeckRS 2012, 81294, Rn. 84. Nr. 2.

303 EuGH-Urteil vom 27.09.2012 – C-587/10 – *VSTR*, BeckRS 2012, 81966, Tenor.

304 EuGH-Urteil vom 27.09.2012 – C-587/10 – *VSTR*, BeckRS 2012, 81966, Tenor.

305 BMF-Schreiben vom 05.05.2010, BStBl. 2010, 508, Rn. 19; Abschn. 1a.2 UStAE.

306 Siehe Checkliste *Sopp*, Umsatzbesteuerung beim Handel in der EU, 97.

307 Bunjes-*Robisch,* § 6a Rn. 40.

308 Sölch/Ringleb-*Treiber*, § 6a Rn. 45.

Der Begriff der nur vorübergehenden Verwendung ist – unter Beachtung des § 17 MwStSystRL – richtlinienkonform auszulegen. Folglich ist kein innergemeinschaftliches Verbringen anzunehmen, wenn die Verwendung des Gegenstandes in dem anderen EU-Mitgliedstaat entweder „ihrer Art nach nur vorübergehend“[309] oder „befristet“[310] ist[311].

Das Verbringen ist durch die Personenidentität von Veräußerer und Erwerber gekennzeichnet. Die Anwendbarkeit des Vertrauensschutzes ist daher ausgeschlossen[312].

g) Sonderfälle

aa) Unentgeltliche Lieferung

Die Steuerbefreiung gemäß § 4 Nr. 1b i.V.m. § 6a Abs. 1 UStG gilt nicht für die unentgeltliche Lieferung, wenn sie an einen in § 6a Abs. 1 S. 1 Nr. 2 UStG genannten Abnehmer erfolgt[313]. § 6a UStG verlangt zwar keine Entgeltlichkeit, zudem wird in § 3 Abs. 1b S. 1 Nr. 3 und Art. 23 i.V.m. Art. 16 Abs. 1 MwStSystRL die unentgeltliche Lieferung der entgeltlichen gleichgestellt[314]. Es findet jedoch keine korrespondierende Erwerbsbesteuerung im anderen Mitgliedstaat statt[315]. Daher muss ein Verbringen des Gegenstandes in den anderen Mitgliedstaat angenommen werden. Dem folgt dann eine unentgeltliche Lieferung[316].

bb) Innergemeinschaftliches Reihengeschäft

Bei Reihengeschäften gemäß § 3 Abs. 6 UStG schließen mindestens drei Personen Liefergeschäfte über denselben Liefergegenstand ab. Gelangt der Gegenstand bei der Beförderung oder Versendung von einem Staat in einen anderen, kann nur eine Lieferung eine steuerfreie Ausfuhrlieferung oder innergemeinschaftliche

309 Art. 17 Abs. 2 Buchst. a bis f MwStSystRL.

310 Art. 17 Abs. 2 Buchst. g bis h MwStSystRL.

311 Sölch/Ringleb-*Treiber*, § 6a Rn. 47, 48; kein vorübergehendes Verbringen liegt vor wenn der „verbrachte Gegenstand dem Anlagevermögen des dortigen Unternehmens zugeführt wird, dort als Roh-, Hilfs- oder Betriebsstoff verarbeitet oder verbraucht wird, in den ausländischen Unternehmensteil verbracht wird, um von dort aus verkauft oder weitergeleifert zu werden“.

312 *Sopp*, Umsatzbesteuerung beim Handel in der EU, 277; § 6a Abs. 4 UStG bezieht sich zudem nur auf § 6a Abs. 1 UStG.

313 So auch *Stadie*, § 6a Rn. 45; Bunjes/Geist-*Leonard*, § 6a Rn. 3 mit Verweis auf BFH-Beschluss vom 05.10.1993 – V B 58/93, BFH/NV 1994, 590; Abschn. 24a II S. 1 UStR: Leonard ist der Ansicht, dass unentgeltliche Lieferungen nicht zum unternehmerischen Bereich gehören.

314 *Stadie*, § 6a Rn. 45.

315 *Stadie*, § 6a Rn. 45.

316 *Stadie*, § 6a Rn. 45.

Lieferung darstellen[317]. Die andere Lieferung ist als ruhende Lieferung zu behandeln. Für diese bestimmt sich der Ort der Lieferung nach § 3 Abs. 7 UStG. Die Steuerbefreiung kommt für die innergemeinschaftliche Lieferung nur einmal, nämlich bei der Beförderungs- oder Versendungslieferung in Betracht[318].

cc) Innergemeinschaftliches Dreiecksgeschäft § 25d UStG

Ein innergemeinschaftliches Dreiecksgeschäft gemäß § 25d UStG liegt vor, wenn drei Unternehmer über denselben Gegenstand Umsatzgeschäfte abschließen und der Gegenstand unmittelbar vom ersten Lieferer an den letzen Abnehmer gelangt, die Unternehmer in jeweils verschiedenen Mitgliedstaaten für Zwecke der Umsatzsteuer erfasst sind, der Gegenstand der Lieferung aus dem Gebiet eines Mitgliedstaates in das Gebiet eines anderen Mitgliedstaates gelangt und der Gegenstand der Lieferung durch den ersten Lieferer oder den ersten Abnehmer befördert oder versendet wird. Ein innergemeinschaftliches Dreiecksgeschäft kann bei einem Reihengeschäft auch dann vorliegen, wenn die drei unmittelbar nacheinander liefernden Unternehmer am Ende der Kette stehen[319]. Die steuerfreie innergemeinschaftliche Lieferung erfolgt zwischen dem ersten Lieferer und dem Abnehmer in dem Mitgliedstaat, in dem die Beförderung oder Versendung beginnt[320]. Die Steuerschuld wird bei einem innergemeinschaftlichen Dreiecksgeschäft unter den Voraussetzungen des § 25d Abs. 2 UStG von dem ersten auf den letzten Abnehmer verlagert[321]. Daher muss sich der mittlere Unternehmer im Bestimmungsland nicht registrieren lassen[322].

2. Nachweis der Voraussetzungen der Steuerbefreiung

a) Funktion der Nachweispflichten

Der liefernde Unternehmer muss gemäß § 6a Abs. 3 S. 1 UStG die Voraussetzungen für das Vorliegen einer innergemeinschaftlichen Lieferung i.S. von § 6a Abs. 1 und 2 UStG nachweisen.

---

317 Bunjes-*Heidner*, § 3 Rn. 203.

318 Vgl. Abschn. 3.14 Abs. 13 UStAE; BMF-Schreiben vom 05.05.2010, BStBl. 2010, 508, Rn. 2; EuGH-Urteil vom 06.04.2006, C-245/04, Slg. 06, I-3227 – *Handler Eder OHG*, 27 a.A. *Stadie*, § 6a Rn. 38.

319 Abschn. 25b.1 Abs. 2 S. 2 UStAE

320 Abschn. 25b.1 Abs. 1 S. 3 Nr. 1 UStAE

321 Abschn. 25b.1 Abs. 6 S. 2 und 3 UStAE

322 Abschn. 25b.1 Abs. 1 S. 2 UStAE

Die §§ 17a und 17b UStDV regeln, welche Belegnachweise der Unternehmer zu führen hat.

Der Buchnachweis im Sinne des § 17c Abs. 1 S. 2 UStDV verlangt neben dem Nachweis durch Bücher oder Aufzeichnung zusätzlich einen Nachweis durch Belege. Er verlangt folglich mehr als der bloße Belegnachweis[323].

Gelingt es dem Unternehmer nicht, rechtzeitig und vollständig den beleg- oder buchmäßigen Nachweis zu erbringen, geht die Finanzverwaltung davon aus, dass die Voraussetzungen des § 6a Abs. 1 und 2 UStG nicht erfüllt sind[324]. Ausnahmen seien nur dann möglich, wenn durch einen zweifelsfreien Belegnachweis objektiv feststeht, dass die Voraussetzungen der Steuerbefreiung gegeben sind oder das Finanzamt durch ein Auskunftsersuchen erfahren hat, dass der Gegenstand tatsächlich in das übrige Gebiet der europäischen Union gelangt ist[325]. Zu einem solchen Auskunftsersuchen ist das Finanzamt jedoch nicht verpflichtet, sondern es steht in dessen Ermessen[326]. Zumindest sollte der Steuerpflichtige aber einen Anspruch auf ermessensfehlerfreie Entscheidung über die Inanspruchnahme des Informationsaustausches haben[327].

Es besteht die Möglichkeit, den belegmäßigen Nachweis bis zur letzten mündlichen Verhandlung vor dem Finanzgericht nachzuholen[328]. Der Buchnachweis muss bis zu dem Zeitpunkt geführt werden, zu dem die USt-Voranmeldung für die innergemeinschaftliche Lieferung abzugeben ist[329]. Fehlende oder fehlerhafte Aufzeichnungen eines rechtzeitig erbrachten Buchnachweises können bis zum Schluss der letzten mündlichen Verhandlung des Finanzgerichtes ergänzt oder berichtigt werden[330].

b) Gesetzliche Nachweispflichten

aa) Aufzeichnung der Umsatzsteueridentifikationsnummer gemäß § 6a Abs. 3 S. 1 UStG und §§ 17a Abs. 1, § 17 c Abs. 1 UStDV

Der Unternehmer hat gemäß § 6a Abs. 3 UStG i.V.m. §§ 17 a Abs. 1 und 2 UStDV eindeutig und leicht nachprüfbar die Voraussetzungen des § 6a Abs. 1 UStG

323 BMF-Schreiben vom 05.05.2010, BStBl. 2010, 508, Rn. 20.

324 BMF-Schreiben vom 05.05.2010, BStBl. 2010, 508, Rn. 22.

325 BMF-Schreiben vom 05.05.2010, BStBl. 2010, 508, Rn. 22.

326 EuGH-Urteil vom 27.09.2007 – Rs. C-184/05 – *Twoh International*, Slg. 2007, I-07897, Rn. 32.

327 *Englisch*, UR 2008, 481 (484).

328 BMF-Schreiben vom 05.05.2010, BStBl. 2010, 508, Rn. 26.

329 BMF-Schreiben vom 05.05.2010, BStBl. 2010, 508, Rn. 48.

330 BMF-Schreiben vom 05.05.2010, BStBl. 2010, 508, Rn. 26; BFH-Urteil vom 28.05.2009 – V R 23/08, BStBl. II 2010, 517, Leitsatz 2, Rn. II. 3. b), mit Anm. *Maunz*, UR 2006, 397 (401).

nachzuweisen und die UStIdNr. seines Abnehmers aufzuzeichnen. Grundsätzlich geht dies nicht über das hinaus, was erforderlich ist, um eine konkrete und genaue Steuererhebung zu realisieren.

Fraglich ist lediglich, ob die buchmäßige Aufzeichnung der UStIdNr. nach § 17c UStDV als materielles Tatbestandsmerkmal zu sehen ist. Grundsätzlich erscheint ein Nachweis der Unternehmereigenschaft ohne Aufzeichnung der UStIdNr. schwierig, allerdings ist *Leonard*[331] vor dem Hintergrund der EuGH-Entscheidung in der Rechtssache *Collée* darin zuzustimmen, dass auf die Aufzeichnung der UStIdNr. verzichtet werden kann, wenn sich die grundsätzliche Erwerbsbesteuerung auch anderweitig nachweisen lässt.

Der BFH hat mit Entscheidung vom 10.11.2010[332] dem EuGH hierzu die Frage zur Vorabentscheidung vorgelegt, ob die Richtlinie 77/388/EWG den Mitgliedstaaten erlaubt, die Steuerfreiheit der innergemeinschaftlichen Lieferung von dem buchmäßigen Nachweis der UStIdNr. abhängig zu machen und ob es für die Beantwortung der Frage relevant ist, dass es sich beim Erwerber um einen Unternehmer handelt, der im Drittland ansässig ist, den Gegenstand der Lieferung im Rahmen eines Reihengeschäftes zwar von einem Mitgliedstaat in einen anderen befördert, aber in keinem Mitgliedstaat registriert ist. Zudem soll geklärt werden, ob die Beantwortung der Frage davon abhängt, ob die Erfüllung der steuerlichen Pflichten durch den Erwerber nachgewiesen wurde[333].

Dafür spricht nach Auffassung des BFH, dass zur Sicherstellung einer ordnungsgemäßen Steuererhebung die Mitgliedstaaten ermächtigt sind, unabhängig voneinander zu prüfen, ob die Voraussetzungen der Steuerbefreiung vorliegen[334]. Allerdings müssen die Mitgliedstaaten bei der Ausübung der ihnen eingeräumten Befugnisse die allgemeinen Rechtsgrundsätze, besonders die Grundsätze der Rechtssicherheit und der Verhältnismäßigkeit beachten[335]. In seinen Schlussanträgen hat der Generalanwalt *Cruz Villalón*[336] vorgeschlagen, dass die Sechste Richtlinie den Mitgliedstaaten nicht erlaubt, die Steuerbefreiung einer innergemeinschaftlichen Lieferung zu versagen, wenn die UStIdNr. des Erwerbers nicht buchmäßig erfasst ist. Dabei ist unerheblich, ob es sich bei dem Erwerber um einen im Drittland ansässigen Unternehmer handelt, der in keinem Mitgliedstaat

---

331 Vgl. Bunjes/Geist-*Leonard,* § 6a, Rn. 47.

332 BFH EuGH-Vorlage vom 10.11.2010, BStBl. II 2011, 237, Leitsatz 1 und 2.

333 BFH EuGH-Vorlage vom 10.11.2010, BStBl. II 2011, 237, Leitsatz 2.

334 BFH EuGH-Vorlage vom 10.11.2010, BStBl. II 2011, 237, Rz. 3. a) aa); EuGH-Urteil vom 27.09.2007 – Rs. C-409/04 – *Teleos*, UR 2007, 774, Rn. 71.

335 EuGH-Urteil vom 27.09.2007 – Rs. C-409/04 – *Teleos*, UR 2007, 774, Rn. 45; EuGH-Urteil vom 27.09.2007 – Rs. C-184/05 – *Twoh International*, UR 2007, 782, Rn. 25.

336 EuGH-Schlussanträge vom 21.06.2012 – C-587/10 – *VSTR*, BeckRS 2012, 81294, Rn. 84, Nr. 1.

umsatzsteuerlich registriert ist[337]. Mittlerweile hat der EuGH mit Urteil vom 27.09.2012[338] entschieden, dass die Steuerfreiheit von dem Nachweis der UStIdNr. des Leistungsempfängers nur dann abhängig gemacht werden kann, wenn es dem Steuerpflichtigen möglich war, die UStIdNr. zu erhalten. Im Zweifelsfall sind daher auch andere Nachweise zuzulassen.

bb) Buch- und Belegnachweis gemäß §§ 17a Abs. 2, Abs. 4 und 17c Abs. 2 UStDV

(1) Belegnachweis Rechtslage bis 31.12.2011

§ 17a UStDV regelt den Belegnachweis bezüglich des Verbringens der Ware in andere Mitgliedstaaten. Der Unternehmer muss im Geltungsbereich der Umsatzsteuer-Durchführungsverordnung nachweisen, dass er oder der Abnehmer den Gegenstand der Lieferung in das übrige Gemeinschaftsgebiet befördert oder versendet hat. Dies muss sich aus den Belegen eindeutig und leicht nachprüfbar ergeben.

Wird der Gegenstand der Lieferung durch den Unternehmer oder den Abnehmer in das übrige Gemeinschaftsgebiet befördert, soll der Nachweis gemäß § 17a Abs. 2 UStDV wie folgt geführt werden:

1. durch das Doppel der Rechnung (§§ 14, 14a UStG),
2. durch einen handelsüblichen Beleg, aus dem sich der Bestimmungsort ergibt, insbesondere Lieferschein,
3. durch eine Empfangsbestätigung des Abnehmers oder seines Beauftragten sowie
4. in Fällen der Beförderung des Gegenstandes durch den Abnehmer durch eine Versicherung des Abnehmers oder seines Beauftragten, den Gegenstand der Lieferung in das übrige Gemeinschaftsgebiet zu befördern.

Bei einer Beförderung des Gegenstandes vom Unternehmer oder Abnehmer im gemeinschaftlichen Versandverfahren in das übrige Gemeinschaftsgebiet kann der Unternehmer gemäß § 17a Abs. 3 UStDV[339] den Nachweis hierüber abweichend von § 17a Abs. 2 UStDV führen.

---

337 EuGH-Schlussanträge vom 21.06.2012 – C-587/10 – *VSTR*, BeckRS 2012, 81294, Rn. 84. Nr. 2.

338 EuGH-Urteil vom 27.09.2012 – C-587/10 – *VSTR*, BeckRS 2012, 81966, Tenor.

339 1. durch eine Bestätigung der Abgangsstelle über die innergemeinschaftliche Lieferung, die nach Eingang des Rückscheins erteilt wird, sofern sich daraus die Lieferung in das übrige Gemeinschaftsgebiet ergibt, oder

Im Falle der Versendung durch den Unternehmer oder den Abnehmer in das übrige Gemeinschaftsgebiet soll der Nachweis hierüber nach § 17a Abs. 4 UStDV wie folgt erbracht werden:

1. durch das Doppel der Rechnung (§§ 14, 14a UStG) und
2. durch einen Beleg entsprechend § 10 Abs. 1 UStDV[340].

Ist ein Nachweis auf diese Weise nicht möglich oder nicht zumutbar, kann der Unternehmer gemäß § 17a Abs. 4 S. 2 UStDV ihn auch wie bei der Beförderungslieferung erbringen.

Im Falle einer Be- oder Verarbeitung des Gegenstandes muss der Unternehmer dies durch Belege eindeutig und leicht nachprüfbar nachweisen. Der Nachweis soll durch Belege nach § 17a erbracht werden, die zusätzlich die in § 11 Abs. 1 Nr. 1-4 UStDV bezeichneten Angaben enthalten. Wurde eine Verarbeitung durch mehrere Personen durchgeführt, ist § 17 Abs. 2 UStDV entsprechend anzuwenden.

(2) Rechtslage ab 31.12.2011

Durch die Zweite Verordnung zur Änderung steuerlicher Verordnungen vom 02.12.2011[341] wurden u. a. die §§ 17a, 17b und 17c UStDV mit Wirkung ab dem 01.01.2012 geändert und es wurden für die innergemeinschaftliche Lieferung neue Nachweisregelungen geschaffen.

Wird der Gegenstand der Lieferung durch den Unternehmer oder den Abnehmer in das übrige Gebiet der europäischen Union befördert, muss der Nachweis gemäß § 17a Abs. 2 UStDV wie folgt geführt werden:

1. durch das Doppel der Rechnung (§§ 14, 14a UStG),
2. durch die Bestätigung des Abnehmers gegenüber dem Unternehmer oder dem mit der Beförderung beauftragten selbstständigen Dritten, dass der Gegenstand der Lieferung in das übrige Gemeinschaftsgebiet gelangt ist (Gelangensbestätigung). Der Beleg hat folgende Angaben zu enthalten:
   a) den Namen und die Anschrift des Abnehmers,
   b) die Menge des Gegenstands der Lieferung und die handelsübliche Bezeichnung einschließlich der Fahrzeug-Identifikationsnummer bei Fahrzeugen im Sinne des § 1b Abs. 2 des Gesetzes,

---

2. durch eine Abfertigungsbestätigung der Abgangsstelle in Verbindung mit einer Eingangsbescheinigung der Bestimmungsstelle im Übrigen Gemeinschaftsgebiet.

340 Versendungsbeleg wie bei der Ausfuhr.

341 Zweite Verordnung zur Änderung steuerlicher Verordnungen vom 02.12.2011, BGBl. I, 2416, abrufbar unter http://www.landtag.nrw.de/portal/WWW/dokumentenarchiv/Dokument/XBCBGI1161.pdf (Zugriffsdatum: 03.08.2012).

c) im Fall der Beförderung oder Versendung durch den Unternehmer oder im Fall der Versendung durch den Abnehmer den Ort und Tag des Erhalts des Gegenstandes im übrigen Gemeinschaftsgebiet und im Fall der Beförderung des Gegenstandes durch Abnehmer Ort und Tag des Endes der Beförderung des Gegenstands im übrigen Gemeinschaftsgebiet,
d) das Ausstellungsdatum der Bestätigung sowie
e) die Unterschrift des Abnehmers.

Wird der Gegenstand versendet, so reicht es aus, wenn sich die Gelangensbestätigung bei dem mit der Beförderung beauftragten selbständigen Dritten befindet und auf Verlangen der Finanzbehörde zeitnah vorgelegt werden kann.

Durch das Erfordernis einer Gelangensbestätigung werden der Verbringungsnachweis (§ 17a Abs. 2 Nr. 4 UStDV a.F.), die Empfangsbestätigung (§ 17a Abs. Nr. 3 UStDV a.F.) und der handelsübliche Beleg, aus dem sich der Bestimmungsort ergibt (§ 17a Abs. 2 Nr. 2 UStDV a.F.) ersetzt. Soll mit der Gelangensbestätigung der Nachweis erbracht werden, dass die Ware in den Mitgliedstaat gelangt ist, so muss dieser Nachweis auch in anderer Form erbracht werden können[342]. Die Gelangensbestätigung als einzig möglichen Nachweis zu sehen ist unverhältnismäßig. Unklar ist, in welcher Sprache die Gelangensbestätigung verfasst sein soll. Ein Abnehmer, der die deutsche Sprache nicht beherrscht, wird nichts unterschreiben, das er nicht versteht[343]. Letztlich handelt es sich bei der Gelangensbestätigung um eine international unübliche Praxis, deren Durchsetzung mit erheblichen Problemen verbunden sein wird[344]. Möglicherweise kommt es dadurch auch zu Wettbewerbsnachteilen für deutsche Unternehmen[345]. Auch bei Reihengeschäften ist unklar, wie der mittlere Unternehmer in der Reihe über eine Ware, die er vielleicht gar nicht bekommt, eine Gelangensbestätigung aus-

342 Siehe hierzu BFH-Urteil vom 12.05.2009 – V R 65/06, BStBl. II 2010, 511, Leitsatz 1, Rn. II. 1. c); IDW, Stellungnahme vom 02.09.2011, abrufbar unter http://www.idw.de/idw/portal/d612148 (Zugriffsdatum: 16.05.2012), 4; Stellungnahme der Bundesverbände der deutschen Wirtschaft vom 13.01.2012 zum ersten Entwurf des BMF-Schreibens, abrufbar unter http://www.ihk-koeln.de/upload/8er_Stellungnahme_Nachweispflichten_18572.pdf (Zugriffsdatum: 03.08.2012), Anschreiben 1.

343 Siehe auch Stellungnahme der Bundessteuerberaterkammer zum Referentenentwurf der Zweiten Verordnung zur Änderung steuerlicher Verordnungen vom 02.09.2011, abrufbar unter http://www.bstbk.de/de/presse/stellungnahmen/archiv/20110902_2_stellungnahme_bstbk/index.html (Zugriffsdatum: 03.08.2012), 5.

344 So auch Verbände der deutschen Wirtschaft in der Stellungnahme vom 01.09.2011, abrufbar unter http://www.bdi.eu/download_content/8er_UStDV_1109.pdf (Zugriffsdatum: 16.05.2012), 14.

345 Stellungnahme der Bundessteuerberaterkammer vom 13.01.2012 zum ersten Entwurf des BMF-Schreibens vom 07.12.2011, abrufbar unter http://www.bstbk.de/de/presse/stellungnahmen/archiv/20120113_stellungnahme_bstbk/index.html.

stellen soll[346]. Die Gelangensbestätigung muss die Unterschrift des Abnehmers tragen. Ob dieser vom mittleren Unternehmer vertreten werden kann, ist unklar. Zudem könnte es zu langen Wartezeiten bei der Gelangensbestätigung kommen[347]. Bis dahin ist es für den Steuerpflichtigen unklar, ob er die Lieferung als steuerfrei oder steuerpflichtig behandeln kann. Ob die Gelangensbestätigung zu der gewünschten Vereinfachung führt, bleibt abzuwarten[348]. Im Begründungsteil wird darauf hingewiesen, dass es möglich ist, zunächst eine Brutto-Rechnung zu erstellen, wenn eine Gelangensbestätigung nicht gleich vorliegt[349].

Wird auf der Rechnung nicht auf die Steuerfreiheit der innergemeinschaftlichen Lieferung hingewiesen und wird die Verbringungserklärung, die den Unternehmer nicht namentlich bezeichnet, nicht gegenüber dem Lieferer abgegeben, so ist der Belegnachweis nach § 17a Abs. 2 Nr. 1 und Nr. 4 UStDV nicht erbracht[350]. Es bleibt dann lediglich die Möglichkeit, nachzuweisen, dass objektiv eine innergemeinschaftliche Lieferung vorlag.

Bei einer Beförderung des Gegenstandes vom Unternehmer oder Abnehmer im gemeinschaftlichen Versandverfahren in das übrige Gemeinschaftsgebiet kann der Unternehmer gemäß § 17a Abs. 3 UStDV[351] den Nachweis hierüber abweichend von § 17a Abs. 2 UStDV auch durch eine Bestätigung der Abgangsstelle über die innergemeinschaftliche Lieferung führen, die nach Eingang des Beendigungsnachweises für das Versandverfahren erteilt wird, sofern sich daraus die Lieferung in das übrige Gemeinschaftsgebiet ergibt.

Im Falle einer Be- oder Verarbeitung des Gegenstandes muss der Unternehmer gemäß § 17b UStG dies durch Belege eindeutig und leicht nachprüfbar nachweisen. Der Nachweis soll durch Belege nach § 17a erbracht werden, die zusätzlich die in § 11 Abs. 1 Nr. 1-4 UStDV bezeichneten Angaben enthalten.

---

346 *Küffner/Streit*, BC 2012, 2 (3); Stellungnahme der Bundessteuerberaterkammer zum Referentenentwurf der Zweiten Verordnung zur Änderung steuerlicher Verordnungen vom 02.09.2011, abrufbar unter http://www.bstbk.de/de/presse/stellungnahmen/archiv/20110902_2_stellung nahme_bstbk/index.html (Zugriffsdatum: 03.08.2012),6.

347 Einführung einer Gelangensbestätigung: DStR-KR 2012, 18; Stellungnahme der Bundessteuerberaterkammer zum Referentenentwurf der Zweiten Verordnung zur Änderung steuerlicher Verordnungen vom 02.09.2011, abrufbar unter http://www.bstbk.de/de/presse/stellungnahmen/archiv/20110902_2_stellungnahme_bstbk/index.html (Zugriffsdatum: 03.08.2012), 7.

348 BR-Drs. 628/11 vom 13.10.2011, 18-19.

349 BR-Drs. 628/11 vom 13.10.2011, 26.

350 BFH-Urteil vom 12.05.2011 – V R 46/10, DStR 2011, 1709, Leitsatz.

351 1. durch eine Bestätigung der Abgangsstelle über die innergemeinschaftliche Lieferung, die nach Eingang des Rückscheins erteilt wird, sofern sich daraus die Lieferung in das übrige Gemeinschaftsgebiet ergibt, oder
2. durch eine Abfertigungsbestätigung der Abgangsstelle in Verbindung mit einer Eingangsbescheinigung der Bestimmungsstelle im Übrigen Gemeinschaftsgebiet.

Wurde eine Verarbeitung durch mehrere Personen durchgeführt, ist § 17 Abs. 2 UStDV entsprechend anzuwenden.

Aufgrund der immensen Kritik an den Neuregelungen wird es laut BMF-Schreiben nicht beanstandet, wenn der Nachweis der Steuerbefreiung noch auf der Grundlage der bis 31.12.2011 geltenden Rechtslage erbracht wird, bis § 17a UStDV erneut geändert wurde[352].

In einem neuen Entwurf des BMF-Schreibens zur Änderung des § 17a UStDV zeigt sich das BMF kompromissbereit[353]. Im Wesentlichen sollen auch andere Belege neben der Gelangensbestätigung zulässig sein[354]. Dies ergibt sich auch schon aus der Rechtsprechung des BFH und des EuGH. Die Gelangensbestätigung soll aus mehreren Dokumenten bestehen können und muss nicht auf dem amtlichen Vordruck erfolgen[355]. Zudem soll es im Vergleich zum Vorentwurf Vereinfachungen bei der elektronischen Übermittlung der Gelangensbestätigung geben[356]. Außerdem erachtet es die Finanzverwaltung als zulässig, wenn mehrere selbstständige Lieferungen an einen Abnehmer in einer Sammelbestätigung zusammen gefasst werden[357].

Der Entwurf erhält auch ein Muster für die Gelangensbestätigung in Deutsch, Englisch und Französisch[358].

Die Elfte Verordnung zur erneuten Änderung der UStDV vom 04.02.2013 liegt mittlerweile dem Bundesrat vor[359]. Die Änderungen werden dann voraussichtlich zum 01.10.2013 in Kraft treten. Bis dahin gilt die Nichtbeanstandungsregelung weiter. Der Entwurf sieht vor, dass die Gelangensbestätigung auch als Sammelbestätigung, die Umsätze bis zu einem Quartal zusammenfasst, ausgestellt werden kann[360]. Zudem soll die Form irrelevant sein, wenn alle Angaben

---

352 BMF-Schreiben vom 01.06.2012, BStBl. I 2012, 619.

353 Entwurf des BMF-Schreibens Stand 07.12.2011, abrufbar unter http://www.ihk-koeln.de/upload/BMFEntwurfGelangensbestaetigung11_12_09_18041.pdf (Zugriffsdatum: 03.08.2012); Entwurf des BMF-Schreibens Stand 21.03.2012, abrufbar unter http://www.der-betrieb.de/content/pdfft,0,470030 (Zugriffsdatum: 03.08.2012); Stellungnahme der Bundesverbände der deutschen Wirtschaft vom 13.01.2012 zum ersten Entwurf des BMF-Schreibens, abrufbar unter http://www.ihk-koeln.de/upload/8er_Stellungnahme_Nachweispflichten_18572.pdf (Zugriffsdatum: 03.08.2012).

354 Abschn. 6a.3 Abs. 6c UStAE-E.

355 Abschn. 6a.3 Abs. 1 und 6a UStAE-E.

356 Abschn. 6a Abs. 6a UStAE-E.

357 Abschn. 6a.3 Abs. 6 UStAE-E.

358 Entwurf des BMF-Schreibens Stand 21.03.2012, abrufbar unter http://www.der-betrieb.de/content/ pdfft,0,470030 (Zugriffsdatum: 03.08.2012), 9-13.

359 BR-Drs. 66/13 vom 04.02.2013.

360 BR-Drs. 66/13 vom 04.02.2013, 2.

enthalten sind[361]. Sie kann zudem auch aus mehreren Dokumenten bestehen, aus denen sich die erforderlichen Angaben erschließen lassen[362]. Neben der Gelangensbestätigung werden auch andere Beweismittel als Nachweis zugelassen[363]. In der Begründung wird hierzu ausgeführt, dass diese Änderung notwendig sei, da die Gelangensbestätigung in der Praxis den verschiedenen Abwicklungsmöglichkeiten oft nicht gerecht wird[364]. Der Kreis der Personen, die die Gelangensbestätigung unterschreiben dürfen soll gemäß dem Entwurf erweitert werden und betreffend den Zeitpunkt des Endes der Beförderung soll der Monat genügen[365]. Wird eine Gelangensbestätigung elektronisch, also beispielsweise per Mail übersandt, so soll eine Unterschrift sogar komplett entbehrlich sein[366].

Ob die Vereinfachungen reichen, um die Gelangensbestätigung praktisch umsetzbar zu machen bleibt fraglich.

(3) Buchnachweis

Folgende Aufzeichnungen müssen gemäß § 17c Abs. 2 UStDV vorgenommen werden:

1. Name und Anschrift des Abnehmers,
2. Name und Anschrift des Beauftragten des Abnehmers bei einer Lieferung, die im Einzelhandel oder in einer für den Einzelhandel gebräuchlichen Art und Weise erfolgt,
3. der Gewerbezweig oder der Beruf des Abnehmers,
4. die Menge des Gegenstands der Lieferung und dessen handelsübliche Bezeichnung einschließlich der Fahrzeug-Identifikationsnummer bei Fahrzeugen im Sinne des § 1b Abs. 2 des Gesetzes,
5. der Tag der Lieferung,
6. das vereinbarte Entgelt oder – bei der Besteuerung nach vereinnahmten Entgelten – das vereinnahmte Entgelt und der Tag der Vereinnahmung,
7. die Art und der Umfang einer Bearbeitung oder Verarbeitung vor der Beförderung oder der Versendung in das übrige Gemeinschaftsgebiet,
8. die Beförderung oder Versendung in das übrige Gemeinschaftsgebiet,
9. der Bestimmungsort im übrigen Gemeinschaftsgebiet.

---

361 BR-Drs. 66/13 vom 04.02.2013, 2.
362 BR-Drs. 66/13 vom 04.02.2013, 2.
363 BR-Drs. 66/13 vom 04.02.2013, 10.
364 BR-Drs. 66/13 vom 04.02.2013, 6.
365 BR-Drs. 66/13 vom 04.02.2013, 10.
366 BR-Drs. 66/13 vom 04.02.2013, 10.

In den einer Lieferung gleichgestellten Verbringungsfällen (§6a Abs. 2 UStG) hat der Unternehmer gemäß § 17c Abs. 3 UStG folgendes aufzuzeichnen:

1. die Menge des verbrachten Gegenstands und seine handelsübliche Bezeichnung einschließlich der Fahrzeug-Identifikationsnummer bei Fahrzeugen im Sinne des § 1b Abs. 2 UStG,
2. die Anschrift und die Umsatzsteuer-Identifikationsnummer des im anderen Mitgliedstaat belegenen Unternehmensteils,
3. den Tag des Verbringens sowie
4. die Bemessungsgrundlage nach § 10 Abs. 4 S. 1 Nr. 1 UStG.

Nichtunternehmer werden gemäß § 2 UStG bei der Lieferung neuer Fahrzeuge wie Unternehmer behandelt. Der Abnehmer besitzt allerdings in diesem Fall keine UStIdNr. Folglich ist der buchmäßige Nachweis gemäß

§ 17c Abs. 4 UStDV in diesen Fällen modifiziert. Der Nachweis der UStIdNr. ist nicht erforderlich. Neben den allgemeinen Aufzeichnungen gemäß § 17c Abs. 2 soll der Lieferer die in § 1b Abs. 2 und 3 UStG benannten Merkmale aufzeichnen, um nachzuweisen, dass ein Fahrzeug im Sinne des UStG vorliegt[367].

Die Aufzeichnung der Fahrzeug-Identifikationsnummer soll der Bekämpfung von Umsatzsteuerbetrug, besonders in Form von Karussellgeschäften, dienen[368].

c) Bedeutung der Nachweispflichten

In der Rechtssache *Collée* bringt der EuGH zum Ausdruck, dass aufgrund des Grundsatzes der Neutralität die Steuerbefreiung nicht der Nichteinhaltung formeller Formvorschriften versagt werden darf[369]. Gemäß der Rechtsprechung des EuGH hat der BFH unter Aufgabe der bisherigen Rechtsprechung als einzig notwendige Voraussetzung für das Vorliegen einer innergemeinschaftlichen Lieferung anerkannt, dass der Gegenstand in einen anderen Mitgliedstaat gelangt sein muss und der Erwerber dort den Regelungen des innergemeinschaftlichen Erwerbes unterliegt[370]. Der Buch- und Belegnachweis dient lediglich als Beweis des ersten Anscheins[371].

Vor dem Hintergrund der nationalen und europäischen Rechtsprechung ist die Änderung der Nachweispflichten durch die Verordnung des Bundesministeriums der Finanzen, die die Nachweispflichten, welche in den §§ 17 a ff. UStG

367 Siehe auch *Sopp*, Umsatzbesteuerung beim Handel in der EU, 285.

368 BT-Drs. 628/11 vom 13.10.2011, 21, 22

369 EuGH-Urteil vom 27.09.2007 – Rs. C-146/05 – *Albert Collée*, UR 2007, 813, Rn. 29, 31.

370 BFH-Urteil vom 06.12.2007 – V R 59/03, BStBl. II 2009, Leitsatz 1, Rn. II. 1. d); BFH-Urteil vom 08.11.2007 – V R 72/05, BStBl. II 2009, 55, Leitsatz 2, Rn. II. 1. c).

371 *Nieskens*, UR 2008, 812 (812); *Englisch/Becker/Kurzenberger*, UR 2010, 285 (287).

für die innergemeinschaftliche Lieferung als Sollvorschriften geregelt sind, in Mussvorschriften umwandeln, schlichtweg unverständlich[372]. Das Argument, dies würde der gängigen Auslegung entsprechen, ist nicht nachvollziehbar. Die Verordnung führt zu zusätzlichen Aufzeichnungspflichten, beispielsweise in § 17a Abs. 2 S. 1 Nr. 2 c) UStG und in § 17a Abs. 2 S. 2 UStDV. Zur Vereinfachung trägt die Verordnung folglich nicht bei. Ganz im Gegenteil sind die neuen Regelungen und besonders die Ausgestaltung als Mussvorschriften mit einem erhöhten Verwaltungsaufwand und der Risikoverlagerung auf den Steuerpflichtigen verbunden.

d) BMF-Schreiben vom 06.01.2009 und 05.05.2010

Die OFD-Verfügung vom 07.08.1998 enthält zum ersten Mal Erläuterungen zur Anwendung der Vertrauensschutzregelungen[373]. In der zweiten Hälfte der neunziger Jahre kam es aufgrund der Häufung des Umsatzsteuerkarussellbetruges zu einer restriktiven Auslegung des Vertrauensschutzes[374]. Die OFDen Hannover, Cottbus und Kiel vertraten die Auffassung, dass der Vertrauensschutz nur auf Angaben Dritter angewandt werden könne, aber nicht bezüglich des Vertrauens auf die Identität des Abnehmers[375]. Der Spitzenverband der deutschen Wirtschaft trat dem mit einem durch die Presse bekannt gewordenen Schreiben mit der Argumentation entgegen, dass dies eine unbillige Härte und eine Behinderung des Warenverkehrs im Binnenmarkt darstelle[376].

Auch das Bundesministerium der Finanzen schließt sich den Auffassungen des EuGH an. Mit dem BMF-Schreiben vom 05.05.2010 werden die Anforderungen an den Buch- und Belegnachweis deutlich reduziert[377]. Das vorhergehende BMF-Schreiben vom 06.01.2009[378], welches durch das neue BMF-Schreiben aufgehoben wird[379], wird in der Literatur als „Enttäuschung“[380] und „unrühmlicher Beitrag zum Aufbau weiterer unnötiger Bürokratie“[381] bezeichnet. Besonders kritisiert wurde, dass die Regelungen gegen den Vorbehalt des Gesetzes verstoßen,

372 Brat-Drucks. 628/11 vom 13.10.2011.

373 OFD Berlin Verfügung vom 07.08.1998 – St 431- S 7144-1/95, USt-Kartei BE § 6a UStG S 7144 Karte 1.

374 *Weber*, BB 2009, 248 (248).

375 OFD Hannover Verfügung vom 12.02.2002 – S 7144 – 1 – StO 353; OFD Cottbus Verfügung vom 02.05.2002 – S 7144 – 0001 – St 244; OFD Kiel Verfügung vom 19.06.2002 – S7144 A – St 253.

376 *Weber*, BB 2009, 248 (248).

377 *Prätzler*, juris Praxis Report 2010, Anm. 1.

378 BMF-Schreiben vom 06.01.2009, BStBl. 2009 I, 60.

379 BMF-Schreiben vom 05.05.2010, BStBl. 2010, 508, Rn. 57.

380 *Langer*, NWB 2009, 778 (778); *Küffner*, DStR 2009, 106 (113).

381 *DStV*, DStV 2009, 88 (88).

weil sie über das hinausgehen würden, was in § 17a-c UStDV verlangt werde[382]. Ferner seien sie unverhältnismäßig, weil sie mehr verlangten, als zum „Schutz der Fiskalinteressen des Staates und der Gleichmäßigkeit der Besteuerung unerlässlich ist“[383]. Durch die nachfolgende Rechtsprechung des BFH war das BMF jedoch gezwungen, auf Nachweise zu verzichten, die nicht mit den Anforderungen der UStDV übereinstimmen[384].

Beispielsweise war zu beanstanden, dass der CMR-Frachtbrief nur bei Unmöglichkeit oder Unzumutbarkeit anderer Versendungs- oder Belegnachweise als Belegnachweis anerkannt wurde[385]. Infolge der Rechtsprechung des BFH wird diese Auffassung in dem BMF-Schreiben vom 05.05.2010 nicht mehr vertreten[386].

Weiterhin unklar bleibt allerdings die Problematik der Anforderungen an den Identitätsnachweis des Abnehmers und die Angabe des endgültigen Bestimmungsortes bei Reihengeschäften[387]. Daran hat auch die Änderung der UStDV durch die zweite Verordnung zur Änderung steuerlicher Verordnungen nichts geändert.

Bezüglich der Anforderungen an den Identitätsnachweis des Abnehmers beziehungsweise seines Vertreters oder Beauftragten verlangte die Finanzverwaltung noch zusätzliche Belege[388]. In dem neuen BMF-Schreiben wurde auf weitere Nachweise, wie Passkopie oder Vertretungsberechtigung verzichtet. Allerdings kann eine fehlende Identitätskontrolle zur Versagung des Vertrauensschutzes führen[389].

Es dürfen zudem nur Angaben verlangt werden, die Rückschlüsse auf den Transport in einen anderen Mitgliedstaat zulassen. Daher ist auch eine Angabe des genauen endgültigen Bestimmungsortes, wie sie in § 17a Abs. 2 Nr. 2 UStDV gefordert wird, nicht erforderlich[390]. Besonders bei Reihengeschäften ist es für den Käufer aus Konkurrenzgründen oft nicht sinnvoll, den endgültigen

---

382 *Englisch/Becker/Kurzenberger,* UR 2010, 285 (291); *DStV,* DStV 2009, 88 (88).

383 *Englisch/Becker/Kurzenberger,* UR 2010, 285 (293).

384 BFH-Urteil vom 12.05.2009 – V R 65/06, DB 2009, 1740; BFH-Urteil vom 23.4.2009 – V R 84/07, DB 2009, 1851; BFH-Urteil vom 28.05.2009 – V R 23/08, DB 2009, 1856; *Sopp*, DB 2010, 1092 (1092-1093).

385 BMF-Schreiben vom 06.01.2009, BStBl. 2009 I, 60, Rn. 37; *Kußmaul/Sopp*, DB 2009, 201 (202); *Englisch/Becker/Kurzenberger,* UR 2010, 285 (293).

386 BFH-Urteil vom 12.05.2009 – V R 65/06, DB 2009, 1740, Rn. 3.

387 *Prätzler*, juris Praxis Report 2010, Anm. 1; *Küffner*, DStR 2009, 106 (113).

388 BMF-Schreiben vom 06.01.2009, BStBl. 2009 I, 60, Rn. 29, 32, 41; dies basiert auf der BFH-Entscheidung vom 08.11.2007 – V R 26/05, BStBl. II 2009, 49, Leitsatz 1.

389 BFH-Urteil vom 12.05.2009 – V R 65/06, DB 2009, 1740, Rn. 4. b) (3) bb); *Sopp,* DB 2010, 1092 (1095) zum daraus resultierenden Dilemma: Sterzinger, BB 2009, 2130 (2132).

390 *Gerhards*, UStB 2009, 102 (104); *Gerhards*, DStZ 2009, 171 (172f.); *Englisch/Becker/ Kurzenberger,* UR 2010, 285 (293).

Bestimmungsort offenzulegen[391]. Übernimmt der Zwischenhändler den Transport, ist es für den Lieferanten sogar unmöglich, den Bestimmungsort zu wissen[392]. Das BMF-Schreiben vom 05.05.2010 hat die Problematik insofern entschärft, als dass ein Nachweis nicht zu beanstanden ist, wenn der durch den Abnehmer angegebene Ort nicht dem Bestimmungsort entspricht, dieser aber trotzdem im Gemeinschaftsgebiet liegt[393]. Der BFH hat jüngst zu den Reihengeschäften entschieden, dass die Angabe eines unzutreffenden Bestimmungsortes die Steuerfreiheit nicht entfallen lässt, wenn der tatsächliche Bestimmungsort nach den Feststellungen im Gemeinschaftsgebiet liegt[394]. Der Entscheidung ist jedoch nicht zu entnehmen, ob die Angabe eines Bestimmungsortes entbehrlich ist, wenn sich aus den Tatsachen ergibt, dass der Gegenstand in einen Mitgliedstaat gelangt ist.

Zur Führung des Buchnachweises muss der Unternehmer gemäß § 17c Abs. 1 UStDV die UStIdNr. aufzeichnen[395]. Damit die europarechtlichen Vorgaben aus der Entscheidung in der Rechtssache *Collée* richtig umgesetzt werden, muss jedoch jeder beigebrachte Beweis zugelassen werden[396]. Das Erfordernis der UStIdNr. ist daher als „Vereinfachungsregelung" zu verstehen, wonach § 6a Abs. 1 S. 1 Nr. 3 UStG als gegeben angesehen werden kann, wenn der Unternehmer eine gültige UStIdNr. besitzt[397].

Die UStIdNr. muss im Zeitpunkt der Lieferung zugeteilt sein[398]. Dies führt besonders bei der Neugründung von Unternehmen zu Problemen[399]. In Spanien beispielsweise dauert es regelmäßig bis zu drei Monate, bis der Antrag auf Erteilung einer UStIdNr. bearbeitet wird[400].

Für den Vertrauensschutz wird durch das BMF-Schreiben vom 05.05.2010 kein weiterer Anwendungsbereich eröffnet[401].

Es bleibt abzuwarten, wie sich die höchstrichterliche Rechtsprechung in Zukunft zu diesen Punkten positioniert.

---

391 *Prätzler*, juris Praxis Report 2010, Anm. 1; *Sopp*, DB 2010, 1092 (1093);
392 *Neeser*, UVR 2009, 82 (88).
393 BMF-Schreiben vom 05.05.2010, BStBl. 2010, 508, Rn. 28.
394 BFH-Urteil vom 11.08.2011, V R 3/10, BFHE 235, 43.
395 BMF-Schreiben vom 05.05.2010, BStBl. 2010, 508, Rn. 41.
396 *Englisch/Becker/Kurzenberger,* UR 2010, 285 (289).
397 *Langer*, NWB 2009, 778 (780).
398 BMF-Schreiben vom 05.05.2010, BStBl. 2010, 508, Rn. 43.
399 *Langer*, NWB 2009, 778 (780).
400 Beispiel aus *Langer*, NWB 2009, 778 (780).
401 *Sopp*, DB 2010, 1092 (1095);

3. Vertrauensschutzrechtlich relevante Problemfelder

a) Normierung des Vertrauensschutzes in § 6a Abs. 4 UStG

aa) Ursprung der Regelung

Eine Lieferung kann gemäß § 6a Abs. 4 UStG auch dann als steuerfrei behandelt werden, wenn die Voraussetzungen des § 6a Abs. 1 UStG nicht vorliegen, sofern die Inanspruchnahme der Steuerbefreiung auf unrichtigen Angaben des Abnehmers beruht und der Unternehmer deren Unrichtigkeit auch bei Beachtung der Sorgfalt eines ordentlichen Kaufmanns nicht erkennen konnte. Die Voraussetzungen müssen kumulativ vorliegen[402].

Die Regelung beruht auf einer Protokollerklärung in der Ratstagung am 16.12.1991 im Zusammenhang mit dem Umsatzsteuer-Binnenmarktgesetz 1992[403]. Danach darf „die Anwendung der Bestimmungen der Übergangsregelung auf keinen Fall zur Folge haben (...), dass die Befreiung verweigert wird, wenn sich nachträglich herausstellt, dass der Erwerber materiell falsche Angaben gemacht hat, während der Steuerpflichtige die erforderlichen Maßnahmen ergriffen hat, um bei Lieferungen seines Unternehmens einer inkorrekten Anwendung der MwSt-Vorschriften vorzubeugen".

> Beispiel[404]: Der Unternehmer D aus Berlin liefert dem Unternehmer N aus Newcastle im Juni 2011 400 Flaschen Champagner, die dieser abholt und abredewidrig nicht nach Newcastle verbringt, sondern in Deutschland an seinen Kunden F für eine Party weiterveräußert.
>
> Die Lieferung des D ist in Deutschland steuerbar und steuerpflichtig. Es hat keine körperliche Warenbewegung in einen anderen Mitgliedstaat gegeben. D kann aber unter Umständen Gutglaubensschutz gemäß § 6a Abs. 4 UStG beanspruchen.

In der MwStSystRL findet sich keine ausdrückliche Grundlage für diese Norm[405]. Der Vertrauensschutz wird von der Verwaltung nur sehr restriktiv angewandt. Kritisch zu sehen ist die hohe Betrugsanfälligkeit. Unternehmer berufen

---

402 *Sopp*, Umsatzbesteuerung beim Handel in der EU, 289.

403 Siehe Sölch/Ringleb-*Treiber*, § 6a, Rn. 16 mit Verweis auf Protokollerklärung des Rates und der Europäischen Kommission am 16.12.1991 zu Art. 28c Teil A der 6. EG-Richtlinie i.d.F. der Richtlinie 91/680/EWG, ABl. EG Nr. L 376/1991 S. 1; *Englisch/Becker/Kurzenberger*, UR 2010, 285 (295).

404 Nachempfunden dem Beispiel aus Birkenfeld-*Wäger*, § 109 Rn. 50.

405 BFH-Urteil vom 15.02.2012 – XI R 42/10, BFH/NV 2012, 1188 , Rn. II. 4. a).

sich oft auch dann auf den Vertrauensschutz, wenn sie selbst in den Betrug wissentlich involviert waren[406].

bb) Tatbestandsmerkmale des § 6a Abs. 4 UStG

(1) Behandlung der Lieferung als steuerfrei

Zunächst muss der Unternehmer die Lieferung als steuerfrei behandelt haben, obwohl die Voraussetzungen des § 6a Abs. 1 UStG nicht erfüllt sind.

Im Umkehrschluss aus § 6a Abs. 1 S. 1 Nr. 1-3 UStG kommt der Vertrauensschutz zur Anwendung, wenn der Liefergegenstand das Inland nicht verlassen hat, die Abnehmer die Voraussetzungen des § 6a Abs. 1 Nr. 2 UStG nicht erfüllt haben, der Unternehmer den Gegenstand nicht für sein Unternehmen erworben hat oder der Erwerber nicht den Vorschriften der Erwerbsbesteuerung im Bestimmungsland unterliegt.

Um sich auf den Vertrauensschutz berufen zu können, müssen grundsätzlich alle materiellen Voraussetzungen des § 6a Abs. 1 UStG dem Anschein nach vorliegen[407]. Zudem muss der Unternehmer seiner Nachweispflicht nach § 6a Abs. 3 UStG i.V.m. § 17a ff. UStDV nachgekommen sein. Gemäß der Rechtsprechung des EuGH müssen zunächst einmal Beweise vorgelegen haben, die dem ersten Anschein nach für eine steuerfreie Lieferung sprechen[408]. Folglich ist das Erfordernis der Erbringung von Nachweisen auch europarechtskonform[409]. Problematisch ist jedoch, ob die Nachweise den Anforderungen der UStDV gerecht werden müssen[410].

(2) Beruhen auf unrichtigen Angaben des Abnehmers

Die unrechtmäßige Inanspruchnahme der Steuerbefreiung muss auf unrichtigen Angaben des Abnehmers beruhen.

Maßgeblicher Zeitpunkt hierfür ist der Zeitpunkt der „gemeinschaftsrechtlichen Entstehung der USt“, also der Lieferzeitpunkt[411].

---

406 *Weber*, BB 2009, 248 (254); mit dem Hinweis, dass nur eine Abschaffung der Steuerfreiheit den Karussellbetrug verhindern kann Sölch/Ringleb-*Teiber*, § 6a Rn. 106, 107.

407 Sölch/Ringleb-*Treiber*, § 6a Rn. 100.

408 EuGH-Urteil vom 27.09.2007 – Rs. C-409/04 – *Teleos*, UR 2007, 774, Rn. 44, 68.

409 Sölch/Ringleb-*Treiber*, § 6a Rn. 100.

410 Vergleiche hierzu insbesondere die Ausführungen unter Abschnitt C. II. 2. a).

411 Sölch/Ringleb-*Treiber*, § 6a Rn. 100 verweist auf die Formulierung des EuGH, dass der Stpfl. seine steuerlichen Verpflichtungen kenn muss, „bevor er das Geschäft abschließt“ (englisch: „bevor concluding a transaction“, französisch „avant de conclure une transaction“; EuGH-Urteil vom 27.09.2007 – Rs. C-409/04 – *Teleos*, UR 2007, 774, Rn. 48.) Demnach wäre auch

Der Vertrauensschutz gemäß § 6a Abs. 4 UStG greift folglich dann nicht, wenn die Unrichtigkeit auf dem eigenen Verhalten des Lieferers beruht[412].

Gutglaubensschutz kommt auch dann nicht in Betracht, wenn der Unternehmer den genauen Leistungsempfänger im Zeitpunkt der Lieferung noch nicht kannte oder der Abnehmer oder Beauftragte nicht versichert, den Gegenstand der Lieferung in einen anderen EU-Mitgliedstaat zu befördern[413]. Der Lieferer kann dann nicht darauf vertrauen, dass die Voraussetzungen des § 6a Abs. 1 S. 1 Nr. 2 UStG vorliegen[414].

(3) Sorgfalt eines ordentlichen Kaufmanns

Auch bei Beachtung der Sorgfalt eines ordentlichen Kaufmanns darf die Unrichtigkeit der Angaben nicht erkennbar gewesen sein.

Die Anforderungen an den Sorgfaltsmaßstab richten sich nach „§ 347 HGB unter Berücksichtigung der besonderen Verhältnisse der Berufs- und Gewerbezweige“[415].

Der Kaufmann muss „alle Maßnahmen treffen, die vernünftigerweise von ihm verlangt werden können“ und es dürfen „keine hinreichenden Verdachtsgründe“ bestehen, die darauf schließen lassen, dass die Lieferung zu einer Beteiligung an einer Steuerhinterziehung führt[416].

Daher ist Vertrauensschutz nicht zu gewähren, wenn die Unrichtigkeit der Angaben für den Lieferer objektiv erkennbar war[417].

Bestehen Zweifel an der Richtigkeit der Angaben des Abnehmers oder seines angeblichen Beauftragten, ist der Unternehmer verpflichtet, Nachforschungen anzustellen[418].

Bei widersprüchlichen oder unklaren Angaben des Abnehmers ist nach Ansicht des BMF die Sorgfalt eines ordentlichen Kaufmanns nicht erfüllt und der

---

ein Abstellen auf den Vertragsschluss möglich. Da nicht alle Mitgliedstaaten das Abstraktionsprinzip kennen, würde dies jedoch zu unterschiedlichen Ergebnissen führen; Normierung in § 13 Abs. 1 Nr. 8 UStG.

412 Z.B. wenn der Lieferer wusste, dass ein Teil der Ware im Inland verbleibt BFH UR 06, 401.

413 BFH-Urteil vom 18.07.2002 – V R 3/02, BStBl. II 2003, 616, Rn. II. 2 a).

414 Sölch/Ringleb-*Treiber*, § 6a Rn. 102.

415 BT-Drs. 12/2463 vom 27.04.1992, 31; siehe ausführliche Erläuterungen unter Abschnitt G. II. 4. b).

416 EuGH-Urteil vom 11.05.2006 – C-384/04 – *Federation of Technological Industries*, Slg. 2006, I-04191, Rn. 33; EuGH-Urteil vom 27.09.2007 – Rs. C-409/04 – *Teleos*, UR 2007, 774, Rn. 66, 68; EuGH-Urteil vom 21.02.2008 – Rs. C-271/06 – *Netto Supermarkt*, UR 2008, 508, Rn. 25.

417 Sölch/Ringleb-*Treiber*, § 6a Rn. 104.

418 *Oelmaier*, DStR 2008, 1213 (1216-1217).

Vertrauensschutz nicht anwendbar[419]. M.E. widerspricht dies dem Grundsatz der Verhältnismäßigkeit. Hat der Unternehmer bei Zweifeln die Angaben im Rahmen des ihm Zumutbaren überprüft und ist zu keiner Beanstandung gekommen, so ist ihm der Vertrauensschutz nach § 6a Abs. 4 UStG zu gewähren, wenn sich die Angaben im Nachhinein als nicht korrekt herausstellen[420].

cc) Rechtsfolge

Liegen die Voraussetzungen für die Anwendung des Vertrauensschutzes vor, so schuldet gemäß § 6a Abs. 4 S. 2 UStG der Abnehmer die entgangene Steuer. Abnehmer in diesem Sinne ist die täuschende Person, wobei es sich auch um eine Privatperson[421] oder einen angeblich Beauftragten handeln kann[422]. Der Abnehmer muss jedoch nicht mit der im Beleg- und Buchnachweis dokumentierten Person übereinstimmen[423]. Einzige Voraussetzung ist, dass die Person die Verfügungsmacht über den Gegenstand hat[424].

dd) Probleme bei der Anwendung des § 6a Abs. 4 UStG

Pump[425] bezeichnet § 6a Abs. 4 UStG als „Schwachpunkt", der lediglich durch das Drängen der Spitzenverbände der deutschen Wirtschaft ins Umsatzsteuergesetz aufgenommen worden ist. Der Annahme *Pumps,* § 6a Abs. 4 UStG führe zur Förderung der Wirtschaftskriminalität und sei die Ursache für Schwierigkeiten bei der Lieferung nach Deutschland, kann nicht zugestimmt werden[426]. Die strenge Handhabe und die unrealistischen Nachweisvoraussetzungen in Deutschland führen zur Notwendigkeit des Schutzes des Vertrauens. Dass sich Unternehmer in Ländern ohne Vertrauensschutz anders verhalten, ist eine nicht nachweisbare Annahme[427].

---

419 BMF-Schreiben vom 05.05.2010, BStBl. 2010, 508, Rn. 57.

420 So auch EuGH-Urteil vom 27.09.2007 – Rs. C-409/04 – *Teleos*, UR 2007, 774, Rn. 18, 68; Sölch/Ringleb-*Treiber*, § 6a Rn. 105.

421 Für Personen, die keine Unternehmer sind, enthält § 18 Abs. 4 UStG den Hinweis, dass auch diese Schuldner der Umsatzsteuer sein können; *Birkenfeld*, § 272 Rn. 784.

422 *Sopp*, Umsatzbesteuerung beim Handel in der EU, 308-309.

423 So auch BMF-Schreiben vom 05.05.2010, BStBl. 2010, 508, Rn. 51.

424 *Birkenfeld*, § 272 Rn. 784.

425 *Pump*, UStB 2007, 165 (165); *Theile*, UR 1993, 73 (73); *Widmann*, UR 1992, 249 (261).

426 *Pump*, UStB 2007, 165 (166).

427 *Pump*, UStB 2007, 165 (166).

b) Verhältnis der Nachweispflichten gemäß § 6a Abs. 3 UStG zum Vertrauensschutz gemäß § 6a Abs. 4 UStG

Wie bereits dargelegt, müssen die §§ 17a und c UStDV als Sollvorschriften europarechtskonform ausgelegt werden und sind keine materiell-rechtlichen Voraussetzungen für die Steuerbefreiung gemäß § 6a Abs. 1 UStG[428].

Die Nachweise nach der UStDV sind folglich fakultativ. Das Vorliegen der Voraussetzungen der Steuerfreiheit kann auch durch jeden anderen Beweis zur Überzeugung der Finanzverwaltung oder der Finanzgerichte glaubhaft gemacht werden.

In der Literatur wird zum größten Teil vertreten, dass der Beleg- und Buchnachweis gemäß § 17a und § 17c UStDV beim Vertrauensschutz gleichwohl obligatorisch sei[429]. Die Erbringung sämtlicher Buch- und Belegnachweise gehöre zu den Sorgfaltspflichten eines ordentlichen Kaufmanns[430]. Auch der BFH und die Finanzgerichte gehen davon aus, dass die Steuerfreiheit nach § 6a Abs. 4 UStG nur gewährt werden kann, wenn die Nachweise formell vollständig im Sinne der UStDV sind[431]. Das BMF nimmt an, dass sich der Gutglaubensschutz nur auf die Voraussetzungen des § 6a Abs. 1 UStG bezieht und nicht auf die Richtigkeit der Buch- und Belegnachweise nach § 6a Abs. 3 UStG i.V.m. §§ 17a-17c UStDV[432]. Inkonsequent ist dann jedoch die Gewährung der Steuerbefreiung aufgrund des

---

428 EuGH-Urteil vom 27.09.2007 – Rs. C-146/05 – *Albert Collée*, UR 2007, 813, Rn. 29, 31; BFH-Urteil vom 06.12.2007 – V R 59/03, BStBl. II 2009, Leitsatz 2, Rn. 42; *Küffner/Langer*, DB 2008, 1116 (1117).

429 *Winter*, UR 2005, 247 (248); *Winter* UR 2007, 881 (881); *Kußmaul/Sopp*, DB 2009, 201 (203); *Abbas/Slotty-Harms*, UVR 2006, 213 (217); *Wäger*, DStR 2009, 1621(1622, 1623); *Langer*, NWB 2009, 778 (783); *Kraeusel*, UR 2005, 187 (190); *Eckert*, BBK 2008, 1163 (1172); *Oelmaier*, DStR 2008, 1213 (12-17).

430 *Langer*, NWB 2009, 778 (783); BMF-Schreiben vom 05.05.2010, BStBl. 2010, 508, Rn. 50.

431 BFH-Urteil vom 15.07.2004 – V R 1/04, BFH/NV 2005, 81, Leitsatz 2; BFH-Urteil vom 09.11.2006 – V B 131/05, BFH/NV 2007, 284, Rn. II. b) ee); BFH-Urteil vom 08.11.2007 – V R 71/05, BFHE 219, 417, Rn. II. 2. b); BFH-Urteil vom 12.05.2011 – V R 46/10, BFHE 234, 436, Rn. II. 4. c); BFH-Urteil vom 15.02.2012 – XI R 42/10, BFH/NV 2012, 1188, Rn. II. 4. b); u.a. FG München Urteil vom 21.09.2011 – 14 K 3404/09, abrufbar unter http://www.gesetze-bayern.de/jportal/portal/page/bsbayprod.psml?st=ent (Zugriffsdatum: 10.09.2012), Rn. II.; FG Baden-Württemberg Urteil vom 20.07.2011 – 14 K 4282/09, EFG 2011, 2203, Rn. 3. c); FG Rheinland-Pfalz Urteil vom 26.08.2010 – 6 K 1130/09, EFG 2011, 275, Rn. A. 3.; Niedersächsischen FG Urteil vom 23.06.2010 – 5 K 358/06, abrufbar unter http://dejure.org/dienste/internet2?www0.nwb.de/finangericht/NFG/volltexte/2010/Juni/5_K_358_06.doc (Zugriffsdatum: 10.09. 2012); FG Hamburg Urteil vom 02.03.2010 – 2 K 191/09, DStRE 2011, 235, Rn. I. 2. b) cc); FG Hamburg Urteil vom 04.07.2008 – 7 K 175/07, EFG 2008, 1832, Rn. II. 4.; FG Hamburg Urteil vom 05.12.2007 – 7 K 71/06, EFG 2008, 653, Rn. II. 2.; FG Rheinland-Pfalz Urteil vom 10.02.2005 – 6 K 1737/03, EFG 2006, 451, Rn. 2.

432 BMF-Schreiben vom 05.05.2010, BStBl. 2010, 508, Rn. 53.

Gutglaubensschutzes, wenn der Unternehmer eine unrichtige UStIdNr. aufgezeichnet hat und dies bei der Beachtung der Sorgfalt eines ordentlichen Kaufmanns nicht erkennen konnte[433].

Englisch ist demgegenüber der Auffassung, dass die §§ 17a ff. UStDV keine unmittelbare Bedeutung im Rahmen des § 6a Abs. 4 UStG haben[434]. Bei unrichtigen Nachweisen entfalle lediglich die daran geknüpfte Vermutungswirkung[435]. Mittelbar komme den Nachweispflichten jedoch bei der Ermittlung der an die Sorgfaltspflichten zu stellenden Anforderungen eine Rolle zu[436]. Grundsätzlich seien die Sorgfaltspflichten aber unter Berücksichtigung des Amtsermittlungsgrundsatzes und der Mitwirkungspflichten des Unternehmers zu ermitteln und nicht anhand von formalisierten Beweisregeln zu fixieren[437].

Englisch ist zuzustimmen. Von dem Lieferer darf nur das Erforderliche und Verhältnismäßige verlangt werden[438]. Es muss ein kausaler Zusammenhang zwischen der mangelnden Sorgfaltspflicht und der Täuschung über die tatsächlichen Verhältnisse bestehen[439]. Die fehlenden Nachweise müssen ferner eine Tatbestandsvoraussetzung belegen, die sich nachträglich als nicht gegeben herausstellt[440].

Vertrauensschutz ist nach meiner Auffassung auch dann zu gewähren, wenn der Nachweis im Einzelfall abweichend von den Vorschriften der UStDV geführt wird und dies trotzdem den Anforderungen an die Sorgfalt eines ordentlichen Kaufmanns entspricht[441]. Die Nachweispflichten haben folglich auch für den Vertrauensschutz keine materielle Wirkung[442]. Dass der Steuerpflichtige Nachweise erbringen muss, bleibt unbestritten. Waren die Nachweise, die der Lieferer vorgelegt hat, schlüssig und gingen daraus nachvollziehbar die Voraussetzungen für eine Steuerbefreiung hervor, kann nicht im Nachhinein mit dem Hinweis auf die Nichterfüllung von rein formellen Vorschriften die Steuerfreiheit versagt werden. Außerdem würde dies sonst auch auf unvorhersehbare Einzelfallentscheidungen

---

433 BMF-Schreiben vom 05.05.2010, BStBl. 2010, 508, Rn. 54; so auch *Sopp*, Umsatzbesteuerung beim Handel in der EU, 301.

434 *Englisch*, UR 2008, 481 (490).

435 *Englisch*, UR 2008, 481 (490).

436 *Englisch*, UR 2008, 481 (491).

437 *Englisch*, UR 2008, 481 (491); so auch FG Hessen Urteil vom 7.11.2006 – 6 K 3787/C, EFG 2007, 553, Rn. 30 .

438 EuGH-Urteil vom 27.09.2007 – Rs. C-409/04 – *Teleos*, UR 2007, 774, Rn. 58, 64.

439 *Englisch/Becker/Kurzenberger*, DB 2010, 285 (297).

440 *Englisch/Becker/Kurzenberger*, DB 2010, 285 (297).

441 Siehe hierzu auch *Sopp*, Umsatzbesteuerung beim Handel in der EU, 301.

442 So auch *Achatz/Kepler*, Umsatzsteuer im europäischen Binnenmarkt, 488, in: Seer, Umsatzsteuer im Europäischen Binnenmarkt. 33. Jahrestagung der Deutschen Steuerjuristischen Gesellschaft e.V. Bochum, 15. und 16. September 2008.

hinauslaufen[443]. Sowohl EuGH, als auch BFH gehen davon aus, dass die einzig notwendige Voraussetzung für das Vorliegen einer innergemeinschaftlichen Lieferung ist, dass der Gegenstand in einen anderen Mitgliedstaat gelangt ist und der Erwerber dort den Regelungen des innergemeinschaftlichen Erwerbes unterliegt[444]. Der Buch- und Belegnachweis ist nur ein Beweis des ersten Anscheins[445]. Würde man den Vertrauensschutz von der Erfüllung der Nachweispflichten der UStDV abhängig machen, würde man der Einhaltung formeller Verpflichtungen einen höheren Stellenwert einräumen als dem Grundsatz der Neutralität der Mehrwertsteuer[446]. Steuerpflichtige, die nur inländische Umsätze tätigen, dürfen gegenüber Lieferern, die innergemeinschaftliche Lieferungen tätigen, nicht schlechter gestellt sein[447]. Die Vernachlässigung der Buchnachweise beispielsweise zeugt zwar generell von mangelhafter Sorgfalt, nicht aber auch bezüglich der Überprüfung der Angaben Dritter im konkreten Fall[448]. Wurden alle Maßnahmen ergriffen, die vernünftigerweise von dem Lieferer verlangt werden können, um der Beteiligung an einer Steuerhinterziehung vorzubeugen, so ist ihm Vertrauensschutz zu gewähren.

Letztlich geht es nicht darum, dem Unternehmer, der die Ausfuhr nicht nachweisen kann, durch die Hintertür, über den Vertrauensschutz, die Steuerfreiheit zu gewähren. Lediglich, wenn die vorliegenden Nachweise grundsätzlich, wenn sie richtig gewesen wären, für einen Nachweis der Steuerfreiheit ausgereicht hätten, soll dem Steuerpflichtigen nicht das Risiko falscher Angaben durch den Empfänger der Lieferung aufgebürdet werden. Der Lieferer muss trotzdem die Sorgfalt eines ordentlichen Kaufmanns angewendet haben, die aber nicht allein darin zu sehen sein kann, dass genau die formalen Nachweispflichten erfüllt werden, die in der UStDV dargelegt sind. Hätten die Nachweise auch bei Richtigkeit nicht ausgereicht, so ist auch kein Vertrauensschutz zu gewähren. Geht man davon aus, dass die in der UStDV geregelten Nachweise als Sollvorschriften zu verstehen sind, so kann man sie m.E. für die Gewährung des Vertrauensschutzes nicht als Mussvorschriften auslegen. Der Lieferer ist sonst gezwungen die Nachweise genauso zu erbringen wie sie in der UStDV vorgesehen sind, da er sonst Gefahr laufen würde im Zweifel den Vertrauensschutz zu verlieren. Dies würde dann doch wieder auf eine Interpretation der §§ 17a-17c UStDV allgemein als Mussvorschriften hinauslaufen.

---

443 *Sterzinger*, BB 2009, 2130 (2132).

444 BFH-Urteil vom 06.12.2007 – V R 59/03, BStBl. II 2009, Leitsatz 1, Rn. II. 1. d); BFH-Urteil vom 08.11.2007 – V R 72/05, BStBl. II 2009, 55, Leitsatz 2, Rn. II. 1. c).

445 *Nieskens*, UR 2008, 812 (812); *Englisch/Becker/Kurzenberger*, UR 2010, 285 (287).

446 So auch *Hörmann*, ELR 2008, 25 (27); *Sterzinger*, UR 2008, 169 (174); *Neeser*, UVR 2009, 82 (83).

447 *Küffner/Langer*, DB 2008, 1116 (1116); *Winter*, UR 2007, 881 (883).

448 *Englisch*, UR 2008, 481 (492).

Abzulehnen ist zudem das vom BMF aufgestellte Erfordernis, Nachweise zu erbringen, die über die in den §§ 17a-c UStDV Verlangten hinausgehen, wenn die Sorgfalt eines ordentlichen Kaufmanns dies im Einzelfall verlangt[449].

Beispielsweise wird vom BMF beim Barkauf verlangt, dass der Lieferer sich zusätzlich zu den Nachweispflichten aus der UStDV über den tatsächlichen Namen, die Anschrift und die Vertretungsmacht eines Vertreters des Abnehmers vergewissert und dies mit den entsprechenden Belegen nachweist[450].

Aus Gründen der Rechtssicherheit sollte die Einhaltung der Vorschriften in §§ 17a-c UStDV die Obergrenze der Sorgfaltspflichten darstellen, die an den Unternehmer gestellt werden können. Der Unternehmer muss vor Ausführung des Umsatzes wissen, was die Verwaltung im Zweifelsfall maximal von ihm verlangt[451]. Zudem dürfen unter Beachtung des Grundsatzes der Verhältnismäßigkeit die Anforderungen nicht über das hinausgehen, was zur korrekten und einfachen Anwendung der Steuerbefreiung notwendig ist[452].

c) Vertrauensschutz und Umsatzsteueridentifikationsnummer

Die UStIdNr. wird von jedem Staat der EU zur eindeutigen Identifizierung einer umsatzsteuerpflichtigen Person gemäß § 27a UStG auf Antrag an Unternehmer im Sinne des § 2 UStG vergeben[453]. Kleinunternehmer gemäß § 19 UStG, pauschalversteuernde Land- und Forstwirte gemäß § 24 UStG und juristische Personen, die nicht Unternehmer sind oder die Gegenstände nicht für ihr Unternehmen erwerben, erhalten eine UStIdNr. nur, wenn sie diese für innergemeinschaftliche Lieferungen, innergemeinschaftliche Erwerbe oder für erhaltene innergemeinschaftliche Dienstleistungen benötigen[454]. Die UStIdNr. wird für jeden Unternehmer erforderlich, der Waren oder Dienstleistungen innerhalb des Gebiets der Europäischen Union liefern oder erwerben möchte.

Mit dem Nachweis der UStIdNr. sollen einerseits die Unternehmereigenschaft des Leistungsempfängers und andererseits die Erwerbsbesteuerung im Bestimmungsland nachgewiesen werden[455].

---

449 So auch *Sopp*, Umsatzbesteuerung beim Handel in der EU, 302; a.A. *Englisch/Becker/ Kurzenberger*, DB 2008, 285 (296).

450 BMF-Schreiben vom 05.05.2010, BStBl. 2010, 508, Rn. 56.

451 Siehe hierzu auch Sopp, Umsatzbesteuerung beim Handel in der EU, 186; Zum Grundsatz der Rechtssicherheit siehe EuGH-Urteil vom 27.09.2007 – Rs. C-409/04 – *Teleos*, UR 2007, 774, Rn. 48.

452 EuGH-Urteil vom 27.09.2007 – Rs. C-409/04 – *Teleos*, UR 2007, 774, Rn. 64.

453 Bunjes-*Robisch*, § 27a Rn. 3.

454 Bunjes-*Robisch*, § 27a Rn. 3.

455 BT-Drs. 12/2463 vom 27.04.1992, 30; Birkenfeld, § 272 Rz. 760.

Der Unternehmer hat die Möglichkeit, die Gültigkeit der UStIdNr. im Rahmen eines einfachen Bestätigungsverfahrens gemäß § 18e UStG beim Bundeszentralamt für Steuern (BZSt) zu überprüfen[456]. Sollen zusätzlich auch Name und Anschrift des Leistungsempfängers überprüft werden, muss ein qualifiziertes Bestätigungsverfahren durchgeführt werden.

Früher wurde vor allem in der Rechtsprechung die Auffassung vertreten, dass der gute Glaube an die Richtigkeit der UStIdNr. nicht geschützt sei[457]. Es müsse folglich für den Buchnachweis die richtige UStIdNr. vorliegen.

Mittlerweile überwiegt jedoch die Auffassung, dass Vertrauensschutz auch bei der Aufzeichnung einer falschen oder ungültigen UStIdNr. zu gewähren ist, wenn dies auch bei der Anwendung der Sorgfalt eines ordentlichen Kaufmanns nicht zu erkennen war[458]. Dem ist zuzustimmen. Macht der Erwerber falsche Angaben, muss der Lieferer in jeder Hinsicht geschützt sein, wenn er den erforderlichen Sorgfaltsmaßstab bei der Überprüfung eingehalten hat. Sonst würde der Vertrauensschutz konterkariert werden. Schon in der Protokollerklärung zur Richtlinie 91/680/EWG vom 16.12.1991 wird ausdrücklich verlangt, dass die Binnenmarktregelungen auf keinen Fall zur Folge haben dürfen, dass die Steuerbefreiung für innergemeinschaftliche Lieferungen verweigert wird, wenn sich herausstellt, dass der Erwerber materiell falsche Angaben gemacht hat[459].

Für die Finanzverwaltung zählt zu den unabdingbaren Voraussetzungen für die Gewährung von Vertrauensschutz, dass eine qualifizierte Bestätigungsabfrage der UStIdNr. durchgeführt wurde[460]. Letztendlich wird durch die Bestätigung aber nur verifiziert, dass dem Unternehmer die UStIdNr. tatsächlich einmal erteilt wurde[461].

Bezüglich des Gutglaubensschutzes sind folgende Konstellationen von Bedeutung:

---

456 Antragsformular auf der Homepage des BZSt: http://evatr.bff-online.de/eVatR/ (Zugriffsdatum: 01.08.2012).

457 BGH-Urteil vom 12.05.2005 – 5 StR 36/05, DStR 2005, 1271, Rn. II. 1. b) aa); BFH-Beschluss vom 02.04.1997 – V B 159/96, BFH/NV 1997, 629, Leitsatz 2; BFH-Beschluss vom 05.02.2004, – V B 180/03, BFH/NV 2004, 988, Rn. II. 1.,FG Bremen Urteil vom 18.08.2003, 2 V 593/02, 2 V 594/02 (5), EFG 2003, 1737, Rn. 33; FG Hessen Urteil vom 16.05.2004, 6 V 2797/03, UStB 2004, 372, Rn. 1. b) bb); siehe hierzu auch *Weiß*, AW-Prax 2006, 160 (161).

458 *Weber*, BB 2009, 248 (255), *Sopp*, Umsatzbesteuerung beim Handel in der EU, 271-272; *Kraeusel*, UR 2005, 187 (189-190); *Nieskens*, UR 2008, 812 (815); *Lippross*, Umsatzsteuer, 1181; BMF-Schreiben vom 05.05.2010, BStBl. 2010, 508, Rn. 55.

459 *Weber*, BB 2009, 248 (255) mit Verweis auf die Protokollerklärung vom 16.12.1991 zu Art. 1 Nr. 22 der Richtlinie 91/680/EWG.

460 *Prätzler*, juris Praxis Report 2010, Anm. 1; BMF-Schreiben vom 05.05.2010, BStBl. 2010, 508, Rn. 55.

461 *Tiedtke*, UR 2004, 6 (10).

1. Die UStIdNr. wird dem Erwerber richtig zugeteilt. Er verwendet die erworbene Ware aber nicht für sein Unternehmen.
2. Der Erwerber gibt eine falsche UStIdNr. an. Der Unternehmer hat die falsche UStIdNr. nicht bestätigen lassen.
3. Der Erwerber tritt unter einer gültigen UStIdNr., die aber nicht seine eigene ist, im eigenen Namen auf. Der Unternehmer hat die falsche UStIdNr. nicht bestätigen lassen.
4. Der Erwerber gibt eine UStIdNr. eines anderen Unternehmers an und erwirbt die Ware unter dessen Namen. Die UStIdNr. ist abgefragt und durch das BZSt bestätigt[462].
5. Der Leistungsempfänger ist ein Scheinunternehmer, der nur kurzfristig tätig wird und seinen steuerlichen Pflichten nicht nachkommt.
6. Der Abnehmer tritt unter seiner eigenen gültigen UStIdNr. erkennbar für einen anderen Leistungsempfänger auf[463].
7. Der Abnehmer tritt unter seiner eigenen gültigen UStIdNr. für Rechnung eines Dritten auf. Dies ist für den Lieferer jedoch nicht erkennbar (Strohmanngeschäft)[464].
8. Der Abnehmer tritt zunächst unter einer gültigen UStIdNr auf. Diese wird aber durch den Bestimmungsmitgliedstaat rückwirkend für ungültig erklärt[465].

In der ersten Konstellation liegen die Voraussetzungen der innergemeinschaftlichen Lieferung gemäß § 6a Abs. 1 UStG objektiv nicht vor. Demzufolge ist keine Steuerbefreiung zu gewähren. Vertrauensschutz würde in diesem Fall nur greifen, wenn der Abnehmer durch Angaben glaubhaft gemacht hätte, dass er den Gegenstand für sein Unternehmen verwendet und der Lieferer darauf vertrauen konnte[466].

Grundsätzlich ist m.E. bei einer qualifizierten Bestätigung der UStIdNr. von der Einhaltung der Sorgfalt eines ordentlichen Kaufmanns auszugehen[467]. Daher dürfte im zweiten und dritten Fall auch kein Vertrauensschutz gewährt werden. Es sind aber auch Konstellationen denkbar, in denen von der Überprüfung der UStIdNr. abgesehen werden kann. Besteht beispielsweise aufgrund langjähriger Geschäftsbeziehungen kein Grund für den Unternehmer, an der Richtigkeit der UStIdNr. zu zweifeln, muss § 6a Abs. 4 UStG auch zur Anwendung kommen[468].

---

462 Konstellation so auch in *Sopp*, Umsatzbesteuerung beim Handel in der EU, 273 beschrieben.

463 Beispiel entnommen aus *Englisch/Becker/Kurzenberger*, UR 2010, 298.

464 Beispiel entnommen aus *Englisch/Becker/Kurzenberger*, UR 2010, 298.

465 Beispiel entnommen aus BMF-Schreiben vom 05.05.2010, BStBl. 2010, 508, Rn. 54.

466 § 6a Abs. 4 UStG.

467 So auch *Sopp*, Umsatzbesteuerung beim Handel in der EU, 272; *Nieskens*, UR 2008, 812 (815); *Englisch*, UR 2008 481 (492); *Lehr*, DStR 2005, 586 (587).

468 *Sopp*, Umsatzbesteuerung beim Handel in der EU, 273.

Zudem sollte der Gutglaubensschutz nicht verwehrt werden, wenn die fehlenden Voraussetzungen selbst bei Bestätigung der UStIdNr. nicht erkennbar gewesen wären[469].

Ohne Zweifel wurde im vierten Fall nicht die gültige UStIdNr. des Abnehmers aufgezeichnet. Trotzdem sollte dem Lieferer nach einer qualifizierten Abfrage Vertrauensschutz gewährt werden, wenn er keinen Grund hatte, an den Angaben des Abnehmers zu zweifeln[470].

Dies gilt auch für die fünfte Konstellation. Hat der Lieferer die zum Zeitpunkt der Lieferung gültige UStIdNr. ohne Kenntnis, dass es sich um eine Scheinfirma handelt, aufgezeichnet, so konnte er auf deren Richtigkeit vertrauen[471].

Trat der Unternehmer, wie in Fall sechs, für den Abnehmer erkennbar für einen Dritten auf, ist dieser aufgrund von zivilrechtlichen und steuerrechtlichen Grundsätzen als relevanter Abnehmer zu sehen[472]. Für die Frage, ob Vertrauensschutz gewährt wird, kommt es auf die Angaben des Abnehmers an[473].

Ist das Auftreten im Namen eines Dritten wie in der siebten Konstellation für den Lieferer nicht erkennbar, so ist Vertrauensschutz zu gewähren, wenn die Sorgfalt eines ordentlichen Kaufmanns angewandt wurde[474]. Maßgeblich sind nur die Angaben des in Erscheinung tretenden Unternehmers[475].

Dies gilt auch, wenn die UStIdNr. rückwirkend für ungültig erklärt wurde[476].

Es wäre unbillig, nur dem Unternehmer das Risiko aufzubürden, der noch viel weniger in der Lage ist, die Unternehmereigenschaft des Käufers zum Zeitpunkt des Umsatzes zu bestimmen[477].

4. Zwischenergebnis

Seit der Rechtsprechungsänderung des BFH sind die Nachweispflichten gemäß §§ 17a ff. UStDV keine materiell-rechtlichen Voraussetzungen für die Steuerbe-

469 So auch *Sopp*, Umsatzbesteuerung beim Handel in der EU, 272; *Nieskens*, UR 2008, 812 (815).

470 So auch *Sopp*, Umsatzbesteuerung beim Handel in der EU, 274; Sölch-Ringleb-*Weymüller*, 55. EL, § 6a Rn. 90; FG Niedersachsen Urteil vom 17.08.2004 – 5 V 84/04, DStR 2005, 42 Rn. II.

471 FG München vom 28.04.2005 – 14 K 1519/03, EFG 2005, 1485, Leitsatz 2 Rn. 32; mit Anm. *Weigel,* UStB 2005, 331; siehe hierzu auch *Englisch*, UR 2008, 481 (494).

472 *Englisch/Becker/Kurzenberger*, UR 2010, 285 (298).

473 *Englisch*, UR 2008, 481 (493).

474 *Langer*, NWB 2009, 778 (783); so auch BMF-Schreiben vom 05.05.2010, BStBl. 2010, 508, Rn. 54.

475 *Englisch*, UR 2008, 481 (493).

476 Fall 8; BMF-Schreiben vom 05.05.2010, BStBl. 2010, 508, Rn. 54; so auch schon *Winter*, UR 2005, 247 (249)

477 *Tiedtke*, UR 2004, 6 (10).

freiung der innergemeinschaftlichen Lieferung mehr. Die Darlegungs- und Feststellungslast für das Vorliegen einer innergemeinschaftlichen Lieferung trägt zwar gemäß § 6a Abs. 3 UStG weiterhin der Unternehmer, jedoch kann die Steuerfreiheit nicht mehr versagt werden, wenn die materiellen Voraussetzungen einer innergemeinschaftlichen Lieferung gegeben sind. Lediglich, wenn die Verletzung der Nachweispflichten dem Empfänger der innergemeinschaftlichen Lieferung durch Verschleierung der Identität zur Umsatzsteuerhinterziehung verhelfen sollte, kann die Steuerfreiheit versagt werden.

Vertrauensschutz kommt erst dann in Betracht, wenn die Belege dem ersten Anschein nach für eine innergemeinschaftliche Lieferung sprechen und der Unternehmer die Anforderungen an die Sorgfalt eines ordentlichen Kaufmanns erfüllt hat.

Im Zuge der Verwirklichung des Binnenmarktes in der EU und dem Wegfall der Grenzen ist hier ein immenses Betrugspotenzial entstanden. Ausfuhrbescheinigungen und Zollstempel, die nicht so leicht zu fälschen sind, gibt es nicht mehr. Um sicher zu gehen, dass es sich nicht um einen fiktiven Abnehmer handelt, wird der Steuerpflichtige mit zum Teil überzogenen Nachweispflichten belastet[478]. Wenn der Buch- und Belegnachweis sowie jedes zusätzliche Nachweiselement nach Ansicht der Finanzverwaltung an irgendeiner Stelle unschlüssig sein könnten, besteht gerade bei der innergemeinschaftlichen Lieferung ein bisher im Umsatzsteuerrecht noch nie dagewesenes Konfliktfeld zwischen Finanzverwaltung und Steuerpflichtigem.

Meines Erachtens fand gerade hier eine Normierung des Vertrauensschutzes statt, weil die Nachweispflichten an Angemessenheitsgrenzen gestoßen sind.

478 Nachweispflichten sind als Soll-Vorschriften in den §§ 17a – 17c UStDV geregelt: neben Belegnachweisen (z.B. Doppel der Rechnung §§ 14, 14a UStG, Lieferschein) auch Buchnachweise (z.B. Name und Anschrift des Abnehmers, Gewerbeanzeige).

IV. Umkehrung der Steuerschuldnerschaft nach § 13b UStG (Reverse-Charge-Verfahren)

1. Tatbestandsmerkmale des § 13b UStG

a) Funktionsweise der umgekehrten Steuerschuldnerschaft nach § 13b UStG

§ 13b ist durch das Steueränderungsgesetz (StÄndG) 2001 in das Umsatzsteuergesetz eingeführt worden[479] und löste das bis dahin geltende Abzugsverfahren für Werklieferungen und sonstige Leistungen eines im Ausland ansässigen Unternehmers ab[480]. Im Gegensatz zu der jetzigen Regelung war nach dem Abzugsverfahren der Leistende weiterhin der Steuerschuldner. Der Leistungsempfänger konnte lediglich als Haftungsschuldner herangezogen werden[481].

Unterfällt eine Lieferung oder sonstige Leistung der umgekehrten Steuerschuldnerschaft nach § 13b UStG, muss der Leistungsempfänger die Umsatzsteuer bei dem für ihn zuständigen Finanzamt erklären und abführen und nicht der leistende Unternehmer. Der leistende Unternehmer darf keine Umsatzsteuer auf seiner Rechnung ausweisen und muss in seiner Rechnung darauf hinweisen, dass die Leistung der umgekehrten Steuerschuldnerschaft unterliegt. Außerdem hat der leistende Unternehmer den Umsatz in der Umsatzsteuer-Voranmeldung und der jährlichen Umsatzsteuererklärung anzugeben.

Die Steuer entsteht gemäß § 13b Abs. 1 S. 1 UStG mit Ausstellung der Rechnung, spätestens jedoch mit Ablauf des der Ausführung der Leistung folgenden Kalendermonats.

Der Leistungsempfänger hat das Recht, die Vorsteuer abzuziehen, obwohl die Rechnung keine Umsatzsteuer ausweist, wenn die weiteren Voraussetzungen des § 15 UStG vorliegen. Umsatzsteuerschuld und Vorsteuerabzugsberechtigung fallen folglich in der Person des Leistungsempfängers zusammen[482].

Wird die umgekehrte Steuerschuldnerschaft übersehen und später beispielsweise durch eine Außenprüfung entdeckt, muss der Leistungsempfänger die Umsatzsteuer zuzüglich gegebenenfalls anfallender Zinsen nachentrichten. Die Tatsa-

---

479 BMF-Schreiben vom 05.12.2001, DStR 2002, 30; StÄndG 2001vom 20.12.2001, BGBl. I 2001, 3794, Art. 18 Nr. 5.

480 § 18 Abs. 8 UStG a.F. i.V.m. § 39a, §§ 51-58 UStDV a.F.; Sölch/Ringleb-*Mößlang*, § 13b Rn. 1.

481 Zum Vergleich der alten und der neuen Regelung siehe *Monfort*, UR 2002, 245 (255); *Nieskens*, UR 2002, 53 (56); *Birkenfeld*, UR 2002, 152 (155).

482 Sölch/Ringleb-*Mößlang*, § 13b Rn. 1.

che, dass der leistende Unternehmer die Umsatzsteuer zu Unrecht an das Finanzamt abgeführt hat, lässt die Nachzahlungspflicht nicht entfallen. Der Unternehmer, der die Umsatzsteuer fälschlicherweise ausgewiesen hat, schuldet diese nach § 14c UStG.

b) Unter das Reverse-Charge-Verfahren fallende Umsätze

aa) Werklieferungen und sonstige Leistungen eines im Ausland ansässigen Unternehmers § 13b Abs. 2 Nr. 1 UStG

Werklieferungen und sonstige Leistungen eines im Ausland ansässigen Unternehmers fallen gemäß § 13b Abs. 2 Nr. 1 UStG unter die Umkehrung der Steuerschuldnerschaft.

Werklieferungen sind gemäß § 3 Abs. 4 UStG Liefergeschäfte, bei denen der leistende Unternehmer die Herstellung oder die Be- oder Verarbeitung des Liefergegenstandes aus selbstbeschafften Hauptstoffen übernommen hat.

Unter Werklieferungen fallen insbesondere solche von Bauunternehmen, Montagefirmen und sonstigen Handwerksbetrieben[483]. Ist der Ort der Lieferung nicht im Inland gelegen, sind die Tatbestände der innergemeinschaftlichen Lieferung oder der Einfuhr einschlägig[484].

Der Begriff der sonstigen Leistung ist in § 3 Abs. 9 UStG definiert. Danach sind als sonstige Leistungen alle die Leistungen anzusehen, die keine Lieferungen darstellen. § 13b Abs. 2 Nr. 1 UStG ist immer dann einschlägig, wenn die sonstige Leistung nicht unter § 13b Abs. 1 UStG fällt.

Ausländischer Unternehmer ist gemäß § 13b Abs. 7 UStG ein Unternehmer, der weder im Inland gemäß § 1 Abs. 2 UStG noch auf der Insel Helgoland oder in einem der in § 1 Abs. 3 UStG bezeichneten Gebiete einen Wohnsitz, seinen Sitz, seine Geschäftsleitung oder eine Betriebsstätte hat. Nach dem § 13b Abs. 7 S. 1 und 2. UStG-E[485] soll ein Unternehmer auch dann im Ausland ansässig sein, wenn er seinen Wohnsitz im Inland hat. Der inländische Wohnsitz soll nur dann zur Eigenschaft des inländischen Unternehmers führen, wenn er im Ausland weder den Sitz der wirtschaftlichen Tätigkeit, die Geschäftsleitung oder eine Betriebsstätte hat, von der Umsätze ausgeführt werden.

---

483 Vogel/Schwarz-*Bülow*, § 13b Rn. 29; Bunjes-*Leonard*, § 13b Rn. 146

484 Vogel/Schwarz-*Bülow*, § 13b Rn. 29.

485 Regierungsentwurf zum Jahressteuergesetz 2013 vom 23.05.2012, abrufbar unter http://www.bundesfinanzministerium.de/Content/DE/Publikationen/Aktuelle_Gesetze/Gesetzentwuerfe_Arbeitsfassungen/2012-05-23-jahressteuergesetz-2013-anl.pdf?__blob=publicationFile&v=4 (Zugriffsdatum: 03.08.2012).

bb) Lieferung sicherungsübereigneter Gegenstände § 13b Abs. 2 Nr.2 UStG

Auch für die Lieferung von sicherungsübereigneten Gegenständen durch den Sicherungsgeber an den Sicherungsnehmer außerhalb des Insolvenzverfahrens geht die Steuerschuld auf den Leistungsempfänger über. Das gilt dann nicht, wenn der Sicherungsnehmer vor Eröffnung des Insolvenzverfahrens den Besitz an dem Gegenstand erhält[486].

cc) Unter das Grunderwerbsteuergesetz fallende Umsätze § 13b Abs. 2 Nr. 3 UStG

Die Ausdehnung auf alle Umsätze, die unter das GrEStG fallen und auf Bauleistungen erfolgte durch das Haushaltsbegleitgesetz (HBeglG) 2004[487]. § 13b UStG ist auch auf Umsätze anwendbar, die unter das Grunderwerbsteuergesetz fallen. Dazu gehören hauptsächlich die Umsätze von unbebauten und bebauten Grundstücken, die Bestellung von Erbbaurechten[488] und die Übertragung von Miteigentumsanteilen an Grundstücken[489].

Das Reverse-Charge-Verfahren findet nur dann Anwendung, wenn der Veräußerer auf die Steuerfreiheit der Umsätze nach § 4 Nr. 9 a) UStG, die unter das Grunderwerbsteuergesetz fallen, gemäß § 9 UStG verzichtet hat und die Option zur Steuerpflicht führt[490]. Die Umsatzsteuer ist dann auch nicht mehr Teil des Kaufpreises, der die Bemessungsgrundlage für die Grunderwerbsteuer bildet[491].

Hintergrund der Regelung ist die hohe Missbrauchsanfälligkeit beim Verkauf von Grundstücken durch insolvente Unternehmen. Der Verkaufserlös wurde oft zur Tilgung von Bankkrediten verwendet, wobei aufgrund der Insolvenz die Abführung der Umsatzsteuer nicht mehr möglich war[492].

dd) Bauleistungen § 13b Abs. 2 Nr. 4 UStG

Mit Wirkung zum 01.04.2004 wurde die Umkehrung der Steuerschuldnerschaft auf bestimmte Bauleistungen ausgeweitet. Allerdings nur dann, wenn der Leis-

---

486 BFH-Urteil vom 19.07.2007 – V B 222/06, BStBl. II 08, 163; BFH-Urteil vom 01.03.2010 – XI B 34/09, BFH/NV 10, 1192.

487 BGBl. I 2003, 3076 (3086), abrufbar unter http://www.parlamtensspiegel.de/ps/suche/gesetzes blaetter.jsp (Zugriffsdatum: 16.08.2011).

488 OFD Koblenz Verfügung vom 09.02.2006 – S 7279 A-St 44 4.

489 BMF-Schreiben vom 31.03.2004, BStBl. I 2004, 453; Abschn. 4.9.1. Abs. 2 Nr. 2 UStAE.

490 Sölch/Ringleb-*Mößlang*, § 13b Rn. 28.

491 Bunjes-*Leonard*, § 13b Rn. 23.

492 Sölch/Ringleb-*Mößlang*, § 13b Rn. 28.

tungsempfänger selbst nachhaltig Bauleistungen erbringt. Die Finanzverwaltung nimmt eine Nachhaltigkeit an, wenn der Leistungsempfänger im vorangegangenen Jahr Bauleistungen erbracht hat, die mehr als 10 Prozent der Summe seines steuerbaren und nicht steuerbaren Weltumsatzes betragen haben[493]. Von der Umkehrung der Steuerschuldnerschaft generell ausgenommen sind Reparatur- und Wartungsarbeiten bis 500 € Netto[494].

Handelt es sich bei dem Leistenden um einen ausländischen Unternehmer, so ist der Umsatz ausschließlich nach § 13b Abs. 2 Nr. 1 UStG zu behandeln[495].

Die Umkehrung der Steuerschuldnerschaft betrift auch „Werklieferungen und sonstige Leistungen, die der Herstelllung, Instandsetzung, Instandhaltung, Änderung oder Beseitigung von Bauwerken dienen“[496]. Die Definition ist angelehnt an den Begriff der Bauleistungen in § 48 Abs. 1 S. 3 EStG[497]. Der Begriff des Bauwerks umfasst nicht nur das Gebäude an sich, sondern auch sämtliche irgendwie mit dem Erdboden verbundene oder infolge ihrer Schwere auf ihm ruhende Anlagen, welche aus Baustoff oder Bauteilen hergestellt wurden[498]. Die Leistung muss nach Ansicht der Finanzverwaltung unmittelbar auf die Substanz durch Erweiterung, Verbesserung, Beseitigung oder Erhaltung einwirken[499].

Nicht zu den Bauleistungen gehören unter anderem Leistungen von Architekten und Fachingenieuren, die Lieferungen von Baumaterial oder die Vermietung von Baumaschinen[500].

Besonders umstritten war lange Zeit die Frage, ob auch Bauträger unter den § 13b Abs. 5 S. 2 UStG fallen. Nach den BMF-Schreiben vom 16.10.2009[501] und 11.03.2010[502] sind Unternehmer, die eigene Grundstücke zum Zwecke des Verkaufs bebauen, lediglich dann von der Umkehr der Steuerschuldnerschaft betrof-

493 Abschn. 13b.3 Abs. 2 UStAE.

494 Abschn. 13b.2 Abs. 7 Nr. 15 S. 1 UStAE.

495 Vogel/Schwarz-*Bülow*, § 13b Rn. 48.

496 Vogel/Schwarz-*Bülow*, § 13b Rn. 50; eine alphabetisch geordnete Auflistung von Leistung mit Bejahung oder Verneinung der Bauleistungseigenschaft findet sich in Abschnitt 2 der Verfügung der OFD Frankfurt vom 13.08.2009 – S 7279 A-14-St 113.

497 Vogel/Schwarz-*Bülow*, § 13b Rn. 50; Abschn. 13b.2 Abs. 2 S. 1 UStAE.

498 Sölch/Ringleb-*Mößlang*, § 13b Rn. 34; Abschn. 13b.2 Abs. 1 UStAE.

499 Abschn. 13b.2 Abs. 3 S. 1 UStAE.

500 Abschn. 13b.2 Abs. 6 und 7. In seinen Schlussanträgen hat Generalanwalt *Paolo Mengozzi* dargelegt, dass der Begriff der Bauleistungen im Sinne von Art. 2 Nr. 1 der Richtlinie 2004/290/EG lediglich Dienstleistungen umfasst. Bei der Unterscheidung müssen alle Elemente betrachtet werden. Es darf nicht lediglich darauf abgestellt werden, ob der Bauunternehmer in seinem Eigentum stehende Stoffe verwendet hat, EuGH-Schlussanträge vom 12.09.2012 – C-395/11 – BLV Wohn- und Gewerbebau GmbH, BeckRS 2012, 81883, Rn. 110.

501 BMF-Schreiben vom 16.10.2009, BStBl. I 2009, 1298, Abs. 7.

502 BMF-Schreiben vom 11.03.2010, BStBl. I 2010, 254, Abs. 7.

fen, wenn es sich um einen Werk- oder Werklieferungsvertrag handelt. Laut OFD Karlsruhe liegen diese vor, wenn die Verträge mit den Kunden zu einem Zeitpunkt geschlossen werden, an dem der Erwerber die Bauausführungen und -gestaltungen noch beeinflussen kann[503]. Werden die bebauten Grundstücke erst nach Fertigstellung vermarktet, liegen Lieferungen gemäß § 3 Abs. 1 UStG vor, die nicht von der Umkehr der Steuerschuld betroffen sind[504]. Auch beim Weiterverkauf bereits beim Ankauf vollständig fertiggestellter oder sanierter Wohneinheiten ist § 13b Abs. 2 Nr. 4 S. 1 UStG nicht anzuwenden[505].

Wegen des Grundsatzes der Einheitlichkeit der Leistung fallen mehrere Leistungen, die im Rahmen eines Vertragsverhältnisses erbracht werden, nur dann unter §13b UStG, wenn sie insgesamt als einheitliche Bauleistung angesehen werden können[506].

Die Umkehr der Steuerschuldnerschaft führt letztlich nur zur Verlagerung des Insolvenzrisikos vom Subunternehmer auf den Generalunternehmer[507], was letztlich nicht automatisch zu einer Verringerung des Ausfallrisikos führt und von daher nicht uneingeschränkt als sinnvoll betrachtet werden kann[508].

ee) Lieferung von Gas, Elektrizität, Wasser und Wärme § 13b Abs. 2 Nr. 5 UStG

Durch das Richtlinien-Umsetzungsgesetz (EURLUmsG) 2004 wurde in Abs. 1 S. 1 die Nr. 5 hinzugefügt und die Umkehrung der Steuerschuldnerschaft auf die Lieferung von Gas und Elektrizität durch ausländische Unternehmer ausgedehnt[509]. Die Anwendbarkeit von § 13b UStG auf die Lieferung von Gas und Elektrizität wurde zum 01.01.2005 eingeführt[510]. Dadurch soll die Ortsverlagerung, welche durch das Bestimmungslandprinzip in § 3g UStG normiert ist, durchgesetzt werden[511]. Die Notwendigkeit der inländischen Erfassung für Unternehmer, die nur an Wiederverkäufer oder Unternehmer als Endverbraucher liefern, entfällt somit[512]. Mit Wirkung zum 01.01.2011 gilt das Bestimmungs-

503 OFD-KarlsruheVerfügung vom 25.08.2011, S 7279.
504 OFD-Karlsruhe Verfügung vom 25.08.2011, S 7279.
505 OFD-Karlsruhe Verfügung vom 25.08.2011, S 7279.
506 Sölch/Ringleb-*Mößlang*, § 13b Rn. 37.
507 *Pflanzer/Voith/Güldner*, DStR 2004, 1163 (1164).
508 *Pflanzer/Voith/Güldner*, DStR 2004, 1163 (1164).
509 BGBl. I 2004, 3310 (3318); abrufbar unter http://www.parlamtensspiegel.de/ps/suche/gesetzes blaetter.jsp (Zugriffsdatum: 16.08.2011).
510 Bunjes-*Leonard*, § 13b Rn. 27.
511 Vogel/Schwarz-*Bülow*, § 13b Rn. 60.
512 Bunjes-*Leonard*, § 13b Rn. 27.

landprinzip nach § 3g UStG und somit auch die Umkehrung der Steuerschuldnerschaft nach § 13b UStG für die Lieferung von Wasser und Wärme[513].

Die Definition des ausländischen Unternehmers richtet sich nach § 13b Abs. 7 UStG.

Gemäß der Beschlussempfehlung des Finanzausschusses zum Jahressteuergesetz 2013 soll die Steuerschuldnerschaft nach § 13b Abs. 2 Nr. 5 b) UStG-E erweitert werden. Sie soll auch für Lieferungen von Gas über das Erdgasnetz und von Elektrizität durch ein im Inland ansässigen Unternehmer gelten[514]. Im Gesetzesantrag der Länder zum Jahressteuergesetz 2013 ist vorgesehen, dass der Leistungsempfänger von Gas über das Erdgasnetz, die nicht unter § 3g Abs. 1 S. 1 UStG fallen, nur dann die Steuer schuldet, wenn er ein Unternehmer ist, der selbst Erdgaslieferungen erbringt[515]. Betreffend die Lieferung von Elektrizität nach § 13b Abs. 2 Nr. 5 b) UStG-E schuldet der Leistungsempfänger die Steuer, wenn der liefernde Unternehmer und der Leistungsempfänger Wiederverkäufer von Elektrizität im Sinne des § 3g UStG sind[516].

ff) Umsätze mit Treibhausgas-Emissionsrechten § 13b Abs. 2 Nr. 6 UStG

Deutschland setzt mit der Ausweitung der Steuerschuldumkehrung auf Umsätze mit Treibhausgas-Emissionsrechten das in Art. 199 MwStSystRL vorgesehen Wahlrecht zum 01.07.2010 um[517].

Der Leistungsempfänger schuldet die Steuer bei der Übertragung von Berechtigungen nach § 4 Abs. 4 des Treibhausgas-Emissionshandelsgesetzes vom 08.07.2004[518], Emissionsreduktionseinheiten i.S. von § 3 Abs. 5 des Treibhausgas-Emissionshandelsgesetzes, zertifizierten Emissionsreduktionen i.S. von § 3 Abs. 6 des Treibhausgas-Emissionshandelsgesetzes.

---

513 BGBl. I 2010, 1768 (1785), abrufbar unter http://www.parlamtensspiegel.de/ps/suche/gesetzes blaetter.jsp (Zugriffsdatum: 16.08.2011).

514 Beschlussempfehlung des Finanzausschusses BTag-Drucks. 17/11190 vom 24.10.2012, 75, abrufbar unter http://dip21.bundestag.de/dip21/btd/17/111/1711190.pdf (Zugriffsdatum: 18.02.2013).

515 Gesetzesantrag der Länder Rheinland-Pfalz, Hamburg, Nordrhein-Westfalen, BRat-Drucks. 139/13 vom 22.02.13, 52.

516 Gesetzesantrag der Länder Rheinland-Pfalz, Hamburg, Nordrhein-Westfalen, BRat-Drucks. 139/13 vom 22.02.13, 52.

517 Vogel/Schwarz-*Bülow*, § 13b Rn. 63; BGBl. I 2010, 386 (393), abrufbar unter http://www.parla mentsspiegel.de/ps/suche/gesetzesblaetter.jsp (Zugriffsdatum: 16.08.2011).

518 BGBl. I 2004, 1578, zuletzt geändert durch Art. 1 des Gesetzes vom 16.07.2009 BGBl. I 2009, 1954, abrufbar unter http://www.parlamentsspiegel.de/ps/suche/gesetzesblaetter.jsp (16.08.2011).

Durch die Einbeziehung von Umsätzen mit Treibhausgas-Emissionsrechten in § 13b UStG und das damit verbundene Zusammenfallen von Steuerschuldner und Vorsteuerabzugsberechtigtem soll der Karussellbetrug in diesem Bereich verhindert werden[519].

gg) Lieferung von Industrieschrott, Altmetall und sonstigen Abfallstoffen § 13b Abs. 2 Nr. 7 UStG

Das Jahressteuergesetz (JStG) 2010 erweiterte den Anwendungsbereich des Reverse-Charge-Verfahrens zum 01.01.2011 auf die Lieferung bestimmter Abfälle und Schrotte. Die Abfallstoffe, für die die umgekehrte Steuerschuldnerschaft gilt, sind in der Anlage 3, unter Verweis auf den Zollkodex abschließend aufgezählt[520]. Der Übergang findet hier erstmals auch auf die Lieferung von körperlichen Gegenständen Anwendung, wenn diese nicht durch eine Sicherungsübereignung übergegangen sind[521]. Dass der liefernde Unternehmer in der Recycling- oder Abfallwirtschaft tätig ist, ist keine Voraussetzung für die Anwendung des Revers-Charge-Verfahrens. Somit kann die Regelung jeden Unternehmer treffen.

Bei der Lieferung unterschiedlicher Gegenstände ergeben sich unterschiedliche Steuerschuldner[522].

Die Nebenleistung teilt nur dann das Schicksal der Hauptleistung, wenn die Nebenleistung vom selben Lieferanten für denselben Leistungsempfänger erbracht wird[523].

Ist bei einer Mischung oder Warenzusammensetzung eine getrennte Beurteilung nicht möglich, ist die Ware nach dem Stoff oder Bestandteil zu bewerten, der ihr den wesentlichen Charakter verleiht[524].

hh) Reinigung von Gebäuden und Gebäudeteilen § 13b Abs. 2 Nr. 8 UStG

Das Jahressteuergesetz (JStG) 2010 erweiterte den Anwendungsbereich des § 13b UStG zum 01.01.2011 außerdem auf Gebäudereinigungsleistungen im Subunternehmer-Verhältnis. Voraussetzung für die Steuerschuldumkehr bei der Reinigung von Gebäudeteilen und Gebäuden ist, dass ein Unternehmer Gebäude-

---

519 Vogel/Schwarz-*Bülow*, § 13b Rn. 63.
520 Nähere Erläuterungen hierzu finden sich in Abschn. 13b.4. UStAE.
521 *Salder*, DStR 2010, 2277 (2277).
522 *Zugmaier/Salder*, DStR 2011, 895 (896).
523 *Zugmaier/Salder*, DStR 2011, 895 (896).
524 *Zugmaier/Salder*, DStR 2011, 895 (896).

reinigungsleistungen an einen anderen Unternehmer erbringt, der seinerseits nachhaltig Einnahmen aus der Erbringung von Gebäudereinigungsleistungen erzielt[525]. Das Reverse-Charge-Verfahren gilt folglich nur im Subunternehmer-Verhältnis und bei Nachhaltigkeit des Leistungsempfängers[526].

Der Nachhaltigkeitsbegriff definiert sich genau wie bei den Bauleistungen[527]. Demnach liegt diese vor, wenn im vorangegangenen Kalenderjahr Gebäudereinigungsleistungen erbracht wurden, deren Bemessungsgrundlage mehr als 10 Prozent der Summe der steuerbaren und nicht steuerbaren Umsätze (Weltumsatz) betragen hat[528].

ii) Lieferung von Gold in bestimmter Qualität § 13b Abs. 2 Nr. 9 UStG

Auch bezüglich der Lieferung von Gold bestimmter Güte erweitert das Jahressteuergesetz (JStG) 2010 den Anwendungsbereich des Reverse-Charge-Verfahrens zum 01.01.2011. Gemäß § 13b Abs. 2 Nr. 9 UStG ist die Umkehrung der Steuerschuldnerschaft auch auf Gold (einschließlich platiniertes Gold) oder Goldlegierungen in Rohform oder als Halbzeug mit einem Feingehalt von mindestens 325 Tausendstel und Goldplattierung mit einem Feingehalt von mindestens 995 Tausendstel nach § 25c Abs. 3 UStG anwendbar[529].

jj) Lieferung von Mobilfunkgeräten und integrierten Schaltkreisen § 13b Abs. 2 Nr. 10 UStG

Deutschland ist nach einer Ermächtigung des Rates der europäischen Union vom 22.11.2010 befugt, eine umgekehrte Steuerschuldnerschaft für die Lieferung von Mobilfunkgeräten und integrierten Schaltkreisen einzuführen[530].

Im Rahmen des Gesetzgebungsverfahrens zum „6. Gesetz zur Änderung von Verbrauchsteuergesetzen" hat der Gesetzgeber das umsatzsteuerliche Reverse-Charge-Verfahren des § 13b UStG auf die Lieferung von Mobilfunkgeräten und integrierten Schaltkreisen, also Mikrochips, ausgeweitet[531]. Die Neuregelung ist

---

525 Abschn. 13b.5. Abs. 4 S. 1 u 2 UStAE.

526 *Zugmaier/Salder*, DStR 2011, 895 (898).

527 Abschn. 13b.5. Abs. 4 S. 2 UStAE.

528 Abschn. 13b.3. Abs. 1 und 2 UStAE.

529 Abschn. 13b.6. UStAE.

530 Durchführungsbeschluss des Rates vom 22.11.2010, 2010/710/EU, Abs. 4; umgesetzt durch das 6. VStÄndG, BGBl. I 2011, 1090 (1094), abrufbar unter http://www.parlamentsspiegel.de/ps/suche/gesetzesblaetter.jsp (Zugriffsdatum: 16.08.2011).

531 BGBl. I 2011, 1090 (1094), abrufbar unter http://www.parlamtensspiegel.de/ps/suche/gesetzes blaetter.jsp (16.08.2011).

am 01.07.2011 in Kraft getreten und erfasst neben der Mobilfunkbranche auch andere Branchen.

Unter Mobilfunkgeräten versteht die Finanzverwaltung „Geräte, die zum Gebrauch mittels eines zugelassenen Mobilfunk-Netzes und auf bestimmten Frequenzen hergestellt oder hergerichtet wurden, unabhängig von etwaigen weiteren Nutzungsmöglichkeiten“[532]. „Ein integrierter Schaltkreis ist eine auf einem einzelnen (Halbleiter-)Substrat (sog. Chip) untergebrachte elektronische Schaltung (elektronisches Bauelement mit Verdrahtung)[533]“. Die Lieferungen fallen nur vor dem Einbau in das Endprodukt unter diese Regelung.

Dem § 13b UStG ist nicht trennscharf zu entnehmen, welche Gegenstände unter den Begriff des integrierten Schaltkreis unterfallen und welche nicht. Das neue, gegenüber dem bisherigen Schreiben erweiterte BMF-Schreiben vom 22. September 2011[534] enthält dabei insofern eine Vereinfachungsregelung, als dass zur Definition der integrierten Schaltkreise eine Zolltarifnummer herangezogen wird. Demgemäß können all jene Gegenstände als integrierte Schaltkreise angesehen werden, die unter die Unterposition 8542 31 90 des Zolltarifes fallen.

Eine abschließende Klarstellung bringt das erweiterte BMF-Schreiben dabei jedoch nicht. Denn eine Negativabgrenzung in der Weise, dass alle anderen Gegenstände, die dieser Unterposition nicht unterfallen, auch keine integrierten Schaltkreise im Sinne des § 13b UStG darstellen, enthält das BMF-Schreiben gerade nicht. Fällt somit ein Gegenstand nicht unter die Unterposition 8542 31 90 des Zolltarifs, kann dieser dennoch ein integrierter Schaltkreis sein, für den die umgekehrte Steuerschuldnerschaft anzuwenden ist.

Die Umkehrung der Steuerschuldnerschaft gilt nur für Lieferungen, deren Bemessungsgrundlage mindestens 5.000 € beträgt. Abzustellen ist dabei auf alle im Rahmen eines zusammenhängenden wirtschaftlichen Vorgangs gelieferten Gegenstände. Nachträgliche Entgeltsminderungen bleiben unberücksichtigt[535].

Andererseits enthält das BMF-Schreiben auch Beispiele, in denen trotz gleichzeitiger Auslieferung mehrere voneinander unabhängige Erfüllungsgeschäfte vorliegen sollen, die für die Grenze von 5.000 € nicht zusammenzuzählen sind[536].

Ist aus den vertraglichen Vereinbarungen nicht ersichtlich, ob die Betragsgrenze von 5.000 € für Lieferungen erreicht oder überschritten wird, wird nicht beanstandetet, wenn die Steuerschuldnerschaft nach § 13b Abs. 2 Nr. 10 und

---

532 Was hiervon umfasst wird ist in Abschn. 13b.7. Abs. 1 UStAE geregelt.

533 Näheres hierzu unter Abschn. 13b.7. Abs. 2 S. 1 UStAE.

534 BMF-Schreiben vom 22.09.2011, BStBl. I 2011, 910 Rn. I. 2.; Abschn. 13b.7. Abs. 2 S. 6 UStAE.

535 Abschn. 13b.7. Abs. 3 S. 1 und 6 UStAE.

536 BMF-Schreiben vom 22.09.2011, BStBl. I 2011, 910, Rn. II. 3.; Abschn. 13b.7. Abs. 3 S. 5 UStAE.

Abs. 5 S. 1 UStG angewendet wird, sofern sich beide Vertragspartner darüber einig waren und der Umsatz in zutreffender Höhe vom Empfänger der Leistung versteuert wurde[537].

Die Regelung in § 13b Abs. 2 Nr. 10 UStG gilt nur bei Lieferungen zwischen Unternehmern (B2B). Bei Lieferungen an einen Nichtunternehmer (B2C) bleibt es bei der Steuerschuld des leistenden Unternehmers.

kk) Ausnahmen

Gemäß § 13b Abs. 6 UStG findet § 13b Abs. 1 bis 5 UStG keine Anwendung, wenn die Leistung des im Ausland ansässigen Unternehmers

1. in einer Personenbeförderung, die der Beförderungseinzelbesteuerung unterlegen hat,
2. in einer Personenbeförderung, die mit dem Taxi durchgeführt worden ist,
3. in einer grenzüberschreitenden Personenbeförderung im Luftverkehr,
4. in der Einräumung der Eintrittsberechtigung für Messen, Ausstellungen und Kongresse im Inland,
5. in einer sonstigen Leistung einer Durchführungsgesellschaft an im Ausland ansässige Unternehmen, soweit diese Leistung im Zusammenhang mit der Veranstaltung von Messen und Ausstellungen im Inland steht, oder
6. in der Abgabe von Speisen und Getränken zum Verzehr an Ort und Stelle (Restaurationsleistung), wenn diese Abgabe an Bord eines Schiffs, in einem Luftfahrzeug oder in einer Eisenbahn erfolgt.

ll) Vereinfachungsregelung

Aus Vereinfachungsgründen gilt für Umsätze gemäß § 13b Abs. 2 Nr. 4 S. 1, Nr. 7, Nr. 8 S.1 und Nr. 9 und Nr. 10 und Abs. 5 S. 1 zweiter Halbsatz, 2 und 3 UStG die Regelung, dass die Umkehrung der Steuerschuldnerschaft auch dann nicht beanstandet wird, wenn sich beide Vertragspartner über die Anwendung von § 13b UStG einig waren und der Umsatz vom Leistungsempfänger in zutreffender Höhe versteuert wird[538].

mm) Kritik an der Steuerschuldumkehrung gemäß § 13b UStG

In der Praxis werden große Probleme bei der Ausweitung der umgekehrten Steuerschuldnerschaft auf die Lieferung von Mobilfunkgeräten und integrierten Schalt-

537 BMF-Schreiben vom 22.09.2011, BStBl. I 2011, 910, Rn. II. 3.; Abschn. 13b.7. Abs. 3 S. 7 und 8 UStAE.

538 Abschn. 13b.8. UStAE.

kreisen gesehen. Nach Ansicht der *Spitzenverbände der deutschen Wirtschaft*[539] führt die punktuelle Ausdehnung des Revers-Charge-Verfahrens zu einer Zersplitterung der Rechtslage, einer Verkomplizierung, höherem Umstellungs- und bürokratischem Aufwand und erschwere die eigentlich gewollte Harmonisierung der Umsatzsteuer. Zudem sei es nur eine Frage der Zeit, bis andere Betrugsformen beziehungsweise Umgehungsmöglichkeiten gefunden werden. Diese würden beispielsweise durch die unterschiedliche Behandlung von unternehmerischen und nichtunternehmerischen Leistungsempfängern eröffnet[540].

Tiedtke[541] bezeichnet die Frage, wie durch die Umkehrung der Steuerschuldnerschaft der Steuerbetrug bekämpft werden soll, sogar als eines „der letzten Geheimnisse unserer Zeit". Auch *Tehler*[542] ist der Ansicht, das Gesetz sei mit der „heißen Nadel genäht". Zudem seien weitere Begriffsklärungen notwendig[543].

Zwar ist m.E. die Möglichkeit der Erfindung neuer Umgehungsmethoden durch den Steuerpflichtigen kein Grund, eine sinnvolle Regelung nicht einzuführen, allerdings ist dem Argument der Verkomplizierung und Zersplitterung zuzustimmen. Die weitere Ausdehnung auf betrugsrelevante Konstellationen führt zu einer Unübersichtlichkeit der Rechtslage. Zumal es bei der Umkehrung der Steuerschuldnerschaft immer zur Abhängigkeit von Angaben des Leistungsempfängers kommt und somit die Problematik des Vertrauensschutzes relevant wird.

Daneben gibt es auch bei dem Begriff der Bauleistungen gemäß § 13b Unklarheiten. Der BFH hat mit seiner Entscheidung vom 30.06.2011[544] dem EuGH die Frage vorgelegt, ob der Begriff der Bauleistung im Sinne des Art. 2 Nr. 1 der Ermächtigung 2004/290/EG[545] neben den Dienstleistungen auch Lieferungen umfasst. Sollte dies der Fall sein, ist fraglich, ob der ermächtigte Mitgliedstaat berechtigt ist, Untergruppen zu bilden und lediglich für bestimmte Lieferungen

539 Schreiben der Spitzenverbände der deutschen Wirtschaft vom 05.04.2011 an den Bundestagsabgeordneten Dr. Volker Wissing, abrufbar unter http://www.giessen-friedber.ihk.de/Geschaeftsbereiche/Recht_und_Steuern/Steuern/Anlagen/Reverse-Charge-Verfahren_bei_der_Umsatzsteuer_Keine_Ausweitung.pdf (Zugriffsdatum: 29.08.2012) , 2; so auch *Nieskens,* BB 2006, 356 (356).

540 *Sopp*, Umsatzbesteuerung beim Handel in der EU, 296.

541 *Tiedtke*, UR 2004, 6 (8).

542 *Tehler*, UR 2002, 412 (412).

543 Schreiben der Spitzenverbände der deutschen Wirtschaft vom 05.04.2011 an den Bundestagsabgeordneten Dr. Volker Wissing, abrufbar unter http://www.giessen-friedber.ihk.de/Geschaeftsbereiche/Recht_und_Steuern/Steuern/Anlagen/Reverse-Charge-Verfahren_bei_der_Umsatzsteuer_Keine_Ausweitung.pdf (Zugriffsdatum: 29.08.2012) , 2; Schreiben der Spitzenverbände der deutschen Wirtschaft vom 28.07.2011 an Herrn MinDirig. Jörg Kraeusel, abrufbar unter http://www.ihk-koeln.de/upload/Eingabe_ReverseCharge11_07_28_15042.pdf (Zugriffsdatum: 10.09.2012).

544 BFH-Urteil vom 30.06.2011 – V R 37/10, BFHE 233, 477; EuGH anhängig C-395/11.

545 Ermächtigung des Rates vom 30.03.2004, 2004/290/EG, ABl. EU L 94, 59.

und Leistungen die Umkehrung der Steuerschuldnerschaft anzuwenden[546]. Ist diese Untergruppenbildung nicht möglich, ist zu klären, welche Rechtsfolgen eine unzulässige Untergruppenbildung hat[547].

2. Nachweis der Voraussetzungen des Übergangs der Steuerschuldnerschaft

Der Leistende muss wegen der Umkehrung der Steuerschuldnerschaft eine Rechnung ohne Umsatzsteuerausweis ausstellen. Dies ist aber nur dann möglich, wenn es sich bei dem Leistungsempfänger um einen Unternehmer handelt. Dabei obliegt es dem liefernden Unternehmer, die Unternehmereigenschaft des Leistungsempfängers nachzuweisen. Eine Verifizierung der Unternehmereigenschaft durch den Leistenden ist jedoch nicht möglich. Weder die Steuernummer, noch die inländische UStIdNr. können durch den Steuerpflichtigen überprüft werden.

Von der Überschreitung der 10 Prozent-Grenze und der Unternehmereigenschaft bei der Reinigung von Gebäuden und Gebäudeteilen kann der Leistende regelmäßig dann ausgehen, wenn der Leistungsempfänger einen gültigen Vordruck gemäß UST 1 TG im Original oder in Kopie vorlegt[548]. Auch Bauleistungen impliziert die Bescheinigung die Unternehmereigenschaft des Leistenden[549]. Aber selbst hier besteht die Möglichkeit der Fälschung.

3. Vertrauensschutzrechtlich relevante Problemfelder

Das Risiko einer fehlerhaften Einschätzung bezüglich der Unternehmereigenschaft des Abnehmers kann bei der Komplexität des § 13b UStG und den damit verbundenen Schwierigkeiten der Abgrenzung nicht allein dem Steuerpflichtigen auferlegt werden[550]. Die Einführung einer praktikablen Vertrauensschutzregelung ist folglich notwendig.

---

546 BFH-Urteil vom 30.06.2011 – V R 37/10, BFHE 233, 477, Leitsatz 2.

547 BFH-Urteil vom 30.06.2011 – V R 37/10, BFHE 233; BFH-Urteil vom 30.06.2011 – V R 37/10, BFHE 233, 477, Leitsatz 4.

548 BMF-Schreiben vom 04.01.2011, BStBl. I 2011, 48; Abschn. 13b.5. Abs.4 UStAE.

549 BMF-Schreiben vom 21.07.2010, BStBl. I 2010, 626.

550 Schreiben der Spitzenverbände der deutschen Wirtschaft vom 05.04.2011 an den Bundestagsabgeordneten Dr. Volker Wissing, abrufbar unter http://www.giessen-friedber.ihk.de/Geschaeftsbereiche/Recht_und_Steuern/Steuern/Anlagen/Reverse-Charge-Verfahren_bei_der_Umsatzsteuer_Keine_Ausweitung.pdf (Zugriffsdatum: 29.08.2012) , 7.

In der Literatur und der Rechtsprechung wird ein Vertrauensschutz im Festsetzungsverfahren durchgehend mit der Begründung abgelehnt, dass ein solcher in § 13b UStG nicht vorgesehen sei[551]. Umso erstaunlicher ist es, dass die Finanzverwaltung einen Vertrauensschutz qua BMF-Schreiben vom 04.01.2011 eingeführt hat[552]. Wird bei der Erbringung von Gebäudereinigungsleistungen eine gefälschte Nachweisbescheinigung vorgelegt, bleibt der Leistungsempfänger Steuerschuldner, wenn der Auftragnehmer keine Kenntnis von der Fälschung hatte[553]. Es kommt folglich später bei Entdeckung der Falschheit des Nachweises nicht zu einer Umsatzsteuernachforderung[554]. Das BMF hat erkannt, dass das Risiko einer Fälschung nicht allein beim Steuerpflichtigen verbleiben kann.

Auch bezüglich des Nachweises der Ansässigkeit im Inland anhand der Bescheinigung USt 1 TS gemäß § 13b Abs. 7 S. 4 UStG wird in der Literatur diskutiert, ob bei Vorlage dieser Bescheinigung und einer entsprechenden Rechnung dem Leistungsempfänger die Vorsteuer auch dann zustehen soll, wenn sich später herausstellt, dass der Leistungsempfänger nach objektiver Sachlage im Ausland ansässig war[555].

Schon in früheren Überlegungen wurde eine Vertrauensschutzregelung, die dem Wortlaut des § 6a Abs. 4 UStG entspricht für das Reverse-Charge-Verfahren angedacht[556].

4. Zwischenergebnis

Die Umkehrung der Steuerschuldnerschaft nach § 13b UStG birgt viele Probleme und wirkt für den Steuerpflichtigen unübersichtlich. Aus der Abhängigkeit der Angaben des Leistungsempfängers ergeben sich auch hier vertrauensschutzrechtliche Probleme. Aus diesem Grund wurde versucht, durch das BMF-Schreiben einen begrenzten Vertrauensschutz einzuführen.

Allerdings ist es nicht zielführend, den Vertrauensschutz zum Teil zu normieren, zum Teil aus der Rechtsprechung herzuleiten und zum Teil aus BMF-Schreiben. Für den Steuerpflichtigen ist nicht mehr ersichtlich, wann ihm Ver-

---

551 FG München Beschluss vom 19.01.2010 – 14 V 2377/09, DStR 2010, 1009; Sölch/Ringleb-*Mößlang*, § 13b Rn. 10.

552 BMF-Schreiben vom 04.01.2011, BStBl. I 2011, 48.

553 *Luft*, DStR 2011, 749 (751).

554 *Luft*, DStR 2011, 749 (751).

555 Siehe hierzu *Meyer-Burow/Connemann*, UR 2011, 374-378.

556 *Wagner*, UVR 2006, 141 (144 f.), dieser Beitrag beruht auf einem Vortrag bei der Fiscalis-Konferenz am 15./16.03.2006 in Berlin „Intensivierung der Bekämpfung des Mehrwertsteuer-Betruges – Möglichkeiten und Einschränkungen im Mehrwertsteuerrecht der Gemeinschaft".

trauensschutz zusteht und wie er ihn durchsetzen kann. Dies spricht m.E. für die Notwendigkeit der Etablierung eines generellen Vertrauensschutzes im Umsatzsteuerrecht, um Rechtsklarheit und Rechtssicherheit für den Steuerpflichtigen zu schaffen.

V. Vorsteuerabzug gemäß §§ 15 ff. UStG

1. Tatbestandsmerkmale des § 15 Abs. 1 UStG

a) Persönliche Berechtigung zum Vorsteuerabzug

Der Anspruch des Unternehmers auf Abzug der Vorsteuer ist das „Herzstück der Allphasen-Netto-Umsatzsteuer"[557]. Die Möglichkeit des Vorsteuerabzuges stellt die Kostenneutralität der Umsatzsteuer und die Besteuerung lediglich beim Endverbraucher sicher.

Die Voraussetzungen für den Vorsteuerabzug sind in § 15 Abs. 1 UStG geregelt. Der Unternehmer kann gemäß § 15 Abs. 1 S. 1 UStG folgende Vorsteuerbeträge geltend machen:

1. die gesetzlich geschuldete Steuer für Lieferungen und sonstige Leistungen, die von einem anderen Unternehmer für sein Unternehmen ausgeführt worden sind,
2. die entrichtete Einfuhrumsatzsteuer für Gegenstände, die für sein Unternehmen nach § 1 Abs. 1 Nr. 4 UStG eingeführt worden sind,
3. die Steuer für den innergemeinschaftlichen Erwerb von Gegenständen für sein Unternehmen,
4. die Steuer für Leistungen im Sinne des § 13b Abs. 1 UStG, die für sein Unternehmen ausgeführt worden sind,
5. die nach § 13a Abs. 1 Nr. 6 UStG geschuldete Steuer für Umsätze, die für sein Unternehmen ausgeführt worden sind.

Der Leistungsempfänger ist gemäß § 15 Abs. S. 1 UStG persönlich nur dann zum Vorsteuerabzug berechtigt, wenn es sich bei ihm um einen Unternehmer im Sinne des § 2 Abs. 1 UStG oder einen Fahrzeuglieferer gemäß § 2a UStG handelt.

Kleinunternehmer sind gemäß § 19 Abs. 1 UStG vom Vorsteuerabzug ausgeschlossen, genauso wie Privatpersonen, Körperschaften des öffentlichen Rechts, juristische Personen des Privatrechts im Idealbereich und Innengesellschaften.

557 Tipke/Lang-*Reiß*, Steuerrecht, § 14 Rn. 150.

Landwirte haben die Möglichkeit gemäß § 24 UStG nach Durchschnittssätzen zu besteuern.

b) Sachliche Voraussetzungen des Vorsteuerabzuges

aa) Umsatz von einem anderen Unternehmer

Auch bei dem Leistenden muss es sich um einen Unternehmer gemäß § 2 oder § 2a UStG handeln.

bb) Gesetzlich geschuldete Umsatzsteuer

Der Vorsteuerabzug ist gemäß § 15 Abs. 1 S. 1 UStG lediglich für die gesetzlich geschuldete Steuer möglich. Die Normierung dieser Voraussetzung beruht auf der Rechtsprechungsänderung des BFH vom 02.04.1998[558], die wiederum auf dem EuGH-Urteil *Genius B.V.* vom 13.12.1989[559] basiert. Der EuGH geht davon aus, dass Art. 17 Abs. 2 Buchst. a der Sechste EG-Richtlinie den Vorsteuerabzug lediglich auf die gesetzlich geschuldete Vorsteuer beschränkt. Bei der Lieferung oder sonstigen Leistung muss es sich folglich um einen gemäß § 1 Abs. 1 Nr. 1 UStG steuerbaren und steuerpflichtigen Umsatz handeln. Daraus folgt, dass die nach 14c UStG unrichtig oder unberechtigt ausgewiesene Steuer nicht abzugsfähig ist. Wurde eine überhöhte Steuer ausgewiesen beschränkt sich der Vorsteuerabzug auf die geschuldete Steuer[560].

Stadies[561] Annahme, die Wortlautauslegung lasse eine Subsumtion der nach § 14c Abs. 1 UStG unter die nach § 15 Abs. 1 S. 1 Nr. 1 UStG „gesetzlich geschuldete Steuer für eine Lieferung oder sonstige Leistung" zu, kann nicht zugestimmt werden. Auch die nach § 14c Abs. 1 UStG unrichtig oder unberechtigt ausgewiesenen Steuer ist nach Ansicht *Stadies* für eine Lieferung oder Leistung in Rechnung gestellt und wird gesetzlich geschuldet[562].

Zudem sei es auch praktikabler, wenn die Unternehmer im Zweifelsfall die Leistung als steuerpflichtig behandeln[563].

Dagegen ist jedoch einzuwenden, dass der Formulierung „gesondert ausgewiesene Steuer" in der alten Fassung des 15 Abs. 1 Satz 1 Nr. 1 UStG zwar entnommen werden konnte, dass auch die unrichtig oder unberechtigt ausgewiesene Steu-

---

558 BFH-Urteil vom 02.04.1998 – V R 34/97, BStBl. 1998 II, S. 695, Leitsatz 1, Rn. 20-23 .

559 EuGH-Urteil vom 13.12.1989 – C-342/87, Slg. 1989, 04227, Leitsatz, Rn. 12-15.

560 Abschn. 15.2 Abs. 1 S. 2 UStAE.

561 *Stadie*, § 15 Rn. 196.

562 *Stadie*, § 15 Rn. 196.

563 *Stadie*, § 15 Rn. 192.

er als Vorsteuer abgezogen werden kann[564]. Nach Ansicht des EuGH widersprach diese Auslegung jedoch den unionsrechtlichen Vorgaben in Art 168 MwStSystRL[565], demzufolge nur die „für den Umsatz geschuldete Steuer“ abziehbar ist[566].

Die Auslegung wurde durch das StÄndG 2003[567] in den Gesetzestext übernommen. Es kann nur noch die „gesetzlich geschuldete Steuer für eine Lieferung oder sonstige Leistung“ als Vorsteuer geltend gemacht werden. Die nach § 14c UStG geschuldete Steuer wird aber gerade nicht für eine Lieferung oder sonstige Leistung geschuldet, sondern lediglich weil sie falsch ausgewiesen wurde. Damit ist eindeutig klargestellt, dass die gemäß § 14c UStG unzutreffend oder unberechtigt ausgewiesene Steuer nicht zum Vorsteuerabzug gemäß § 15 Abs. 1 S. 1 Nr. 1 UStG berechtigt[568].

cc) Vorliegen einer Rechnung oder Gutschrift

Die Möglichkeit des Vorsteuerabzuges wird durch § 15 Abs. 1 S. 1 Nr. 1 S. 2 UStG an den Besitz einer Rechnung, die den Voraussetzungen der §§ 14, 14a UStG entspricht, geknüpft. Im Einzelnen werden in § 14 Abs. 4 S. 1 Nr. 1 bis 9 UStG folgende Angaben vorgeschrieben:

1. Name und Anschrift des leistenden Unternehmers und des Leistungsempfängers,
2. Steuernummer oder UStIdNr. des leistenden Unternehmers,
3. Ausstellungsdatum,
4. fortlaufende Nummer (Rechnungsnummer),
5. Menge und Art der gelieferten Gegenstände oder Umfang und Art der sonstigen Leistung,
6. Zeitpunkt der Leistung und Vereinnahmung des Entgeltes,
7. Entgelt,
8. im Voraus vereinbarte Minderungen des Entgeltes,
9. Steuersatz und Steuerbetrag.

---

564 Bunjes-*Heidner*, § 15 Rn. 159; Sölch/Ringleb-*Wagner*, § 15 Rn. 329.

565 EuGH-Urteil vom 13. 12. 1989 – C-342/87 – *Genius Holding*, Slg. 1989, 04227, Leitsatz, Rn. 13, anschließend BFH-Urteil vom 02.04.1998 – V R 34/97, BStBl. II 1998, 69, Rn. 3. b) cc); BFH-Urteil vom 06.12.2007 – V R 3/06, BStBl. II 2009, 203, Leitsatz, Rn. II. 2, dazu Abschn. 15.2. Abs. 1 UStAE; BGH- Urteil vom 28. 07. 2004 – XII ZR 292/02, BFH/NV Beilage 2005, 66, Rn. II. 2.

566 EuGH-Urteil vom 13. 12. 1989 – C-342/87 – *Genius Holding*, Slg. 1989, 04227, Leitsatz, Rn. 13.

567 BGBl. I 2003, 2645 (2659), abrufbar unter http://www.parlamentsspiegel.de/ps/suche/gesetzesblaetter.jsp (Zugriffsdatum: 16.08.2011).

568 So auch Bunjes-*Heidner*, § 15 Rn. 159.

Eine Relativierung der Anforderungen findet sich in den §§ 31 und 32 UStDV. Demnach kann eine Rechnung beispielsweise aus mehreren Dokumenten bestehen, wenn trotzdem leicht nachprüfbar ist, ob die notwendigen Angaben vorliegen. Zusätzliche Abmilderungen finden sich auch in dem BMF-Schreiben vom 29.01.2004[569]. Überdies sind für Rechnungen über Kleinbeträge und Fahrausweise in §§ 33 und 34 UStDV Vereinfachungen für die Rechnungslegung geregelt. Seit dem 01.07.2011 hat der Gesetzgeber neben den bisherigen Verfahren der qualifizierten elektronischen Signatur und dem EDI-Verfahren, jedwede Form der elektronischen Übermittlung durch die Neufassung des § 14 Abs. 1 und Abs. 3 UStG zugelassen, soweit die Echtheit der Herkunft, die Unversehrtheit ihres Inhalts und ihre Lesbarkeit gewährleistet werden[570]. Der Regierungsentwurf und der Gesetzesantrag der Länder zum Jahressteuergesetzes 2013[571] beinhaltet zusätzliche Anforderungen. Sofern über eine Leistung im Wege einer Gutschrift abgerechnet wird, soll gemäß § 14 Abs. 4 S. 1 Nr. 10 UStG-E das Dokument künftig durch die Angabe „Gutschrift“ als solche gekennzeichnet werden. Für Umsätze, die der umgekehrten Steuerschuldnerschaft unterliegen und von einem Unternehmer erbracht werden, der in dem Land ansässig ist, in dem der Umsatz als ausgeführt gilt, sollen sich die Formerfordernisse gemäß § 14 Abs. 7 UStG-E nach dem Recht dieses Landes richten. Wird aber im Wege der Gutschrift abgerechnet, gelten die Formerfordernisse des deutschen UStG.

In § 14a UStG sind darüber hinaus weitere Voraussetzungen normiert. Wurde eine sonstige Leistung infolge der Verwendung einer deutschen UStIdNr. im Inland erbracht, verlangt § 14a Abs. 1 UStG die Angabe der UStIdNr. des leistenden Unternehmers und des Leistungsempfängers. Nach dem Regierungsentwurf und dem Gesetzesantrag der Länder zum Jahressteuergesetz 2013[572] soll im Falle der Steuerschuldnerschaft des Leistungsempfängers die Rechnung gemäß § 14a Abs. 5 UStG-E künftig die Angabe „Steuerschuldnerschaft des Leistungs-

569 BMF-Schreiben vom 29.01.2004, BStBl. I 2004, 258.

570 Die Änderungen erfolgten durch das Jahressteuergesetz 2011 vom 1. November 2010, BGBl. I 2010, 2131 und basiert auf der Richtlinie 2010/45/EU vom 13.07.2010, Abl. EU 2010 L 189, 1; siehe hierzu auch BMF-Schreiben vom 02.07.2012, BStBl. I 2012, 726.

571 Regierungsentwurf zum Jahressteuergesetz 2013 vom 23.05.2012, abrufbar unter http://www.bundesfinanzministerium.de/Content/DE/Publikationen/Aktuelle_Gesetze/Gesetz entwuerfe_Arbeitsfassungen/2012-05-23-jahressteuergesetz-2013-anl.pdf?__blob=publication File& v=4 (Zugriffsdatum: 03.08.2012); Gesetzesantrag der Länder Rheinland-Pfalz, Hamburg, Nordrhein-Westfalen, BRat-Drucks. 139/13 vom 22.02.13, 53.

572 Regierungsentwurf zum Jahressteuergesetz 2013 vom 23.05.2012, abrufbar unter http://www.bundesfinanzministerium.de/Content/DE/Publikationen/Aktuelle_Gesetze/Gesetze ntwuerfe_Arbeitsfassungen/2012-05-23-jahressteuergesetz-2013-anl.pdf?__blob=publication File&v=4 (Zugriffsdatum: 03.08.2012); Gesetzesantrag der Länder Rheinland-Pfalz, Hamburg, Nordrhein-Westfalen, BRat-Drucks. 139/13 vom 22.02.13, 54.

empfängers“ enthalten. Die Rechnung soll gemäß § 14a Abs. 1 UStG-E künftig spätestens am 15. Tag des Monats, der auf den Monat folgt, in dem der Steuertatbestand eingetreten ist, ausgestellt werden. Auch bei der Besteuerung von Reiseleistungen und der Differenzbesteuerung sind nach § 14a Abs. 6 S. 2 UStG-E künftig erweiterte Angaben in der Rechnung vorgesehen.

dd) Ausführung einer Lieferung oder sonstigen Leistung

Der Vorsteuerabzug ist nach § 15 Abs. 1 Nr. 1 S. 1 und S. 2 UStG erst dann möglich, wenn die Lieferung oder sonstige Leistung ausgeführt und eine Rechnung erteilt wurde.

Eine Ausführung der Leistung wird dann angenommen, wenn sie vollständig bewirkt ist[573]. Dies richtet sich nach denselben Regeln wie die Frage der Entstehung der Steuerschuld[574].

Bei einer Teilleistung kommt es darauf an, wann diese als erbracht angesehen wird[575].

Nach § 15 Abs. 1 S. 1 Nr. 1 S. 3 UStG ist ein Vorsteuerabzug bei Zahlung vor Ausführung des Umsatzes bereits dann möglich, wenn eine Rechnung vorliegt und die Zahlung geleistet wurde.

ee) Leistungsbezug für das Unternehmen des Leistungsempfängers

Die Lieferung oder sonstige Leistung muss für das Unternehmen des Leistungsempfängers erfolgen. Wer Leistungsempfänger ist, richtet sich nach dem zugrunde liegenden schuldrechtlichen Vertragsverhältnis[576].

Der Unternehmer bezieht die Leistung für das Unternehmen, wenn er sie für seinen unternehmerischen Bereich erhält[577]. Die Abgrenzung zur nichtunternehme-

---

573 *Lippross*, Umsatzsteuer, 810.

574 *Hahn/Kortschak*, Lehrbuch Umsatzsteuer, 354.

575 Lippross-*Janzen*, § 15 Rn. 21.

576 BFH-Urteil vom 29.08.2002 – V R 40/01, UR 03, 148, Rn. II.1.; BFH-Urteil vom 16.08.2001 – V R 67/00, BFH/NV 2002, 223, Rn. II. 1.; BFH-Urteil vom 07.11.2000 – V R 49/99, BStBl. II 2008, 493, Rn. II. 2.; BFH-Urteil vom 01.10.1998 – V R 31/98, BStBl. II 2008, 497, Rn. II. 2. b); BFH-Urteil vom 16.03.2000 – V R 44/99, BStBl. II 2000, 361, Rn. II. 1. a); BFH-Urteil vom 30.09.1999 – V R 8/99, BFH/NV 2000, 353, Rn. II. a); BFH-Urteil vom 24.06.1999 – V R 99/98, BFH/NV 99, 1648, Rn. 2 a); BFH-Urteil vom 05.10.1995 – V R 113/92, BStBl. II 1996, 11, Rn. II. 3.; BFH-Urteil vom 16.03.1995 – V R 128/92, BStBl. II 1995, 651, Rn. II.; BFH-Urteil vom 09.03.1995 – V R 102/89, BStBl. II 1995, 564, Rn. II. 2.

577 BFH-Urteil vom 20.12.1984 – V R 25/76, BStBl. II, 1985, 176, Rn. B. 7.

rischen Sphäre erfolgt nach der Zuordnungsentscheidung des Unternehmers[578]. Die Entscheidung, welchem Bereich der Unternehmer die Leistung zuordnet, trifft dieser im Zeitpunkt des Leistungsbezuges[579].

Neben dem unternehmerischen Bereich kann jeder Unternehmer und jedes Unternehmen einen nichtunternehmerischen Bereich haben[580].

Die Leistung muss dem nichtunternehmerischen Bereich zugeordnet werden, wenn sie nach den gesamten Umständen allein für die nichtunternehmerische Verwendung bestimmt ist[581]. Ist eine außerunternehmerische Verwendung bei einer objektiven Betrachtung nach den Umständen ausgeschlossen, muss die Leistung dem Unternehmensbereich zugeordnet werden[582]. Liegt ein objektiv erkennbarer wirtschaftlicher Zusammenhang mit der gewerblichen oder beruflichen Tätigkeit vor oder soll diese durch die Leistung gefördert werden, kann die bezogene Leistung dem Unternehmensbereich zugeordnet werden[583].

Wird ein Gegenstand nur teilweise unternehmerisch genutzt, obliegt dem Unternehmer die Entscheidung, ob er den Gegenstand ganz, teilweise oder gar nicht dem Unternehmen zuordnen will[584]. Damit eine Zuordnung zum Unternehmen überhaupt möglich ist, muss gemäß § 15 Abs. 1 S. 2 UStG eine unternehmerische Verwendung von mindestens 10 Prozent vorliegen[585].

---

578 EuGH-Urteil vom 04.10.1995 – C-291/92 – *Armbrecht*, Slg. 1995, I-02775, Rn. 20; BFH-Urteil vom 11.11.1993 – V R 52/91, BStBl. II 1994, 335, Rn. 13; *Widmann*, DB 2000, 1145 (1146).

579 EuGH-Urteil vom 11.07.1991 – C-97/90 – *Lennartz*, Slg. 1991, I-03795, Leitsatz 3 Rn. 35.

580 BFH-Urteil vom 20.12.1984 – V R 25/76, BStBl. II 1985, 176, Leitsatz 1, Rn. 17; Bunjes-*Heidner*, § 15 Rn. 92 ff.

581 *Birkenfeld*, § 33 Rn. 181.

582 *Birkenfeld*, § 33 Rn. 171.

583 BFH-Urteil vom 19.05.1988 – V R 115/83, BStBl. II 1988, 916, Rn. II. 2. a) bb); BFH-Urteil vom 27.07.1995 – V R 44/94, BStBl. II 1995, 853, Rn. II. 1. a), Abschn. 15.2 Abs. 21 Nr. 2a) S.4 UStAE.

584 Bunjes-*Robisch*, § 1 Rn. 20; Bunjes-*Heidner*, § 15 Rn. 109-110, siehe hierzu die Rechtsprechung des EuGH, EuGH-Urteil vom 11.07.1991 – C-97/90 – *Lennartz*, Slg. 1991, I-03795 (Zuordnung des gesamten Gegenstandes zum Unternehmen); EuGH-Urteil vom 08.05.2003, C-269/00 – *Seeling*, Slg. 2003, I-04101 (Zuordnung des gesamten Gegenstandes zum Unternehmen), EuGH-Urteil vom 04.10.1995 – C-291/92 – *Armbrech,* Slg. 1995, I-02775 (Zuordnung nur des unternehmerisch genutzten Teils des Gegenstandes zum Unternehmen); EuGH-Urteil vom 08.03.2001 – C-415/98 – *Bakcsi*, Slg. 2001, I-01831. (Zuordnung des gesamten Gegenstandes zum nichtunternehmerischen Bereich).

585 *Birkenfeld*, § 33 Rn. 191; Bunjes-*Heidner*, § 15 Rn. 105; der EuGH geht nicht von einer solchen Zuordnungsgrenze aus EuGH-Urteil vom 11.07.1991 – C-97/90 – *Lennartz*, Slg. 1991, I-03795, Rn. 20; Diese Regelung weicht von Art. 168, 169 MwStSystRL ab. Die Bundesregierung ist hierzu durch mehrfach verlängerten Ratsbeschluss rückwirkend befugt worden. Aufgrund des Verstoßes gegen das Rechtsstaatsprinzip gilt die Rückwirkung in der Zeit vom 01.04.1999 bis 28.02.2000 und in der Zeit vom 01.07.2004 bis zum 19.11.2004 nicht.

Mit der Entscheidung in der Rechtssache *VNLTO* vom 12.02.2009 hat der EuGH zusätzlich zwischen dem wirtschaftlichen und unternehmerischen und dem nichtwirtschaftlichen und nichtunternehmerischen Bereich unterschieden[586]. Demnach kann der Steuerpflichtige im nichtwirtschaftlichen und nichtunternehmerischen Bereich unter den nachfolgenden Voraussetzungen eine Zuordnung der Leistung zum Unternehmen vornehmen[587]. Im unternehmensfremden, privaten Bereich kann ein privat genutzter Leistungsbezug dann dem Unternehmen zugeordnet werden, wenn die Möglichkeit der Besteuerung der privaten Nutzung besteht[588]. Während bei einem Leistungsbezug im nichtwirtschaftlichen, aber nicht ganz unternehmensfremden Bereich eine Zuordnung nicht möglich ist, da die Nutzung nicht der Besteuerung als Wertabgabe unterliegt[589].

ff) Zeitpunkt der Entstehung und der Ausübung des Rechts auf Vorsteuerabzug

Nach dem Prinzip des Sofortabzuges, welches in Art. 167 MwStSystRL normiert ist, entsteht das Vorsteuerabzugsrecht, wenn der Anspruch auf die abziehbare Steuer entsteht. Ausschlaggebend ist daher der Zeitpunkt des Bezuges der Leistung[590].

Beurteilungsmaßstab ist die Absicht des Steuerpflichtigen im Zeitpunkt des Leistungsbezuges, wenn noch nicht alle Voraussetzungen für den Vorsteuerabzug vorliegen[591].

Um das Recht auf Vorsteuerabzug ausüben zu können, verlangen jedoch sowohl § 15 Abs. 1 S. 1 Nr. 1 UStG, als auch Art. 178 MwStSystRL das Vorhandensein einer Rechnung. Folglich entsteht der Anspruch oft, bevor er ausgeübt werden kann.

Bezüglich eines Auseinanderfallens der Rechtsentstehung und der Ausübung des Rechts auf Vorsteuerabzug trifft das Unionsrecht keine Aussage[592].

---

586 EuGH-Urteil vom 12.02.2009 – C-515/07 – *Vereniging Noordelijke Landen Tuinbouw Organisatie*, Slg. 2009, I-000839, Rn. 37 ff.

587 EuGH-Urteil vom 12.02.2009 – C-515/07 – *Vereniging Noordelijke Landen Tuinbouw Organisatie*, Slg. 2009, I-000839, Rn. 37 ff.

588 EuGH-Urteil vom 12.02.2009 – C-515/07 – *Vereniging Noordelijke Landen Tuinbouw Organisatie*, Slg. 2009, I-000839, Rn. 32.

589 EuGH-Urteil vom 12.02.2009 – C-515/07 – *Vereniging Noordelijke Landen Tuinbouw Organisatie*, Slg. 2009, I-000839, Tenor.

590 EuGH-Urteil vom 06.07.1995 – C-62/93 – *BP Soupergaz*, Slg. 1995, I-01883, Rn. 18; Bunjes-*Heidner*, § 15 Rn. 181; a.A. Lippross, Umsatzsteuer, 806: Vorsteuerabzug erst in dem Besteuerungszeitraum, in dem alle Tatbestandsvoraussetzungen des § 15 Abs. 1 UStG vorliegen; Ansicht ist aufgrund des eindeutigen Wortlautes des Art. 167 MwStSystRL nicht haltbar.

591 EuGH-Urteil vom 21.03.2000 – C-110/98 bis C-147/98 – *Gadalfrisa*, Slg. 2000, I-01577, Rn. 45-47; BFH-Urteil vom 28.11.2002 – V R 51/01, BFH/NV 2003, 515, Rn. II. 1.

Art. 180 MwStSystRL besagt lediglich, dass die Mitgliedstaaten die Bedingungen, unter denen eine Vorsteuerabzug geltend gemacht werden kann, der nach Abs. 1 und Abs. 2 nicht vorgenommen worden ist, selbst bestimmen können. Durch das vom BFH angestrebte Vorabentscheidungsverfahren[593] wurde vom EuGH mit Urteil vom 29.04.2004[594] klargestellt, dass die Ausübung des Vorsteuerabzugsrechts nicht auf den Besteuerungszeitraum der Entstehung zurückwirkt. Das Recht ist in dem Besteuerungszeitraum auszuüben, in dem die nach Art. 179 MwStSystRL erforderlichen Voraussetzungen vorliegen. Das heißt, wenn die Leistung bewirkt wurde und der Steuerpflichtige im Besitz der Rechnung ist.

Aufgrund des Urteils *Pannon Gép Centrum* vom 15.07.2010[595] wurde dieser Grundsatz in der Literatur in Zweifel gezogen und die Frage aufgeworfen, ob einer Rechnungsberichtigung Rückwirkung auf den Zeitpunkt der Leistungsausführung zukommt, das Recht auf Vorsteuerabzug also auch ohne das Vorhandensein einer vollständigen Rechnung zu gewähren ist[596].

Die obersten Finanzbehörden des Bundes, der Länder und die Bundesregierung hingegen sind sich einig, dass der EuGH nicht entschieden hat, dass

eine Rechnungsberichtigung auf den Zeitpunkt der erstmaligen Rechnungserteilung zurückwirkt[597]. Auch die nationale Rechtsprechung tendiert zur Verneinung einer Rückwirkung[598]. Dem ist zuzustimmen, in der Entscheidung hat der EuGH sich nicht zum Zeitpunkt des Vorsteuerabzuges geäußert[599]. Vielmehr ging es lediglich darum, ob es möglich ist, den Vorsteuerabzug nach nationalem Recht auszuschließen, wenn die Rechnung ursprünglich eine falsche Angabe enthielt, deren spätere Berichtigung nicht den Anforderungen der Vorschriften des natio-

592 Bunjes-*Heidner*, § 15 Rn. 183.

593 BFH EuGH-Vorlage vom 21.03.2002 – V R 33/01, BFH/NV 2002, 803.

594 EuGH-Urteil vom 29.04.2004 – C-152/02 – *Terra Baubedarf,* Slg. 2004, I-05583, Rn. 38, Tenor.

595 EuGH-Urteil vom 15.07.2010 – C-368/09– *Pannon Gép Centrum*, ABl. EU C 246, 11.

596 Die Rückwirkung befürworten: *Sterzinger*, UR 2010, 700; *Wäger* DStR 2010, 1478; *Wagner*, UVR 2010, 311; *Zugmaier/Streit*, DStR 2010, 2446; die Rückwirkung verneinen: *Huschens*, UVR, 2010, 333; *Meurer*, DStR 2010, 2442; *Nieskens*, UR 2010, 697.

597 Erlass des Finanzministeriums Brandenburg vom 9.3.2011, DB vom 09.03.2011, 0413287; BMF-Schreiben vom 16.03.2011, abrufbar unter: http://www.beck.de/cms/main?docid=316476&docClass=NEWS&site=BC&from=BC.root (Zugriffsdatum: 06.01.2012); zur Auffassung des BMF siehe *Radeisen*, DB 2011, 10; Siehe hierzu auch die Antwort des Parlamentarischen Staatssekretärs Hartmut Koschyk vom 4. März 2011auf die Anfrage der Dr. Barbara Höll BT-Drs. 17/4987 vom 04.03.2011.

598 FG Berlin-Brandenburg Beschluss vom 22.02.2011 – 5 V 5004/11, EFG 2011, 1295, Leitsatz 2, Rn. II; FG Rheinland-Pfalz Urteil vom 23.09.2010 – 6 K 2089/10, EFG 2011, 92, Leitsatz, Rn. 2. c); der BFH hat in seinem Urteil vom 02.09.2011 – V R 55/09, BStBl. II 2011, 235, Rn. II. 5. die Frage offen gelassen.

599 FG Berlin-Brandenburg Beschluss vom 22.02.2011 – 5 V 5004/11, EFG 2011, 1295, Rn. II.

nalen Rechts entspricht[600]. Der EuGH hatte zudem auch keinen Anlass, sich mit dem Zeitpunkt des Vorsteuerabzuges zu beschäftigen, da die Vorlagefrage dieses Problem nicht umfasste[601]. Hätte der EuGH von seiner Entscheidung *Terra Baubedarf* abweichen wollen, so ist davon auszugehen, dass er diese zumindest erwähnt hätte[602]. Auch die Unterscheidung zwischen der erstmaligen Erteilung einer Rechnung und der späteren Berichtigung ist m.E. nicht zielführend, da dem Steuerpflichtigen so ermöglicht würde, zunächst eine Rechnung mit falschen Angaben auszustellen, um sie später zu korrigieren[603].

gg) Beschränkungen des Vorsteuerabzuges und Abzugsverbote

In § 15 Abs. 1 S. 2 UStG wird eine Zuordnung zum nichtunternehmerischen Bereich bei Gegenständen, die der Unternehmer zu weniger als 10 Prozent für sein Unternehmen nutzt, fingiert[604]. Der Vorsteuerabzug nach § 15 Abs. 1 S. 1 UStG ist für Gegenstände, die zum nichtunternehmerischen Bereich gehören, ausgeschlossen. Warum sich § 15 Abs. 1 S. 2 UStG lediglich auf Gegenstände und nicht auf Dienstleistungen bezieht, ist nicht nachvollziehbar[605].

Nach § 15 Abs. 1a UStG sind Vorsteuerbeträge, die auf Aufwendungen entfallen, für die das Abzugsverbot des § 4 Abs. 5 S. 1 Nr. 1 bis 4, 7 oder des § 12 Nr. 1 EStG gilt, nicht abziehbar. Davon umfasst sind bestimmte nicht abzugsfähige Betriebsausgaben sowie die Kosten für den Haushalt des Steuerpflichtigen und für den Unterhalt seiner Familienangehörigen aufgewendete Beträge. Soweit das Einkommensteuergesetz für Bewirtungsaufwendungen einen Abzug für angemessene und nachgewiesene Aufwendungen zulässt, besteht hierfür auch ein Vorsteuerabzug.

Wird die bezogene Leistung oder der eingeführte oder innergemeinschaftlich erworbene Gegenstand für steuerfreie Umsätze gemäß § 4 UStG oder für Umsätze im Ausland, die steuerfrei wären, wenn sie im Inland ausgeführt würden, verwendet, so ist der Vorsteuerabzug gemäß § 15 Abs. 2 S. 1 Nr. 1 und Nr. 2 UStG ausgeschlossen.

---

600 FG Berlin-Brandenburg Beschluss vom 22.02.2011 – 5 V 5004/11, EFG 2011, 1295, Rn. II.

601 FG Berlin-Brandenburg Beschluss vom 22.02.2011 – 5 V 5004/11, EFG 2011, 1295, Rn. II; *Nieskens*, UR 2010, 769 (700); *Meurer*, DStR 2010, 2442 (2445).

602 FG Rheinland-Pfalz Urteil vom 23.09.2010 – 6 K 2089/10, EFG 2011, 92, Rn. II. 2. c).

603 So auch *Meurer*, DStR 2010, 2442 (2445).

604 Zum Streit, ob es sich um eine Vorsteuerabzugsverbot oder eine Zuordnungsfiktion handelt siehe Bunjes-*Heidner*, § 15 Rn. 105 f.

605 So auch Bunjes-*Heidner*, § 15 Rn. 124.

In § 15 Abs. 3 UStG sind Rückausnahmen zu § 15 Abs. 2 UStG normiert. Der Ausschluss vom Vorsteuerabzug nach § 15 Abs. 2 Nr. 1 UStG tritt daher insbesondere bei folgenden Umsätzen nicht ein:

1. Ausfuhrlieferungen § 4 Nr. 1a i.V.m. § 6 UStG,
2. die sog. Lohnveredelung an Gegenständen der Ausfuhr § 4 Nr. 1a i.V.m. § 7 UStG,
3. die innergemeinschaftlichen Lieferungen § 4 Nr. 1b i.V.m. § 6a UStG einschließlich des innergemeinschaftlichen Verbringens i.S.d. § 3 Abs. 1a i.V.m. § 6a Abs. 2 UStG,
4. die Umsätze für die Seeschifffahrt und die Luftfahrt § 4 Nr. 2 i.V.m. § 8 UStG,
5. bestimmte sonstige Leistungen im Zusammenhang mit der Einfuhr, Ausfuhr und Durchfuhr § 4 Nr. 3 und 5 UStG,
6. die steuerfreien Reiseleistungen § 25 Abs. 2 UStG,
7. bestimmte Umsätze sog. Stationierungsstreitkräfte § 26 Abs. 5 UStG.

Durch die Normierung der Rückausnahme für steuerbefreite Umsätze mit Auslandsbezug wird das Bestimmungslandprinzip durchgesetzt. Auch die mit den Umsätzen verbundenen Kosten werden vollständig von der Umsatzsteuer befreit[606].

§ 9 UStG eröffnet dem Steuerpflichtigen die Möglichkeit zum Verzicht auf die Steuerbefreiung. Der Unternehmer hat insoweit eine Gestaltungsmöglichkeit[607].

c) Aufteilung der Vorsteuer

Eine Aufteilung der Vorsteuer ist gemäß § 15 Abs. 4 S. 1 UStG dann notwendig, wenn Eingangsleistungen nur zum Teil zur Ausführung von Umsätzen verwendet werden, die den Vorsteuerabzug erlauben.

Der Teil der jeweiligen Vorsteuerbeträge, der dem Leistungsteil, der zur Ausführung von Umsätzen, die den Vorsteuerabzug ausschließen, wirtschaftlich zuzurechnen ist, kann nicht abgezogen werden.

Es lassen sich drei Gruppen unterscheiden[608]. Erstens die Vorsteuer, die ausschließlich Umsätzen zuzurechnen ist, die zum Vorsteuerabzug berechtigen, ist unproblematisch in voller Höhe abziehbar.

Zweitens Vorsteuerbeträge, die eindeutig den Umsätzen zuzurechnen sind, für die der Vorsteuerabzug jedoch ausgeschlossen wird, sind nicht abziehbar.

---

606 *Stadie*, § 15 Rn. 356.

607 *Hahn/Kortschak*, Lehrbuch Umsatzsteuer, Rn. 771.

608 *Stadie*, § 15 Rn. 401; Bunjes-*Heidner*, § 15 Rn. 356; Abschn. 15.17, Abs. 1 S. 2 UStAE.

Problemtisch ist lediglich die dritte Gruppe, die die sogenannten Mischfälle oder gemischte Verwendung umfasst. Diese Gruppe beinhaltet die Vorsteuerbeträge, die sowohl den Umsätzen, die zum Vorsteuerabzug berechtigen, als auch den Umsätzen, die den Vorsteuerabzug ausschließen, wirtschaftlich zugeordnet werden können.

Grundsätzlich gilt das Prinzip der wirtschaftlichen Zurechnung der Vorsteuerbeträge zu den jeweiligen Ausgangsumsätzen[609]. Dabei handelt es sich um eine Einzelzurechnung[610]. Jeder Bezug einer Lieferung oder sonstigen Leistung muss zu bestimmten Ausgangsumsätzen wirtschaftlich zugerechnet werden[611].

§ 15 Abs. 4 S. 2 UStG erlaubt daneben eine Schätzung des nicht abziehbaren Teils, wenn diese sachgerecht ist. Das Finanzamt muss grundsätzlich die Wahl der Schätzungsart akzeptieren und kann den Steuerpflichtigen nicht auf eine andere Schätzungsmethode verweisen[612].

Eine Aufteilung nach dem Umsatzschlüssel darf gemäß § 15 Abs. 4 S. 3 UStG nur dann vorgenommen werden, wenn keine andere wirtschaftliche Zurechnung möglich ist[613].

Weitere Aufteilungserleichterungen finden sich in § 43 UStDV.

2. Nachweis der Voraussetzungen für den Vorsteuerabzug

Der Unternehmer, der den Vorsteuerabzug geltend machen will, trägt die Darlegungs- und Feststellungslast für die den Vorsteuerabzug begründenden Tatsachen[614]. Dazu gehören die eigene Unternehmereigenschaft, die Unternehmereigenschaft des Leistenden, der Bezug der Leistung für das eigene Unternehmen, die ordnungsgemäße Abrechnung, die Identität zwischen Leistungsempfänger und Adressaten der Rechnung sowie die Identität zwischen Rechnungsaussteller und leistendem Unternehmer[615].

---

609 *Lippross*, Umsatzsteuer, 874; Lippross-*Janzen*, § 15 Rn. 228.

610 Bunjes-*Heidner*, § 15 Rn. 364.

611 Bunjes-*Heidner*, § 15 Rn. 364.

612 BFH-Urteil vom 05.02.1998 – V R 101/96, BStBl. II 1998, 492, Rn. II. 2. a); BFH-Urteil vom 12.03.1998 – V R 50/97, BStBl. II 1998, 525, Rn. II. 1. a).

613 Zum Streit bezüglich der Europarechtskonformität dieser Regelung siehe Bunjes-*Heidner*, § 15 Rn. 364 ff.; Sölch/Ringleb-*Wagner*, § 15 Rn. 656 ff.

614 Z.B. EuGH-Urteil vom 05.12.1996 – C-85/95 – *Reisdorf*, Slg. 1996, I-06257, Rn. 26-29; BFH-Urteil vom 26.08.2004 – V B 243/03, BFH/NV 2005, 255, Rn. II. 6. a), m.w.N.; Sölch/Ringleb-*Wagner*, § 15 Rn. 82.

615 Bunjes-*Heidner*, § 15 Rn. 27.

Der Nachweis kann mit allen zulässigen verfahrensrechtlichen Beweismitteln geführt werden[616]. Gemäß dem EuGH-Urteil vom 05.12.1996 können die Mitgliedstaaten die Vorlage der Originalrechnung verlangen, weil keine anderslautende Richtlinienregelung existiert[617]. Der Nachweis, dass die Rechnung im Original vorgelegen hat, kann daher nur im Falle des Verlustes durch andere Beweismittel geführt werden[618].

Der Unternehmer ist gemäß § 22 Abs. 3 UStG verpflichtet, zur Feststellung des Vorsteuerabzuges und der Grundlage ihrer Berechnung Aufzeichnungen anzufertigen. In § 63 Abs. 1 UStDV ist ergänzend geregelt, dass die Aufzeichnungen so beschaffen sein müssen, dass ein sachverständiger Dritter innerhalb einer angemessenen Zeit in der Lage ist, einen Überblick über die Umsätze des Unternehmers und die abziehbaren Vorsteuern zu erhalten und die Grundlage der Steuer festzustellen.

3. Vertrauensschutzrechtlich relevante Problemfelder

a) Ausführung der Leistung durch einen anderen Unternehmer

Vertrauensschutzrechtliche Probleme im Hinblick auf den Vorsteuerabzug können immer dann auftreten, wenn der Leistungsempfänger zum Nachweis einer der Voraussetzungen gemäß § 15 Abs. 1 Nr. 1 S. 1 UStG auf Angaben Dritter angewiesen ist und diese sich im Nachhinein als nicht korrekt herausstellen.

Voraussetzung für den Vorsteuerabzug gemäß § 15 Abs. 1 Nr. 1 S. 1 UStG ist zunächst einmal, dass die Leistung durch einen anderen Unternehmer im Sinne des § 2 UStG ausgeführt wird.

Anhand der Steuernummer auf der Rechnung ist es dem Rechnungsempfänger nicht möglich, zu überprüfen, ob es sich hierbei um einen Unternehmer handelt. Für den Rechnungsempfänger besteht grundsätzlich keine Nachprüfungspflicht durch eine Nachfrage beim Finanzamt. Aufgrund des Steuergeheimnisses gemäß § 30 AO wäre eine Auskunft des Finanzamtes überdies nicht möglich. Wird eine fremde oder fingierte Steuernummer verwendet, sollte daher Vertrauensschutz gewährt werden.

Hat der Rechnungsaussteller keine Steuernummer oder UStIdNr. verwendet ist m.E. kein Vertrauensschutz zu gewähren[619].

---

616 EuGH-Urteil vom 05.12.1996 – C-85/95 – *Reisdorf*, Slg. 1996, I-06257, Rn. 31.

617 EuGH-Urteil vom 05.12.1996 – C-85/95 – *Reisdorf*, Slg. 1996, I-06257, Rn. 29.

618 BFH-Urteil vom 16.04.1997 – XI R 63/93, BStBl. II 1997, 582, Rn. 2.; Sölch/Ringleb-*Wagner*, § 15 Rn. 80; Abschn. 15.11 Abs. 1 S. 3 UStAE.

619 So auch *Stadie*, § 15 Rn. 39.

b) Definition der Leistung

Der Vorsteuerabzug kann nur für die Umsatzsteuer in Anspruch genommen werden, die gemäß § 15 Abs. 1 S. 1 Nr. 1 UStG für eine Lieferung oder sonstige Leistung in Rechnung gestellt wird.

Wird für eine Leistung Umsatzsteuer ausgewiesen, obwohl es sich wegen des Charakters einer Entschädigung nicht um eine Leistung handelt, ist ein Vorsteuerabzug für den Leistungsempfänger eigentlich nicht möglich. Eine nicht steuerbare Entschädigung liegt dann vor, wenn es sich dabei um echten Schadensersatz handelt, die Verpflichtung zur Zahlung also auf Gesetz oder Vertrag beruht[620]. Die Abgrenzung von Entschädigung und Leistung ist allerdings sehr schwierig und wird selbst von der Finanzverwaltung und dem BFH nicht beherrscht[621].

Daher sollte ein Vorsteuerabzug aus Vertrauensschutzgründen gewährt werden[622]. Vor dem Hintergrund des Verhältnismäßigkeitsgrundsatzes ist es nicht zu rechtfertigen, dem Leistungsempfänger das Risiko einer Falschbeurteilung durch den Rechnungsaussteller aufzubürden.

c) Identität von Rechnungsaussteller und leistendem Unternehmer

Zur Wahrung der Authentizität der Rechnung müssen Rechnungsaussteller und leistender Unternehmer grundsätzlich identisch sein[623]. Leistender ist derjenige, welcher nach der vertraglichen Vereinbarung die Leistung zu erbringen hat und im Gegenzug dazu berechtigt ist, die Gegenleistung zu fordern[624]. Dies gilt auch dann, wenn sich der Unternehmer Subunternehmern[625] zur Ausführung der Leistung bedient[626].

---

620 Sölch/Ringleb-*Oelmaier*, § 1 Rn. 101.

621 Zur vorzeitigen Vertragsauflösung verkennt der BFH, dass keine Leistung des Schadensersatzleistenden vorliegt BFH-Urteil vom 07.07.2005 – V R 34/03, BStBl. II 2007, 66; zutreffend die Vorinstanz FG Hessen Urteil vom 28.04.2003 – 6 K 982/99 , EFG 2003, 1421; siehe hierzu auch Stadie § 1 Rn. 48.

622 *Stadie*, § 15 Rn. 40.

623 Z.B. BFH-Urteil vom 28.01.1999 – V R 4/98, BStBl. II 1999, 628, Rn. II. 1. b) m.w.N.; BFH-Urteil vom 31.01.2002 – V B 108/01, BStBl. II 2004, 622, Rn. II. 3.; BFH-Urteil vom 04.09.2003 – V R 9/02, 10/02, BStBl. II 2004, 627, Rn. II. 2.

624 BFH-Urteil vom 28.01.1999 – V R 4/98, BStBl. II 1999, 628, Rn. II. 1. b);BFH-Urteil vom 31.01.2002 – V B 108/01, BStBl. II 2004, 622, Rn. II. 4. b); BFH-Urteil vom 04.09.2003 – V R 9, 10/02, BStBl. II 2004, 627,Rn. II. 3.

625 Bei Subunternehmern handelt es sich um selbständige Erfüllungsgehilfen.

626 BFH-Urteil vom 31.01.2002 – V B 108/01, BStBl. II 2004, 622, Rn. II. 4. b).

Das Handeln eines Vertreters wird gemäß § 164 Abs. 1 BGB dem Vertretenen zugerechnet. Dieser wird aus dem Vertrag berechtigt und verpflichtet.

Dient beim Handeln unter fremdem Namen die Verwendung des fremden Namens nur der Verschleierung der eigenen Identität, ist die Leistung dem Handelnden zuzurechnen[627].

Dieser Grundsatz gilt auch, wenn für einen Scheinunternehmer gehandelt wird. Also für ein Unternehmen, das selbst keinen eigenen Geschäftsbetrieb besitzt. Problematisch ist die Frage, ob der Unternehmer die durch das Scheinunternehmen in Rechnung gestellte Umsatzsteuer als Vorsteuer gemäß § 15 Abs. 1 S.1 UStG abziehen kann. Wusste der Leistungsempfänger nicht, dass es sich bei dem Leistenden um ein Scheinunternehmen handelt und ergibt sich dies auch nicht offensichtlich aus den Umständen, so ist es m. E. auch in diesen Fällen geboten, Vertrauensschutz zu gewähren[628].

Die gleiche Problematik wird auch bei Strohmanngeschäften relevant. Kannte der Leistende die Strohmanneigenschaft seines Gegenübers nicht und hätte er sie auch nicht kennen können, so ist ihm der Vorsteuerabzug aus Vertrauensschutzgründen zu gewähren[629].

d) Fehlerhafte Rechnung

Die gemäß § 14 Abs. 4 UStG erforderlichen Angaben müssen objektiv richtig sein, damit die Rechnung zum Vorsteuerabzug geeignet ist.

Dem Rechnungsempfänger ist selbstverständlich zumutbar, die Rechnung zu überprüfen und bei offensichtlichen Fehlern eine Berichtigung zu erwirken. Vertrauensschutz ist hier nicht notwendig.

Bestimmte Angaben, wie die Rechnungsnummer können durch den Leistungsempfänger nicht auf ihre Richtigkeit hin überprüft werden. Das in § 18e UStG vorgesehene Bestätigungsverfahren bezieht sich lediglich auf ausländische UStIdNr.

Auch bei Angaben wie Name oder Anschrift des leistenden Unternehmers ist eine Überprüfung nur dann zumutbar, wenn konkreter Anlass zu Zweifeln gegeben ist[630]. Bezüglich dieser Angaben muss dem Unternehmer Vertrauensschutz ge-

---

627 BFH-Urteil vom 12.05.2011 – V R 25/10, DStRE 2011, 1326, Rz. II. 1. c); BFH-Beschluss vom 31.01.2002 – V B 108/01, BStBl. II 2004, 622, Leitsatz 2, Rn. II. 4. c).

628 So auch *Stadie*, § 15 Rn. 145.

629 Zu dem gleichen Ergebnis kommt an dieser Stelle auch der BFH in BFH-Beschluss vom 31.01.2002 – V B 108/01, BStBl. II 2004, 622, Leitsatz ; BFH-Beschluss vom 17.10.2003 – V B 111/02, BFH/NV 2004, 235, Leitsatz 1 und 2; BFH-Beschluss vom 26.08.2004 – V B 243/03, BFH/NV 2005, 255, Rn. 18, 25.

630 FG Köln Urteil vom 06.12.2006 – 4 K 1356/02, Rn. 2 b) bb).

währt werden, wenn eine Überprüfung praktisch unmöglich oder nach objektiven Gesichtspunkten unzumutbar ist.

e) Unrichtiger oder unberechtigter Steuerausweis

Der Steuerpflichtige kann gemäß § 15 Abs. 1 S. 1 Nr. 1 UStG lediglich die gesetzlich geschuldete Steuer für Lieferungen und sonstige Leistungen abziehen. Diese Formulierung hat der Gesetzgeber im Zuge der Umsetzung der entsprechenden Judikatur zu Art. 168 Buchst. a MwStSystRL eingeführt. Darunter fällt nach verbreiteter Ansicht nicht die nach § 14c Abs. 1 UStG ausgewiesene Steuer[631]. Letztlich spricht dies m.E. aber nicht dagegen, dem gutgläubigen Steuerpflichtigen den Vorsteuerabzug im Wege des Vertrauensschutzes zu gewähren. Zudem gebietet auch der Neutralitätsgrundsatz, dass die Vorsteuer, die dem Unternehmer als Umsatzsteuer in Rechnung gestellt wurde, auch als Vorsteuer wieder abziehbar ist.

Der Verhältnismäßigkeitsgrundsatz gebietet zudem eine angemessene Risikoverteilung. Vertrauensschutz ist dann zu gewähren, wenn der Steuerpflichtige auf die steuerliche Beurteilung des Rechnungsstellers vertrauen muss, weil er selbst die maßgeblichen Umstände auf Seiten des Leistenden nicht beurteilen kann.

Ein generelles Abzugsverbot verstößt gegen das Übermaßverbot, „[...] da es von den Beteiligten Unmögliches verlangt, nämlich im Besitz der objektiven Umsatzsteuerwahrheit zu sein“[632].

f) Korrektur der Rechnung in vertrauensschutzrechtlich relevanten Konstellationen

Man könnte annehmen, Vertrauensschutz bezüglich des Vorsteuerabzuges wäre nicht notwendig, da dem Steuerpflichtigen das Recht auf Ausstellung einer korrekten Rechnung gemäß § 14 Abs. 2 S. 1 Nr. 2 S. 2 UStG i.V.m. § 31 Abs. 5 UStDV zusteht und er daher die Berichtigung verlangen kann. Schon aus der Pflicht zur Erteilung einer ordnungsgemäßen Rechnung ergibt sich auch die zivilrechtliche Verpflichtung zur Berichtigung oder Ergänzung einer fehlerhaften oder unvollständigen Rechnung[633]. Diese Auffassung scheitert aber schon an der Tatsache, dass eine Korrektur des Vorsteuerabzuges nicht in jedem Fall möglich

---

631 EuGH-Urteil vom 13. 12. 1989 – C-342/87 – *Genius Holding*, Slg. 1989, 04227, Leitsatz, Rn. 13, anschließend BFH-Urteil vom 02.04.1998 – V R 34/97, BStBl. II 1998, 69, Rn. 3. b) cc); BFH-Urteil vom 06.12.2007 – V R 3/06, BStBl. II 2009, 203, Leitsatz, Rn. II. 2., dazu Abschn. 15.2. Abs. 1 UStAE; BGH- Urteil vom 28. 07. 2004 – XII ZR 292/02, BFH/NV Beilage 2005, 66, Rn. II. 2; Sölch/Ringleb-*Wagner*, § 15 Rn. 329; Bunjes/Geist-*Heidner*, § 15 Rn. 153.

632 *Stadie*, § 15 Rn. 193.

633 Raus/Dürrwächter-*Stadie*, § 14 Rn. 144.

ist. Zudem kann die Korrektur der Rechnung oft erst nach langwierigen gerichtlichen Prozessen erreicht werden.

g) Innergemeinschaftliche Karussellgeschäfte

Vertrauensschutzrechtliche Probleme bezüglich des Vorsteuerabzuges ergeben sich auch bei sogenannten innergemeinschaftlichen Karussellgeschäften. Das sind Geschäfte, bei denen eine Handelsware nach einem Gesamtplan in einer Lieferkette verkauft wird, wobei ein Unternehmer eine steuerfreie innergemeinschaftliche Lieferung an einen Missing Trader[634] ausführt. Der Missing Trader hat zwei Aufgaben: Er führt erstens eine Erwerbsbesteuerung unter sofortiger Geltendmachung des Vorsteuerabzuges durch und zweitens eine weitere inländische Lieferung an einen dritten Unternehmer über denselben Gegenstand. Für diese zweite Lieferung zieht der inländische Leistungsempfänger Vorsteuer, der Missing Trader entrichtet jedoch unerlaubterweise keine Umsatzsteuer. Der dritte Unternehmer liefert dann wieder steuerfrei zurück an den im Gemeinschaftsgebiet ansässigen ersten Unternehmer[635]. Die von dem inländischen Leistungsempfänger gezogene Vorsteuer stellt somit den Gewinn aus dem Umsatzsteuerbetrug dar.

Das Aufdeckungsrisiko eines Karussellbetruges ist sehr hoch. Das Finanzamt wird schnell bemerken, dass die Umsätze, dic über das Unternehmen, welches als Missing Trader fungiert erheblich sind[636]. Um die kurze Zeitspanne zu nutzen und möglichst hohe Gewinne zu erzielen wird oft mit kleinen wertvollen Waren, Computerchips und Mobiltelefonen, aber auch mit Autos gehandelt[637].

Der Umsatzsteuerbetrug in Form von sogenannten Karussellgeschäften führt zu hohen Umsatzsteuerausfällen und erheblichen Wettbewerbsverzerrungen[638]. Produkte, die das Umsatzsteuerkarussell ein- oder mehrmals durchlaufen haben, können zu einem weitaus niedrigeren Preis auf dem Markt angeboten werden[639].

Ein vertrauensschutzrechtliches Problem tritt dann auf, wenn ein gutgläubiger Abnehmer in das Karussell eingebunden wird und den Vorsteuerabzug geltend macht. Die Voraussetzungen gemäß § 15 Abs. 1 S. 1 Nr. 1 UStG sind in diesem

634 Der Unternehmer, der die USt nicht abführt verschwindet spurlos vom Markt und wird deshalb als Missing Trader (vermisster Unternehmer) bezeichnet.

635 *Sopp*, 292.; BT-Drs. 14/4226 vom 23.10.2000, 217.

636 *Rahn*, Dezentrale Umsatzbesteuerung und Europäischer Binnenmarkt, 54.

637 *Rahn*, Dezentrale Umsatzbesteuerung und Europäischer Binnenmarkt, 53-54.

638 *Küffner/Zugmaier*, UVR 2008, 30 (30).

639 *Küffner/Zugmaier*, UVR 2008, 30 (30).

Fall nicht erfüllt und der Vorsteuerabzug würde bei einer Aufdeckung des Betruges versagt werden[640].

Der Karussellbetrug kommt in unterschiedlichen Varianten vor. Der Täter nutzt dabei das Mehrwertsteuersystem aus, das einen Vorsteuerabzug gewährt, unabhängig davon ob die Umsatzsteuer an das Finanzamt abgeführt wurde[641]. Es handelt sich hierbei um „organisierte Kriminalität"[642]. Zur Verdeutlichung der wirtschaftlichen und steuerlichen Auswirkungen soll die Grundform anhand der Veräußerung eines Kraftfahrzeuges erläutert werden[643].

Das Karussellgeschäft beginnt mit einer innergemeinschaftlichen Lieferung. Die Unternehmerin F aus Newcastle schließt mit dem Unternehmer C aus Cottbus einen Vertrag über einen Mercedes mit vielen Extras in Höhe von 119.000 € netto ab. F liefert den Pkw nach Cottbus. In Großbritannien handelt es sich um eine steuerfreie innergemeinschaftliche Lieferung. C versteuert in Deutschland einen innergemeinschaftlichen Erwerb gemäß § 1 Abs. 1 Nr. 5 i.V.m. § 1a UStG, kann diese Umsatzsteuer aber nach § 15 Abs. 1 Nr. 3 UStG sofort als Vorsteuer in Abzug bringen. Zu diesem Zeitpunkt ist eine Belastung mit Umsatzsteuer noch nicht angefallen. C ist der Missing Trader auch Phoenixunternehmer genannt. Er verkauft den Pkw weiter an die Unternehmerin B aus Berlin und verschwindet danach vom Markt. C hatte nie vor, die Umsatzsteuer auf die Weiterlieferung der Ware zu entrichten. Daher rechnet er die Umsatzsteuer aus dem steuerfreien Einkaufspreis heraus und verkauft den Wagen an B für 119.000 € (100.000 € + 19.000 € USt) weiter. B ist der sogenannte Buffer I in dieser Konstellation, der nur zur Verschleierung der Lieferbewegung und damit der Verzögerung der Entdeckung dient[644]. Er verkauft die Ware an den Unternehmer S aus Sassnitz für 119.000 € (100.000 € + 19 Prozent USt 19.000 €), wobei er die Vorsteuer aus den Kauf mit der Umsatzsteuer aus dem Weiterverkauf verrechnen kann. S verkauft den Mercedes weiter an den Unternehmer G aus Greifswald nach dem gleichen Prinzip. G ist der Buffer II. Dieser verkauft die Ware an den Distributor K aus Köln. Wieder unter Verrechnung der Vorsteuer mit der Umsatzsteuer. K veräußert den Pkw durch eine steuerfreie innergemeinschaftliche Lieferung für 100.000 € zurück an F, wobei er die von G in Rechnung gestellte

640 *Jakob*, Umsatzsteuer, 175 Rn. 583a.

641 *Jakob*, Umsatzsteuer, 175 Rn. 581; *Kemper*, ZRP 2006, 205; *Eggers/Günther*, BC 2002, 27 (29).

642 Sölch/Ringleb-*Klenk*, § 25d Rn. 2; Antwort der Bundesregierung auf eine Kleine Anfrage der CDU/CSU-Fraktion, BT-Drs. 14/3829 und 14/392.

643 Siehe Abbildung 1; Beispiel angelehnt an Jakob, Umsatzsteuer, 175 Rn. 581; Erläuterung der Funktionsweise des Umsatzsteuerkarusselles siehe auch *Rahn*, Dezentrale Umsatzbesteuerung und Europäischer Binnenmarkt, 53-54.

644 *Rahn*, Dezentrale Umsatzbesteuerung und Europäischer Binnenmarkt, 54.

Umsatzsteuer als Vorsteuer geltend macht. Hier schließt sich der Kreis und das Karussell beginnt sich erneut zu drehen. Der Pkw ist um die nach der ersten innergemeinschaftlichen Lieferung von F an C heraus gerechnete Umsatzsteuer billiger geworden. Der Steuerausfall beträgt 19.000 € Umsatzsteuer aus der Lieferung des Missing Traders C an B.

Im Ergebnis wird die durch die Nichtabführung der Umsatzsteuer erreichte Preisreduktion durch Gewinnaufschläge im Karussell aufgeteilt[645].

Bei dem Missing Trader handelt es sich oft um wirtschaftlich unerfahrene und finanziell schlecht situierte Personen, denen Geld für ihre Funktion bezahlt wird[646]. Sie fungieren entweder als natürliche Person oder werden als Geschäftsführer einer juristischen Person eingesetzt[647].

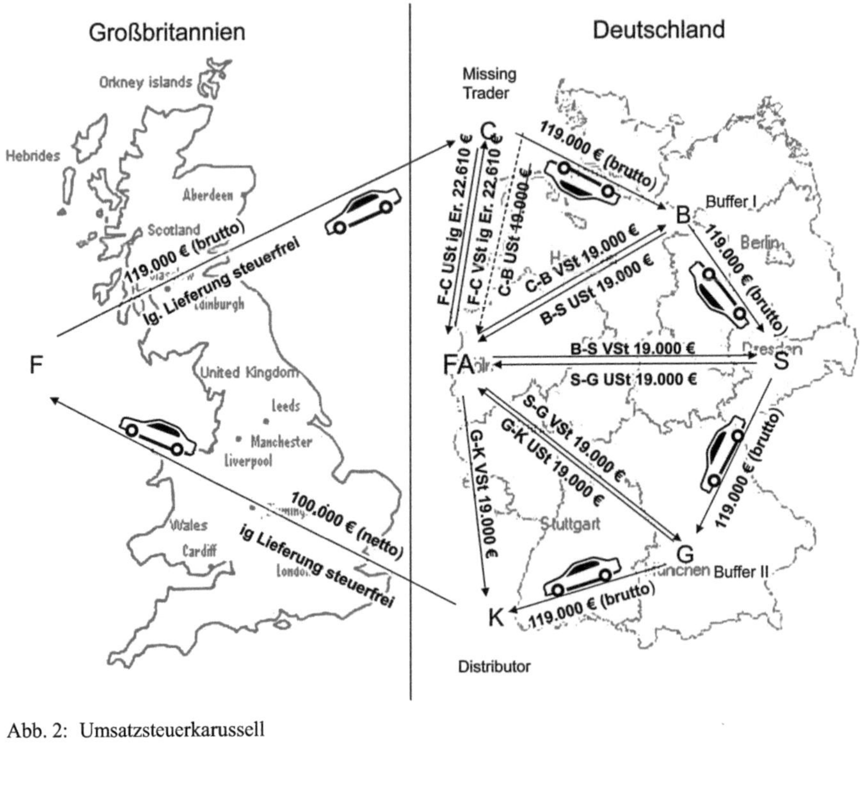

Abb. 2: Umsatzsteuerkarussell

645 *Füllsack*, DStR 2006, 456 (457).

646 *Kemper*, UStB 2005, 1 (3).

647 *Kemper*, UStB 2005, 1 (3).

Die Warenverkehrsfreiheit in der Europäischen Union wird auf vielfältige Art und Weise ausgenutzt. Oft geht es den Unternehmern in der Lieferkette darum, einen möglichst hohen Gewinn aus der Veräußerung von Handelsgut zu erwirtschaften[648].

Der Steuerpflichtige ist jedoch noch weniger als der Staat in der Lage, solche Sachverhalte zu erkennen und fungiert letztlich auch nur als „Steuereinsammler" für den Staat[649]. Daher verstößt es trotz der hohen Betrugsanfälligkeit des Umsatzsteuersystems gegen das Verhältnismäßigkeitsprinzip, das Ausfallrisiko allein auf den Steuerpflichtigen zu übertragen.

Grundsätzlich soll mit dem Bestimmungslandprinzip dem Grundsatz Rechnung getragen werden, dass es sich bei der Umsatzsteuer um eine Verbrauchssteuer handelt und sie daher eben dort erhoben werden soll, wo der Verbrauch der Ware eintritt[650]. Gleichwohl ist es nur in diesem System möglich, Umsatzsteuerhinterziehung in Form des Karussellbetruges zu begehen[651]. Auch Unternehmer, die keine Umsatzsteuer abgeführt haben, können Vorsteuer geltend machen. Daher wird die Selbstkontrolle des Umsatzsteuersystems außer Kraft gesetzt[652]. Während das Ursprungslandprinzip dieses verhindern würde, indem nur diejenigen die Vorsteuer für eine Leistung geltend machen können, die auch ihren Umsatzsteuerverbindlichkeiten nachkommen[653].

Würden im Beispielsfall für den Erwerb der Ware F oder C den Bruttopreis in Höhe von 141.610 € entrichten müssen, ginge das Karussell nicht auf, weil C an F nicht 141.610 € bezahlen könnte, wenn er nur 119.000 € von B erhält.

Allerdings ist auch das angestrebte Ursprungslandprinzip problembehaftet und m.E. keine adäquate Alternative zum Bestimmungslandprinzip. Durch das Erfordernis von Clearingverfahren[654], die dazu führen sollen, dass ein finanzieller Ausgleich zwischen exportschwachen und exportstarken Mitgliedstaaten erfolgt, sind die Mitgliedstaaten von den Angaben der anderen Mitgliedstaaten abhän-

648 *Kemper*, UStB 2005, 1 (2).

649 EuGH-Urteil vom 21.02.2008 – Rs. C-271/06 – *Netto Supermarkt*, UR 2008, 508, Rn. 21.

650 *Weber*, UR 2003, 422 (423).

651 *Weber*, UR 2003, 422 (426).

652 *Tiedtke*, UR 2004, 6 (9).

653 *Tiedtke*, UR 2004, 6 (9).

654 Mikroökonomische Clearing: der Finanzverwaltung des Sitzstaates werden Meldungen über den gesamten Umsatzbetrag für innergemeinschaftliche Umsätze aufgeteilt nach den Mitgliedstaaten übersendet, danach wird der Ausgleichsbetrag ermittelt; makroökonomisches Clearing: basiert ausschließlich auf statistischen Daten nach denen die Ausgleichszahlung berechnet wird; siehe hierzu *Weber*, UR 2003, 422 (423-424); Vorschläge der Ad-hoc-Arbeitsgruppe; ausführliche Erläuterung und Bewertung der Verfahren in *Rahn*, Dezentrale Umsatzbesteuerung und Europäischer Binnenmarkt, 175-191.

gig[655]. Dies führt zu einem erheblichen Haushaltsrisiko[656] und einer Verkomplizierung des Umsatzsteuerrechts[657]. Zudem wäre es dann nicht mehr irrelevant, aus welchem Staat die Waren bezogen werden, wie es beim Bestimmungslandprinzip der Fall ist[658]. Der Unternehmer hat die Ware nämlich immer nach seinem Steuersatz zu besteuern[659]. Dies führt zu einer immensen Wettbewerbsverzerrung. Eine Harmonisierung der Steuersätze ist aufgrund der unterschiedlichen Haushaltsstrukturen nicht zu erwarten[660]. Auch nach Ansicht der Bundesregierung ist ein Wechsel zum Ursprungslandprinzip unpraktikabel und entspricht nicht den aktuellen Entwicklungen[661]. Mit dem Mehrwertsteuerpaket wurde gerade erst zum 01. Januar 2010 für die sonstige Leistung das Bestimmungslandprinzip eingeführt.

4. Zwischenergebnis

Im Umsatzsteuerrecht gilt der Grundsatz, dass eine ordnungsgemäße Rechnung die materiell-rechtliche Voraussetzung für den Vorsteuerabzug nach § 15 UStG ist[662]. Problematisch an diesem Grundsatz ist, dass der Unternehmer bei bestimmten Pflichtangaben – wie zum Beispiel Steuernummer und Anschrift, Unternehmereigenschaft, Identität von Leistendem und Rechnungsaussteller – oft nicht die Möglichkeit hat, endgültig Rechtssicherheit zu erlangen[663]. Der BFH hat einen Vertrauensschutz im Festsetzungsverfahren bezüglich der Rechnungsformalia bisher jedoch abgelehnt. Nach seiner Ansicht existiert kein Raum für Vertrauensschutz, denn § 15 UStG sähe einen solchen nicht vor und weise dem Leistenden die objektive Beweislast zu[664]. Vor dem Hintergrund der aktuellen

655 *Weber*, UR 2003, 422 (424); siehe hierzu auch *Rahn*, Dezentrale Umsatzbesteuerung und Europäischer Binnenmarkt, 177.

656 *Weber*, UR 2003, 422 (424).

657 *Widmann*, DB 2011, 15 (15).

658 *Weber*, UR 2003, 422 (424).

659 *Weber*, UR 2003, 422 (424).

660 *Weber*, UR 2003, 422 (424).

661 BT-Drs. 17/8748 vom 27.02.2012, 6.

662 *Ecker*, BBK Nr.1 2010, 17 (30); Die Formalien einer Eingangsrechnung sind in den §§ 14, 14a UStG geregelt.

663 *Prätzler*, Anm. zu BFH-Urteil vom 08.07.2009 – XI R 51/07, jurisPR-SteuerR 12/2010 Anm. 6.

664 BFH-Urteil vom 19.10.1978 – V R 39/75, BStBl. II 1979, 345, Leitsatz 1, Rn. 1.; BFH-Urteil vom 24.04.1986 – V R 110/76, BFH/NV 1987, 745, Rn. 1.; BFH-Urteil vom 11.03.1994 – V B 92/93, BFH/NV 1995, 653, Rn. 4. a); BFH-Urteil vom 27.06.1996 V R 51/93, BStBl. II 1996, 620, Rn. II. 1.; BFH-Urteil vom 01.02.2001 – V R 6/00, BFH/NV 2001, 941, Leitsatz 3, Rn. II. 2. c); BFH-Urteil vom 30.04.2009 – V R 15/07, BStBl. II 2009, 744, Rn. II. 2.

EuGH-Entscheidungen zum Vorsteuerabzug, zur Ausfuhr und zum innergemeinschaftlichen Erwerb erscheint es fraglich, ob diese Ansicht aufrecht erhalten werden kann[665].

665 Siehe hierzu Abschnitt D. I.

D. Vertrauensschutz in der europäischen und nationalen Rechtsprechung

I. Rechtsprechung des EuGH

1. EuGH-Entscheidungen zum Vertrauensschutz beim Vorsteuerabzug

a) Unwissentlich im Umsatzsteuerkarussell: EuGH-Urteil vom 12.01.2006 – *Optigen*

aa) Sachverhalt und Vorlagefrage

Die Notwendigkeit eines Vertrauensschutzes spiegelt sich besonders in der Rechtsprechung des EuGH wieder.

Die Vorabentscheidung in der Rechtssache *Optigen* wurde vom High Court of Justice (England and Wales) eingereicht. Dem Urteil liegt eine Klage von drei in England ansässigen Unternehmen[666] zugrunde. Die Finanzverwaltung versagte den Unternehmen den Vorsteuerabzug für den Ankauf von Mikroprozessoren aufgrund der Annahme, dass innerhalb eines Karussellgeschäftes keine Umsätze getätigt werden könnten, die wirtschaftliche Substanz hätten, und diese daher nicht unter das Mehrwertsteuerrecht und die Sechste EG-Richtlinie fallen würden[667]. Es habe sich nicht um eine „wirtschaftliche Tätigkeit" beziehungsweise eine „Lieferung" gehandelt[668]. Vertrauensschutz sei nicht zu gewähren[669]. Fest stand jedoch, dass Optigen und Fulcrum von dem Betrug keine Kenntnis hatten oder hätten haben müssen. Sie hatten zudem keinen geschäftlichen Verkehr mit dem Händler, der seinen Verpflichtungen nicht nachgekommen ist. Auch Bond House hatte ein gutes Ansehen und handelte weder vorsätzlich noch fahrlässig in Bezug auf das betrügerische Verhalten.

---

666 Optigen, Fulcrum und Bond House.

667 EuGH-Urteil vom 12.01.2006 – Rs. C-354/03 – *Optigen*, Slg. 2006, I-00483, Rn. 18, 25.

668 EuGH-Urteil vom 12.01.2006 – Rs. C-354/03 – *Optigen*, Slg. 2006, I-00483, Rn. 25.

669 EuGH-Urteil vom 12.01.2006 – Rs. C-354/03 – *Optigen*, Slg. 2006, I-00483, Rn. 20.

Der High Court of Justice legte die Fragen vor, ob es sich bei einem Umsatz, der Teil eines Karussellbetruges ist, um eine „Lieferung von Gegenständen handelt“, die ein „Steuerpflichtiger“ ausführt und ob es sich in diesem Fall um eine „wirtschaftliche Tätigkeit“ handelt. Zudem war fraglich, inwiefern es gegen die allgemeinen Grundsätze der Verhältnismäßigkeit, der Gleichbehandlung oder der Rechtsicherheit verstößt, wenn Umsätze unschuldiger Beteiligter, die aber Teil eines von anderen organisierten Umsatzsteuerkarussells sind, von der Mehrwertsteuer ausgeschlossen werden[670].

bb) Rechtliche Beurteilung des EuGH

Mit dem Urteil zur Rechtssache *Optigen* hat der EuGH entschieden, dass der Vorsteuerabzug bestehen bleibt, wenn der vorsteuerabzugsberechtigte Unternehmer nicht wusste oder nicht hätte wissen können, dass ein Umsatz in der Kette mit einem Mehrwertsteuerbetrug belastet ist[671]. Jeder Umsatz sei für sich allein zu betrachten[672]. Das Recht auf Vorsteuerabzug sei dem Mehrwertsteuersystem immanent und dürfe grundsätzlich nicht eingeschränkt werden[673]. Es sei dabei irrelevant, ob das Verhalten des Steuerpflichtigen als strafbar eingestuft wird[674]. Dass der Umsatz innerhalb eines Umsatzsteuerkarussells getätigt wurde, ändere nichts an dem Charakter des Umsatzes[675]. Es handele sich trotzdem um Lieferungen von Gegenständen gemäß Art. 5 Abs. 1 der Sechsten EG-Richtlinie im Rahmen einer selbstständigen wirtschaftlichen Tätigkeit eines Steuerpflichtigen i.S.d. Art. 4 Abs. 1 und 2 der Sechsten EG-Richtlinie[676]. Die Begriffe „wirtschaftliche Tätigkeit“, „Steuerpflichtiger“ und „Lieferung von Gegenständen“ seien objektiv zu verstehen und unabhängig von Zweck und Ergebnis des Umsatzes[677].

---

670 EuGH-Urteil vom 12.01.2006 – Rs. C-354/03 – *Optigen*, Slg. 2006, I-00483, Rn. 26.

671 EuGH-Urteil vom 12.01.2006 – Rs. C-354/03 – *Optigen*, Slg. 2006, I-00483, Rn. 51, Tenor.

672 EuGH-Urteil vom 12.01.2006 – Rs. C-354/03 – *Optigen*, Slg. 2006, I-00483, Rn. 55.

673 EuGH-Urteil vom 12.01.2006 – Rs. C-354/03 – *Optigen*, Slg. 2006, I-00483, Rn. 53.

674 EuGH-Urteil vom 12.01.2006 – Rs. C-354/03 – *Optigen*, Slg. 2006, I-00483, Rn. 49.

675 *Grune*, AktStr 2006, 255 (260).

676 EuGH-Urteil vom 12.01.2006 – Rs. C-354/03 – *Optigen*, Slg. 2006, I-00483, Rn. 43-44 .

677 EuGH-Urteil vom 12.01.2006 – Rs. C-354/03 – *Optigen*, Slg. 2006, I-00483, Rn. 44.

cc) Bedeutung des Urteils für den Vertrauensschutz

(1) Vorsteuerabzug als integrierender Bestandteil des Mehrwertsteuersystems

Das Recht auf den, so der EuGH, ist integrierender Bestandteil des Mehrwertsteuersystems[678]. Dem Unternehmer müsse es möglich sein, die gezahlte Umsatzsteuer unverzüglich als Vorsteuer abziehen zu können[679]. Eine Einschränkung sei grundsätzlich nicht möglich[680]. M.E. ist aus der Bedeutung, die der EuGH dem Vorsteuerabzug bemisst, zu schlussfolgern, dass eine Versagung nur in Ausnahmefällen möglich ist.

(2) Vorsteuerabzug für nicht mit einem Mehrwertsteuerbetrug belastete Umsätze

In der Rechtssache *Optigen* geht es um die Problematik, inwiefern die Finanzverwaltung ein Steuerausfallrisiko wegen eines Betrugs, auf einen gutgläubigen Unternehmer in der Kette abwälzen darf[681]. Der EuGH hat in seinem Urteil vom 12.01.2006 den Vertrauensschutz bestätigt[682]. Das Recht eines Unternehmers auf den Abzug der Vorsteuer werde nicht dadurch eingeschränkt, dass ein anderer Umsatz in der Kette, der vorausgeht oder nachfolgt, mit einem Betrug behaftet ist[683]. Dem Gegenstand hafte also nicht dauerhaft ein Makel an[684]. Der EuGH widerspricht damit der durch die britische Regierung vertretenen „Infektionstheorie“, die besagt, dass ein betrugsbehafteter Umsatz die ganze Umsatzkette infiziere[685].

Allerdings unterliegt lediglich der gutgläubige Unternehmer dem Schutz des Gesetzes. Hatte der Steuerpflichtige Kenntnis von dem Betrug oder hätte er Kenntnis haben können, so habe er sein Recht auf den Vorsteuerabzug verwirkt[686]. Daraus lässt sich schließen, dass das Vertrauen auf die Richtigkeit der Angaben Dritter

---

678 EuGH-Urteil vom 12.01.2006 – Rs. C-354/03 – *Optigen*, Slg. 2006, I-00483, Rn. 53.

679 Siehe u.a. EuGH-Urteile vom 06.07.1995 – C-62/93 – *BP Soupergaz*, Slg. 1995, I-1883, Rn. 18, EuGH-Urteil vom 21.03.2000 – C-110/98 bis C-147/98 – *Gabalfrisa u. a.*, UR 2000, 208, Rn. 43.

680 EuGH-Urteil vom 12.01.2006 – Rs. C-354/03 – *Optigen*, Slg. 2006, I-00483, Rn. 53.

681 *Nieskens*, EU-UStB 2006, 19-20.

682 EuGH-Urteil vom 12.01.2006 – Rs. C-354/03 – *Optigen*, Slg. 2006, I-00483; *Füllsack*, DStR 2006, 456 (459); *Graf/Bisle*, INF 2006, 222 (224).

683 *Füllsack*, DStR 2006, 456 (458).

684 *Henze*, Gemeinschaftsrechtliche Vorgaben nationaler Missbrauchsbekämpfung im Lichte der neueren Rechtsprechung des Europäischen Gerichtshofes, in: Seer, Umsatzsteuer im europäischen Binnenmarkt, 247 (262).

685 *Nieskens*, EU-UStB 2006, 19 (19).

686 EuGH-Urteil vom 12.01.2006 – Rs. C-354/03 – *Optigen*, Slg. 2006, I-00483, Rn. 51, Tenor.

geschützt ist. Die Kriterien, die an das Wissen oder Wissenmüssen zu stellen sind, sind nach Ansicht *Kellermanns* durch die Rechtsprechung zu konkretisieren[687].

Die Entscheidung führt entgegen dieser Auffassung nicht zur Erschwerung der Betrugsbekämpfung. Es steht zweifelsfrei fest, dass die Unternehmen, denen der Vorsteuerabzug versagt wurde, selbst nicht an den betrugsbelasteten Umsätzen beteiligt waren. Es gibt daher keinen Grund, den Vorsteuerabzug zu versagen[688].

(3) Objektiver Charakter der Voraussetzungen des Vorsteuerabzuges

Im Allphasenprinzip ist nur der einzelne Umsatz zu betrachten. Ist dieser selbst nicht mit einem Mehrwertsteuerbetrug behaftet, so handelt es sich um eine Lieferung von Gegenständen, die ein Steuerpflichtiger als solcher ausführt, und die eine wirtschaftliche Tätigkeit im Sinne der Artikel 2 Nummer 1, 4 und 5 Absatz 1 der Sechsten Richtlinie sind, wenn sie die objektiven Kriterien erfüllen. Aufgrund des Neutralitätsgrundsatzes der Mehrwertsteuer, ist jeder Umsatz für sich anhand objektiver Kriterien zu bewerten[689]. Es wird nicht auf den Zweck und das Ergebnis des betroffenen Umsatzes abgestellt, sondern lediglich auf den objektiven Charakter[690]. Ein betrügerischer Zweck bleibt also außer Betrachtung[691]. Für die „Selbstständigkeit" kommt es nicht darauf an, ob der Unternehmer unredliche Ziele verfolgt[692]. Auch für die Frage, ob eine „Lieferung" vorliegt, ist es irrelevant, welchem Zweck das wirtschaftliche Handeln dient[693]. Allerdings wird eine körperliche Übertragung notwendig sein, da sonst die Voraussetzungen einer Lieferung nicht erfüllt sind[694]. Sogenannte „Luftkarusselle", bei denen die Ware gar nicht bewegt wird, stellen somit keine Lieferung im Sinne der MwStSystRL dar[695].

Die Entscheidung lässt offen, ob der Sachverhalt anders zu beurteilen ist, wenn der in Frage stehende Umsatz selbst mit einem Betrug belastet ist. Für den objektiven Charakter der Voraussetzungen ist es letztlich jedoch auch irrelevant, ob der Erwerber den Erwerb im Bestimmungsland versteuert.

---

687 *Kellersmann*, UR 2006, 157 (166).

688 *Widmann*, DB 2006, 316 (319).

689 *Kellersmann*, UR 2006, 157 (164).

690 *Nieskens*, EU-UStB 2006, 19 (19); *Rolletschke*, UR 2006, 189 (189).

691 *Matheis/Krieg*, BC 2007, 342 (343).

692 *Bielefeld*, wistra 2007, 9 (10).

693 *Bielefeld*, wistra 2007, 9 (10).

694 *Bielefeld*, wistra 2007, 9 (10).

695 *Rolletschke*, UR 2006, 189 (191).

(4) Verbot einer allgemeinen Differenzierung zwischen erlaubten und unerlaubten Geschäften

Nach dem Grundsatz der steuerlichen Wertneutralität verbiete sich außerdem eine Differenzierung zwischen erlaubten und unerlaubten Geschäften[696]. Nur in bestimmten Fällen, in denen aufgrund besonderer Eigenschaften der Ware oder der Dienstleistung jeder Wettbewerb zwischen dem legalen und dem illegalen Sektor ausgeschlossen ist, führe die Einstufung des Umsatzes als strafbar zu einer Nichtsteuerbarkeit[697]. Wird ein strafbares Verhalten besteuert, demzufolge als steuerrechtlich relevanter Umsatz behandelt, so muss es auch möglich sein, den Vorsteuerabzug aus einem solchen Geschäft geltend zu machen, wenn dem Steuerpflichtigen weder Vorsatz, noch Fahrlässigkeit in Bezug auf den Betrug vorgeworfen werden können.

b) Unwissentlich im Umsatzsteuerkarussell: EuGH-Urteil vom 06.07.2006 – *Kittel und Recolta Recycling*

aa) Sachverhalt und Vorlagefrage

Der EuGH hatte sich auch in diesem Fall mit der Frage auseinanderzusetzen, inwiefern dem Unternehmer Vertrauensschutz zu gewähren ist, wenn er Teil eines Umsatzsteuerkarussells ist.

Die Finanzverwaltung ging davon aus, dass die Computime, deren Konkursverwalter Herr Kittel war, wesentlich an einem Mehrwertsteuerkarussell beteiligt war. Ziel sei es gewesen, die in Rechnung gestellte Mehrwertsteuer einmal oder mehrmals erstattet zu bekommen. Die Lieferungen der Computime seien auch nur fiktiver Natur gewesen[698].

Das Unternehmen Recolta erwarb Luxusfahrzeuge von Herrn Ailliaud. Dieser wiederum kaufte diese von der Auto-Mail. Herr Ailliaud ist dabei seinen Mehrwertsteuerverpflichtungen nicht nachgekommen. Recolta hat wiederum die Fahrzeuge wieder an die Auto-Mail verkauft, sodass die Finanzverwaltung von einer Karussellkonstruktion ausging.

Der Cour de cassation hat zur Entscheidung unter anderem die Fragen vorgelegt, ob der Grundsatz der Neutralität der Mehrwertsteuer es verbietet, dass die nach dem nationalen Zivilrecht gegebene unheilbare Nichtigkeit eines Kaufver-

---

696 EuGH-Urteil vom 12.01.2006 – Rs. C-354/03 – *Optigen*, Slg. 2006, I-00483, Rn. 49.

697 EuGH-Urteil vom 29.06.1999 – Rs. C-158/98 – *Coffeeshop „Siberië“*, UR 1999, 364, Rn. 21; EuGH-Urteil vom 29.06.2000 – Rs. C-455/98 – *Salumets*, UR 2000, 379, Rn. 19.

698 EuGH-Urteil vom 06.07.2006 – Rs. C-439/04 – *Kittel und Recolta Recycling*, Slg. 2006, I-06161, Rn. 10.

trages zum Verlust des Rechts auf Vorsteuerabzug führt und ob diese Frage anders zu beantworten wäre, wenn sich die Nichtigkeit aus der Mehrwertsteuerhinterziehung selbst ergibt und beide Vertragspartner Kenntnis von der Hinterziehung hatten.[699]

bb) Rechtliche Bewertung des EuGH

Der EuGH hat entschieden, dass ein Vorsteuerabzug dann zu gewähren ist, wenn Wirtschaftsteilnehmer alle Maßnahmen treffen, die vernünftigerweise von ihnen verlangt werden können, um sicherzustellen, dass ihre Umsätze nicht in einen Betrug einbezogen sind[700].

cc) Bedeutung des Urteils für den Vertrauensschutz

(1) Bestätigung der Grundsätze aus der Entscheidung *Optigen*

Den Grundsätzen aus der Entscheidung *Optigen* folgt der EuGH auch in der Rechtssache *Kittel und Recolta Recycling*[701].

Umsätze, die selbst nicht mit einem Mehrwertsteuerbetrug behaftet sind, stellen eine Lieferung und auch eine wirtschaftliche Tätigkeit im Sinne des Art. 2 Nr. 1, 4 und 5 Abs. 1 der Sechsten Richtlinie dar, wenn alle objektiven Merkmale vorliegen[702]. Es komme dabei nicht auf die Absicht eines anderen an der Kette beteiligten Steuerpflichtigen an[703]. Diese sehr weite Auslegung der Regelungen der Richtlinie basiere auf dem Gebot der Neutralität der Mehrwertsteuer, daher wird davon grundsätzlich auch unredliches Verhalten umfasst[704]. Auch zwischen legalen und illegalen Geschäften bestehe Wettbewerb, sodass sich auch aus diesem Grund eine Differenzierung verbiete[705].

---

699 EuGH-Urteil vom 06.07.2006 – Rs. C-439/04 – *Kittel und Recolta Recycling*, Slg. 2006, I-06161, Rn. 25.

700 EuGH-Urteil vom 06.07.2006 – Rs. C-439/04 – *Kittel und Recolta Recycling*, Slg. 2006, I-06161, Rn. 51.

701 EuGH-Urteil vom 06.07.2006 – Rs. C-439/04 – *Kittel und Recolta Recycling*, Slg. 2006, I-06161.

702 EuGH-Urteil vom 06.07.2006 – Rs. C-439/04 – *Kittel und Recolta Recycling*, Slg. 2006, I-06161, Rn. 44; siehe hierzu auch *Heinrichshofen*, wistra 2011, 310 (311).

703 EuGH-Urteil vom 06.07.2006 – Rs. C-439/04 – *Kittel und Recolta Recycling*, Slg. 2006, I-06161, Rn. 44.

704 *Grune*, AktStR 2006, 255 (260).

705 EuGH-Urteil vom 06.07.2006 – Rs. C-439/04 – *Kittel und Recolta Recycling*, Slg. 2006, I-06161, Rn. 50.

(2) Vorsteuerabzug auch für betrugsbehaftete Umsätze

Den Grundsatz, dass es irrelevant ist, ob ein Umsatz in der Kette mit einem Betrug behaftet ist, lässt der EuGH mit der jetzigen Entscheidung auch dann gelten, wenn mit der Lieferung an den gutgläubigen Erwerber selbst Mehrwertsteuer hinterzogen wird, also die Hinterziehung nicht lediglich auf einer vorangegangen oder nachfolgenden Handelsstufe stattfindet[706]. Der Vorsteuerabzug solle den Unternehmer vollständig von seiner entrichteten Mehrwertsteuer entlasten. Die Neutralität sei unabhängig von dem Zweck der Tätigkeit[707]. Daher ist für den Vorsteuerabzug nicht zwischen der unmittelbar betrugsbehafteten Lieferung und nachfolgenden beziehungsweise vorhergehenden Lieferungen zu differenzieren[708].

(3) Kein Vorsteuerabzug bei Kenntnis oder Möglichkeit der Kenntnis einer Steuerhinterziehung des Leistenden

Eine Einschränkung der reinen Beurteilung nach dem objektiven Charakter wird jedoch bei einem bösgläubigen Unternehmer vorgenommen[709]. Auch der bösgläubige Abnehmer ist Leistungsempfänger nach objektiven Gesichtspunkten, der allerdings wegen Rechtsmissbrauch nicht mehr zum Vorsteuerabzug berechtigt ist[710].

Das Urteil zeigt m.E. deutlich, dass der EuGH dem Recht auf Vorsteuerabzug einen hohen Wert beimisst und den gutgläubigen Unternehmer, der darauf vertraut, dass sein Umsatz nicht in einer Lieferkette stattfindet, die einem Mehrwertsteuerbetrug dient, schützen will. Bei der Beurteilung der Umsätze kann es nicht auf die Absichten Dritter in der Lieferkette ankommen, von denen der Steuerpflichtige keine Kenntnis hatte oder haben konnte. Dies würde gegen den Verhältnismäßigkeitsgrundsatz und das Nettoprinzip verstoßen. Wusste oder hätte der Steuerpflichtige wissen können, dass er sich mit seinem Erwerb an einer Umsatzsteuerhinterziehung beteiligt, sei ihm der Vorsteuerabzug hingegen zu versagen[711].

Konsequenterweise beschränkt sich jedoch dann auch der Anwendungsbereich des § 25d UStG auf die Fälle, in denen auch der Vorsteuerabzug versagt

---

706 EuGH-Urteil vom 06.07.2006 – Rs. C-439/04 – *Kittel und Recolta Recycling*, Slg. 2006, I-06161, Rn. 46; *Huschens*, EU-UStB 2006, 37 (38).

707 EuGH-Urteil vom 06.07.2006 – Rs. C-439/04 – *Kittel und Recolta Recycling*, Slg. 2006, I-06161, Rn. 47, 48.

708 *Wäger*, UR 2006, 594 (600).

709 *Grune*, AktStR 2006, 255 (260).

710 *Wäger*, UR 2006, 594 (600).

711 EuGH-Urteil vom 06.07.2006 – Rs. C-439/04 – *Kittel und Recolta Recycling*, Slg. 2006, I-06161, Tenor.

wird[712]. Derjenige, der alles getan hat, um sicherzustellen, dass sein Umsatz nicht in einen Mehrwertsteuerbetrug verwickelt ist, kann nicht zur Steuerschuld herangezogen werden[713].

In der Praxis müssten folglich, damit es zu einer Haftung gemäß § 25d UStG kommt, Kenntnis oder Kennenmüssen nachgewiesen werden. Dies ist relativ schwer, auch wenn die Einführung der Vermutung der Kenntnis oder des Kennenmüssens beim Kauf unter dem marktüblichen Preis in § 25d Abs. 2 UStG zu Erleichterungen geführt hat[714].

(4) Anforderungen an die Gutgläubigkeit

Der Unternehmer kann folglich dann auf die Angaben des Dritten vertrauen, wenn er selbst nicht wusste oder hätte wissen können, dass er sich mit seinem Umsatz an einer Steuerhinterziehung beteiligt. Das setzt wiederrum voraus, dass er gutgläubig ist. Diese Gutgläubigkeit sei gegeben, wenn Wirtschaftsteilnehmer, alle Maßnahmen getroffen haben, die vernünftigerweise von ihnen verlangt werden können, um zu verhindern, dass ihre Umsätze in einen Betrug einbezogen sind[715]. Aus dieser Aussage lässt sich der Sorgfaltsmaßstab ablesen, den der EuGH für die Gewährung von Vertrauensschutz voraussetzt.

(5) Keine Erfüllung der Voraussetzungen einer Lieferung oder einer wirtschaftlichen Tätigkeit bei Steuerhinterziehung des Leistungsempfängers

Ist der Unternehmer jedoch selbst an der Steuerhinterziehung beteiligt, so seien die objektiven Kriterien der Lieferung oder einer wirtschaftlichen Tätigkeit nicht erfüllt[716]. Eine missbräuchliche Berufung auf das Unionsrecht sei nicht möglich[717].

712 *Wäger*, UR 2006, 594 (600).

713 *Wäger*, UR 2006, 594 (600).

714 *Rahn*, Dezentrale Umsatzbesteuerung und Europäischer Binnenmarkt, 56.

715 EuGH-Urteil vom 06.07.2006 – Rs. C-439/04 – *Kittel und Recolta Recycling*, Slg. 2006, I-06161, Rn. 51.

716 EuGH-Urteil vom 06.07.2006 – Rs. C-439/04 – *Kittel und Recolta Recycling*, Slg. 2006, I-06161, Rn. 53.

717 EuGH-Urteil vom 12.05.1998 – Rs. C-367/96 – *Kefalas u.a.*, AG 1998, 422, Rn. 20; EuGH-Urteil vom 23.03.2000 – Rs. C-373/97 – *Diamantis*, AG 2000, 470, Rn. 33.

c) Vertrauensschutz beim Vorsteuerabzug: EuGH-Urteil vom 21.06.2012 – *Mahagében und Dávid*

aa) Sachverhalt und Vorlagefrage

Die Mahagében kft, ein ungarisches Unternehmen erhielt Rechnungen über die Lieferung von Akazienstämmen. Später stellte sich heraus, dass der Lieferer nicht über die in Rechnung gestellte Menge verfügt. Daher ging die Steuerbehörde davon aus, dass die Rechnung nicht den tatsächlichen Umständen entsprach.

Das Bezirksgericht Baranya legt dem Gerichtshof die Frage vor, ob der Vorsteuerabzug verweigert werden kann, wenn die Rechnung zwar korrekt ist, der Unternehmer aber über kein weiteres Dokument verfügt, mit dem er nachweisen kann, dass der Aussteller der Rechnung über die Gegenstände verfügt und diese geliefert hat und der Unternehmer sich auch nicht darüber vergewissert hat, dass der Aussteller seinen Erklärungspflichten nachkommt und vorschriftsmäßig handelt[718].

In der Rechtssache *Dávid* wurde der Vorsteuerabzug aufgrund von Unregelmäßigkeiten versagt, die der Subunternehmer begangen hat.

Das Bezirksgericht Baranya möchte vom EuGH wissen, ob der Vorsteuerabzug verweigert werden kann, wenn nicht klar ist, ob der Leistungsempfänger von den Unregelmäßigkeiten wusste, die der Rechnungsaussteller begangen hat[719].

bb) Rechtliche Bewertung des EuGH

Der EuGH führt in seiner Entscheidung aus, dass Art. 167, 168 Buchst. A, 178 Buchst. A und 273 der MwStSystRL dahingehend auszulegen sind, dass der Vorsteuerabzug nicht verweigert werden kann, weil der Steuerpflichtige sich nicht vergewissert hat, dass der Aussteller der Rechnung über die Gegenstände verfügt und seinen Verpflichtungen zur Erklärung und Abführung der Mehrwertsteuer nachgekommen ist[720]. Auch müsse der Steuerpflichtige kein weiteres Dokument vorlegen – außer der Rechnung, dass nachweist – das die genannten Umstände vorgelegen haben[721].

---

718 EuGH-Urteil vom 21.06.2012 – Rs. C-80/11 und 142/11 – *Mahagében und Dávid*, UR 2012, 591, Rn. 22.

719 EuGH-Urteil vom 21.06.2012 – Rs. C-80/11 und 142/11 – *Mahagében und Dávid*, UR 2012, 591, Rn. 33.

720 EuGH-Urteil vom 21.06.2012 – Rs. C-80/11 und 142/11 – *Mahagében und Dávid*, UR 2012, 591, Tenor.

721 EuGH-Urteil vom 21.06.2012 – Rs. C-80/11 und 142/11 – *Mahagében und Dávid*, UR 2012, 591, Tenor.

cc) Bedeutung des Urteils für den Vertrauensschutz

(1) Kein Vorsteuerabzug bei Kenntnis oder Möglichkeit der Kenntnis einer Steuerhinterziehung

Der EuGH betont auch in diesem Urteil, dass der Vorsteuerabzug integraler Bestandteil des Mechanismus der MwSt ist[722]. Eine Versagung ist aber dann möglich, wenn feststeht, dass der Steuerpflichtige wusste oder hätte wissen müssen, dass der Umsatz in eine vom Liefernden oder Leistenden oder einem Wirtschaftsteilnehmer auf einer vorgehenden Umsatzstufe begangene Steuerhinterziehung einbezogen ist[723]. Ein Steuerpflichtiger, der wusste oder hätte wissen müssen, dass sein Umsatz in eine Steuerhinterziehung einbezogen ist, ist für die Zwecke der MwStSystRL als an dieser Hinterziehung Beteiligter anzusehen[724]. Insofern bestätigt der EuGH seine Rechtsprechung aus den Urteilen *Optigen* und *Kittel und Recolta Recycling*. Unter Verweis auf das Urteil *Netto-Supermarkt* macht der EuGH deutlich, dass eine verschuldensunabhängige Haftung gegen das Verhältnismäßigkeitsprinzip verstößt[725].

(2) Umkehr der Darlegungs- und Feststellungslast: Nachweispflicht der Steuerbehörde bei Unregelmäßigkeiten und Hinterziehung

Ob der Steuerpflichtige von der Steuerhinterziehung wusste oder hätte wissen müssen, unterfällt nach Ansicht des EuGH der Nachweispflicht der Steuerbehörde[726]. Bisher musste der Steuerpflichtige nachweisen, dass die Voraussetzungen für den Vorsteuerabzug gegeben sind, was auch seine Gutgläubigkeit einschließt. Bestünden Anhaltspunkte für Unregelmäßigkeiten oder eine Steuerhinterziehung könne zwar verlangt werden, dass über den anderen Wirtschaftsteilnehmer Auskünfte eingeholt werden, um sich von dessen Zuverlässigkeit zu überzeugen, die Behörde könne jedoch nicht generell verlangen, dass der Steuerpflichtige auch

722 EuGH-Urteil vom 21.06.2012 – Rs. C-80/11 und 142/11 – *Mahagében und Dávid*, UR 2012, 591, Rn. 37-38.

723 EuGH-Urteil vom 21.06.2012 – Rs. C-80/11 und 142/11 – *Mahagében und Dávid*, UR 2012, 591, Rn. 45.

724 EuGH-Urteil vom 21.06.2012 – Rs. C-80/11 und 142/11 – *Mahagében und Dávid*, UR 2012, 591, Rn. 46.

725 EuGH-Urteil vom 21.06.2012 – Rs. C-80/11 und 142/11 – *Mahagében und Dávid*, UR 2012, 591, Rn. 48.

726 EuGH-Urteil vom 21.06.2012 – Rs. C-80/11 und 142/11 – *Mahagében und Dávid*, UR 2012, 591, Rn. 50, 62.

ohne Anhaltspunkt Überprüfungen vornimmt[727]. Die Mitgliedstaaten müssten jedoch bei den Anforderungen, die sie an den Steuerpflichtigen stellen, nicht über das Erforderliche hinausgehen, also verhältnismäßig sein, und müssen den Grundsatz der Neutralität der Mehrwertsteuer wahren[728]. Schließlich sei es Sache der Steuerbehörde, Unregelmäßigkeiten und Steuerhinterziehungen aufzudecken und Sanktionen zu verhängen[729]. Diese Kontrollaufgaben könne die Behörde nicht auf den Steuerpflichtigen abwälzen[730].

(3) Weitere Konkretisierung der Anforderungen an die Gutgläubigkeit

Der EuGH konkretisiert in diesem Urteil den Sorgfaltsmaßstab, der an die Gutgläubigkeit des Unternehmers anzulegen ist. Zunächst bestätigt er unter Berufung auf das Urteil *Kittel und Recolta Recycling*, dass Wirtschaftsteilnehmer, die alle Maßnahmen treffen, die vernünftigerweise von ihnen verlangt werden können, um sicherzustellen, dass ihre Umsätze nicht in einen Betrug einbezogen sind, Vertrauensschutz genießen[731]. Der Steuerpflichtige sei nicht verpflichtet, weitere Unterlagen vorzuhalten, die nachweisen, dass die genannten Umstände vorliegen, soweit keine Anhaltspunkte für Unregelmäßigkeiten vorliegen[732]. Das Ermessen, das die MwStSystRL den Mitgliedstaaten einräumt, dürfe nicht dazu führen, dass zusätzlich zu den in Kapitel 3 („Rechnungsstellung") des Titels XI genannten weitere Verpflichtungen hinzukommen[733].

727 EuGH-Urteil vom 21.06.2012 – Rs. C-80/11 und 142/11 – *Mahagében und Dávid*, UR 2012, 591, Rn. 61.

728 EuGH-Urteil vom 21.06.2012 – Rs. C-80/11 und 142/11 – *Mahagében und Dávid*, UR 2012, 591, Rn. 57.

729 EuGH-Urteil vom 21.06.2012 – Rs. C-80/11 und 142/11 – *Mahagében und Dávid*, UR 2012, 591, Rn. 62.

730 EuGH-Urteil vom 21.06.2012 – Rs. C-80/11 und 142/11 – *Mahagében und Dávid*, UR 2012, 591, Rn. 62.

731 EuGH-Urteil vom 21.06.2012 – Rs. C-80/11 und 142/11 – *Mahagében und Dávid*, UR 2012, 591, Rn. 53.

732 EuGH-Urteil vom 21.06.2012 – Rs. C-80/11 und 142/11 – *Mahagében und Dávid*, UR 2012, 591, Rn. 66.

733 EuGH-Urteil vom 21.06.2012 – Rs. C-80/11 und 142/11 – *Mahagében und Dávid*, UR 2012, 591, Rn. 56.

d) Vertrauensschutz beim Vorsteuerabzug: EuGH-Urteil vom 06.09.2012 – *Gábor Tóth*

aa) Sachverhalt und Vorlagefrage

Die ungarische Steuerverwaltung verweigerte Herrn Tóth den Vorsteuerabzug aus Rechnungen über Leistungen eines Bauunternehmers, der seine Mitarbeiter nicht bei der Steuerverwaltung angemeldet hat und seinen steuerlichen Pflichten nicht nachgekommen ist[734].

Das Legfelsöb Bíróság (Oberste Gericht) legt dem EuGH die Frage vor, ob es gegen den Grundsatz der steuerlichen Neutralität verstößt, wenn dem Steuerpflichtigen der Vorsteuerabzug versagt wird, weil dem Vertragspartner die Lizenz entzogen wurde und weil der Vertragspartner seinen steuerlichen Erklärungspflichten nicht nachkommt und Arbeitnehmer beschäftigt, die nicht angemeldet sind[735]. Zudem wollte das Oberste Gericht wissen, ob Fahrlässigkeit seitens des Steuerpflichtigen vorliegt, wenn dieser nicht überprüft, ob sein Vertragspartner die steuerlichen Erklärungspflichten einhält und ob dies zu einem Kennenmüssen der Beteiligung an einer Steuerhinterziehung führt[736].

bb) Rechtliche Bewertung des EuGH

Hat die Rechnung alle für den Vorsteuerabzug erforderlichen Angaben enthalten, so kann nach Ansicht des EuGH, der Steuerabzug auch dann nicht versagt werden, wenn dem Vertragspartner vor Erbringung der Leistung die Lizenz entzogen wurde. Für die Versagung des Vorsteuerabzuges reiche es zudem nicht aus, dass der Vertragspartner seine Arbeitnehmer nicht angemeldet hat[737]. Die Tatsache, dass der Steuerpflichtige nicht überprüft hat, ob der Vertragspartner seinen steuerlichen Pflichten nachkommt, stelle zudem dann keinen Anhaltspunkt dafür dar, dass er wusste oder hätte wissen müssen, dass sich der Steuerpflichtige an einem Umsatz beteiligt, der in eine Mehrwertsteuerhinterziehung einbezogen war, wenn keine objektiven Umstände vorliegen, die ein solches Fehlverhalten vermuten ließen[738].

---

734 EuGH-Urteil vom 06.09.2012 – Rs. C-324/11 – *Gábor Tóth*, DB 2012, 2142, Rn. 15-20.

735 EuGH-Urteil vom 06.09.2012 – Rs. C-324/11 – *Gábor Tóth*, DB 2012, 2142, Rn. 21, Vorlagefragen 1 und 2.

736 EuGH-Urteil vom 06.09.2012 – Rs. C-324/11 – *Gábor Tóth*, DB 2012, 2142, Rn. 21, Vorlagefrage 3.

737 EuGH-Urteil vom 06.09.2012 – Rs. C-324/11 – *Gábor Tóth*, DB 2012, 2142, Tenor 2. und 3.

738 EuGH-Urteil vom 06.09.2012 – Rs. C-324/11 – *Gábor Tóth*, DB 2012, 2142, Tenor 4.

cc) Bedeutung des Urteils für den Vertrauensschutz

(1) Umkehr der Darlegungs- und Feststellungslast: Nachweispflicht der Steuerbehörde bei Unregelmäßigkeiten und Hinterziehung

Unter Bezugnahme auf das Urteil *Mahagében und Dávid* verweist der EuGH auch in diesem Urteil darauf, dass es der Behörde obliegt, anhand objektiver Umstände nachzuweisen, dass der Steuerpflichtige wusste oder hätte wissen müssen, dass er sich mit seinem Umsatz an einer vom Rechnungsaussteller oder einem anderen Wirtschaftsteilnehmer auf einer vorhergehenden Umsatzstufe der Leistungskette begangenen Steuerhinterziehung beteiligt[739]. Es sei grundsätzlich Sache der Behörden die erforderlichen Kontrollmaßnahmen durchzuführen, um Unregelmäßigkeiten aufzudecken[740]. Es reiche nicht aus, dass der Behörde objektive Anhaltspunkte für einen Betrug vorliegen[741]. Die Behörde müsse auch nachweisen, dass diese auch dem Steuerpflichtigen bekannt waren und dass er sie hätte kennen können[742].

(2) Weitere Konkretisierung der Anforderungen an die Gutgläubigkeit

Der EuGH bezieht sich auf die gleichen Grundsätze wie in der Entscheidung *Mahagében und Dávid* und betont, dass der Steuerpflichtige auf die Rechtmäßigkeit des Umsatzes vertrauen darf, wenn er alle Maßnahmen getroffen hat, die vernünftigerweise von ihm verlangt werden konnten[743]. Ist der Steuerpflichtige trotz Beachtung der Sorgfalt eines ordentlichen Kaufmanns nicht in der Lage zu erkennen, dass die Voraussetzungen nicht gegeben sind, so sei ihm Vertrauensschutz zu gewähren[744].

---

739 EuGH-Urteil vom 06.09.2012 – Rs. C-324/11 – *Gábor Tóth,* DB 2012, 2142, Rn. 38.

740 EuGH-Urteil vom 06.09.2012 – Rs. C-324/11 – *Gábor Tóth,* DB 2012, 2142, Rn. 42.

741 EuGH-Urteil vom 06.09.2012 – Rs. C-324/11 – *Gábor Tóth,* DB 2012, 2142, Rn. 51.

742 EuGH-Urteil vom 06.09.2012 – Rs. C-324/11 – *Gábor Tóth,* DB 2012, 2142, Rn. 51.

743 EuGH-Urteil vom 06.09.2012 – Rs. C-324/11 – *Gábor Tóth,* DB 2012, 2142, Rn. 42.

744 EuGH-Urteil vom 06.09.2012 – Rs. C-324/11 – *Gábor Tóth,* DB 2012, 2142, Rn. 52, unter Verweis auf das Urteil *Netto Supermarkt.*

2. EuGH-Entscheidungen zum Vertrauensschutz bei der innergemeinschaftlichen Lieferung

a) EuGH-Urteil vom 27.09.2007 – *Albert Collée*

aa) Sachverhalt und Vorlagefrage

Die in Deutschland ansässige Collée GmbH wickelte Autoverkäufe nach Belgien zunächst zum Schein über einen Zwischenhändler in Deutschland ab, um sich so Provisionsansprüche für Verkäufe in die nähere Umgebung gegenüber der A-AG zu sichern. Später storniert sie diese Rechnungen und erfasst die PKWs als innergemeinschaftliche Lieferung in der Buchhaltung.

Neben der bereits angesprochenen Problematik des Charakters der Nachweispflichten[745], legte der Bundesfinanzhof die Frage vor, wie es sich auf die Gewährung der Steuerfreiheit auswirkt, wenn der Steuerpflichtige zunächst bewusst das Vorliegen einer innergemeinschaftlichen Lieferung verschleiert hat[746].

bb) Rechtliche Bewertung des EuGH

Der EuGH hat die Frage dahingehend beantwortet, dass das Gericht die Tatsache, dass der Steuerpflichtige die innergemeinschaftliche Lieferung zunächst verschleiert hat, nur dann berücksichtigen muss, wenn die Gefährdung des Steueraufkommens nicht vollständig beseitigt wurde[747].

b) EuGH-Urteil vom 27.09.2007 – *Teleos*

aa) Sachverhalt und Vorlagefrage

Das Unternehmen erhielt als Bestätigung, dass die Mobiltelefone, welche es an eine spanische Firma verkaufte und die entweder nach Frankreich oder Spanien gelangen sollten, den Bestimmungsort erreicht haben, unterschriebene und abgestempelte CMR-Frachtbriefe. Im Nachhinein stellte sich heraus, dass diese gefälscht waren und die Ware das Vereinigte Königreich nie verlassen hat[748].

Der High Court of Justice (England & Wales) legte dem EuGH vor diesem Hintergrund unter anderem die Frage vor, ob die Finanzbehörden dazu berechtigt sind, einen Nachweis für das Vorliegen einer innergemeinschaftlichen Lieferung,

---

745 Siehe Abschnitt C II. 2. a).

746 EuGH-Urteil vom 27.09.2007 – Rs. C-146/05 – *Albert Collée*, UR 2007, 813, Rn. 19.

747 EuGH-Urteil vom 27.09.2007 – Rs. C-146/05 – *Albert Collée*, UR 2007, 813, Tenor.

748 EuGH-Urteil vom 27.09.2007 – Rs. C-409/04 – *Teleos*, UR 2007, 774, Rn. 14-19.

der die Steuerfreiheit belegt, zunächst zu akzeptieren und den Steuerpflichtigen dann später zur Mehrwertsteuer heranzuziehen, wenn sich herausstellt, dass der Nachweis gefälscht war[749].

bb) Rechtliche Bewertung des EuGH

Hat der Steuerpflichtige alle ihm zur Verfügung stehenden zumutbaren Maßnahmen ergriffen, um sicherzustellen, dass er mit seiner innergemeinschaftlichen Lieferung nicht an einer Steuerhinterziehung beteiligt ist, so sei ihm die Steuerbefreiung zu gewähren, auch wenn die zunächst vorgelegten Beweise sich im Nachhinein als falsch herausstellen[750].

c) EuGH-Urteil vom 27.09.2007– *Twoh International*

aa) Sachverhalt und Vorlagefrage

In der Rechtssache *Twoh International* konnten die für die Steuerfreiheit der innergemeinschaftlichen Lieferung notwendigen Belege nicht vorgelegt werden. Twoh war der Ansicht, die niederländische Finanzverwaltung muss aufgrund der Amtshilfe-Richtlinien und der Verordnung über die Zusammenarbeit der Verwaltungsbehörden bei den italienischen Behörden Auskünfte einholen, die nachweisen, dass es sich vorliegend um eine innergemeinschaftliche Lieferung handelt[751].

Daher legte der Hoge Raad der Nederlande dem EuGH die Frage vor, ob der Versand- oder Beförderungsmitgliedstaat nach der Richtlinie über die gegenseitige Amtshilfe[752] und der Verordnung über die Zusammenarbeit der Verwaltungsbehörden[753] dazu verpflichtet ist, den angeblichen Eingangsmitgliedstaat um Auskünfte zu ersuchen, die das Vorliegen einer innergemeinschaftlichen Lieferung darlegen, falls diese Auskünfte dem Steuerpflichtigen nicht erteilt worden sind[754].

---

749 EuGH-Urteil vom 27.09.2007 – Rs. C-409/04 – *Teleos*, UR 2007, 774, Rn. 20.

750 EuGH-Urteil vom 27.09.2007 – Rs. C-409/04 – *Teleos*, UR 2007, 774, Tenor.

751 EuGH-Urteil vom 27.09.2007 – Rs. C-184/05 – *Twoh International*, UR 2007, 782, Rn. 15-19.

752 Richtlinie 77/799/EWG vom 19.12.1977; ABl. EG Nr. L 64 S. 1.

753 Verordnung (EWG) Nr. 218/92 vom 27.01.1992, ABl. EG Nr. L 24, 1, die noch auf den Sachverhalt *Twoh International* anwendbar waren, sind mit Wirkung vom 01.01.2004 durch die Verordnung (EG) Nr. 1798/2003 des Rates vom 07.10.2003, ABl. EG Nr. L 264, 1 über die Zusammenarbeit der Verwaltungsbehörden auf dem Gebiet der Mehrwertsteuer und zur Aufhebung der Verordnung (EWG) Nr. 218/92 ersetz worden.

754 EuGH-Urteil vom 27.09.2007 – Rs. C-184/05 – *Twoh International*, UR 2007, 782, Rn. 20.

bb) Rechtliche Bewertung des EuGH

Nach Ansicht des EuGH können die Ämter der Mitgliedstaaten aufgrund der Richtlinien zur gegenseitigen Amtshilfe und der Verordnung über die Zusammenarbeit der Verwaltungsbehörden zwar zusammenarbeiten, eine Verpflichtung bestehe jedoch nicht[755]. Zunächst müsse der ersuchende Staat die eigenen üblichen Auskunftsmöglichkeiten ausgeschöpft haben[756]. Zudem dürfe kein unverhältnismäßiger Aufwand entstehen[757].

d) Bedeutung der Urteile für den Vertrauensschutz

aa) Grundsatz der Rechtssicherheit

Der Grundsatz der Rechtssicherheit greift besonders dann, wenn es zu belastenden Maßnahmen für den Steuerpflichtigen kommt[758]. Die Steuerpflichtigen müssen in der Lage sein, den Umfang ihrer Pflichten zu erkennen[759].

Die Finanzverwaltung darf nach Auffassung des EuGH einen einmal akzeptierten Nachweis nicht nachträglich ablehnen, wenn der Steuerpflichtige nicht wusste oder nicht hätten wissen können, dass der Nachweis gefälscht wurde und die Voraussetzungen für eine steuerfreie innergemeinschaftliche Lieferung nicht gegeben waren[760]. In diesem Fall trägt der Staat das Risiko. Da der EuGH auch das „Nichtwissenkönnen" ausreichen lässt, ist die Steuerfreiheit auch bei fahrlässiger Unkenntnis zu versagen. Welche Form der Fahrlässigkeit gemeint ist, wird allerdings nicht ersichtlich.

bb) Grundsatz der Verhältnismäßigkeit

Nach dem Grundsatz der Verhältnismäßigkeit könnten sich die Mitgliedstaaten zwar solcher Mittel bedienen, die es erlauben, das vom innerstaatlichen Recht verfolgte Ziel wirksam zu erreichen, die jedoch die Ziele und Grundsätze des

---

755 EuGH-Urteil vom 27.09.2007 – Rs. C-184/05 – *Twoh International*, UR 2007, 782, Rn. 32.

756 EuGH-Urteil vom 27.09.2007 – Rs. C-184/05 – *Twoh International*, UR 2007, 782, Rn. 33.

757 EuGH-Urteil vom 27.09.2007 – Rs. C-184/05 – *Twoh International*, UR 2007, 782, Rn. 33.

758 EuGH-Urteil vom 21.02.2006 – Rs. C-255/02 – *Halifax*, Slg. 2006, I-1609, Rn. 72; EuGH-Urteil vom 27.09.2007 – Rs. C-409/04 – *Teleos*, UR 2007, 774, Rn. 48.

759 EuGH-Urteil vom 21.02.2006 – Rs. C-255/02 – *Halifax*, Slg. 2006, I-1609, Rn.72; EuGH-Urteil vom 27.09.2007 – Rs. C-409/04 – *Teleos*, UR 2007, 774, Rn. 48.

760 EuGH-Urteil vom 27.09.2007 – Rs. C-409/04 – *Teleos*, UR 2007, 774, Rn. 50; siehe hierzu auch *Korf*, IStR 2007, Rn. 774 (776).

Unionsrechts so wenig wie möglich beeinträchtigen[761]. Die Maßnahmen, die ergriffen werden, dürften daher nicht über das hinausgehen, was erforderlich ist[762]. Das Ziel der Betrugsbekämpfung rechtfertige somit, mitunter hohe Anforderungen an die Verpflichtungen des Lieferanten zu stellen, ihm dürfe jedoch nicht das alleinige Risiko der Abführung der Mehrwertsteuer auferlegt werden[763]. Das heißt m.E., dass der Lieferer nicht das alleinige Risiko eines Betruges durch den Empfänger tragen darf. Das würde letztlich auch nicht dem Ziel der Betrugsbekämpfung förderlich sein.

cc) Grundsatz der Neutralität

Der Grundsatz der Neutralität verbietet die unterschiedliche Behandlung von gleichartigen und deshalb im Wettbewerb stehenden Leistungen in Bezug auf die Mehrwertsteuer[764]. Daher dürfe nach Ansicht des EuGH der Steuerpflichtige, der innergemeinschaftliche Umsätze tätigt, nicht schlechter gestellt werden, als Steuerpflichtige, die lediglich am inländischen Warenverkehr teilnehmen. Diese seien letztlich nicht mit Mehrwertsteuer belastet, da es sich dabei um eine indirekte Verbrauchssteuer handele[765].

dd) Freier Warenverkehr

Nach der Rechtsprechung des EuGH ist das Ziel der Bekämpfung der Steuerhinterziehung, Steuerumgehung und etwaigen Missbräuchen legitim[766] und kann grundsätzlich auch eine Einschränkung des freien Warenverkehrs rechtfertigen. Hohe Anforderungen an die Steuerfreiheit zu stellen, sei daher richtig, es dürfe aber nicht zu einer ernsthaften Behinderung des innergemeinschaftlichen Warenverkehrs kommen[767]. Die Wirtschaftsteilnehmer sollten nicht schlechter gestellt sein als vor Abschaffung der Grenzkontrollen, denn Zweck des Binnenmarktes sei es letztlich, den Handel zwischen den Mitgliedstaaten zu erleichtern[768]. Der

761 EuGH-Urteil vom 18.12.1997 – C-286/94 – *Molenheide u.a.*, Slg. 1997, I-07281, Leitsatz 2, Rn. 48, EuGH-Urteil vom 27.09.2007 – Rs. C-409/04 – *Teleos*, UR 2007, 774, Rn. 52.

762 EuGH-Urteil vom 27.09.2007 – Rs. C-409/04 – *Teleos*, UR 2007, 774, Rn. 53.

763 EuGH-Urteil vom 27.09.2007 – Rs. C-409/04 – *Teleos*, UR 2007, 774, Rn. 58.

764 EuGH-Urteil vom 07.12.2006 – Rs. C-240/05 – *Eurodental*, Slg. 2006, I-11476, Rn. 46.

765 EuGH-Urteil vom 27.09.2007 – Rs. C-409/04 – *Teleos*, UR 2007, 774, Rn. 60; vgl. In diesem Sinne in Bezug auf das Recht zum Vorsteuerabzug EuGH-Urteil vom 07.12.2006 – Rs. C-240/05 – *Eurodental*, Slg. 2006, I-11476, Rn. 47.

766 EuGH-Urteil vom 29.04.2004 – C-487/01 u. C-7/02 – *Gemeente Leusden und Holin Groep*, Slg. 2004, I-5337, Rn. 78.

767 Siehe hierzu auch *Henze*, EU-UStB 2007, 89 (93).

768 EuGH-Urteil vom 27.09.2007 – Rs. C-409/04 – *Teleos*, UR 2007, 774, Rn. 62.

Nachweis für das Vorliegen einer innergemeinschaftlichen Lieferung sei nicht mehr durch von einer Zollbehörde ausgestellte Dokumente möglich, daher könnten zwar andere Dokumente verlangt werden, es müsse aber ausreichen, wenn der Steuerpflichtige alles Erforderliche getan habe, um zu verhindern, dass sein Umsatz in einen Betrug verstrickt ist[769].

ee) Anforderungen an die Gutgläubigkeit

Mit allen drei Entscheidungen hat der EuGH die Stellung des gutgläubigen Unternehmers gegenüber der Finanzverwaltung gestärkt[770]. Zwar dürfen grundsätzlich Belege gefordert werden, dies darf aber nicht zu einer einseitigen Risikoverlagerung auf Seiten des Steuerpflichtigen führen[771]. Dem gutgläubigen Steuerpflichtigen, der alle zumutbaren Maßnahmen ergriffen hat, um sicherzustellen, dass seine Lieferung nicht zu einer Beteiligung an einer Steuerhinterziehung führt, sei folglich auch bei Nichtvorliegen der Voraussetzungen der Steuerbefreiung diese zu gewähren[772]. Die Generalanwältin hat in ihren Schlussanträgen deutlicher als der EuGH hierzu klargestellt, dass der Lieferer sich von der Seriosität seines Geschäftspartners überzeugen muss und daran hohe Anforderungen zu stellen sind[773]. Der EuGH bestätigt mit seiner Entscheidung die schon in § 6a Abs. 4 UStG normierte Vertrauensschutzregelung[774].

ff) Steuerfreiheit bei Verschleierung der innergemeinschaftlichen Lieferung

Wollte der Steuerpflichtige die innergemeinschaftliche Lieferung zunächst verschleiern, so müsse das Gericht dies nur dann beachten, wenn die Gefährdung des Steueraufkommens immer noch besteht[775]. Das Steuerrecht habe keinen Sanktionscharakter[776]. Demnach solle der Steuerpflichtige die Möglichkeit haben, einen falschen Steuerausweis zu korrigieren, wenn er bei einer Verschleierung die Gefährdung des Steueraufkommens im Nachhinein beseitigt hat[777]. Der gute Glaube des Lieferanten bemesse sich folglich auch an der Gefährdung des

---

769 EuGH-Urteil vom 27.09.2007 – Rs. C-409/04 – *Teleos*, UR 2007, 774, Rn. 63-64.

770 *Küffner/Zugmaier*, DStR 2007, 1807 (1809).

771 *Küffner/Zugmaier*, DStR 2007, 1807 (1809).

772 EuGH-Urteil vom 27.09.2007 – Rs. C-409/04 – *Teleos*, UR 2007, 774, Rn. 65-66, 68; *Küffner*, jurisPR-SteuerR 2007, Anm. 5.

773 *Nieskens*, EU-UStB 2007, 85 (85).

774 So auch *Wulf*, Aktuelle Fragen des Umsatzsteuerrechts und Verfahrensfragen, in: Deutscher Anwaltverein: Praxisleitfaden internationales Steuerrecht 2008/2009, 349.

775 EuGH-Urteil vom 27.09.2007 – Rs. C-146/05 – *Albert Collée*, UR 2007, 813, Tenor.

776 *Korf*, IStR 2007, 774 (779); *Moosburger*, stbg 2010, 76 (80), stbg 2009, 260 (263).

777 *Korf*, IStR 2007, 774 (779).

Steueraufkommens des Abgangsstaates[778]. Das gelte jedoch dann nicht, wenn es sich um eine Steuerhinterziehung oder Verkürzung handele, da eine missbräuchliche Berufung auf das Unionsrecht nicht zulässig sei[779].

gg) Keine Verpflichtung zum gegenseitigen Informationsaustausch

Die Amtshilfe-Richtlinien und die Verordnung zur Zusammenarbeit der Verwaltungsbehörden sollten kein System des Informationsaustausches zwischen Mitgliedstaaten schaffen. Ist der Steuerpflichtige selbst nicht in der Lage, die Voraussetzungen des Tatbestandes darzulegen, so sei es nicht die Pflicht der Finanzverwaltung an Stelle des Steuerpflichtigen diesen Nachweis durch Informationsaustausch zu beschaffen[780]. Es entspreche zudem dem Unionsrecht, dass derjenige, der sich auf die Steuerfreiheit beruft, die Beweislast trage[781].

e) Keine Steuerbefreiung bei Beihilfe zur Steuerhinterziehung: EuGH-Urteil vom 07.12.2010 – *R*

aa) Sachverhalt und Vorlagefrage

Der deutsche Unternehmer R verkaufte Fahrzeuge unter Verschleierung des tatsächlichen Abnehmers nach Portugal. Zu diesem Zweck stellte er Scheinrechnungen auf Scheinunternehmer aus, um dem wahren Abnehmer die Hinterziehung der Mehrwertsteuer zu ermöglichen[782].

Der erste Strafsenat des BGH legte dem EuGH die Frage vor, inwiefern die Mehrwertsteuerbefreiung zu versagen ist, wenn die Lieferung zwar tatsächlich stattgefunden hat, aber der steuerpflichtige Verkäufer wusste, dass er sich an einer Mehrwertsteuerhinterziehung beteiligt und er Handlungen zur Verschleierung des Abnehmers vorgenommen hat, um diesem oder einem Dritten die Hinterziehung der Mehrwertsteuer zu ermöglichen[783].

---

778 *Winter*, UR 2007, 881 (881).

779 EuGH-Urteil vom 27.09.2007 – Rs. C-146/05 – *Albert Collée*, UR 2007, 813, Rn. 38 mit Verweis auf EuGH-Urteil vom 06.07.2006 – Rs. C-439/04 – *Kittel und Recolta Recycling*, Slg. 2006, I- 06161, Rn. 54.

780 *Korf*, IStR 2007, 774 (779); EuGH-Urteil vom 27.09.2007 – Rs. C-184/05 – *Twoh International*, UR 2007, 782, Rn. 34-35.

781 EuGH-Urteil vom 27.09.2007 – Rs. C-184/05 – *Twoh International*, UR 2007, 782, Rn. 36; *Wulf*, Aktuelle Fragen des Umsatzsteuerrechts und Verfahrensfragen, in: Deutscher Anwaltverein: Praxisleitfaden Internationales Steuerrecht 2008/2009, 346.

782 EuGH-Urteil vom 07.12.2010 – Rs. C-285/09 – *R*, DB 2010, 2774 , Rn. 17-21.

783 EuGH-Urteil vom 07.12.2010 – Rs. C-285/09 – *R*, DB 2010, 2774 , Rn. 28.

bb) Rechtliche Beurteilung durch den EuGH

Der EuGH hat, entgegen der Empfehlung des Generalanwalts *Cruz Villalón*[784], entschieden, dass erlaubt ist die Mehrwertsteuerfreiheit für einen Umsatz zu versagen, wenn der Lieferer die Identität des Erwerbers verschleiert hat, um diesem die Hinterziehung der Mehrwertsteuer im Bestimmungsland zu ermöglichen[785]. Bei einer Beteiligung an einer Steuerhinterziehung verstoße dies auch nicht gegen die Grundsätze der Neutralität, Rechtssicherheit und des Vertrauensschutzes[786].

cc) Bedeutung des Urteils für den Vertrauensschutz

(1) Kein Vertrauensschutz bei vorsätzlicher Beteiligung an einer Steuerhinterziehung

Das Urteil bringt eindeutig zum Ausdruck, dass trotz Vorliegens der objektiven Voraussetzungen des Befreiungstatbestandes die Steuerfreiheit zu versagen ist, wenn der liefernde Unternehmer sich vorsätzlich an einer Steuerhinterziehung beteiligt[787].

Der EuGH hat somit ein „subjektives" Element, als Voraussetzung für die Steuerbefreiung eingeführt[788]. In der Literatur wird die Entscheidung teilweise kritisch gesehen. Die Prüfung der Steuerbefreiung nach §§ 4, 6a UStG orientiere sich eigentlich an objektiven Kriterien und werde durch die Notwendigkeit von Ermittlungen im subjektiven Bereich belastet[789].

Dem ist nicht zuzustimmen. Auch aus steuersystematischer Sicht ist das Urteil nachvollziehbar, denn die Steuerbefreiung wird lediglich unter der Bedingung gewährt, dass der Steuerpflichtige sich nicht an einer Steuerhinterziehung beteiligt hat[790]. Die Bekämpfung der Steuerhinterziehung und Steuerumgehung ist laut EuGH „anerkanntes und gefördertes" Ziel der Sechsten Richtlinie[791]. Somit ist auch die Versagung des Vorsteuerabzuges als Sanktion denkbar und vor dem Hintergrund, dass eine rechtsmißbräuchliche Berufung auf das Unionsrecht nicht

784 EuGH-Schlussanträge vom 29.06.2010 – Rs. C-285/09 – R, juris online: Der Generalanwalt hat den objektiven Charakter der Mehrwertsteuer in den Vordergrund gestellt. Seiner Meinung nach stelle weder Bösgläubigkeit, noch betrügerisches Verhalten eine Einschränkungsmöglichkeit dar.

785 EuGH-Urteil vom 07.12.2010 – Rs. C-285/09 – *R*, DB 2010, 2774 , Tenor.

786 EuGH-Urteil vom 07.12.2010 – Rs. C-285/09 – *R*, DB 2010, 2774 , Rn. 54.

787 *Grube*, jurisPR-SteuerR 13/2011, Anm. 5.

788 *Grube*, jurisPR-SteuerR 13/2011, Anm. 5.

789 *Bürger/Paul*, BB 2011, 540 (544).

790 *Hundt-Eßwein*, UStB 2011, 52 (55).

791 EuGH-Urteil vom 07.12.2010 – Rs. C-285/09 – *R*, DB 2010, 2774 , Rn. 36.

möglich ist, zwingend. Zwar ist im Mehrwertsteuerrecht grundsätzlich nicht zwischen erlaubten und nicht erlaubten Geschäften zu unterscheiden[792] und auch auf die Sittenwidrigkeit oder Strafbarkeit des Geschäftes kommt es nicht an[793], der Fall ist hier aber anders gelagert. Ziel des Steuerpflichtigen war speziell die Hinterziehung der Steuer im Bestimmungsland. Die Vorlage von Scheinrechnungen und die Übermittlung falscher Angaben gefährdet das ordnungsgemäße Funktionieren des gemeinsamen Mehrwertsteuersystems[794]. Es geht demnach nicht um die Frage der Besteuerung von sittenwidrigen oder nicht erlaubten Geschäften, sondern darum, ob der Steuerpflichtige mit dem Geschäft die Hinterziehung der Mehrwertsteuer beabsichtigt. Im Ergebnis folgt der EuGH seiner Rechtsprechung in den Rechtssachen *Kittel*[795] und *Optigen*[796]. Dem schuldhaft an einer Steuerhinterziehung mitwirkenden Steuerpflichtigen ist die Steuerfreiheit und somit auch der Vertrauensschutz zu versagen[797].

Auch beschränken sich die Aussagen dieses Urteils m.E. lediglich auf den Vorsatz[798]. Kann dieser nicht nachgewiesen werden oder handelt der Steuerpflichtige fahrlässig bleibt es dabei, dass dem liefernden Unternehmer nicht allein das Risiko aufgebürdet werden kann, dass der Erwerber eine Steuerhinterziehung im Bestimmungsland begeht.

Bei der Frage der Gewährung der Steuerfreiheit bei Vorliegen der Voraussetzungen ist daher auf den Vorsatz abzustellen. Geht es um den Vertrauensschutz bei Nichtvorliegen der Voraussetzung werden höhere Anforderungen gestellt. Hier wird die Steuerfreiheit auch bei Fahrlässigkeit versagt.

(2) Grundsätze der Territorialität und Neutralität

BFH und BGH waren in den Parallelverfahren unterschiedlicher Ansicht. Während der BFH mit Urteil vom 29.07.2009[799] klar auf den Grundsatz der steuerlichen Territorialität abstellt und den Vorsteuerabzug mit der Begründung bejaht, dass eine Gefährdung des Steueraufkommens nicht gegeben sei, weil der Steueranspruch nicht dem Ausgangsstaat, sondern dem Bestimmungsland zustehe, geht

---

792 EuGH-Urteil vom 11.06.1998 – C-283/95 – *Karlheinz Fischer*, UR 1998, 384, Rn. 21.

793 EuGH-Urteil vom 29.06.1999 – C-158/98 – *Coffeeshop „Siberië“*, UR 1999, 364, Rn. 21.

794 *Wt*, UVR 2011, 5 (6).

795 EuGH-Urteil vom 06.07.2006 – Rs. C-439/04 – *Kittel und Recolta Recycling*, Slg. 2006, I-06161.

796 EuGH-Urteil vom 12.01.2006 – Rs. C-354/03 – *Optigen*, Slg. 2006, I-00483.

797 EuGH-Urteil vom 07.12.2010 – Rs. C-285/09 – *R*, DB 2010, 2774 , Rn. 81.

798 So auch *Küffner/Streit*, SteuK 2011, 84 (84); *DG*, DStZ 2011, 94 (95); *Küffner/Streit*, DStR 2011, 2572 (2576); *Huschens*, EU-UStB 2011, 7 (9).

799 BFH-Urteil vom 29.07.2009 – XI B 24/09, BFHE 226, 449.

der BGH mit Urteil vom 07.07.2009[800] davon aus, dass der Vorsteuerabzug nicht zu gewähren ist, weil eine missbräuchliche Berufung auf das Unionsrecht nicht zulässig sei.

In seinen Schlussanträgen vom 29.06.2010 geht Generalanwalt *Cruz Villalón* genau wie der BFH davon aus, dass es gegen den Gedanken der Territorialität verstößt, wenn der Ausgangsstaat ein Besteuerungsrecht erhalte, dass ihm eigentlich nicht zusteht[801]. Ein rechtsmissbräuchliches Verhalten liegt seiner Meinung nach auch nicht vor, da tatsächlich eine Lieferung erbracht wurde[802].

M.E. folgt der EuGH mit seinem Urteil in der Rechtssache *R* seiner bisherigen Rechtsprechung zur missbräuchlichen Anwendung des Steuerrechts[803]. Eine missbräuchliche Berufung, ist dann gegeben, wenn die Umsätze im Wesentlichen zum Zwecke der Erlangung eines Steuervorteils getätigt werden[804]. Dient die Verschleierung dagegen anderen Zwecken, ist der Vorsteuerabzug nicht zu versagen[805].

Der EuGH geht aber in dem Punkt weiter, dass auch in dem Fall, in dem das Besteuerungsrecht dem Bestimmungsland zusteht, besteuert werden soll, wenn die Gefahr besteht, dass der Ausgangsumsatz sonst gar nicht besteuert wird[806]. Der Generalanwalt *Cruz Villalón* sieht darin einen Verstoß gegen den Grundsatz der Territorialität[807]. In der Rechtssache *Collée* bezieht sich der EuGH zwar auf die Gefährdung des Steueraufkommens des „betroffenen Mitgliedstaates"[808], den Schluss, dass es lediglich um das nationale Steueraufkommen geht, legt jedoch auch die Rechtssache *Collée* nicht nahe[809].

Ob die Steuerbefreiung gewährt wird oder nicht hängt nur davon ab, ob die Gefährdung des Steueraufkommens wieder beseitigt wurde[810].

Für den Vertrauensschutz ist die Aussage von Bedeutung, dass man sich nicht missbräuchlich auf den Grundsatz der Neutralität berufen kann.

---

800 BGH-EuGH-Vorlage vom 07.07.2009 – 1 StR 41/09, DStR 2009, 1688.

801 EuGH-Schlussanträge vom 29.06.2010 – Rs. C-285/09 – *R*, BeckEuRS 2010, 518409, Rn. 75.

802 EuGH-Schlussanträge vom 29.06.2010 – Rs. C-285/09 – *R*, BeckEuRS 2010, 518409, Rn. 86.

803 EuGH-Urteil vom 21.02.2006 – C-255/02 – *Halifax*, Slg. 2006, I-01609; EuGH-Urteil vom 06.07.2006 – Rs. C-439/04 – *Kittel und Recolta Recycling*, Slg. 2006, I- 06161, EuGH-Urteil vom 12.01.2006 – Rs. C-354/03 – *Optigen*, Slg. 2006, I-00483.

804 EuGH-Urteil vom 21.02.2006 – C-255/02 – *Halifax*, Slg. 2006, I-01609, Rn. 74 ff.

805 EuGH-Urteil vom 21.02.2006 – C-255/02 – *Halifax*, Slg. 2006, I-01609, Rn. 75.

806 EuGH-Urteil vom 07.12.2010 – Rs. C-285/09 – *R*, DB 2010, 2774 , Rn. 52.

807 EuGH-Schlussanträge vom 29.06.2010 – Rs. C-285/09 – *R*, BeckEuRS 2010, 518409, Rn. 66-75.

808 EuGH-Urteil vom 27.09.2007 – Rs. C-146/05 – *Albert Collée*, UR 2007, 813, Rn. 34.

809 *Hölzle*, DStR 2011, 602 (604-605).

810 *Hölzle*, DStR 2011, 602 (604); EuGH-Urteil vom 19.09.2000 – Rs. C-454/98, UR 2000, 470, Rn. 60-61.

(3) Grundsatz der Verhältnismäßigkeit

Der Generalanwalt *Cruz Villalon* hält die Verweigerung des Vorsteuerabzuges für unverhältnismäßig, da verwaltungsrechtliche und strafrechtliche Sanktionen ausreichend sind[811]. Der EuGH hingegen betont, dass es keineswegs unverhältnismäßig ist, die Mehrwertsteuer auf eine innergemeinschaftliche Lieferung im Nachhinein zu erheben, wenn sich herausstellt, dass sich der Steuerpflichtige vorsätzlich an einer Hinterziehung der Steuer beteiligt hat[812]. Zumal sich der Steuerpflichtige in diesem Fall auf den Grundsatz der Verhältnismäßigkeit sowieso nicht berufen könne[813].

(4) Vertrauensschutzgrundsatz

Der Steuerpflichtige, der sich an einer Steuerhinterziehung und damit an der Gefährdung des Funktionierens des gemeinsamen Mehrwertsteuersystems beteiligt, so der EuGH, könne sich nicht auf den Grundsatz des Vertrauensschutzes berufen[814]. Das ist logisch, denn Vertrauensschutz setzt Gutgläubigkeit voraus. Im Falle der Beteiligung an der Steuerhinterziehung ist der Steuerpflichtige jedoch in den meisten Fällen bösgläubig.

f) Vertrauensschutz bei rückwirkender Löschung der UStIdNr. des Erwerbers: EuGH-Urteil vom 06.09.2012 – *Mecsek-Gabona Kft*

aa) Sachverhalt und Vorlagefrage

Mecesek-Gabona ist die Steuerbefreiung für eine innergemeinschaftliche Getreidelieferung mit der Begründung versagt worden, sie hätte sich darüber informieren müssen, ob die Ware am Zielort angekommen ist[815]. Zudem sei sie nicht gutgläubig gewesen, da die UStIdNr. des Empfängers rückwirkend gelöscht worden ist[816]. Die Mecesek-Gabona hingegen habe sich vergewissert, dass die UStIdNr. gültig ist und ihr sei nicht bekannt gewesen, dass eine rückwirkende Löschung erfolgte[817].

---

811 EuGH-Schlussanträge vom 29.06.2010 – Rs. C-285/09 – *R*, BeckEuRS 2010, 518409, Rn. 104-106.

812 EuGH-Urteil vom 07.12.2010 – Rs. C-285/09 – *R*, DB 2010, 2774 , Rn. 53.

813 EuGH-Urteil vom 07.12.2010 – Rs. C-285/09 – *R*, DB 2010, 2774 , Rn. 54.

814 EuGH-Urteil vom 07.12.2010 – Rs. C-285/09 – *R*, DB 2010, 2774 , Rn. 54: *Bürger/Paul*, BB 2011, 540 (543); *Bülte*, DB 2010, 442 (443).

815 EuGH-Urteil vom 06.09.2012 – Rs. C-273/11 – *Mecsek-Gabona Kft*, DStR 2012, 1917, Rn. 23.

816 EuGH-Urteil vom 06.09.2012 – Rs. C-273/11 – *Mecsek-Gabona Kft*, DStR 2012, 1917, Rn. 26.

817 EuGH-Urteil vom 06.09.2012 – Rs. C-273/11 – *Mecsek-Gabona Kft*, DStR 2012, 1917, Rn. 24.

Der Baranya Megyei Bíróság möchte vom EuGH u.a. wissen, ob sich der Steuerpflichtige vergewissern muss, dass die veräußerten Gegenstände die Grenze überschritten haben und die Beförderung innerhalb des Gemeinschaftsgebiets erfolgt[818]. Außerdem sei fraglich, ob es für die Versagung der Mehrwertsteuerbefreiung ausreicht, dass die UStIdNr. des Erwerbers mit Rückwirkung auf einen Zeitpunkt vor der Lieferung erloschen ist[819].

bb) Rechtliche Beurteilung durch den EuGH

Hat der Steuerpflichtige die Nachweispflichten nicht erfüllt oder hätte er wissen müssen, dass er sich an einer Steuerhinterziehung beteiligt und hat er nicht alle ihm zumutbaren Maßnahmen unternommen, um das zu verhindern, so könne ihm nach Ansicht des EuGH die Steuerfreiheit versagt werden[820]. Die rückwirkende Löschung der UStIdNr. hingegen habe keine Auswirkung auf die Steuerbefreiung[821].

cc) Bedeutung des Urteils für den Vertrauensschutz

(1) Grundsatz der Rechtssicherheit

Die Voraussetzungen der Steuerbefreiung sind durch dic Mitgliedstaaten nach den für ähnliche Geschäfte üblichen Standards im nationalen Recht zu normieren. Insbesondere müsse der Steuerpflichtige nachweisen, dass die Ware den Mitgliedsstaat physisch verlassen hat[822]. Eine einfache und korrekte Anwendung der Befreiungsvorschriften sei jedoch dann nicht gewährleistet, wenn es in einer Situation keine stichhaltigen Beweise gibt und von dem Steuerpflichtigen diese jedoch verlangt würden[823]. Dies führe zur Unsicherheit darüber, ob eine Steuerbefreiung gewährt wird oder ob der Steuerpflichtige bei der Kalkulation des Preises

818 EuGH-Urteil vom 06.09.2012 – Rs. C-273/11 – *Mecsek-Gabona Kft*, DStR 2012, 1917, Rn. 27, Vorlagefrage 2.

819 EuGH-Urteil vom 06.09.2012 – Rs. C-273/11 – *Mecsek-Gabona Kft*, DStR 2012, 1917, Rn. 27, Vorlagefrage 3.

820 EuGH-Urteil vom 06.09.2012 – Rs. C-273/11 – *Mecsek-Gabona Kft*, DStR 2012, 1917, Rn. 66, Tenor 1.

821 EuGH-Urteil vom 06.09.2012 – Rs. C-273/11 – *Mecsek-Gabona Kft*, DStR 2012, 1917, Rn. 66, Tenor 2.

822 EuGH-Urteil vom 06.09.2012 – Rs. C-273/11 – *Mecsek-Gabona Kft*, DStR 2012, 1917, Rn. 40.

823 EuGH-Urteil vom 06.09.2012 – Rs. C-273/11 – *Mecsek-Gabona Kft*, DStR 2012, 1917, Rn. 41.

die Mehrwertsteuer beachten muss[824]. Dem Steuerpflichtigen müsse jedoch vor Erbringung des Umsatzes bekannt sein, welche Pflichten er zu erfüllen hat[825].

(2) Anforderungen an die Gutgläubigkeit

Auch in diesem Urteil wiederholt der EuGH die Grundsätze zum Schutz des guten Glaubens aus den Urteilen *Teleos* und *Mahagében und Dávid*[826]. Gutgläubigkeit liege demnach dann vor, wenn der Unternehmer weder wusste noch hätte wissen können, dass er sich mit seinem Umsatz an einer Steuerhinterziehung beteiligt[827]. Außerdem müsse der Steuerpflichtige alle Maßnahmen ergriffen haben, „[…] die vernünftigerweise von ihm verlangt werden können, um sicherzustellen, dass der von ihm getätigte Umsatz nicht zu seiner Beteiligung an einer Steuerhinterziehung führt“[828]. Dem Steuerpflichtigen ist daher Vertrauensschutz zu gewähren, wenn die Behörde nicht nachweisen kann, dass er bösgläubig war.

(3) Voraussetzungen der Steuerbefreiung und Grundsatz der Verhältnismäßigkeit

Über eine UStIdNr. zu verfügen sei keine Voraussetzung der Steuerbefreiung, sondern lediglich ein formelles Erfordernis, das nicht zum Ausschluss der Steuerbefreiung führen könne, wenn alle materiellen Voraussetzungen vorliegen[829]. Die Steuerbefreiung dürfe grundsätzlich nicht von der Einhaltung formeller Erfordernisse abhängig gemacht werden[830]. Das würde über das hinausgehen, was erforderlich ist, um die Steuererhebung sicherzustellen[831]. Außerdem verstöße es auch gegen den Grundsatz der Verhältnismäßigkeit, den Steuerpflichtigen bei nachträglicher Löschung der UStIdNr. zur Mehrwertsteuer heranzuziehen[832].

---

824 EuGH-Urteil vom 06.09.2012 – Rs. C-273/11 – *Mecsek-Gabona Kft*, DStR 2012, 1917, Rn. 41.
825 EuGH-Urteil vom 06.09.2012 – Rs. C-273/11 – *Mecsek-Gabona Kft*, DStR 2012, 1917, Rn. 39.
826 EuGH-Urteil vom 06.09.2012 – Rs. C-273/11 – *Mecsek-Gabona Kft*, DStR 2012, 1917, Rn. 48 ff.
827 EuGH-Urteil vom 06.09.2012 – Rs. C-273/11 – *Mecsek-Gabona Kft*, DStR 2012, 1917, Rn. 51.
828 EuGH-Urteil vom 06.09.2012 – Rs. C-273/11 – *Mecsek-Gabona Kft*, DStR 2012, 1917, Rn. 48.
829 EuGH-Urteil vom 06.09.2012 – Rs. C-273/11 – *Mecsek-Gabona Kft*, DStR 2012, 1917, Rn. 59, 60.
830 EuGH-Urteil vom 06.09.2012 – Rs. C-273/11 – *Mecsek-Gabona Kft*, DStR 2012, 1917, Rn. 61.
831 EuGH-Urteil vom 06.09.2012 – Rs. C-273/11 – *Mecsek-Gabona Kft*, DStR 2012, 1917, Rn. 61.
832 EuGH-Urteil vom 06.09.2012 – Rs. C-273/11 – *Mecsek-Gabona Kft*, DStR 2012, 1917, Rn. 64.

3. Auswirkung der Rechtsprechung des EuGH auf den Vertrauensschutz bei der Ausfuhr: EuGH-Entscheidung vom 21.02.2008 – *Netto-Supermarkt*

a) Sachverhalt und Vorlagefrage

Richtungsweisend für die Frage des Vertrauensschutzes bei der Ausfuhr ist die Entscheidung des EuGH in der Rechtssache *Netto Supermarkt GmbH & Co. OHG*[833].

Die Netto Supermarkt GmbH & Co. OHG (N) erstattete aufgrund der Vorlage von gefälschten Ausfuhrnachweisen ihren Kunden die Umsatzsteuer für im nichtkommerziellen Reiseverkehr erworbene Waren.

Zunächst hatte das zuständige Hauptzollamt auf Anfrage erklärt, dass die Stempel echt seien. Später teilte es jedoch mit, dass es sich um Fälschungen handele.

Die Revision der N wurde damit begründet, dass das Urteil des Finanzgerichtes materielles und Verfahrensrecht verletze. § 6a Abs. 4 UStG hätte auch in diesem Fall analog angewendet werden müssen und zudem seien die Voraussetzungen einer abweichenden Steuerfestsetzung aus Billigkeitsgründen gegeben gewesen[834]. Fraglich ist daher, ob der Vertrauensschutz bezüglich der Fälschung der Ausfuhrpapiere und -stempel zu gewähren ist.

Mit Beschluss vom 02.03.2006 legte der V. Senat des Bundesfinanzhofes dem EuGH folgende Frage im Rahmen eines Vorabentscheidungsverfahrens vor: „Stehen die unionsrechtlichen Regelungen über die Steuerbefreiung bei Ausfuhren in ein Drittland einer Gewährung der Steuerbefreiung im Billigkeitswege durch den Mitgliedstaat entgegen, wenn zwar die Voraussetzungen der Befreiung nicht vorliegen, der Steuerpflichtige deren Fehlen aber auch bei Beachtung der Sorgfalt eines ordentlichen Kaufmanns nicht erkennen konnte?[835]"

b) Rechtliche Beurteilung des EuGH

In seiner Urteilsbegründung folgt der EuGH den Schlussanträgen des Generalsanwalts Ján Mazák vom 25.10.2007[836] und beantwortet die Vorlagefrage dahingehend, dass Art. 15 Nr. 2 der 6. EG-Richtlinie oder Art. 147 MwStSystRL der Behandlung einer Ausfuhrlieferung als steuerfrei nicht entgegensteht, wenn die Voraussetzungen zwar objektiv nicht vorgelegen haben, der Steuerpflichtige dies infolge

---

833 EuGH-Urteil vom 21.02.2008 – Rs. C-271/06 – *Netto Supermarkt*, UR 2008, 508.

834 EuGH-Urteil vom 21.02.2008 – Rs. C-271/06 – *Netto Supermarkt*, UR 2008, 508, Rn. 13.

835 BFH EuGH-Vorlage vom 02.03.2006, V R 7/03, BFHE 213, 127, Leitsatz.

836 EuGH-Gutachten vom 25.10.2007 – Rs. C-271/06, UVR 2008, 38.

der Fälschung der durch den Empfänger vorgelegten Nachweise aber auch bei Beachtung der Sorgfalt eines ordentlichen Kaufmanns nicht erkennen konnte[837].

c) Bedeutung des Urteils für den Vertrauensschutz

aa) Grundsatz der Verhältnismäßigkeit

Der EuGH verweist in seiner Entscheidung auf die allgemeinen Rechtsgrundsätze der Verhältnismäßigkeit, der Rechtssicherheit und des Vertrauensschutzes, die bei der Ausübung der durch Unionsrecht übertragenen Befugnisse beachtet werden müssen[838]. Die Rechtsgrundsätze der Rechtssicherheit und Verhältnismäßigkeit zieht der EuGH schon in der Entscheidung *Teleos* hinzu[839].

Das Ziel, die Steuerhinterziehung zu vermeiden, rechtfertige zwar grundsätzlich hohe Anforderungen an den Steuerpflichtigen, die Risikoverteilung müsse trotzdem verhältnismäßig sein[840]. Die Risikoverteilung zwischen dem Steuerpflichtigen und dem Finanzamt müsse mit dem Grundsatz der Verhältnismäßigkeit vereinbar sein[841]. Es sei „offenkundig unverhältnismäßig", einem Steuerpflichtigen anzulasten, dass durch Betrug eines Dritten dem Staat die Steuereinnahmen entgehen, obwohl der Steuerpflichtige nur als „Steuereinnehmer für Rechnung des Staates und im Interesse der Staatskasse" tätig wird[842]. Auch der Generalanwalt führt in seinem Schlussantrag aus, dass der Steuerpflichtige nicht dafür zur Rechenschaft gezogen werden kann, dass wegen betrügerischer Machenschaften Dritter dem Staat Steuereinnahmen verloren gehen[843]. Nicht gegen das Unionsrecht verstoße es jedoch, dem Steuerpflichtigen aufzuerlegen, alle Maßnahmen zu ergreifen, die vernünftigerweise von ihm verlangt werden können, um sicherzustellen, dass der von ihm getätigte Umsatz nicht zu seiner Beteiligung an einer Umsatzsteuerhinterziehung führt[844].

---

837 EuGH-Urteil vom 21.02.2008 – Rs. C-271/06 – *Netto Supermarkt*, UR 2008, 508, Rn. 29.

838 EuGH-Urteil vom 21.02.2008 – Rs. C-271/06 – *Netto Supermarkt*, UR 2008, 508, Rn. 18.

839 EuGH-Urteil vom 27.09.2007 – Rs. C-409/04 – *Teleos*, UR 2007, 774, Rn. 45.

840 EuGH-Urteil vom 21.02.2008 – Rs. C-271/06 – *Netto Supermarkt*, UR 2008, 508, Rn. 22; mit Anmerkung *Grube*, jurisPR-SteuerR 2009, Anm. 6; eine angemessene Risikoverteilung proklamiert der EuGH schon in EuGH-Urteil vom 27.09.2007 – Rs. C-409/04 – *Teleos*, UR 2007, 774, Rn. 52.

841 EuGH-Urteil vom 21.02.2008 – Rs. C-271/06 – *Netto Supermarkt*, UR 2008, 508, Rn. 22.

842 EuGH-Urteil vom 21.02.2008 – Rs. C-271/06 – *Netto Supermarkt*, UR 2008, 508, Rn. 23; mit Anmerkung *Grube*, jurisPR-SteuerR 2009, Anm. 6; *Langer/Zugmaier*, DStR 2008, 450 (453).

843 EuGH-Schlussanträge vom 25.10.2007 – Rs. C-271/06 – *Netto Supermarkt*, Slg. 2008, I-00771, Rn. 45.

844 EuGH-Urteil vom 21.02.2008 – Rs. C-271/06 – *Netto Supermarkt*, UR 2008, 508, Rn. 24; mit Anmerkung *Grube*, juris-PR-SteuerR 2009, Anm. 6.

bb) Grundsatz der Rechtssicherheit

Daneben widerspreche es, nach Ansicht des EuGH, dem Grundsatz der Rechtssicherheit, wenn vorgelegte Unterlagen für den Nachweis der Steuerfreiheit zunächst akzeptiert wurden, der Steuerpflichtige aber später zur Zahlung veranlasst wird, wenn sich herausstellt, dass die Belege gefälscht wurden[845].

Hat der Steuerpflichtige die Sorgfalt eines ordentlichen Kaufmanns angewandt, so müsse er auf die Rechtmäßigkeit seines Umsatzes vertrauen können, auch wenn sich im Nachhinein herausstellt, dass die Belege gefälscht waren[846].

cc) Voraussetzung für die Gewährung des Vertrauensschutzes

Voraussetzungen für die Gewährung von Vertrauensschutz sind nach dem Urteil, dass der Lieferer gutgläubig war und dass er alle gebotenen Maßnahmen ergriffen hat, um die Beteiligung an einem Betrug auszuschließen[847]. Konnte er also trotz Anwendung der Sorgfalt eines ordentlichen Kaufmanns nicht erkennen, dass die vorgelegten Nachweise gefälscht waren, so sei sein Vertrauen auf die Richtigkeit zu schützen[848]. Der Vertrauensschutz wird so zum „allgemeinverbindlichen Rechtsgedanken im Umsatzsteuerrecht“[849]. Weiterhin unklar bleibt allerdings die Frage, ob der Vertrauensschutz im Billigkeits- oder Festsetzungsverfahren zu gewähren ist[850] und welcher Maßstab an die Sorgfalt des ordentlichen Kaufmanns anzulegen ist[851]. Der EuGH folgt nicht automatisch der deutschen Auslegung nach § 347 HGB[852].

---

845 EuGH-Urteil vom 21.02.2008 – Rs. C-271/06 – *Netto Supermarkt*, UR 2008, 508, Rn. 21; *Tetzlaff/Schallock*, UStB 2008, 180 (184).

846 EuGH-Urteil vom 21.02.2008 – Rs. C-271/06 – *Netto Supermarkt*, UR 2008, 508, Rn. 27.

847 EuGH-Urteil vom 21.02.2008 – Rs. C-271/06 – *Netto Supermarkt*, UR 2008, 508, Rn. 25; *Möller*, AW-PRax 2008, 213 (214).

848 EuGH-Urteil vom 21.02.2008 – Rs. C-271/06 – *Netto Supermarkt*, UR 2008, 508, Rn. 27.

849 *Nieskens*, EU-UStB 2008, 57 (57).

850 Siehe hierzu ausführliche Erläuterungen unter Abschnitt F. III.

851 Siehe hierzu ausführliche Erläuterungen unter Abschnitt G. II. 3. b); *Nettkämper/Scholz*, EU-UStB 2008, 72 (74).

852 *Lohse*, BB 2008, 822 (823).

II. Nationale Rechtsprechung

1. Nationale Rechtsprechung zu den Karussellgeschäften

a) Reaktion des BFH auf *Optigen* und *Kittel und Recolta Recycling:* Abstellen auf das Wissen oder „Wissenmüssen“

In der älteren Rechtsprechung des BFH hielt dieser es für zweifelhalft, ob die Waren innerhalb eines Karussells der Umsatzbesteuerung unterliegen[853]. Da beim EuGH das Verfahren *Optigen* zu dieser Zeit gerade anhängig war, gab der BFH dem Antrag auf Aussetzung der Vollziehung gegen Sicherheitsleistungen jedoch statt[854].

Im Anschluss an die EuGH-Rechtsprechung folgt auch der BFH mit seinem Beschluss vom 19.04.2007 dessen Auffassung[855].

Eine GmbH, die Handel mit Mobiltelefonen betreibt, machte in der Umsatzsteuervoranmeldung Vorsteuerbeträge aus der Anschaffung von Mobiltelefonen geltend. Nach einer bundesweit abgestimmten Steuerfahndungsprüfung ging das Finanzamt davon aus, dass die GmbH Beteiligte an einem Umsatzsteuerkarussell sei. Dafür spräche, dass keine Rabatte oder Skonti gewährt, die Gerätenummern nicht aufgezeichnet worden wären, keine Reklamationen angefallen seien und Vorlieferanten zum Teil Ware unter dem Einkaufspreis erhalten hätten.

Zudem sei die Ware hauptsächlich von Unternehmen bezogen worden, die Missing Trader oder Buffer in einer Lieferkette gewesen seien.

Das FG wies die Klage ab, da erhebliche Anhaltspunkte für die Einbeziehung in ein Umsatzsteuerkarussell bestünden[856]. Der BFH erachtete die Revision als begründet und wies die Sache an das Finanzgericht zurück[857]. Es komme bei der Klärung des Sachverhaltes darauf an, ob der „Unternehmer alle Maßnahmen getroffen hat, die vernünftigerweise von ihm verlangt werden können, um sicherzustellen, dass seine Umsätze nicht in einen Betrug – sei es einen Mehrwertsteuerbetrug oder einen sonstigen Betrug – einbezogen sind.“ [858] Eine Lieferung an einen Unternehmer, der nicht wusste oder nicht hätte wissen können, dass sein Umsatz in einen Betrug einbezogen ist, schließe den Vorsteuerabzug nicht aus[859]. Die Feststellunglast für die Erfüllung der Anspruchsvoraussetzungen trage der

853 BFH-Beschluss vom 29.11.2004 – V B 78/04, BStBl. II 2005, 535, Leitsatz.
854 BFH-Beschluss vom 29.11.2004 – V B 78/04, BStBl. II 2005, 535, Rn. II. 1. a).
855 BFH-Beschluss vom 19.04.2007 – V R 48/04, BStBl. II 2009, 315.
856 BFH-Beschluss vom 19.04.2007 – V R 48/04, BStBl. II 2009, 315, Rn. I.
857 BFH-Beschluss vom 19.04.2007 – V R 48/04, BStBl. II 2009, 315, Rn. II.
858 BFH-Beschluss vom 19.04.2007 – V R 48/04, BStBl. II 2009, 315, Leitsatz 2, Rn. II. C. 2. a).
859 BFH-Beschluss vom 19.04.2007 – V R 48/04, BStBl. II 2009, 315, Leitsatz 3, Rn. II. C. 2. a).

Unternehmer. Die Würdigung obliege dem FG[860]. In dieser Argumentation folgt der BFH den Grundsätzen aus dem Urteilen *Optigen*, sowie *Kittel und Recolta Recycling* und befürwortet ausdrücklich einen Vertrauensschutz.

Die Entscheidung zeigt deutlich, wie schwierig es ist, nachzuweisen, dass der Unternehmer wusste oder hätte wissen müssen, dass er sich an einem Umsatzsteuerbetrug beteiligt. In der Entscheidung sprach viel dafür und trotzdem hat der BFH die Sache an das Finanzamt zurückverwiesen[861]. Welche Maßnahmen der Unternehmer zu treffen hat, hängt vom Einzelfall ab und ist daher schwierig zu beurteilen[862].

b) Ausdehnung der Wissenszurechnung auf den gesetzlichen Vertreter

In einer jüngeren Entscheidung vom 19.05.2010[863] betont der BFH, dass es bei einer GmbH hinsichtlich der Kenntnis oder des Kennenmüssens der objektiven Umstände nicht nur auf das Wissen des Geschäftsführers als gesetzlichem Vertreter gemäß § 35 GmbHG ankomme, sondern auch auf die Angestellten, wenn sie die Kenntnis im Rahmen ihrer Zuständigkeit erlangt haben. Zur Begründung zieht der BGH § 166 BGB als Zurechnungsnorm analog heran.

c) Ältere Rechtsprechung der Finanzgerichte

Die ältere Rechtsprechung der Finanzgerichte ist uneinheitlich. Das Finanzgericht Saarland ging in seiner Entscheidung vom 13.05.2003 noch davon aus, dass ein Vorsteuerabzug in einem Umsatzsteuerkarussell auch dann zu versagen ist, wenn der Rechnungsempfänger gutgläubig ist[864]. Im Gegensatz dazu ist das Finanzgericht Baden-Württemberg der Auffassung gewesen, dass in einem Umsatzsteuerkarussell zumindest dem Buffer II der Vorsteuerabzug zu gewähren ist[865]. Positiv hervorzuheben ist eine Entscheidung des Hessischen Finanzgerichtes, in der nicht auf den Hinweis der ausländischen Steuerverwaltung abgestellt wird, es handele sich um einen Missing Trader sondern ein Nachweis der entscheidenden Finanzbehörde verlangt wird[866]. Auch das Niedersächsische Finanzgericht geht schon 2004

860 BFH-Beschluss vom 19.04.2007 – V R 48/04, BStBl. II 2009, 315, Leitsatz 4, Rn. II. C. 2. b), 3. a).

861 So auch *Walkenhorst*, UStB 2007, 276 (277).

862 *Küffner/Zugmaier*, UVR 2008, 30 (32).

863 BFH-Urteil vom 19.05.2010 – XI R 78/07, BFH/NV 2010 , 2132, Leitsatz 2.

864 FG Saarland Urteil vom 13.05.2003 – 1 V 22/03, EFG 2003, 1049, Rn. II. 3, *Vellen*, UStB 2003, 293.

865 FG Baden-Württemberg Urteil vom 17.05.2004 – 12 V 10/04, EFG 2004, 140, mit Anm. *Wegner*, PStR 2004, 243; *Hersel*, UStB 2004, 404.

866 FG Hessen, Urteil vom 05.01.2001 – 6 V 4543/00 – EFG 2003, 890.

davon aus, dass der Anwendungsbereich des § 6a Abs. 4 UStG eröffnet ist, wenn der Lieferer eine positive Bestätigungsabfrage gemäß § 18e UStG eingeholt hat[867].

d) Abstellen auf das Wissen oder „Wissenmüssen“ in der neueren Rechtsprechung der Finanzgerichte

Später stellt das Finanzgericht Baden Württemberg unter Bezugnahme auf die EuGH-Entscheidungen auf das Wissen oder „Wissenmüssen“ des Unternehmers ab[868]. In der Rechtsprechung der anderen Finanzgerichte schlägt sich die Rechtsprechung des EuGH ebenfalls nieder[869].

Auch das Finanzgericht München betont in dem Urteil vom 08.02.2007[870] unter Bezugnahme auf den EuGH, dass die Steuerfreiheit eines Umsatzes nicht lediglich aufgrund der Tatsache versagt werden darf, dass innerhalb eines Umsatzsteuerkarussells gehandelt wurde und erteilt dem Versuch, die Anforderungen für den Vorsteuerabzug heraufzusetzen, eine Absage[871].

Dass es letztlich darauf ankommt, dass der Unternehmer alle Maßnahmen getroffen hat, die vernünftigerweise verlangt werden können, um sicherzustellen, dass er nicht an einem Betrug beteiligt ist, stellen das Finanzgericht Sachsen-Anhalt mit Urteil vom 14.07.2008[872] und das Sächsische Finanzgericht mit Urteil vom 01.12.2008[873] klar. Hinweise auf fehlende Gutgläubigkeit könne man in der rechtlichen, wirtschaftlichen und personellen Verbindung zwischen den Akteuren sehen. Je näher die Verbindung sei, desto wahrscheinlicher sei auch die Beteiligung an der Hinterziehung.

Die durch den EuGH geforderten Sorgfaltspflichten gelten nach Auffassung des FG Berlin Brandenburg auch dann, wenn nicht der Eingangsumsatz, sondern ein Vorumsatz hinterzogen wird, der für den Tatplan jedoch wesentliche Bedeutung hat[874].

---

867 FG Niedersachsen, Urteil vom 17.08.2004 – 5 V 84/04, EFG 2004, 1876.

868 FG Baden-Württemberg Urteil vom 01.10.2007 – 12 K 160/04 , EFG 2008, 574, Rn. 36, *Weigel*, UStB 2008, 191.

869 FG München Urteil vom 08.02.2007 – 14 K 1898/04, EFG 2007, 881, *Weigel*, UStB 2007, 217; FG des Landes Sachsen-Anhalt Urteil vom 14.07.2008 – 1 K 345/03, BeckRS 2008, 26025962; FG Sachsen Urteil vom 01.12.2008 – 3 K 1308/01, BeckRS 2008, 26028681; FG Sachsen Urteil vom 15.10.2008 – 8 K 2162/06, EFG 2010, 1079, *Wohlfart*, UStB 2010, 237; FG Nürnberg Urteil vom 10.11.2009 – II 18/2006, online NWB DokID: LAAAD-43653; FG Saarland Urteil vom 30.06.2010 – 1 K 1319/07, EFG 2010, 1740, Anm. *Wegner*, PStR 2010, 294; FG Berlin-Brandenburg Urteil vom 24.11.2010 – 7 K 2356/06 – StE 2011, 134.

870 FG München Urteil vom 08.02.2007 – 14 K 1898/04, EFG 2007, 881, Rn. II. 1. c).

871 FG München Urteil vom 08.02.2007 – 14 K 1898/04, EFG 2007, 881, Rn. II. 1. b) bb).

872 FG des Landes Sachsen-Anhalt Urteil vom 14.07.2008 – 1 K 345/03, BeckRS 2008, 26025962.

873 FG Sachsen Urteil vom 01.12.2008 – 3 K 1308/01, BeckRS 2008, 26028681, Rn. 2.

874 FG Berlin-Brandenburg Urteil vom 24.11.2010 – 7 K 2356/06 – StE 2011, 134, Leitsatz 3.

e) Einheitliche Rechtsprechung auf nationaler Ebene

Nach Erlass der EuGH-Urteile *Optigen* und *Kittel und Recolta Recycling* ist eine einheitliche Rechtsprechung auf nationaler Ebene festzustellen, wonach die Möglichkeit des Vorsteuerabzuges von der Gutgläubigkeit des Leistungsempfängers abhängig gemacht wird. Nichtwissen oder „Nichtwissenkönnen" setzt voraus, dass der Unternehmer alle Maßnahmen getroffen hat, die vernünftigerweise vorausgesetzt werden können, erforderlich und zumutbar sind, um sicherzustellen, dass sein Umsatz nicht in einen Betrug einbezogen ist[875]. Es reicht folglich bereits eine fahrlässige Unkenntnis aus.

2. Nationale Rechtsprechung zu den innergemeinschaftlichen Lieferungen

a) Umsetzung der EuGH-Rechtsprechung durch den BFH

aa) Grundsatz der Verhältnismäßigkeit und Rechtssicherheit

Mit Verweis auf das Urteil in der Rechtssache *Teleos* legt der BFH in seinen Entscheidungen vom 08.11.2007 und 12.05.2011[876] dar, dass soweit der Steuerpflichtige alle zumutbaren, ihm zur Verfügung stehenden Maßnahmen ergriffen hat, um sicherzustellen, dass seine Lieferung nicht zu einer Beteiligung an einer Mehrwertsteuerhinterziehung führt, die Steuerfreiheit auch dann zu gewähren ist, wenn sich Beweise, die dem ersten Anschein nach das Recht auf Steuerbefreiung belegen, später als falsch herausstellen. Der BFH erwähnt zwar nicht die Grundsätze der Verhältnismäßigkeit und der Rechtssicherheit, bezieht sich aber auf die Rechtsprechung des EuGH, der seinen Betrachtungen diese Grundsätze zugrunde legt.

bb) freier Warenverkehr

Auch der BFH betont, dass es beim grenzüberschreitenden Warenverkehr nicht zu Förmlichkeiten kommen soll, auch wenn die genaue Erhebung der Steuer und die Verhütung vor Steuerhinterziehung grundsätzlich anerkannte Ziele sind[877].

---

875 Umsetzung des EuGH-Urteil vom 06.07.2006 – Rs. C-439/04 – *Kittel und Recolta Recycling*, Slg. 2006, I- 06161, EuGH-Urteil vom 12.01.2006 – Rs. C-354/03 – *Optigen*, Slg. 2006, I-00483.

876 BFH-Urteil vom 08.11.2007 – V R 71/05, BFHE 219, 417, Rn. II. 2. a); BFH-Urteil vom 12.05.2011 – V R 46/10, BFHE 234, 436, Rn. II. 4. a).

877 BFH-Urteil vom 12.05.2011 – V R 46/10, BFHE 234, 436, Rn. II. 3. b) aa).

cc) Europarechtskonforme Umsetzung des Vertrauensschutzes durch § 6a Abs. 4 UStG

Für die Regelung des Vertrauensschutzes in § 6a Abs. 4 UStG bestehe keine Grundlage in der MwStSystRL, sie entspreche jedoch der Rechtsprechung des EuGH[878]. Nach § 6a Abs. 4 S. 1 UStG ist die innergemeinschaftliche Lieferung auch dann als steuerfrei anzusehen, wenn die Unrichtigkeit auf Angaben des Abnehmers beruht und der Unternehmer die Unrichtigkeit bei Beachtung der Sorgfalt eines ordentlichen Kaufmanns nicht erkennen konnte[879]. Die Umsetzung des Vertrauensschutzes bei der innergemeinschaftlichen Lieferung ist m.E. durch § 6a Abs. 4 UStG europarechtskonform erfolgt. Allerdings ist unklar, warum eine Normierung lediglich für die innergemeinschaftliche Lieferung erfolgt ist, obwohl der Vertrauensschutz in anderen Konstellationen laut EuGH-Rechtsprechung auf den gleichen Grundsätzen beruht.

dd) Kein Vertrauensschutz bei Beteiligung an einer Steuerhinterziehung

Der BFH folgt dem EuGH auch in der Ansicht, dass es der Gewährung von Vertrauensschutz nicht entgegenstehe, wenn der Lieferer unter Anwendung der Sorgfalt eines ordentlichen Kaufmanns davon ausgehen durfte, dass der Vertragspartner der „wirkliche“ Abnehmer ist und das Vorliegen eines Reihengeschäftes insoweit nicht erkennbar war[880]. Der BFH bestätigt jedoch, dass es bei einer Verschleierung der Identität des Abnehmers zum Zwecke der Ermöglichung der Mehrwertsteuerhinterziehung zu einer Versagung der Steuerfreiheit kommt[881]. Beteiligt sich der Unternehmer jedoch wissentlich an einem „strukturierten Verkaufsablauf“, der der Mehrwertsteuerhinterziehung dient, so sei die Steuerbefreiung zu versagen[882]. Auch bei einer vorsätzlichen Täuschung über die Identität, welche der Hinterziehung der Erwerbsbesteuerung im Inland dient, sei die Steuerfreiheit zu versagen[883].

---

878 BFH-Urteil vom 12.05.2011 – V R 46/10, BFHE 234, 436, Rn. II. 4. a).

879 Siehe hierzu auch BFH-Urteil vom 15.07.2004 – V R 1/04, BFH/NV 2005, 81, Rn. II. 3. b); BFH-Urteil vom 12.05.2011 – V R 65/06, BFHE 225, 264, Rn. II. 2. b) aa).

880 BFH-Urteil vom 17.02.2011 – V R 28/10, BFHE 233, 331, Rn. II. 3. c).

881 BFH-Urteil vom 17.02.2011 – V R 28/10, BFHE 233, 331, Rn. II. 3. c); BFH-Urteil vom 09.03.2012 – V S 21/11, BFH/NV 2012, 1191, II 2. a) aa) mit Verweis auf EuGH-Urteil vom 07.12.2010 – Rs. C-285/09 – *R*, DB 2010, 2774.

882 BFH-Urteil vom 11.08.2011 – V R 19/10, DB 2011, 2471, Leitsatz im Urteil wird verwiesen auf EuGH-Urteil vom 07.12.2010 – Rs. C-285/09 – *R*, DB 2010, 2774.

883 BFH-Urteil vom 11.08.2011 – V R 50/09, DB 2011, 2417, Leitsatz mit Verweis auf EuGH-Urteil vom 07.12.2010 – Rs. C-285/09 – *R*, DB 2010, 2774.

b) Rechtsprechung der nationalen Finanzgerichte

aa) Anforderungen an die Gutgläubigkeit

In der Rechtsprechung der nationalen Finanzgerichte wird deutlich, ab wann diese die Sorgfaltspflichten eines ordentlichen Kaufmanns als nicht erfüllt ansehen und somit nicht von einer Gutgläubigkeit ausgegangen werden kann.

Der anzulegende Maßstab richte sich nach der „individuellen Besonderheit der jeweiligen Geschäftsbeziehung“[884]. Es könnten keine höheren Anforderungen aufgrund eines Pauschalverdachts für bestimmte Branchen gestellt werden[885].

§ 6a Abs. 4 UStG greife in jedem Fall dann nicht, wenn bei einer unklaren und widersprüchlichen Sachlage der Steuerpflichtige diese aus Unachtsamkeit nicht erkennt oder weitere Nachforschungen unterlässt[886].

In jedem Fall müsse sich der Unternehmer von der Richtigkeit der in der Rechnung angegebenen Geschäftsdaten überzeugen[887].Wurden falsche Angaben über den Abnehmer gemacht und konnte daher auch kein Belegnachweis vorgelegt werden, so sei dies ein Verstoß gegen die Sorgfaltspflichten[888]. Ein Handels- oder Gesellschaftsregisterauszug sei dafür jedoch ausreichend und es gehe über die Sorgfaltspflichten hinaus, von dem Steuerpflichtigen zu verlangen, die Existenz des Vertragspartners zu überprüfen[889]. Selbst bei einem Barverkauf könne es nicht Aufgabe des Unternehmers sein, über die qualifizierte Abfrage der UStIdNr. hinaus weitere Erkundigungen einzuholen[890].

Detaillierte Kenntnisse bezüglich der Gültigkeitsdauer von vorgelegten Personalausweisen seien von einem Gebrauchtwagenhändler nicht zu verlangen[891].

Auch sei maximal eine laienhafte Prüfung von Unterschriften zu verlangen, eine Abweichung müsse daher schon „ins Auge springen“, um Zweifel zu erwecken[892].

Ausschlaggebend für die Frage, ob die Sorgfaltspflichten erfüllt wurden, sei der Zeitpunkt, an welchem der Lieferer als Unternehmer gehandelt habe, also bei

---

884 FG Hessen vom 05.01.2001 – 6 V 4543/00, EFG 2011, 890, Rn. II. 1. c).

885 FG Hessen vom 05.01.2001 – 6 V 4543/00, EFG 2011, 890, Rn. II. 1. c).

886 Finanzgericht Rheinland-Pfalz – 2 K 2835/02, DStRE 2005, 212.

887 FG Hamburg Urteil vom 26.10.2011 – 3 V 85/10, EFG 2011, 182, Rn. I. 2. d)-e).

888 FG München Urteil vom 13.10.2011 – 14 K 2305/08, BeckRS 2012, 94106, Rn. II. 1.

889 FG Düsseldorf Urteil vom 17.06.2011 – 1 K 3069/09 U, StE 2011, 614, Rn. 2. b).

890 FG Köln Urteil vom 27.01.2005 – 10 K 1139/04, EFG 2005, 822, Rn. 2.; FG München Urteil vom 10.06.2008 – 14 K 363/05, BeckRS 2008, 26028362, Rn. II. 2.; FG München Urteil vom 10.02.2009 – 14 V 3396/08, BeckRS 2009, 26028207, Rn. II. 1.; FG München Urteil vom 19.02.2009 – 14 K 4924/06, BeckRS 2009, 26027415, Rn. II. 2.; FG Rheinland-Pfalz Urteil vom 14.10.2010 – 6 K 1643/08, EFG 2011, 670, Rn. 2.5.

891 FG Düsseldorf Urteil vom 17.06.2011 – 1 K 3069/09 U, StE 2011, 614, Rn. 2. a).

892 FG Düsseldorf Urteil vom 17.06.2011 – 1 K 3069/09 U, StE 2011, 614, Rn. 2. a).

der Anbahnung des Geschäftes oder der Abwicklung, nicht aber der Zeitpunkt der nachträglichen Überprüfung[893].

bb) Kein Vertrauensschutz bei Außerachtlassen der erforderlichen Sorgfalt

Auch die Finanzgerichte folgen dem EuGH in der Annahme, dass Vertrauensschutz nur dann in Anspruch genommen werden kann, wenn der Steuerpflichtige alle Maßnahmen ergriffen hat, die ihm zumutbar und vernünftigerweise zu erwarten sind, um sicherzustellen, dass er sich mit seinem Umsatz nicht an einer Steuerhinterziehung beteiligt[894]. Hierzu müsse seitens des Finanzamtes eine Vereinbarung zwischen dem Lieferanten und dem ausländischen Abnehmer, dass ein vermeintlicher Abnehmer angegeben wird, vorliegen[895].

3. Nationale Rechtsprechung zum Vertrauensschutz bei der Ausfuhr

a) BFH-Urteil vom 30.07.2008 Folgeentscheidung zu *Netto-Supermarkt*

aa) Grundsatz der Verhältnismäßigkeit und des Vertrauensschutzes

Mit seiner Entscheidung vom 24.04.1986[896] vertrat der BFH noch die Ansicht, dass es im Umsatzsteuerrecht keinen guten Glauben gibt. In dem Folgeurteil vom 30.07.2008[897] ändert der BFH seine Rechtsprechung, indem er den EuGH bestätigt und aus den im Steuerrecht allgemein geltenden Grundsätzen der Verhältnismäßigkeit und des Vertrauensschutzes herleitet, dass eine Steuerfreiheit auch dann zu gewähren sei, wenn die Fälschung auch bei Anwendung der Sorgfalt eines ordentlichen Kaufmanns nicht ersichtlich ist. Es widerspreche nicht dem Grundsatz der Verhältnismäßigkeit, dass von dem Lieferer verlangt wird, alle Maßnahmen zu ergreifen, die von ihm vernünftigerweise verlangt werden können, um sicherzustellen, dass sein Umsatz nicht zu einer Beteiligung an einer

---

893 FG Hamburg Urteil vom 23.02.2011 – 1 K 256/09, abrufbar unter http://www.juris.de (Zugriffsdatum: 12.09.2012), Rn. I. 3.

894 FG Düsseldorf Urteil vom 17.06.2011 – 1 K 3069/09 U, StE 2011, 614, Rn. 2.

895 FG Münster 02.09.2010 – 5 K 1129/05 U, EFG 2011, 185, Rn. 3.); FG Hessen Urteil vom 14.04.2011 – 6 K 1390/08, BeckRS 2011, 95724, Rn. 1.

896 BFH-Urteil vom 24.04.1986 – V R 110/76, BFH/NV 1987, 475, Rn. 1.

897 BFH-Urteil vom 30.07.2008 – V R 7/03, BStBl. II 2010, 1075, Rn. II. 4. u. 5; zur Nichterfüllung der Sorgfaltspflichten bei mangelhaftem Buch- und Belegnachweis siehe auch FG München Urteil vom 16.07.2009 – 14 K 4020/06, EFG 2009, 1864, Rn. II. 2.

Steuerhinterziehung führt[898]. Wie weit diese Obliegenheiten gehen, sei im Einzelfall zu prüfen[899]. Das wird weder vom EuGH, noch vom BFH näher erläutert[900] und wird noch zu erörtern sein. Aufgrund der Einzelfallabhängigkeit wird ein Maßnahmenkatalog aber sicherlich nicht aufstellbar sein[901]. Dies führt allerdings zu einer Risikoverlagerung zu Lasten des Steuerpflichtigen.

Zur Begründung zieht der BFH die Argumentation des EuGH heran und zitiert aus dem Urteil *Netto Supermarkt*[902].

bb) Grundsatz der Rechtssicherheit

Es verstieße zudem gegen den Grundsatz der Rechtssicherheit, wenn Belege zunächst akzeptiert würden, der Lieferer jedoch später zur Umsatzsteuer herangezogen würde, wenn sich herausstellt, dass die Voraussetzungen für eine Befreiung aufgrund eines Betruges des Empfängers nicht vorlagen[903]. Auch hier folgt der BFH der Argumentation des EuGH.

cc) Keine analoge Anwendung des § 6a Abs. 4 UStG

Eine analoge Anwendung des § 6a Abs. 4 UStG auf die Ausfuhrlieferung verneint der BFH mit der Begründung, es bestünde in diesem Fall die Möglichkeit, durch Ausfuhrbelege nachzuweisen, dass der Gegenstand in das Gebiet des Mitgliedstaates gelangt ist[904].

dd) Vertrauensschutz nur im Erlassverfahren

Allerdings geht der BFH davon aus, dass die Voraussetzungen für die Inanspruchnahme des Vertrauensschutzes im Erlassverfahren zu prüfen sind, wobei eine Ermessensreduzierung auf Null dann gegeben sei, wenn der Steuerpflichtige alle ihm zumutbaren Maßnahmen ergriffen hat[905]. Eine ausdrückliche Normierung des Vertrauensschutzes wurde bei der Ausfuhr nicht vorgenommen, daher sei eine Berücksichtigung im Festsetzungsverfahren nicht möglich[906]. In seinem

---

898 BFH-Urteil vom 30.07.2008 – V R 7/03, BStBl. II 2010, 1075, Rn. II. 4.

899 *Sterzinger*, DStR 2008, 2450 (2454); *Grube*, jurisPR-SteuerR 9/2009, Anm. 6.

900 *Korf*, IStR 2007, 139 (143).

901 *Hiller*, BB 2009, 370 (372).

902 Zitiert wird EuGH-Urteil vom 21.02.2008 – Rs. C-271/06 – *Netto Supermarkt*, UR 2008, 508, Rn. 19-27.

903 BFH-Urteil vom 30.07.2008 – V R 7/03, BStBl. II 2010, 1075, Rn. II. 4.

904 BFH-Urteil vom 30.07.2008 – V R 7/03, BStBl. II 2010, 1075, Rn. II. 3. b).

905 BFH-Urteil vom 30.07.2008 – V R 7/03, BStBl. II 2010, 1075, Rn. II. 5.

906 BFH-Urteil vom 30.07.2008 – V R 7/03, BStBl. II 2010, 1075, Rn. II. 5.

Urteil vom 23.04.2009[907] bestätigt der BFH diese Ansicht. Problematisch ist allerdings, inwiefern der effektiven Durchsetzung des Europarechts durch eine Berücksichtigung lediglich im Billigkeitsverfahren Genüge getan wird.

Der BFH konnte nicht abschließend klären, ob die Netto Supermarkt GmbH & Co. OHG alle ihr zumutbaren Maßnahmen ergriffen hat, um sicherzugehen, dass sie nicht an einer Umsatzsteuerhinterziehung beteiligt ist. Daher wurde die Sache an das Finanzgericht zurückverwiesen[908].

b) FG Nürnberg Urteil vom 10.07.2007 und BFH-Urteile vom 26.03.2009; kein Vertrauensschutz außerhalb des nichtkommerziellen Reiseverkehrs

Die Entscheidung des Finanzgerichtes Nürnberg vom 10.07.2007[909] basiert auf der Klage eine Unternehmerin, der die Steuerfreiheit für die Ausfuhr von Computerteilen versagt wurde, weil sie lediglich Ausfuhrbescheinigungen mit gefälschten Zollstempeln vorlegen konnte. Allerdings war die Fälschung lediglich mit Hilfe von Mikroskopen erkennbar.

Zu klären war deshalb, ob der Ausfuhrnachweis durch Fälschungen erbracht werden kann, wenn diese durch den Lieferer nicht erkennbar waren.

Der BFH hält die Nichtzulassungsbeschwerde für unbegründet und macht in seinem Urteil vom 26.03.2009 deutlich, dass er davon ausgeht, dass der Vertrauensschutz für die Ausfuhr nicht im Festsetzungsverfahren, sondern im Erlassverfahren zu gewähren ist[910]. Eine analoge Anwendung des § 6a Abs. 4 UStG auf die Ausfuhrlieferung käme nicht in Betracht[911]. Der Gesetzgeber habe die Vorschrift ausschließlich auf die innergemeinschaftliche Lieferung beschränkt[912].

Daneben sei die Entscheidung des BFH zur Rechtssache *Netto-Supermarkt* nicht auf den vorliegenden Fall anzuwenden, da es sich nicht um eine Ausfuhrlieferung im nichtkommerziellen Reiseverkehr handele.

Die Ansicht des BFH ist nicht nachvollziehbar. Die Anwendung des Vertrauensschutzes basiert auf allgemeinen Rechtsgrundsätzen. Es spricht daher nichts dagegen, das Urteil auch auf andere Ausfuhrlieferungen anzuwenden, außer denen im nichtkommerziellen Reiseverkehr[913]. Zudem ist dies m.E. aus Gründen der Rechtssicherheit geboten[914].

---

907 BFH-Urteil vom 23.04.2009 – V R 84/07, BStBl. II 2010, 509, Rn. II. 3.

908 BFH-Urteil vom 30.07.2008 – V R 7/03, BStBl. II 2010, 1075, Rn. II.

909 FG Nürnberg Urteil vom 10.07.2007 – II 196/2004, DStR 2008, 232.

910 BFH-Urteil vom 26.03.2009 – V B 179/07, BFH/NV 2009, 1477, Leitsatz 3.

911 BFH-Urteil vom 26.03.2009 – V B 179/07, BFH/NV 2009, 1477, Leitsatz 2.; so auch FG-München Urteil vom 19.05.2010 – 3 K 1180/08, EFG 2010, 1934, Rn. II. 2. c).

912 BFH-Urteil vom 26.03.2009 – V B 179/07, BFH/NV 2009, 1477, Rn. II. 1. b) bb).

913 *Sterzinger*, DStR 2008, 2450 (2452-2454); *Langer/Zugmaier*, DStR 2008, 450 (453); *DG*, DStZ 2009, 178 (178).

914 So auch *Lohse*, BB 2008, 822 (823).

c) BFH-Urteil vom 19.11.2009

Allerdings folgt der BFH in dieser und in einer weiteren Entscheidung vom 19.11.2009 zutreffend dem EuGH in der Rechtsauffassung, dass es den Grundsätzen der Verhältnismäßigkeit und des Vertrauensschutzes widerspricht, wenn dem Steuerpflichtigen die Steuerfreiheit versagt wird, obwohl er auch bei Beachtung der Sorgfalt eines ordentlichen Kaufmanns den Betrug nicht hätte erkennen können[915]. Der Steuerpflichtige befände sich bei der Fälschung der Belege durch den Abnehmer in einer ähnlichen Situation wie bei der innergemeinschaftlichen Lieferung[916]. Wenn er die ihm zumutbaren Maßnahmen ergriffen hat, um die Beteiligung an einer Steuerhinterziehung auszuschließen, so sei ihm Steuerfreiheit zu gewähren[917].

Der BFH hält allerdings auch in dieser Entscheidung daran fest, dass eine Berücksichtigung des Vertrauensschutzes lediglich im Billigkeitsverfahren möglich ist[918].

4. Vertrauensschutz beim Vorsteuerabzug in der nationalen Rechtsprechung

a) Umsetzung der Rechtsprechung des EuGH durch den BFH

aa) Gutglaubensschutz beim Vorsteuerabzug nur im Billigkeitsverfahren

In der jüngeren Rechtsprechung finden sich drei Entscheidungen des BFH, die sich mit der Frage des Vorsteuerabzuges bei fehlender oder falscher Anschrift des Leistenden auseinandersetzten[919]. Alle Urteile ergingen mit weitgehend identischem Inhalt und enthalten die folgenden Grundannahmen des BFH.

915 EuGH-Urteil vom 21.02.2008 – Rs. C-271/06 – *Netto Supermark*, UR 2008, 508, Rn. 21; BFH-Urteil vom 19.11.2009 – V R 8/09, BFH/NV 2010, 1141, Rn. II. 2. c); BFH-Urteil vom 26.03.2009 – V B 179/07, BFH/NV 2009, 1477, Rn. II. 1. a) bb).

916 BFH-Urteil vom 19.11.2009 – V R 8/09, BFH/NV 2010, 1141, Rn. II. 2. c).

917 BFH-Urteil vom 19.11.2009 – V R 8/09, BFH/NV 2010, 1141, Rn. II. 2. c).

918 BFH-Urteil vom 19.11.2009 – V R 8/09, BFH/NV 2010, 1141, Rn. II. 3.

919 BFH-Urteil vom 08.10.2008 – V R 63/07, BFH/NV 2009, 1473, BFH-Urteil vom 30.04.2009 – V R 15/07, BStBl. II 2009, 744; BFH-Urteil vom 08.07.2009 – XI R 51/07, BFH/NV 2010, 256.

Der BFH geht davon aus, dass § 15 UStG den Schutz des guten Glaubens an die Erfüllung der Vorsteuerabzugsvoraussetzungen nicht vorsieht[920]. Dies entspricht der ständigen Rechtsprechung des BFH[921].

Zudem sei im Einzelfall eine Berücksichtigung des Vertrauensschutzes lediglich im Billigkeitsverfahren gemäß §§ 163, 227 AO zu gewähren[922], wenn der Unternehmer gutgläubig war und alle Maßnahmen, die vernünftigerweise von ihm verlangt werden können, ergriffen hat, um zu verhindern, dass er mit seinem Umsatz an einem Betrug beteiligt ist[923].

bb) Keine Anwendung der EuGH-Rechtsprechung auf den Vorsteuerabzug

Zu den Pflichtangaben auf einer Rechnung gehöre nach Art. 226 MwStSystRL der vollständige Name und die vollständige Anschrift des Leistenden[924]. Der Kläger könne sich auch nicht auf die EuGH-Entscheidung in der Rechtssache *Kittel und Recolta Recycling*[925] berufen. Die Entscheidung erweitere nicht den Vertrauensschutz, sondern schränke ihn in der Hinsicht ein, dass er nicht zu gewähren sei, wenn der Steuerpflichtige wusste oder hätte wissen müssen, dass sein Umsatz in eine Mehrwertsteuerhinterziehung einbezogen ist[926]. Die Entscheidung sei lediglich auf den Fall des Karussellgeschäftes begrenzt.

Die Entscheidungen zeigen die Schwierigkeiten des Gesetzgebers, das Steueraufkommen zu garantieren und gleichzeitig dem Grundsatz der Verhältnismäßigkeit und des Vertrauensschutzes ausreichend Rechnung zu tragen.

Der pauschalen Annahme, Vertrauensschutz bezüglich der Vorsteuerabzugsvoraussetzungen sei nicht zu gewähren, die sich seit Jahren durch die Rechtspre-

---

920 BFH-Urteil vom 08.10.2008 – V R 63/07, BFH/NV 2009, 1473, Leitsatz 2, BFH-Urteil vom 30.04.2009 – V R 15/07, BStBl. II 2009, 744, Leitsatz 1; BFH-Urteil vom 08.07.2009 – XI R 51/07, BFH/NV 2010, 256, Leitsatz 1.

921 BFH-Urteil vom 08.12.1988 – V R 28/48, BStBl. II 1989, 250, Rn. II. 2.; BFH-Urteil vom 01.02.2001 – V R 6/00, BFH/NV 2001, 941, Rn. II. 2. c); BFH-Beschluss vom 30.10.2001 – V B 92/01, BFH/NV 2002, 381, Rn. II.; BFH-Beschluss vom 13.02.2008 – X I B 202/06, BFH/NV 2008, 1216, Rn. 2; BFH-Beschluss vom 15.02.2008 – XI B 180/07, BFH/NV 2008, 1169, Rn. 1; BFH-Beschluss vom 12.03.2008 – XI B 206/06, BFH/NV 2008, 1212, Rn. 1; BFH-Beschluss vom 12.10.2010 – V B 134/09, BFH/NV 2011, 326, Nr. 2.

922 BFH-Urteil vom 08.10.2008 – V R 63/07, BFH/NV 2009, 1473, Leitsatz 3, BFH-Urteil vom 30.04.2009 – V R 15/07, BStBl. II 2009, 744, Leitsatz 2; BFH-Urteil vom 08.07.2009 – XI R 51/07, BFH/NV 2010, 256, Leitsatz 2.

923 BFH-Urteil vom 30.04.2009 – V R 15/07, BStBl. II 2009, 744, Leitsatz 2, Rn. II. 4.

924 BFH-Urteil vom 08.10.2008 – V R 63/07, BFH/NV 2009, 1473, Rn. II. 2. c) bb).

925 EuGH-Urteil vom 06.07.2006 – Rs. C-439/04 – *Kittel und Recolta Recycling*, Slg. 2006, I-06161.

926 BFH-Urteil vom 08.10.2008 – V R 63/07, BFH/NV 2009, 1473, Rn. II. 2. b).

chung des BFH zieht, kann m.E. im Hinblick auf die EuGH-Rechtsprechung nicht mehr gefolgt werden.

b) Rechtsprechung der Finanzgerichte

aa) Vertrauensschutz auch beim Vorsteuerabzug

Hingegen ist der Auffassung des Finanzgerichts Köln in den zwei Entscheidungen vom 06.12.2006[927] zuzustimmen, welche in der Vorinstanz zu den BFH-Urteilen vom 08.07.2009 und vom 30.04.2009 ergangen sind. Das Finanzgericht Köln nimmt Bezug auf die EuGH-Entscheidung vom 06.07.2006[928] und bejaht einen Gutglaubensschutz auch für das Recht auf Vorsteuerabzug, wenn der Steuerpflichtige alle Maßnahmen getroffen hat, die vernünftigerweise von ihm verlangt werden konnten, um sich von der Richtigkeit der Angaben in den Eingangsrechnungen zu überzeugen[929]. Vertrauensschutz sei unmittelbar auf der Grundlage des Art. 17 Abs. 1 der Sechsten Richtlinie zu gewähren, wenn der Leistungsaustausch tatsächlich stattgefunden hat und wenn die in der EuGH-Entscheidung vom 06.07.2006[930] geforderten Maßnahmen ergriffen wurden[931]. Dem stehe auch nicht entgegen, dass der EuGH selbst keine Aussagen für die Anforderungen an eine Rechnung von einem Missing Trader trifft. Eine Einschränkung auf den Schutz des redlichen Erwerbers, der ein Geschäft mit einem Missing Trader abschließt, dessen Anschrift im Zeitpunkt der Rechnungsstellung korrekt ist, entbehre jeder Plausibilität. Auch das Finanzgericht Berlin-Brandenburg nimmt in seiner Entscheidung vom 22.08.2008[932] Bezug auf die EuGH-Rechtsprechung und geht davon aus, dass der Vorsteuerabzug bei Erfüllung der Voraussetzung für die Gewährung von Vertrauensschutz nicht versagt werden darf. Dagegen folgt das Finanzgericht München dem BFH in der Annahme, dass ein Vertrauensschutz für die Erfüllung der Vorsteuerabzugsvoraussetzungen nicht vorgesehen ist[933].

---

927 FG Köln Urteil vom 06.12.2006 – 4 K 1356/02, UStB 2007, 156; FG Köln Urteil vom 06.12.2006 – 4 K 1354/02, UStB 2007, 156.

928 EuGH-Urteil vom 06.07.2006 – Rs. C-439/04, Slg. 2006, I-06161 – *Kittel und Recolta Recycling.*

929 FG Köln Urteil vom 06.12.2006 – 4 K 1356/02, UStB 2007, 156, Rn. I. 2. b) bb); FG Köln Urteil vom 06.12.2006 – 4 K 1354/02, UStB 2007, 156, Rn. I. 2. b) bb); mit der Einschränkung das Vertrauensschutz nur im Billigkeitsverfahren zu Gewähren ist FG Düsseldorf vom 11.11.2011 – 1 K 2442/10 AO, StE 2012,74, Rn. 1. b).

930 EuGH-Urteil vom 06.07.2006 – Rs. C-439/04 – *Kittel und Recolta Recycling*, Slg. 2006, I- 06161, Rn. 51.

931 FG Köln Urteil vom 06.12.2006 – 4 K 1356/02, UStB 2007, 156, Rn. I. 2. b) bb); FG Köln Urteil vom 06.12.2006 – 4 K 1354/02, UStB 2007, 156, Rn. I. 2. b) bb).

932 FG Berlin-Brandenburg Urteil vom 22.08.2008 – 2 K 5017/07 B, abrufbar unter http://www.juris.de (Zugriffsdatum: 12.09.2012).

933 FG München Urteil vom 21.06.2010 – 14 K 4034/07, BeckRS 2010, 26029453, Rn. II.

Auch das Finanzgericht des Saarlandes, das Finanzgericht Hamburg und das Finanzgericht Düsseldorf gehen in jüngerer Rechtsprechung davon aus, dass § 15 UStG den guten Glauben an die Voraussetzungen des Vorsteuerabzuges nicht schützt und eine Gewährung des Vertrauensschutzes lediglich im Billigkeitsverfahren möglich ist[934].

bb) Grundsatz der Neutralität

Würde der Vorsteuerabzug selbst dann nicht gewährt werden, wenn Leistender und Rechnungsausteller identisch sind und die Leistung tatsächlich durchgeführt wird, aber die Anschrift im Zeitpunkt der Rechnungsausstellung nicht besteht, führe dies zu einer „Gefährdungshaftung“, die nach Ansicht des Finanzgerichtes Köln im Urteil vom 06.12.2006[935] mit dem Neutralitätsgebot des Mehrwertsteuersystem nicht vereinbar ist.

cc) Anforderungen an den Vertrauensschutz

In diesem Zusammenhang ist auch das Urteil des Niedersächsischen Finanzgerichtes vom 20.02.2009[936] zu erwähnen. Auf der Rechnung des leistenden Unternehmers war in diesem Fall nur ein Aktenzeichen, unter dem der Schriftverkehr mit dem Finanzamt geführt wurde, vermerkt, da er keine deutsche Steuernummer besaß. Das Finanzgericht entschied, es könne dem Steuerpflichtigen nicht zugemutet werden, sich beim für den leistenden Unternehmer zuständigen Finanzamt über das Format der dort vergebenen Steuernummern zu informieren. Zudem könne der Rechnungsempfänger darauf vertrauen, dass es sich um eine Steuernummer handelt, da das Finanzamt diese selbst im Schriftverkehr so verwendet hat. Der BFH hob das Urteil allerdings auf. Er ist der Ansicht, dass eine Zeichenfolge[937], die der in der Bundesrepublik Deutschland verwendeten Steuernummer nicht ähnelt, nicht geeignet ist, einen Vertrauenstatbestand zu begründen[938].

Dem BFH ist in dem Punkt zuzustimmen, dass ein Vertrauensschutztatbestand hier wohl nicht begründet wurde. Das Urteil besagt aber auch, dass wenn die Nummer einer deutschen Steuernummer ähnelt, Vertrauensschutz zu gewähren ist.

---

934 FG Saarland Urteil vom 16.06.2010 – 1 K 1176/07, EFG 2010, 1739, Rn. 1. d)-e); FG Hamburg Beschluss vom 26.10.2010 – 3 V 85/10, EFG 2011, 111, Rn. I. 2. e); FG Hamburg Urteil vom 28.06.2012 – 2 K 196/11, BeckRS 2012, 96028, Leitsatz.

935 FG Köln Urteil vom 06.12.2006 – 4 K 1356/02, UStB 2007, 156, Rn. I. 2. b) bb); FG Köln Urteil vom 06.12.2006 – 4 K 1354/02, UStB 2007, 156, Rn. I. 2. b) bb).

936 FG Niedersachsen Urteil vom 20.02.2009 – 16 K 311/08, DStR 2010, 1468.

937 Im Fall 75/180 Wv.

938 BFH-Urteil vom 02.09.2010 – V R 55/09, BStBl. II 2011, 235, Rn. 6.

Eine ständige Überprüfung der tatsächlichen Verhältnisse beim Rechnungsaussteller ist dem Rechnungsempfänger nicht zumutbar. Lediglich wenn die Angaben offensichtlich falsch sind oder Grund zum Zweifel gegeben ist, ist eine solche Überprüfung notwendig[939]. Selbst die Inaugenscheinnahme der Geschäftsräume ist keine Garantie für die Richtigkeit der Anschrift[940]. Zumal es auch keine Regelungen bezüglich der Nachprüfungspflichten gibt, die dem Unternehmer Rechtssicherheit gewähren könnten. Dem Steuerpflichtigen ist daher auch bezüglich der Richtigkeit der Vorsteuerabzugsvoraussetzungen Vertrauensschutz zu gewähren.

5. Kein Vertrauensschutz beim Revers-Charge-Verfahren in der nationalen Rechtsprechung

Mit Urteil vom 19.01.2010[941] entschied das FG München, dass die Antragstellerin nicht aufgrund des Umfangs des Bauvorhabens davon ausgehen konnte, dass es sich bei dem Leistenden, um ein Unternehmen handelt, das Bauleistungen im Sinne des § 13b Abs. 1 S. 1 Nr. 4 S. 1 UStG erbringt. Zur Begründung führt das Finanzgericht lediglich an, dass die Regelung des § 13b UStG keinen Vertrauensschutz vorsehe[942]. Es kann dahinstehen, ob vorliegend die Voraussetzungen für die Anwendung des Vertrauensschutzes gegeben waren. Die Aussage, dass § 13b UStG keinen Vertrauensschutz vorsehe, ist jedenfalls nicht ausreichend und missachtet, dass auch bei der Ausfuhr an sich kein Vertrauensschutz normiert ist, dieser jedoch durch den EuGH in der Entscheidung *Netto Supermarkt* trotzdem gewährt wurde[943].

III. Zwischenergebnis

Nach der EuGH-Rechtsprechung zum Vertrauensschutz beim Vorsteuerabzug, darf der Vorsteuerabzug als integrierter Bestandteil des Mehrwertsteuersystems nur in Ausnahmefällen beschränkt werden.

Zweck und Ergebnis der Umsätze sind aufgrund der Objektivität der Voraussetzungen irrelevant.

939 So auch Rau/Dürrwächter-*Stadie*, § 14 Rn. 321 .

940 *Prätzler*, jurisPR-SteuerR 12/2010 Anm. 6.

941 FG München Urteil vom 19.01.2010 – 14 V 2377/09, DStR 2010, 1009.

942 FG München Urteil vom 19.01.2010 – 14 V 2377/09, DStR 2010, 1009, Rn. 17.

943 EuGH-Urteil vom 21.02.2008 – Rs. C-271/06 – *Netto Supermarkt*, UR 2008, 508, Rn. 29.

Obwohl an die Steuerfreiheit gemäß der EuGH-Rechtsprechung zum Vertrauensschutz bei der innergemeinschaftlichen Lieferung und der Ausfuhr grundsätzlich hohe Anforderungen gestellt werden dürfen, sind die Grundsätze der Verhältnismäßigkeit, der Rechtssicherheit und des Vertrauensschutzes zu beachten. Die Anforderungen dürfen daher nicht über das hinausgehen, was erforderlich ist und dürfen nicht zu einer Beschränkung des Binnenmarktes und des freien Warenverkehrs führen.

Zusammenfassend entnehme ich der EuGH-Rechtsprechung, dass dem Steuerpflichtigen, der keine Kenntnis von einem Betrug hatte und auch nicht hätte haben können, weil er alle zumutbaren und möglichen Maßnahmen ergriffen hat, um seine Beteiligung an einer Steuerhinterziehung auszuschließen, Vertrauensschutz zu gewähren ist. Die Nachweispflicht für die Gutgläubigkeit des Steuerpflichtigen obliegt der Finanzverwaltung.

Die Rechtsprechung des EuGH schlägt sich zum Teil auch in der nationalen Rechtsprechung nieder. Fraglich ist m.E. jedoch, ob die Umsetzung weitgehend genug ist. Besonders bei der Ausfuhr, dem Vorsteuerabzug, der sonstigen Leistung und § 13b UStG ist die Rechtsprechung zurückhaltend und gewährt den Vertrauensschutz lediglich im Billigkeitsverfahren.

E. Notwendigkeit eines allgemeinen Vertrauensschutzes im Umsatzsteuerrecht

I. Rechtspolitische und wirtschaftspolitische Gründe

Die Gewährung von Vertrauensschutz ist schon aus rechtspolitischen Gründen notwendig. Der Unternehmer wird vom Staat in die Pflicht genommen, für ihn die Erhebung und Abführung der Umsatzsteuer zu übernehmen. Daher sollte der Staat den gutgläubigen Unternehmer als Ausgleich dazu vor finanziellen Einbußen durch den Betrug Dritter schützen und ihn nicht für das Verhalten anderer Personen bestrafen. Die „Bestrafung Unschuldiger ist [...] kein taugliches Mittel der Kriminalitätsbekämpfung“ und kommt rechtsstaatlich nicht Betracht[944].

Auch wirtschaftliche Zweckmäßigkeiten und Wertungen dürfen dem UStG nicht fremd sein, da das UStG Teil eines jeden wirtschaftlichen Vorgangs ist.

Wirtschaftspolitisch problematisch ist, dass die Finanzbehörden die Umsatzsteuerrückforderungen zum Teil durch einen Arrest gemäß § 111o StPO sichern, das heißt die Erstattungsbeträge werden zunächst nicht ausgezahlt, um spätere Forderungen zu sichern[945]. Der Unternehmer, der unverschuldet in das Umsatzsteuerkarussell gelangt ist, hat zudem praktisch keine Möglichkeit, seine Ansprüche gegenüber dem Dritten geltend zu machen. Der Staat bereichert sich folglich auf Kosten des Gläubigers. Dies führt nicht nur zur Insolvenz kleinerer und mittlerer Unternehmen, sondern bedroht außerdem Arbeitsplätze[946].

Auch das Ziel der Verwirklichung eines Binnenmarktes und die Gewährleistung der Warenverkehrsfreiheit in der EU werden mit der Heranziehung des Steuerpflichtigen bei falschen Angaben Dritter verhindert. Soll es wirklich einen gemeinsamen Binnenmarkt geben, so müssen Mechanismen geschaffen werden, die den Handel zwischen den Staaten nicht durch eine übermäßige Bürokratisierung erschweren.

---

944 *Widmann*, DB 2006, 316 (319).

945 *Grune*, AktStr 2006, 255 (269).

946 *Grune*, AktStr 2006, 255 (269).

II. Herleitung aus den europarechtlichen allgemeinen Rechtsgrundsätzen und dem Grundsatz der Neutralität

1. Europarechtliche allgemeine Rechtsgrundsätze

a) Dogmatische Einordnung der allgemeinen Rechtsgrundsätze

In seinem Urteil vom 21.02.2008 leitet der EuGH den Anspruch auf Vertrauensschutz des Lieferers nicht aus der Mehrwertsteuer-Systemrichtlinie ab[947], sondern aus „allgemeinen Rechtsgrundsätzen, […] die Bestandteil der Gemeinschaftsordnung sind“[948].

Allgemeine Rechtsgrundsätze sind als Rechtsquelle schon immer anerkannt und spätestens seit dem „Maastricht-Vertrag“ und der damit verbundenden Erwähnung in Art. 6 Abs. 2 EUV dem Primärrecht zuzuordnen[949]. Allgemeine Rechtsgrundsätze sind die Verkörperung der „elementaren Vorstellungen von Recht und Gerechtigkeit“, die in jeder Rechtsordnung herrschen[950]. Sie werden durch wertende Rechtsvergleichung gewonnen, die auch die wirtschaftliche und politische Integration der Mitgliedstaaten fördern soll[951]. Allgemeine Rechtsgrundsätze sind Auslegungshilfe und Rechtmäßigkeitsmaßstab für das Sekundärrecht[952]. Die Grundprinzipien und Verfassungstraditionen, die das innerstaatliche Recht in den einzelnen Mitgliedstaaten prägen, sollen als eine Art „common sense“[953] auch bei der Anwendung des Unionsrechts herangezogen werden. Die allgemeinen Rechtsgrundsätze sind daher nicht nur zwischen den Parteien der europäischen Verträge gültig, sondern erheben einen Anspruch auf Allgemeingültigkeit und müssen von den europäischen Mitgliedstaaten, dem europäischen

---

947 So auch *Englisch*, UR 2008, 481 (489).

948 EuGH-Urteil vom 21.02.2008 – Rs. C-271/06 – *Netto Supermarkt*, UR 2008, 508, Rn. 18; siehe hierzu auch Dietlein/Drüen-*Dietlein*, Grundlagen und Reichweite des Vertrauensschutzes bei Ausfuhrlieferungen im nichtkommerziellen Reiseverkehr, 21.

949 Grabnitz/Hilf/Nettesheim-*Mayer*, Art. 6 Rn. 388; von der Groeben/Schwarz-*Schmidt*, Art. 249 EG Rn. 22; Kuhla/Hüttenbrink/Endler-*Endler*, Der Verwaltungsprozess, Abschnitt L Rn. 5; *Herdegen*, Europarecht, § 8 Rn. 16; *Doerfert/Oberrath/Schäfer*, Europarecht, 12; *Oppermann, Classen, Nettesheim*, Europarecht. Ein Studienbuch, § 10 Rn. 37.

950 *Looks*, DStR 2009, 513 (515).

951 *Altmeyer*, Vertrauensschutz im Recht der Europäischen Union und im deutschen Recht, 4; *Oppermann/Classen/Nettesheim*, Europarecht. Ein Studienbuch, § 9 Rn. 33.

952 *Looks*, DStR 2009, 513 (515).

953 Wolffgang-*Zimmermann*, Öffentliches Recht und Europarecht, 224.

Ausland und innerhalb Deutschlands beachtet werden. Auch *Schwarze*[954] bekräftigt, dass der EuGH diese Prinzipien nicht selbst herausgebildet hat, sondern ohne weitere Begründung von ihrer Gültigkeit ausgegangen ist.

Allgemeine Rechtsgrundsätze können sich auf der Ebene des Primärrechts nur insofern herausbilden, als dies nicht zu einem Konflikt mit dem positiven Vertragsrecht führt[955].

Die von der Gemeinschaftsordnung anerkannten allgemeinen Rechtsgrundsätze sind Teil des Primärrechts und binden die Mitgliedstaaten bei der Ausübung ihrer Befugnisse, die ihnen im Bereich des gemeinsamen Mehrwertsteuersystems durch die MwStSystRL eingeräumt werden[956]. Daher gelten die Grundsätze auch beim indirekten Vollzug von Unionsrecht durch die Mitgliedstaaten[957]. Bei der Umsetzung von Richtlinien durch die Mitgliedstaaten erfolgt der Verwaltungsvollzug durch das nationale Recht. Der Steuerpflichtige kann sich dann an die nationalen Gerichte wenden. Diese haben aufgrund des Vorrangs des Unionsrechts, dessen Vorgaben und damit auch die allgemeinen Grundsätzen in ihrer unionsrechtlichen Ausprägung zu beachten.

b) Grundsatz der Rechtssicherheit

aa) Herleitung

Zu den allgemeinen Grundsätzen im Sinne des Art. 6 Abs. 3 i.V.m. Art. 2 Abs. 1 EUV gehören auch die rechtsstaatlichen Prinzipien, wie sie sich aus den gemeinsamen Verfassungsüberlieferungen der Mitgliedstaaten ergeben[958]. Daher sind auch die Prinzipien der Rechtsstaatlichkeit, zu denen der Grundsatz Rechtssicherheit gehört[959], Teil des Unionsrechts[960]. Bei der Ausübung der Befugnisse,

---

954 *Schwarze*, Europäisches Verwaltungsrecht, 65.

955 *Oppermann, Classen, Nettesheim*, Europarecht. Ein Studienbuch, § 9 Rn. 20.

956 EuGH-Urteil vom 03.12.1998 – C-381/97 – *Belgocodex*, Slg. 1998, I-08153, Leitsatz 2 Rn. 26; EuGH-Urteil vom 18.05.2000 – C-107/97 – *Rombi und Arkopharma*, Slg. 2000, I-03367, Leitsatz 3, EuGH-Urteil vom 11.07.2002 – C-62/00 – *Marks & Spencer*, Slg. 2002, I-06325, Rn. 44; EuGH-Urteil vom 14.09.2006 – C-181/04 – *Elmeka*, Slg. 2006, I-08167, Tenor; Rn. 31; EuGH-Urteil vom 10.09.2009 – *Plantanol* – C-201/08, Slg. 2009, I-08343, Rn. 43; EuGH-Schlussanträge vom 15.09.2011 – C-427/10 – *Banca Antoniana Popolare Veneta*, UR 2012, 184, Rn. 28.

957 Für den Grundsatz des Vertrauensschutzes so auch *Altmeyer*, Vertrauensschutz im Recht der Europäischen Union und im deutschen Recht, 48.

958 Geiger/Khan/Kotzur-*Geiger*, Art. 6 Rn. 35, Art. 19 Rn. 23.

959 Rechtsprechung zur Anwendung des Grundsatzes der Rechtssicherheit u.a. EuGH Urteil vom 09.07.1969 – Rs. C-10/69 – *Portelange*, Slg. 1969, 00309, EuGH Urteil vom 18.03.1970 – Rs. C-43/69 – *Brauerei Bilger*, Slg. 1970, 00127; EuGH Urteil vom 04.04.1968 – Rs. C-27/67 – *Fink-Frucht*, Slg. 1970, 00334.

960 Geiger/Khan/Kotzur-*Geiger*, Art. 7 Rn. 41.

welche die MwStSystRL den Mitgliedstaaten einräumt, müssen diese den Grundsatz der Rechtssicherheit wahren[961].

Die Unterschiedlichkeit der Rechtsordnungen führt zu der Notwendigkeit einer autonomen Bestimmung der rechtsstaatlichen Prinzipien auf Europaebene[962]. Die europäische Rechtsstaatlichkeit besteht jedoch aus den gleichen Kernprinzipien, die auch dem Grundgesetz zugrunde liegen[963]. Das Grundgesetz verlangt „hinreichend substanzvolle gemeineuropäische Rechtsstandards" die auch europarechtlich trotz mangelnder Homogenität der nationalen Standards Geltung haben[964]. Gemäß der Strukturklausel in Art. 23 Abs. 1 GG ist die Integrationsermächtigung ferner auf eine EU beschränkt, die den rechtsstaatlichen Grundsätzen entspricht. Letztlich müsse daher lediglich spezifisch auf den Mitgliedstaat ausgerichtete Anforderungen modifiziert werden[965]. Auch wenn *Nicolaysen*[966] richtigerweise davon ausgeht, dass das Gebot der einheitlichen Auslegung und die Selbständigkeit des Unionsrechts eine eigenständige Begriffsdefinition erforderlich machen, so ist eine vergleichende Betrachtung m.E. für das Verständnis der allgemeinen Rechtsgrundsätze jedoch sinnvoll. Das gilt insbesondere für den Grundsatz der Rechtssicherheit, der in allen Mitgliedstaaten weitgehend anerkannt ist, auch wenn er nicht in allen die gleiche Bedeutung hat[967]. Die Annahme einer kompletten Autonomie des Unionsrechts wie sie zum Teil vertreten wird[968], vernachlässigt m.E. die Tatsache, dass an der Rechtsfindung auf Europaebene die Mitgliedstaaten beteiligt sind und dass sich sowohl die Rechtsordnungen untereinander, als auch die nationalen Rechtsordnungen das Europarecht beeinflussen.

---

961 EuGH-Urteil vom 03.12.1998 – Rs. C-381/97 – *Belgocodex*, Slg. 1998, I-08153, Leitsatz 2; EuGH-Urteil vom 11.05.2006 – Rs. C-384/04 – *Federation of Technological Industries*, Slg. 2006, S. I-04191, Leitsatz 1, Rn. 29; EuGH-Urteil vom 08.06.2000 – Rs. C-396/98 – *Schloßstrasse*, Slg. 2000, I-04279; EuGH-Urteil vom 18.11.2010 – Rs. C-84/09 – UR 2011, 103, Rn. 35.

962 Friauf/Höfling-*Gärditz*, Art. 20 (6. Teil) Rn. 19.

963 Friauf/Höfling-*Gärditz*, Art. 20 (6. Teil) Rn. 19.

964 Friauf/Höfling-*Gärditz*, Art. 20 (6. Teil) Rn. 19.

965 Friauf/Höfling-*Gärditz*, Art. 20 (6. Teil) Rn. 19; Sachs-*Streinz*, Art. 23 Rn. 27.

966 *Nicolaysen*, Europarecht I, 102.

967 Zur Geltung des Grundsatzes der Rechtssicherheit in allen Mitgliedsstaaten siehe *Nicolaysen*, Europarecht I, 143; *Schwarzer* führt hierzu aus, dass der Grundsatz der Rechtssicherheit ausnahmslos in den sechs Gründerstaaten gilt, aber auch in Portugal und Spanien, Großbritannien und Irland haben ähnliche Verwaltungsgrundsätze: *Schwarzer*, Europäisches Verwaltungsrecht, 844 f, zu den einzelnen Mitgliedsstaaten 849 ff.

968 *Grabitz*, Gemeinschaftsrecht bricht nationales Rech, 55, 56; *Ipsen* geht zwar von einer Autonomie der Rechtsordnung aus, bezieht sich bei der Herleitung der allgemeinen Rechtsgrundsätze jedoch auf das Recht der Mitgliedsstaaten, *Ipsen*, Europäisches Gemeinschaftsrecht, 109, 113; *Rengeling*, Rechtsgrundsätze beim Verwaltungsvollzug des Europäischen Gemeinschaftsrechts, 120.

bb) Inhalt und Prüfungsmaßstab

Gesetze können nur dann ihre volle Wirkung entfalten und werden von dem Einzelnen als solche akzeptiert, wenn er sich auf die Rechtslage verlassen kann und die Folgen seines Handelns für ihn vorhersehbar sind[969]. Das zu gewährleisten, ist Aufgabe des Grundsatzes der Rechtssicherheit. Auf nationaler Ebene ist das Rechtsstaatsprinzip, welches den Grundsatz der Rechtssicherheit umfasst, in Art. 20 Abs. 3 GG normiert. Demnach ist die Gesetzgebung an die verfassungsmäßige Ordnung, die vollziehende Gewalt und die Rechtsprechung an Gesetz und Recht gebunden. Art. 1 Abs. 3 GG proklamiert die Bindung der vollziehenden Gewalt an die Grundrechte als unmittelbar geltendes Recht. In Art. 28 Abs. 1 GG wird der Rechtsstaat vorausgesetzt. Das Rechtsstaatsprinzip ist nach *Tipke* ein „[...] normkonzipierendes, ein grundrechtskonzipierendes, das System der Grundrechte tragendes Prinzip“[970]. Auch das BVerfG macht deutlich, dass das Verfassungsrecht nicht nur aus den einzelnen Normen besteht, sondern auch aus allgemeinen sie zusammenhaltenden Grundsätzen und Leitideen, zu denen auch das Rechtsstaatsprinzip gehört[971]. Die allgemeinen Rechtsgrundsätze ermöglichen erst den Schutz der Menschenwürde, die Freiheit und die Selbstentfaltung des Individuums[972]. Auch die Steuerverwaltung unterliegt den Rechtsstaatsprinzipien, denn auch der „[...] Steuerstaat muß in vollem Umfang und in jeder Hinsicht Rechtsstaat sein, damit unser Gemeinwesen seinem rechtsstaatlichen Auftrag gerecht werden kann[...]“[973]. Das Steuerrecht ist mithin keine „offene Flanke der Rechtsstaatlichkeit“[974].

Der Grundsatz der Rechtssicherheit stellt auf die Verlässlichkeit bestehender Normen und die Vorhersehbarkeit künftigen Handelns ab[975]. Rechtssicherheit bedeutet daher die Verlässlichkeit des Rechts und setzt Rechtsklarheit, Bestimmtheit und Beständigkeit voraus[976]. Die Begriffe der Bestimmtheit und Rechtsklarheit werden in der Rechtsprechung des BVerfG synonym verwandt[977].

---

969 Siehe hierzu auch v. Mangoldt/Klein/Starck-*Sommermann*, Art. 20 Abs. 3 Rn. 288.

970 *Tipke*, Die Steuerrechtsordnung, 105.

971 BVerfG-Urteil vom 01.07.1953 – 1 BvL 23/51, BVerfGE 2, 380, Leitsatz 4, Rn. III. 3.; BVerfG-Beschluss vom 26.02.1969 – 2 BvL 15/68, 2 BvL 23/68, BVerfGE 25, 269, Rn. C. III. 1.

972 V. Mangoldt/Klein/Starck-*Sommermann*, Art. 20 Abs. 3 Rn. 287.

973 *Friauf*, Unser Steuerstaat als Rechtsstaat, in: StbJb. 1977/78, 39 (44).

974 So aber *Papier*, Steuern und Abgaben – Die offene Flanke des Rechtsstaats –, Kritische Vierteljahresschrift für Gesetzgebung und Rechtswissenschaft 1987, 140 ff.

975 Geiger/Khan/Kotzur-*Geiger*, Art. 6 Rn. 37; EuGH Urteil vom 23.09.2003 – C-78/01 – BGL, Slg. 2003, S. I-09543, Leitsatz 2; 326/5.

976 Sachs-*Sachs*, Art. 20 Rn. 122 ff.

977 Vgl. hierzu BVerfG-Beschluss vom 09.08.1995 – 1 BvR 2263/94, 1 BvR 229/95, 1 BvR 534/95, BVerfGE 93, 213, Rn. C. II. 3. – 3. 3a).

Der Inhalt einer Norm muss für den Regelungsadressaten klar erkennbar und in sich widerspruchsfrei sein[978]. Die Verwendung unbestimmter Rechtsbegriffe und Ermessenstatbestände ist in Anbetracht der komplexen und dynamischen Entwicklung des Rechts jedoch zulässig[979]. Das erforderliche Maß an Bestimmtheit richtet sich abgestuft nach der Schwere des Eingriffs[980].

Widerspruchsfreiheit bedeutet nicht nur die Widerspruchsfreiheit einer spezifischen Norm, sondern auch der Rechtsordnung insgesamt[981]. Durch die inflationäre Normenflut, die Komplexität und Dichte wird es zunehmend schwerer, eine solche Widerspruchsfreiheit des Rechtssystems zu gewährleisten. Dies wird besonders im Steuerrecht deutlich.

Der Grundsatz der Rechtssicherheit gilt auch dann, wenn eine Norm zugunsten des Steuerpflichtigen gar nicht oder unrichtig angewendet wurde[982]. Daher kann der Grundsatz der Rechtssicherheit im Einzelfall den verfassungsrechtlichen Grundsätzen der materiellen Richtigkeit und der Gleichmäßigkeit der Besteuerung, die sich aus dem Gleichheitsgrundsatz gemäß Art. 3 Abs. 1 GG ergibt[983], vorgehen[984].

Auch in den Entscheidungen des EuGH, die den Grundsatz der Rechtssicherheit auf Europaebene ausdifferenzieren, kommen die Prinzipien zum Ausdruck[985]. Der Begriff der Rechtsstaatlichkeit taucht zwar selten in der Rechtsprechung des EuGH auf, den Grundsatz der Rechtssicherheit hat der EuGH jedoch schon sehr früh anerkannt[986]. In der Entscheidung *Halifax*[987] betont der EuGH, dass Rechtssicherheit ein Ziel des gemeinsamen Mehrwertsteuersystems ist.

---

978 *Sodan*, Art. 20 Rn. 55.

979 U.a. BVerfG-Beschluss vom 31.05.1988 – 1 BvR 520/83, BVerfGE 78, 214, Rn. B. I. 1. a).

980 U.a. BVerfG-Beschluss vom 03.03.2004 – 1 BvF 3/92, BVerfGE 110, 33, Rn. C. II. 1. d); BVerfG-Urteil vom 11.03.2008 – 1 BvR 2074/05,1 BvR 1254/07, BVerfGE 120, 378, Rn. C. II. 2. a).

981 Zur Widerspruchsfreiheit einzelner Normen u.a. BVerfG-Urteil vom 20.12.2007 – 2 BvR 2433/04, 2 BvR 2434/04, BVerfGE 119, 331, Rn. C. III. 2. c) bb); zur Widerspruchsfreiheit im Verhältnis zu anderen Normen u.a. BVerfG-Urteil vom 15.07.2003 – 2 BvF 6/98, BVerfGE 108, 169, Leitsatz, Rn. C. I. 3. b).

982 So schon *Endriss*, Grundriß des Steuerrechts, 32.

983 Vgl. hierzu *Paulick*, Lehrbuch des allgemeinen Steuerrechts, Rn. 22-26.

984 *Endriss*, Grundriß des Steuerrechts, 32.

985 U.a. EuGH-Urteil vom 17.02.2005 – Rs. C-453 – *Linneweber und Akritidis*, Slg. 2005, I-01131, Leitsatz 2, Rn. 42.

986 EuGH-Urteil vom 13.07.1961 – C-14/60 – *Meroni u.a./ Hohe Behörde*, Slg. 1961, 347, 365; EuGH-Urteil vom 06.04.1962 – C-13/61 – *de Geus*, Slg. 1962, 99, Leitsatz 6; EuGH-Urteil vom 09.07.1969 – Rs. C.10/69 – *Portelange*, Slg. 1969, 00309, Leitsatz 3; EuGH-Urteil vom 18.03.1970 – Rs. C-43/69 – *Brauerei Bilger*, Slg. 1970, 00127, Rn. 11.

987 EuGH-Urteil vom 21.02.2006 – Rs. C-255/05 – *Halifax*, Slg. 2006, I-01609, Leitsatz 4.

Nach Ansicht des EuGH kann sogar aufgrund des Grundsatzes der Rechtssicherheit ausnahmsweise die Möglichkeit beschränkt werden, sich auf die Auslegung einer Bestimmung durch den Gerichtshof zu berufen[988]. Der Grundsatz der Rechtssicherheit verbietet es auch, den Beginn der Geltungsdauer eines Rechtsakts vor dessen Veröffentlichung zu legen[989]. Lediglich, wenn ein im Allgemeininteresse liegendes Ziel die Geltung des Rechtsakts vor des Veröffentlichung verlangt und dem berechtigten Vertrauen des Betroffenen gebührend Beachtung geschenkt wurde, kann davon abgewichen werden[990].

Der EuGH stellt immer wieder fest, dass die Rechtsakte der Union besonders im Steuerrecht vorhersehbar und eindeutig sein müssen[991]. Besonders wenn sich die Regelung finanziell belastend auswirkt, ist sie am Grundsatz der Rechtssicherheit zu messen[992]. Dem Betroffenen müssen seine Pflichten und Rechte eindeutig erkennbar sein, damit er Vorkehrungen treffen kann[993]. Das wiederum bedeutet aber auch, dass die steuerliche Lage gegenüber der Finanzverwaltung nicht unbegrenzt offen bleiben darf[994], die Steuerverwaltung daher auch Ausschlussfristen festlegen kann[995]. Auch die innerstaatlichen Gerichte, die die Wahrung des Rechts sicherstellen sollen, sind auf eine eindeutige Formulierung angewiesen[996].

---

988 EuGH-Urteil vom 09.03.2000 – Rs. C-437/97 – *EKW und Wein & Co*, Slg. 2000, I-01157, Leitsatz 5; EuGH-Urteil vom 17.02.2005 – *Linneweber und Akritidis* – Rs. C-453/02, Slg. 2005, I-01131, Leitsatz 2, Rn. 42.

989 EuGH-Urteil vom 29.04.2004 – Rs. C-487/01 – *Gemeente Leudsen und Holin Groep,* Slg. 2004, I-05337, Rn. 59.

990 EuGH-Urteil vom 26.04.2005 – Rs. C-376/02 – *Goed Wonen*, Slg. 2005, I-03445.

991 U.a. EuGH-Urteil vom 15.12.1987 – Rs. C-326/85 – *Niederlande/Kommission*, Slg. 1987, 05091, Leitsatz 4; EuGH-Urteil vom 26.01.2012 – *ADV Allround* – Rs. C-218/10, DB 2012, 384, Rn. 31.

992 EuGH-Urteil vom 21.02.2006 – Rs. C-255/05 – *Halifax*, Slg. 2006, I-01609, Rn. 72; EuGH-Urteil vom 27.09.2007 – Rs. C-409/04 – *Teleos*, UR 2007, 774, Rn. 48; EuGH-Urteil vom 16.09.2008 – Rs. C-288/07 – *Isle of Wight Council u.a.,* Slg. 2008, I-07203, Rn. 47; *Wäger*, Die Besteuerung innergemeinschaftlicher Reihengeschäfte, 25.

993 EuGH-Urteil vom 15.07.2010 – Rs. C-582/08 – *Komission/Vereinigtes Königreich*, Slg. 2010, I-07195, Leitsatz 3, Rn. 49; Schulze/Zuleeg/Kadelbach-*Scheuing*, Europarecht, § 6 Rn. 38 ff.

994 EuGH-Urteil vom 21.01.2010 – Rs. C-472/08 – *Alstom Power Hydro*, Slg. 2010, I-00623, Rn. 16.

995 EuGH-Urteil vom 21.01.2010 – Rs. C-472/08 – *Alstom Power Hydro*, Slg. 2010, I-00623, Rn. 16; EuGH-Urteil vom 15.12.2011 – Rs. C-427/10 – *Banca Antoniana Popolare Veneta*, UR 2012, 184, Rn. 24.

996 EuGH-Urteil vom 28.04.1993 – Rs. C-306/91 – *Kommission/Italien*, Slg. 1993, I-02133, Rn. 14.

c) Grundsatz des Vertrauensschutzes

aa) Herleitung

Ebenfalls zu den allgemeinen Rechtsgrundsätzen in Art. 2 Abs. 1 und Art. 6 Abs. 3 EUV gehört der Grundsatz des Vertrauensschutzes[997]. Das BVerfG, der BFH und auch der EuGH verwenden die Grundsätze der Rechtssicherheit und des Vertrauensschutz oft nebeneinander, sodass der Eindruck entsteht, es handele sich um eigenständige nebeneinander existierende Prinzipien[998]. In einigen Entscheidungen bezeichnet das BVerfG den Vertrauensschutz als wesentliches Element des Rechtsstaatsprinzips[999]. Dem folgt auch die Literatur weitestgehend[1000]. Der Schutz des Vertrauens auf den Fortbestand des Rechts stellt wiederum nach Ansicht des BVerfG lediglich einen Aspekt der Rechtssicherheit dar, wenn auch die bedeutendste Ausprägung[1001]. Der EuGH sieht den Grundsatz des Vertrauensschutzes in einigen Entscheidungen auch als zwingend aus dem Grundsatz der Rechtssicherheit folgend an[1002].

---

997 Geiger/Kahn/Kotzur-*Geiger*, Art. 2 EUV Rn. 39.

998 U.a. EuGH-Urteil vom 14.06.2012 – Rs. C-606/10 – *Association nationale dássistance aux frontièrs pour les étrangers*, Abl. EU 2012, Nr C 227, 3, Rn. 16, 78; EuGH-Urteil vom 05.05.2011 – Rs. C-230/09, C-231/09 – *Etling und Etling*, IIFR 2011, 713, Rn. 74; BVerfG-Urteil vom 08.02.1977 – 1 BvR 79/70, 1 BvR 278/70, 1 BvR 282/70, BVerfGE 43, 242, Rn. C. III. 3.; BVerfG-Beschluss vom 10.04.1984 – 2 BvL 19/82, BVerfGE 67, 1, Rn. B. III. 1.; BVerfG-Urteil vom 24.04.1991 – 1 BvR 1341/90, BVerfGE 84, 133, Rn. C. VII. 2.; zur Ableitung des Vertrauensschutzes aus dem Rechtsstaatsprinzip vgl. zuletzt BVerfG-Beschluss vom 07.10.2003 – 1 BvR 1712/01, BVerfGE 108, 370, Rn. C. I. 1. c) m.w.N; BFH-Urteil vom 19.06.2012 – VII R 19/11, BeckRS 2011, 95942, Leitsatz 1; zum Spannungsverhältnis zwischen Vertrauensschutz und Rechtssicherheit siehe ausführlich *Schwarz*, Vertrauensschutz als Verfassungsprinzip, 39.

999 U.a. BVerfG-Urteil vom 11.12.1962 – 2 BvL 2/60 u.a., BVerfGE 15, 167, Rn. B. III. 7. b); BVerfG-Beschluss vom 14.02.1979 – 1 BvR 924/78, BVerfGE 50, 244, Rn. B. I. 2. b); BVerfG-Beschluss vom 16.12.1981 – 1 BvR 898/79 u.a., BVerfGE 59, 128 Rn. C. IV.

1000 U.a. Sachs-*Sachs*, Art. 20 Rn. 131; Dreier-*Schulz-Fielitz*, Art. 20 Rn. 147; v. Mangold/Klein/Strack-*Sommermann*, Art. 20 Rn. 292 ff.; *Weber-Dürler,* Vertrauensschutz im öffentlichen Recht, 21 f; a.A. Frijauf/Höfling-*Gärditz*, Art. 20 (6. Teil), Rn. 207, der den Vertrauensschutz aus dem den Grundrechten zuzuordnenden Grundsatz der Verhältnismäßigkeit ableitet.

1001 BVerfG-Urteil vom 19.12.1961 – 2 BvL 6/59, BVerfGE 13, 261, Rn. B. III. 1.; BVerfG-Entscheidung vom 31.03.1965 – 2 BvL 17/63, BVerfGE 18, 429, Rn. B. II. 4.; BVerfG-Beschluss vom 10.03.1971 – 2 BvL 3/68, BVerfGE 30, 272, Rn. C. II. 2.; BVerfG-Beschluss vom 09.02.1983 – 1 BvL 8/80 u.a., BVerfGE 63, 152, 175, Rn. C. II. 2. a); BVerfG-Beschluss vom 20.02.2002 – 1 BvL 19/07 u.a., BVerfGE 105, 48, Rn. B. II. 1.; Grabitz/Hilf/ Nettesheim-*Mayer*, nach Art. 6 EUV, Rn. 395; v. Mangoldt/Klein/Starck-*Sommermann*, Art. 20 Abs. 3 Rn. 292; *Sodan*, Art. 20 Rn. 58.

1002 U.a. EuGH-Urteil vom 19.09.2000 – C-177/99 – *Ampafance und Sanofi*, Slg. 2000, I-07013, Leitsatz 2, Rn. 67; EuGH-Urteil vom 19.09.2000 – C-181/99, EWS 2001, 41, Rn. 67; EuGH-Urteil vom 18.01.2001 – C-83/99 – *Komission/Spanien*, Slg. 2001, I-00445, Leitsatz 3 Rn. 24.

Nach *Maurer*[1003] wird der Grundsatz des Vertrauensschutzes wie folgt abgeleitet: „Rechtsstaatsprinzip – Rechtssicherheit – Vertrauensschutz". Der Schutz des Vertrauens ist die „[…] in die Vergangenheit zielende Seite der aus dem Rechtsstaatsprinzip folgenden Rechtssicherheit" und damit nur ein Ausschnitt des Schutzes, der durch die Rechtssicherheit gewährt werden soll[1004]. Geht es um ein Gesetz, das ausschließlich künftige Sachverhalte oder Rechtsbeziehungen zum Gegenstand hat, so greift der Vertrauensschutz nicht[1005].

Das erste Mal hat sich der EuGH im Jahre 1957 mit dem Grundsatz des Vertrauensschutzes auseinandergesetzt und diesen auf der Grundlage rechtsvergleichender Studien der nationalen Rechtsordnungen und des Völkerrechts hergeleitet[1006]. Ein Verwaltungsakt, der rechtmäßig und rechtswirksam ist, verleiht dem Betroffenen subjektive Rechte[1007]. Das Vertrauen auf den Fortbestand der Rechtsstellung überwiegt das Interesse an der Rückgängigmachung der Verwaltung[1008]. Ein rechtswidriger Verwaltungsakt kann grundsätzlich innerhalb einer angemessenen Frist widerrufen werden[1009]. Gegenstand des Verfahrens war die Rechtmäßigkeit der nachträglichen Korrektur einer Gehaltseinstufung von Bediensteten der Gemeinschaft und die zum Teil dadurch erfolgte Rücknahme des Beamtenstatus[1010]. Der EuGH kam zu dem Ergebnis, dass sich ein Betroffener nur gegen den Widerruf eines rechtmäßigen Verwaltungsaktes mit der Argumentation wehren

1003 *Maurer*, Kontinuitätsgewähr und Vertrauensschutz in Isensee, P. Kirchhoff, HStR III, § 60 Rn. 19, *Maurer* kritisiert die Verengung durch die Ableitung.

1004 *Schwarz*, Vertrauensschutz als Verfassungsprinzip, 42.

1005 *Schwarz*, Vertrauensschutz als Verfassungsprinzip, 42.

1006 EuGH-Urteil vom 12.07.1957 – Rs. C-7/56, C-3/57-C-7/57 – *Alegra u.a./Assemblée commune*, Slg. 1957, 00085, Entscheidungsgründe Rn. III; Der EuGH hat das Recht der damaligen Mitgliedsstaaten Belgien, Niederlande, Luxemburg, Frankreich, Italien und Deutschland mit einander verglichen und ist zu dem Schluss gekommen dass ein Verwaltungsakt, durch den subjektive Recht gewährt werden, nicht widerrufen werden kann, wenn er rechtmäßig war. Ist der Verwaltungsakt hingegen rechtswidrig, so haftet dies auch dem subjektiven Recht des Betroffenen an. Der Gerichtshof orientiert sich an dem französischen Recht. Dort wird das Widerrufsrecht auf eine Frist von zwei Monaten oder bis zum Urteil bei einer Anfechtungsklage beschränkt. Der Gerichtshof bestimmt aber keine feste Frist, sondern hält eine angemessene Frist für ausreichend; zum Grundsatz des Vertrauensschutzes im Recht der Mitgliedsstaaten siehe auch *Schwarze*, Europäisches Verwaltungsrecht, 849 ff.

1007 EuGH-Urteil vom 12.07.1957 – Rs. C-7/56, C-3/57-C-7/57 – *Alegra u.a./Assemblée commune*, Slg. 1957, 00085, Entscheidungsgründe Rn. III.

1008 EuGH-Urteil vom 12.07.1957 – Rs. C-7/56, C-3/57-C-7/57 – *Alegra u.a./Assemblée commune*, Slg. 1957, 00085, Entscheidungsgründe Rn. III.

1009 EuGH-Urteil vom 12.07.1957 – Rs. C-7/56, C-3/57-C-7/57 – *Alegra u.a./Assemblée commune*, Slg. 1957, 00085, Leitsatz 2.

1010 *Altmeyer*, Vertrauensschutz im Recht der Europäischen Union und im deutschen Recht, 23.

kann, dass das Recht wohlerworben ist[1011]. Wohlerworbene Rechte setzen nach Ansicht des EuGH also eine wirksame Rechtsgrundlage voraus[1012]. Wann das Vertrauen des Betroffenen schutzwürdig ist, wird allerdings nicht deutlich[1013]. Zwar stellte die Beklagte auf die Kenntnis von der bevorstehenden Korrektur ab, daher wird ein subjektives Kriterium zur Bewertung herangezogen, im Urteil selbst findet aber keine Auseinandersetzung mit dieser Argumentation statt[1014].

Auch in der Rechtssache *SNUPAT* 1961[1015] und *Hoogovens* 1962[1016] unterscheidet der EuGH aufgrund rechtsvergleichender Studien zwischen dem rechtswidrigen und dem rechtmäßigen Verwaltungsakt, der weder ex nunc, noch ex tunc zurückgenommen werden kann. Bei beiden Entscheidungen war die Rechtmäßigkeit der Rücknahme eines deklaratorischen Verwaltungsaktes ex tunc fraglich. Der EuGH wägt in der Entscheidung *SNUPAT* das öffentliche Interesse am ordnungsgemäßen Funktionieren der Schrottkasse gegen das Privatinteresse des Begünstigten ab, der in gutem Glauben auf die Beständigkeit der Lage, nämlich, dass er keine Beiträge zur Schrottkasse entrichten muss, vertraut hat[1017]. Das Vertrauen sei aber dann nicht schützenswert, wenn seitens des Begünstigten falsche Angaben gemacht wurden[1018]. Somit werden erstmals subjektive Erwägungen in die Urteilsbegründung eingebracht[1019]. In der Rechtssache *Hoogovens* ist der EuGH der Frage nachgegangen, ob auch bei Erlass eines rechtswidrigen Verwaltungsakts nach Ablauf einer bestimmten Zeitraums Vertrauensschutz zu gewähren ist, also sein Interesse überwiegt[1020].

1011 EuGH-Urteil vom 12.07.1957 – Rs. C-7/56, C-3/57-C-7/57 – *Alegra u.a./Assemblée commune*, Slg. 1957, 00085, Entscheidungsgründe Rn. III.

1012 Siehe hierzu auch *Altmeyer*, Vertrauensschutz im Recht der Europäischen Union und im deutschen Recht, 23.

1013 Siehe hierzu auch *Altmeyer*, Vertrauensschutz im Recht der Europäischen Union und im deutschen Recht, 23.

1014 EuGH-Urteil vom 12.07.1957 – Rs. C-7/56, C-3/57-C-7/57 – *Alegra u.a./Assemblée commune*, Slg. 1957, 00085, 109.

1015 EuGH-Urteil vom 22.03.1961 – Rs. C-42/59 – *SNUPAT/Hohe Behörde*, Slg. 1961, 00111.

1016 EuGH-Urteil vom 12.07.1962 – Rs. C-14/61 – *Koninklijke Nederlandsche Hoogovens en Staalfabrieken/Hohe Behörde*, Slg. 1962, 00513.

1017 EuGH-Urteil vom 22.03.1961 – Rs. C-42/59 – *SNUPAT/Hohe Behörde*, Slg. 1961, 00111, 173.

1018 EuGH-Urteil vom 22.03.1961 – Rs. C-42/59 – *SNUPAT/Hohe Behörde*, Slg. 1961, 00111, 173; siehe auch EuGH-Urteil vom 13.07.1965 – Rs. C-111/63 – *Lemmerz-Werke/Hohe Behörde*, Slg. 1965, 00894, 916; *Altmeyer*, Vertrauensschutz im Recht der Europäischen Union und im deutschen Recht, 25.

1019 *Altmeyer*, Vertrauensschutz im Recht der Europäischen Union und im deutschen Recht, 19.

1020 EuGH-Urteil vom 12.07.1962 – Rs. C-14/61 – *Koninklijke Nederlandsche Hoogovens en Staalfabrieken/Hohe Behörde*, Slg. 1962, 00513, 550.

In seiner Entscheidung zur Beamtenbesoldung vom 05.06.1973[1021] geht der EuGH dann überraschenderweise davon aus, dass es zu einem Schutz des Vertrauens aufgrund der Selbstbindung der Verwaltung kommen kann, obwohl ausgeschlossen war, dass innerhalb eines bestimmten Zeitraumes ein Recht wohlerworben werden kann. In der Entscheidung *Westzucker* vom 04.07.1973[1022] wiederum verneint der EuGH die Schutzwürdigkeit des Vertrauens auf eine Verordnung im Rahmen der gemeinsamen Agrarmarktorganisation, die aufgrund ihrer Starrheit Vor-und Nachteile mit sich brachte und die Änderung daher keine geschützte Rechtsposition beeinträchtige.

In der gleichgelagerten Rechtssache *CNTA*[1023] leitet der EuGH 1975 erstmals eine Vertrauensschutzlage aus der aus der Vermögensdisposition folgenden faktischen Bindung des Unternehmers an ein Geschäft ab. Auch in der Rechtssache *Tomadini*[1024] vier Jahre später bestätigt der EuGH die Grundsätze aus den Entscheidungen *Westzucker* und *CNTA* und verdeutlicht, dass bei der Interessenabwägung auf mehrere Kriterien abzustellen ist. Die Frage, welches Interesse überwiegt, ist daher davon abhängig, ob ein zwingendes Interesse für diese Neuregelung besteht, es Übergangsregelungen gibt, die Veröffentlichung der Neuregelung mit einer Vorlaufzeit geschehen ist und ob für den Betroffenen eventuell eine faktische Bindung aufgrund finanzieller Dispositionen im Rahmen eines Rechtsgeschäftes vorliegt[1025].

Diese Kriterien werden durch das Urteil in der Rechtssache *Dürbeck* vom 05.05.1982[1026] bestätigt, in dem der EuGH den Grundsatz des Vertrauensschutzes erstmals als Grundprinzip des Gemeinschaftsrechts bezeichnet. Der Anwendungsbereich des Grundsatzes des Vertrauensschutzes könne jedoch nicht so weit ausgedehnt werden, dass eine neue Regelung auf Rechtsfolgen in der Zukunft von vergangenen Sachverhalten ausgeschlossen ist, wenn keine Verpflichtungen gegenüber der Behörde übernommen worden sind[1027]. Das gelte besonders im Bereich der gemeinsamen Marktorganisation, die eine ständige Anpassung der Rechtslage erfordere[1028].

1021 EuGH-Urteil vom 05.06.1973 – Rs. C-81/72 – *Kommission/Rat*, Slg. 1973, 00575, Leitsatz 2, Rn. 10, 13.

1022 EuGH-Urteil vom 04.07.1973 – Rs. C-1/73 – *Westzucker*, Slg. 1973, 00723, Rn. 8.

1023 EuGH-Urteil vom 14.05.1975 – Rs. C-74/74 – *CNTA/Komission*, Slg. 1975, 00533, Rn. 41/43.

1024 EuGH-Urteil vom 16.05.1979 – Rs. C-84/78 – *Tomadini*, Slg. 1979, 01801.

1025 EuGH-Urteil vom 16.05.1979 – Rs. C-84/78 – *Tomadini*, Slg. 1979, 01801, Rn. 18 ff.; *Altmeyer*, Vertrauensschutz im Recht der Europäischen Union und im deutschen Recht, 37.

1026 EuGH-Urteil vom 05.05.1982 – Rs. C-112/80 – *Dürbeck*, Slg. 1981, 01095, Leitsatz 2, Rn. 47 ff.

1027 EuGH-Urteil vom 05.05.1982 – Rs. C-112/80 – *Dürbeck*, Slg. 1981, 01095, Rn. 48.

1028 EuGH-Urteil vom 05.05.1982 – Rs. C-112/80 – *Dürbeck*, Slg. 1981, 01095, Rn. 48.

Bezüglich der Schutzwürdigkeit des Vertrauens bei rückwirkenden Neuregelungen ergingen 1988 in zwei Parallelverfahren in den Rechtssachen *Mulder*[1029] und *von Deetzen*[1030], betreffend der Verordnung zur Marktorganisation für Milch und Milcherzeugnisse, zwei Entscheidungen, die die frühere Rechtsprechung abrunden. Der EuGH bejahte in seinem Urteil vom 28.04.1988 den Schutz des berechtigten Vertrauens darauf, dass die Nichtvermarktungsprämie nur eine begrenzte Wirkungskraft hat[1031].

Die unterschiedliche Prägung des Vertrauensschutzes im nationalen Recht und im Europarecht zeigt sich besonders bei der Rückforderung einer rechtswidrig gewährten Beihilfe[1032]. Der EuGH hat insoweit entschieden, dass sich die Rückforderung zwar grundsätzlich nach nationalem Recht richtet, dieses aber die gemeinschaftsrechtlich gebotene Rückforderung nicht praktisch unmöglich machen darf[1033].

bb) Inhalt und Prüfungsmaßstab

Der Grundsatz des Vertrauensschutzes beinhaltet die Verlässlichkeit auf den Bestand oder den Fortbestand einer Regelung und den Vertrauensschutz gegenüber Verwaltungshandeln[1034]. Besonders problematisch sind daher Gesetze und Verwaltungshandeln, die den Bürger rückwirkend belasten.

Der EuGH-Rechtsprechung ist zusammenfassend zu entnehmen, dass ein rechtmäßiger begünstigender Verwaltungsakt grundsätzlich weder ex nunc noch ex tunc zurückgenommen werden kann.

Der rechtswidrige begünstigende Verwaltungsakt kann ex nunc und ex tunc nur zurückgenommen werden, wenn das öffentliche Interesse überwiegt. Davon ist in jedem Fall dann auszugehen, wenn der Verwaltungsakt auf falschen oder unrichtigen Angaben beruht oder wenn der Betroffene wusste, dass sich die Rechtslage ändern wird. Auch die Frage, ob Verordnungen auf abgeschlossene Altsachverhalte Anwendung finden können, hängt von einer Interessenabwägung ab. Dabei ist besonders zu berücksichtigen, inwiefern der Betroffene bereits eine Vermögensdisposition getroffen hat, die er nicht mehr ohne einen finanziellen Verlust rückgängig machen kann.

1029 EuGH-Urteil vom 28.04.1988 – Rs. C-120/86 – *Mulder*, Slg. 1988, 02321.

1030 EuGH-Urteil vom 28.04.1988 – Rs. C-170/86 – *von Deetzen*, Slg. 1988, 02355.

1031 EuGH-Urteil vom 28.04.1988 – Rs. C-120/86 – *Mulder*, Slg. 1988, 02321, Rn. 26; EuGH-Urteil vom 28.04.1988 – Rs. C-170/86 – *von Deetzen*, Slg. 1988, 02355, Rn. 15.

1032 Siehe hierzu Hofmann-*Hofmann*, Rechtsstaatlichkeit in Europa, 334; *Schwarz*, Die Verwaltung 2001, 397-431.

1033 U.a. EuGH-Urteil vom 20.09.1990 – C-5/89 – *BUG-Alutechnik*, Slg. 1990, I-03437, Rn. 12f.

1034 V. Mangold/Klein/Starck-*Sommermann*, Art. 20 Abs. 3 Rn. 293.

Diese Grundsätze haben sich auch in der nachfolgenden Rechtsprechung des EuGH durchgesetzt[1035]. Der EuGH macht deutlich, dass es zwar grundsätzlich mit dem Grundsatz des Vertrauensschutzes vereinbar ist, dass eine Regelung auf die künftigen Folgen eines Sachverhaltes angewandt wird[1036], dem Steuerpflichtigen darf jedoch kein Recht, das er durch eine frühere Regelung erworben hat, wieder genommen werden[1037].

Anhand der Rechtsprechung des EuGH lassen sich die Voraussetzungen herleiten, die erfüllt sein müssen, damit der Grundsatz des Vertrauensschutzes Anwendung findet, auch wenn sich aus der Rechtsprechung kein abschließender Katalog ergibt[1038]. Die Gewährung von Vertrauensschutz setzt eine Vertrauenslage voraus, die entweder auf einem Rechtssetzungsakt oder aus einer Maßnahme allgemeinen Charakters entsteht[1039]. Die Vertrauensschutzlage muss jedoch schon konkretisiert sein[1040]. Das heißt, es muss zu einer Vermögensdisposition gekommen sein, die kausal auf der Vertrauensbetätigung beruht[1041].

Zudem muss das Vertrauen schützenswert sein und das Individualinteresse das Interesse des Staates überwiegen[1042]. Der EuGH sieht das Vertrauen als nicht schützenswert an, wenn ein besonnener Wirtschaftsteilnehmer vorhersehen konnte, dass es zur Änderung einer ihn betreffenden Regelung des Unionsrechts kommt. Es darf nicht auf die Beibehaltung einer Situation vertraut werden, die die Organe der EU im Rahmen ihres Ermessens ändern können, besonders auf Gebieten wie

---

1035 EuGH-Urteil vom 12.05.2011 – C-107/10, UR 2011, 507-513, Tenor 1.

1036 EuGH-Urteil vom 14.01.1987 – C-278/84 – *Komission/Deutschland*, Slg. 1987, 00001, Leitsatz 5, Rn. 36; EuGH-Urteil vom 22.02.1990 – C-221/88 – *Busseni*, Slg. 1990, I-00495, Leitsatz 4 Rn. 35, EuGH-Urteil vom 29.06.1999 – C-158/98 – *Coffeeshop „Siberië"*, Slg. 1999, I-03971, Leitsatz 1; EuGH-Urteil vom 29.06.2011 – C-60/98 – *Butterfly Music*, Slg. 1999, I-03939, Leitsatz 1, Rn. 25.

1037 EuGH-Urteil vom 11.07.2002 – C-62/00 – *Marks & Spencer*, Slg. 2002, I-06325m Rn. 45; EuGH-Urteil vom 29.04.2004 – C-17/01 – *Sudholz*, Slg. 2004, I-04243, Rn. 40; EuGH-Urteil vom 12.05.2011 – C-107/10, UR 2011, 507-513, Rn. 39.

1038 So auch *Altmeyer*, Vertrauensschutz im Recht der Europäischen Union und im deutschen Recht, 43; *Borchardt*, EuGRZ 1988, 309 ff.; *Schwarze*, Europäisches Verwaltungsrecht, Band II, 1988, 922 ff., a.A. *Meesenburg*, Das Vertrauensschutzprinzip im europäischen Finanzverwaltungsrecht, insbes. S. 67 ff.

1039 EuGH-Urteil vom 05.06.1973 – C-81/72 – *Kommission/Rat*, Slg. 1973, 00575, Leitsatz 2; Rn. 10; Schulze/Zuleeg/Kadelbach-*Scheuing*, Europarecht, § 6 Rn. 41; Grabitz/Hilf/ Nettesheim-*Mayer*, nach Art. 6 EUV, Rn. 397.

1040 EuGH-Urteil vom 28.04.1988 – Rs. C-120/86 – *Mulder*, Slg. 1988, 02321; EuGH-Urteil vom 28.04.1988 – Rs. C-170/86 – *von Deetzen*, Slg. 1988, 02355.

1041 *Altmeyer*, Vertrauensschutz im Recht der Europäischen Union und im deutschen Recht, 46.

1042 Schulze/Zuleeg/Kadelbach-*Scheuing*, Europarecht, § 6 Rn. 41; *Kurzenberger*, Nachweisproblematik und Gutglaubensschutz bei innergemeinschaftlichen Lieferungen, 27.

der gemeinsamen Marktorganisation, die einer ständigen Veränderung und damit der Notwendigkeit einer Anpassung unterliegen[1043].

Letztlich muss eine Abwägung zwischen dem Interesse an der Verwirklichung der Ziele der EU und dem Grundsatz der Gesetzmäßigkeit der Verwaltung und dem Individualinteresse des Betroffenen stattfinden[1044].

cc) Anwendung des Grundsatzes des Vertrauensschutzes als Ausprägung des Grundsatzes der Rechtssicherheit auf den Vertrauensschutz bezüglich Angaben Dritter

Die Mitgliedstaaten haben die Vorgaben des Gemeinschaftsrechts und damit auch den Grundsatz der Rechtssicherheit und des Vertrauensschutzes in seiner gemeinschaftsrechtlichen Ausprägung bei der Umsetzung von Richtlinien zu beachten[1045].

In Bezug auf den Vertrauensschutz bezüglich Angaben Dritter lassen sich der EuGH-Rechtsprechung zwei Konstellationen entnehmen, in denen der Grundsatz der Rechtssicherheit speziell in der Ausprägung des Grundsatzes des Vertrauensschutzes relevant wird. Stellen sich die Angaben des Dritten als falsch heraus, besteht die Möglichkeit, dass die Belege gar nicht anerkannt werden oder, dass die Belege zunächst anerkannt werden und später, wenn sich herausstellt dass diese gefälscht sind, es zu einer nachträglichen Aberkennung der Rechtsfolgen kommt.

Grundsätzlich dürfen Voraussetzungen für die Gewährung der Steuerfreiheit, die einmal festgelegt wurden, im Nachhinein nicht verschärft werden[1046]. Für den Steuerpflichtigen muss vorhersehbar sein, welche Rechtsfolge eintritt. Es verstößt gegen den Grundsatz der Rechtssicherheit, wenn ein Beweis nicht anerkannt wird, obwohl der Steuerpflichtige nicht wusste oder hätte wissen können,

---

1043 EuGH-Urteil vom 14.10.1999 – C-104/97 – *Atlanta/Europäische Gemeinschaft*, Slg. 1999, I-06983, Leitsatz 5; EuGH-Urteil vom 15.07.2004 – C-37/02 – *Di Lenardo und Dilexport*, Slg. 2004, I-06911, EuGH-Urteil vom 07.06.2005 – C-17/03 – VEMW u.a., Slg. 2005, I-04983, Leitsatz 3, Rn. 74; Leitsatz 2, Rn. 70; EuGH-Urteil vom 07.09.2006 – C-310/04 – *Spanien/Rat*, Slg. 2006, I-07285, Leitsatz 5, Rn. 81.

1044 EuGH-Urteil vom 28.04.1988 – Rs. C-120/86 – *Mulder*, Slg. 1988, 02321, Rn. 22 ff.; EuGH-Urteil vom 28.04.1988 – Rs. C-170/86 – *von Deetzen*, Slg. 1988, 02355, Rn. 12 ff.

1045 EuGH-Urteil vom 03.12.1998 – C-381/97 – *Belgocodex*, Slg. 1998, I-08153, Leitsatz 2 Rn. 26; EuGH-Urteil vom 18.05.2000 – C-107/97 – *Rombi und Arkopharma*, Slg. 2000, I-03367, Leitsatz 3, EuGH-Urteil vom 11.07.2002 – C-62/00 – *Marks & Spencer*, Slg. 2002, I-06325, Rn. 44; EuGH-Urteil vom 14.09.2006 – C-181/04 – *Elmeka*, Slg. 2006, I-08167, Tenor; Rn. 31; EuGH-Urteil vom 10.09.2009 – *Plantanol* – C-201/08, Slg. 2009, I-08343, Rn. 43; EuGH-Schlussanträge vom 15.09.2011 – C-427/10 – *Banca Antoniana Popolare Veneta*, UR 2012, 184, Rn. 28.

1046 Winter, UR 2007, 881 (883).

dass der Nachweis gefälscht wurde[1047]. Für den Steuerpflichtigen war die Konsequenz seines Handelns nicht vorhersehbar. Hat er alle Nachweise erbracht, die nach der Sorgfalt eines ordentlichen Kaufmanns von ihm verlangt werden konnten, so muss der Eintritt der erwarteten Rechtsfolge gewährleistet sein.

Geht es um die Vorhersehbarkeit der Rechtsfolgen, so ist der Grundsatz der Rechtssicherheit in seiner Ausprägung als Grundsatz des Vertrauensschutzes betroffen. Die Vertrauensschutzgrundlage wird durch die Normierung der nachzuweisenden Voraussetzungen auf Grundlage des in der Richtlinie vorgesehen Gestaltungsspielraums geschaffen. Daher muss m.E. der Steuerpflichtige zumindest darauf vertrauen können, dass er nicht später zur Umsatzsteuer herangezogen wird, wenn er Nachweise erbringt, die dem ersten Anschein nach für die Erfüllung der Voraussetzungen der Steuerfreiheit nach § 6 und § 6a UStG, Verlagerung der Steuerschuld nach § 13b UStG oder der Voraussetzungen für den Vorsteuerabzug nach § 15 UStG sprechen. Eine Inanspruchnahme ist nur dann gerechtfertigt, wenn sich die Angaben im Nachhinein als falsch herausstellen und der Steuerpflichtige dies jedoch wusste oder hätte wissen können. In jedem Fall muss es ausreichen, die niedergeschriebenen Anforderungen zu erfüllen und es dürfen keine weiteren Voraussetzungen an den Steuerpflichtigen gestellt werden. Der Steuerpflichtige, der bereits das Geschäft abgeschlossen hat, hat folglich auch bereits eine Vermögensdisposition getroffen, die er auch nicht rückgängig machen kann. Der Grundsatz des Vertrauensschutzes ist Teil des Grundsatzes der Rechtssicherheit.

Zwar ist die Betrugsbekämpfung ein legitimes und anerkanntes Ziel der MwStSystRL[1048], das Interesse des Steuerpflichtigen überwiegt aber dann, wenn er die Sorgfalt eines ordentlichen Kaufmanns angewandt und alle ihm zumutbaren und erforderlichen Maßnahmen ergriffen hat. Der Steuerpflichtige muss dann auf die Angaben des Dritten vertrauen können dürfen. Sein Vertrauen in die Gewährung der Steuerfreiheit, die Verlagerung der Steuerschuld oder die Inanspruchnahme des Vorsteuerabzuges ist folglich zu schützen.

In den Urteilen *Teleos* und *Netto Supermarkt* macht der EuGH deutlich, dass es gegen den Grundsatz der Rechtssicherheit verstoße, wenn Belege durch die Finanzverwaltung zunächst akzeptiert wurden und später, wenn sich herausstellt, dass die Belege gefälscht waren, die Steuerfreiheit wieder aberkannt wird[1049]. Betroffen ist in diesem Fall die Vorhersehbarkeit des Verwaltungshandelns. Auch hier geht es um die Rechtssicherheit in Form des Vertrauensschutzes, auch

1047 EuGH-Urteil vom 27.09.2007 – Rs. C-409/04 – *Teleos*, UR 2007, 774, Rn. 50.

1048 EuGH-Urteil vom 07.12.2010 – Rs. C-285/09 – *R*, DB 2010, 2774 , Rn. 36.

1049 EuGH-Urteil vom 17.09.2007 – Rs. C-409/04 – *Teleos*, UR 2007, 774, Rn. 50; EuGH-Urteil vom 21.02.2008 – Rs. C-271/06 – *Netto Supermarkt*, UR 2008, 508, Rn. 21.

wenn der EuGH das nicht eindeutig hervorhebt und nur auf den Grundsatz der Rechtssicherheit abstellt[1050]. Der Steuerpflichtige muss auf das Handeln der Verwaltung vertrauen können. Die Vertrauensschutzlage ergibt sich daher aus dem Handeln der Verwaltung, die die Belege zunächst einmal anerkannt hat. Das Vertrauen ist dann schützenswert, wenn der Steuerpflichtige nicht wusste und nicht hätte wissen können, dass die Angaben falsch sind.

Eine Konkretisierung der Vertrauensschutzlage hat in allen Fällen durch eine Vermögensdisposition in Form des Abschlusses des Geschäftes mit dem Vertragspartner stattgefunden. Diese Vermögensdisposition kann auch nicht ohne Verlust rückgängig gemacht werden.

Die Frage, ob der Steuerpflichtige auf das Bestehen einer Rechtsgrundlage oder das Handeln der Verwaltung vertrauen kann, ist auch immer eine Frage der Rechtssicherheit und der Vorhersehbarkeit der Rechtsfolgen. Der Steuerpflichtige vertraut darauf, dass bei einem bestimmten Verhalten eine Rechtsfolge eintritt, die für ihn auch vorhersehbar sein muss. Bezüglich der Angaben Dritter wird der Grundsatz der Rechtssicherheit daher immer in der Ausprägung des Grundsatzes des Vertrauensschutzes relevant. Ein Anwendungsbereich der Rechtssicherheit außerhalb des Grundsatzes des Vertrauensschutzes ergibt sich bei der Problematik, dass die Verwaltung Untersuchungen bezüglich der Motivation des Steuerpflichtigen anstellen muss. Hier ist m.E. die Rechtsklarheit betroffen. Das Recht muss Tatbestand und Rechtsfolge eindeutig regeln, daher muss zunächst auf die objektive Natur der Umsätze abgestellt werden[1051]. Lediglich bei Rechtsmissbrauch, also bei der vorsätzlichen Beteiligung des Steuerpflichtigen an einer Steuerhinterziehung ist der Vertrauensschutz zu verweigern.

Der Vertrauensschutz bezüglich Angaben Dritter ergibt sich also unmittelbar aus der Notwendigkeit, dem Steuerpflichtigen Rechtssicherheit in Form des Vertrauensschutzes zu gewähren.

Ein Steuerpflichtiger, der sich vorsätzlich an einer Steuerhinterziehung beteiligt und damit das Funktionieren des Mehrwertsteuersystems gefährdet, kann sich nicht auf den Grundsatz der Rechtssicherheit und des Vertrauensschutzes berufen[1052].

1050 EuGH-Urteil vom 21.02.2008 – Rs. C-271/06 – *Netto Supermarkt*, UR 2008, 508, Rn. 21.

1051 EuGH-Urteil vom 06.04.1995 – Rs. C-4/94 – *BLP Group*, Slg. 1995, I-00983, Rn. 24.

1052 EuGH-Urteil vom 07.12.2010 – Rs. C-285/09 – *R*, Slg. 2010, 00000, Rn. 54.

d) Grundsatz der Verhältnismäßigkeit

aa) Herleitung

Der Grundsatz der Verhältnismäßigkeit gehört nach ständiger Rechtsprechung des EuGH, zu den allgemeinen Rechtsgrundsätzen[1053]. Mittlerweile ist er in Art. 2 Abs. 1 EUV allgemein als grundlegender Wert und Ausprägung der Rechtsstaatlichkeit normiert[1054]. Art. 5 Abs. 4 EUV beschreibt die Anwendung des Verhältnismäßigkeitsgrundsatzes speziell für das Verhältnis zwischen Union und Mitgliedstaaten. Es handelt sich um eine Kompetenzausübungsschranke, die ein Übermaßverbot beinhaltet[1055].

Der Verhältnismäßigkeitsgrundsatz wird auch als „Schlüssel des unionsrechtlichen Grundrechtsschutzes" bezeichnet[1056].

Die Wurzeln des Verhältnismäßigkeitsgrundsatzes im europäischen Recht gehen bis in die Antike zurück[1057]. Im Mittelalter wurde in der Magna Charta Libertatum von 1215 der Schutz aller Freien vor unverhältnismäßiger Bestrafung gewährt[1058]. Die Funktion des Grundsatzes der Verhältnismäßigkeit bleibt jedoch auch in der Bill of Rights und der Menschenrechtserklärung von 1789 auf den Schutz vor übermäßigen Strafen beschränkt[1059]. Erst *Rousseau*[1060] erweitert den Gedanken der Verhältnismäßigkeit auf die Freiheit des Einzelnen, die nur soweit eingeschränkt werden darf, wie es dem Allgemeininteresse nützlich ist.

1053 EuGH Urteil vom 13.12.1979 – Rs. C- 44/79 – *Hauer*, Slg. 1979, 03727, Rn. 23 ff; EuGH Urteil vom 20.02.1979 – Rs. C-120/79 – *Cassis de Dijon*, Slg. 1979, 00649, Rn. 8; dazu *Kischel*, EuR 2000, 380; *Koch*, Der Grundsatz der Verhältnismäßigkeit in der Rechtsprechung des Gerichtshofes der Europäischen Gemeinschaft, 174 ff.

1054 Niederschlag findet der Verhältnismäßigkeitsgrundsatz zudem in Art. 36, 45 Abs. 3, 52 Abs. 1, 102 lit. a und 106 Abs. 3 AEUV.

1055 Streinz-*Streinz*, Art. 5 Rn. 41.

1056 Grabitz/Hilf/Nettesheim-*Mayer*, nach Art. 6 EUV Rn. 403.

1057 *Wieacker*, Geschichtliche Wurzeln des Prinzips der verhältnismäßigen Rechtsanwendung, in: Lutter/Stimpel/Wiedemann Festschrift Robert Fischer, 867, nach *Wieacker* liegen die Wurzeln des Verhältnismäßigkeitsgrundsatzes in dem Gedanken der vergeltenden Gerechtigkeit auf proportionale Tatvergeltung (iustitia vindicativa), das Postulat der zuteilenden Gerechtigkeit (iustitia distibutiva) und dem Gedanken, dass das Recht dem Nutzen des einzlenen und der Gesellschaft zu dienen habe; siehe hierzu auch *Koch*, Der Grundsatz der Verhältnismäßigkeit in der Rechtsprechung des Gerichtshofs der Europäischen Gemeinschaft, 41.

1058 Vgl. Ziffer 20 der Magna Charta Libertatum von 1215, abrufbar unter http://www.verfassungen.eu/gb/gb1215.htm (Zugriffsdatum: 29.08.2012).

1059 *Koch*, Der Grundsatz der Verhältnismäßigkeit in der Rechtsprechung des Gerichtshofs der Europäischen Gemeinschaft, 577.

1060 *Rousseau*, Du Contrat Social, 49: „[...] le souverain, de son côté, ne peu pas charger les sujets d'aucune chaîne inutile à la communauté.".

Blackstone[1061] formulierte als Erster die bis heute gültige These zur Reichweite der persönlichen Freiheit und zeigt damit schon die Grundzüge der Verhältnismäßigkeitsdogmatik auf: "Political [...], or civil liberty, [...] is no other than natural liberty, so far restained by human laws (and no father than) as is necessary and expedient for the general advantage of the public".

Der Grundsatz der Verhältnismäßigkeit entspringt dem Gerechtigkeitsgedanken, weil er das „rechte Maß" anstrebt[1062]. Er knüpft an das Zweck-Mittel-Denken an und entstammt somit auch dem Gedanken der zweckgerichteten Vernunft[1063]. Er versucht auch die Gleichheit in der Freiheit herzustellen, indem er die Freiheit des Einzelnen mit der Freiheit der Anderen in Einklang zu bringen versucht[1064].

Der EuGH orientiert sich bei der Entwicklung des Verhältnismäßigkeitsgrundsatzes offensichtlich am deutschen Recht[1065], der Ausgleich zwischen Zweck und Mittel und Erforderlichkeit als Voraussetzung für hoheitliche Eingriffe ist jedoch keine deutsche Erfindung, sondern ist auf europäische Rechtstraditionen zurückzuführen, die unter dem Einfluss der Aufklärung Eingang in Rechtsordnungen der Staaten Europas gefunden hat[1066]. In Deutschland wurde jedoch die Struktur des Grundsatzes am weitesten ausdifferenziert[1067].

Der EuGH hat sich zum ersten Mal 1956 mit dem Grundsatz der Verhältnismäßigkeit in der Rechtssache *Fédération charbonnière de Belgique/Hohe Behörde* [1068] auseinandergesetzt. Er führt aus, dass die Maßnahmen der Behörde gegen das unerlaubte Verhalten des Unternehmers in einem gewissen Verhältnis

1061 *Blackstone*, Commentaries on the Laws of England, 64.

1062 Siehe hierzu auch sehr ausführlich *Emmerich-Fritsche*, Der Grundsatz der Verhältnismäßigkeit als Direktive und Schranke der EG-Rechtssetzung, 49 ff.; *Marcic*, Vom Gesetzesstaat zum Richterstaat, 4.

1063 *Wieacker*, Geschichtliche Wurzeln des Prinzips der verhältnismäßigen Rechtsanwendung, in: Lutter/Stimpel/Wiedemann, Festschrift für Robert Fischer, 878 f.; *Kant*, Kritik der praktischen Vernunft, 58 meint hierzu: „[...] die Beurteilung des Verhältnisses der Mittel zu Zwecken gehört allerdings zur Vernunft".

1064 *Emmerich-Fritsche*, Der Grundsatz der Verhältnismäßigkeit als Direktive und Schranke der EG-Rechtssetzung, 58; Kutscher/Rees/Teitgen/Ermacora/Ubertazzi-*Ermacora*, Der Grundsatz der Verhältnismäßigkeit in europäischen Rechtsordnungen, 75.

1065 So auch *Heinsohn*, Der öffentliche Grundsatz der Verhältnismäßigkeit, 128.

1066 *Koch*, Der Grundsatz der Verhältnismäßigkeit in der Rechtsprechung des Gerichtshofs der Europäischen Gemeinschaft, 47.

1067 *Koch*, Der Grundsatz der Verhältnismäßigkeit in der Rechtsprechung des Gerichtshofs der Europäischen Gemeinschaft, 47; die Verbreitung des Verhältnismäßigkeitsgrundsatzes im gesamten deutschen Verwaltungsrecht erfolgte durch die polizeiliche Generalklausel in § 10 Abs. 2 Nr. 17 ALR des Preußischen Allgemeinen Landrechts von 1794.

1068 EuGH-Urteil vom 29.11.1956 – Rs. C-8/55 – *Fédération charbonnière de Belgique/Hohe Behörde*, Slg. 1956, 00297.

stehen müsse[1069]. Erst 13 Jahre später hat der EuGH in dem Urteil *Stauder*[1070] den Grundsatz der Verhältnismäßigkeit – zwar nicht wörtlich – aber prinzipiell, als allgemeinen Rechtsgrundsatz anerkannt. Als Maßstab für jedes belastende Handeln der Organe der Europäischen Union ist der Grundsatz der Verhältnismäßigkeit spätestens seit 1970 anerkannt[1071].

Der EuGH und die Literatur leiten den Grundsatz der Verhältnismäßigkeit aus verschiedenen Rechtsquellen ab[1072]. Zunächst berief sich der EuGH auf diejenigen Bestimmungen des Primärrechts, die ausdrücklich die Erforderlichkeit oder Notwendigkeit von Maßnahmen fordern[1073]. *Schwarze* weist aber richtigerweise darauf hin, dass sich aus Art. 40 Abs. 3 EWG-Vertrag lediglich die Notwendigkeit der Erforderlichkeit und damit nur ein Teil des Verhältnismäßigkeitsgrundsatzes ableiten lässt[1074]. Auch Art. 115 Abs. 2 EWG-Vertrag, Art. 5 Abs. 2 EGKS-Vertrag und 3b Abs. 3 EG-Vertrag[1075] enthalten lediglich den Grundsatz der Erforderlichkeit[1076].

In der Literatur wird der Grundsatz zum Teil auch als Gewohnheitsrecht mit völkerrechtlichem Ursprung bezeichnet[1077].

Zudem leitet der EuGH den Grundsatz auch aus einem wertenden Rechtsvergleich der Rechtsordnungen der Mitgliedstaaten her[1078]. In den meisten Rechtsordnungen findet man den Grundsatz der Verhältnismäßigkeit, wenn auch in unterschiedlicher Ausprägung[1079]. Auch die Regelungen der Europäischen Konvention zum Schutz der Menschenrechte und Grundfreiheiten gibt wichtige Anhaltspunkte

---

1069 EuGH-Urteil vom 29.11.1956 – Rs. C-8/55 – *Fédération charbonnière de Belgique/Hohe Behörde*, Slg. 1956, 00297, 00311.

1070 EuGH-Urteil vom 12.11.1969 – Rs. C-29/69 – *Stauder*, Slg. 1969, 00419.

1071 EuGH-Urteil vom 17.12.1970 – Rs. C-11/70 – *Internationale Handelsgesellschaft*, Slg. 1970, 01125, Rn. 2, 22, 25.

1072 *Pache*, NVwZ 1999, 1033 (1038-1040); siehe hierzu ausführlich *Koch*, Der Grundsatz der Verhältnismäßigkeit in der Rechtsprechung des Gerichtshofs der Europäischen Gemeinschaft, 158-193.

1073 EuGH-Schlussanträge vom 02.12.1970 – Rs. C-11/70 – *Internationale Handelsgesellschaft* – Slg. 1970, 01125 (1150 f.); EuGH-Urteil vom 17.12.1970 – Rs. C-11/70 – *Internationale Handelsgesellschaft*, Slg. 1970, 01125, Rn. 25.

1074 *Schwarze,* Europäisches Verwaltungsrecht, 692.

1075 Heute Art. 5 Abs. 4 EUV.

1076 *Heinsohn*, Der öffentliche Grundsatz der Verhältnismäßigkeit, 91f.

1077 Kutscher/Rees/Teitgen/Ermacora/Ubertazzi-*Rees*, Der Grundsatz der Verhältnismäßigkeit in europäischen Rechtsordnungen, 38.

1078 EuGH-Schlussanträge vom 30.06.2009 – C-101/08 – *Audiolux u.a.*, Slg. 2009, I-09823, Rn. 69 ff.; *Pache*, NVwZ 1999, 1033 (1035).

1079 Zum Vergleich der Rechtsordnungen der Mitgliedsstaaten siehe *Schwarze*, Europäisches Verwaltungsrecht, 663 ff; zum englischen und französischen Recht siehe *Heinsohn*, Der öffentliche Grundsatz der Verhältnismäßigkeit, 129 ff.

für die Entwicklung des Grundsatzes der Verhältnismäßigkeit[1080]. Nach Ansicht von *Koch*[1081] ergibt sich die Geltung des allgemeinen Rechtsgrundsatzes schon aus dem Selbstverständnis der Gemeinschaft als „Rechtsgemeinschaft“ und der daraus resultierenden Bindung an die Rechtsstaatlichkeit. Letztlich ist es m.E. ein Zusammenspiel aus allen Herleitungsvarianten, die den Grundsatz der Verhältnismäßigkeit in seiner heutigen Gestaltung auf europäischer Ebene geprägt haben.

Besonders ausführlich setzt sich der EuGH mit dem Verhältnismäßigkeitsgrundsatz bei der Frage der Einschränkung der europäischen Grundrechte auseinander[1082].

bb) Inhalt und Prüfungsmaßstab

Im Unionsrecht hat der Verhältnismäßigkeitsgrundsatz drei Funktionen. Zunächst dient er als objektiver Verfassungsgrundsatz der Überprüfung allen Handelns der Organe der Europäischen Union auf dessen Rechtmäßigkeit[1083] – besonders bei der Rechtmäßigkeit von Grundrechtsbeschränkungen[1084]. Zweitens ist er Schrankenregelung und Wesensgehaltsgarantie der Unionsgrundrechte und drittens Auslegungsgrundsatz für Unionsrecht jeden Ranges und für bestimmte nationale Rechtsnormen, die der Umsetzung von Unionsrecht dienen[1085].

Den dreistufigen Aufbau der Verhältnismäßigkeitsprüfung wendet der EuGH erstmals in dem Urteil *Schräder* aus dem Jahr 1989 an[1086]. Um dem Grundsatz der Verhältnismäßigkeit gerecht zu werden, muss nach Auffassung des EuGH eine Maßnahme für das angestrebte Ziel geeignet sein[1087]. Sie muss also der Erreichung

1080 EuGH-Urteil vom 28.10.2975 – Rs. C-36/75 – *Ruitili*, Slg. 1975, 1219, Rn. 32.

1081 *Koch*, Der Grundsatz der Verhältnismäßigkeit in der Rechtsprechung des Gerichtshofs der Europäischen Gemeinschaft, 187-193; So auch *Ipsen*, Europäisches Gemeinschaftsrecht, 512.

1082 EuGH-Urteil vom 17.12.1970 – Rs. C-11/70 – *Internationale Handelsgesellschaft*, Slg. 1970, 01125; EuGH-Urteil vom 13.12.1979 – Rs. C-44/79 – *Hauer*, Slg. 1979, 03727.

1083 *Pache*, NVwZ 1999, 1033 (1036).

1084 *Von Danwitz*, EWS 2003, 393 (394).

1085 *Pache*, NVwZ 1999, 1033 (1036); *von Danwitz*, EWS 2003, 393 (394).

1086 EuGH-Urteil vom 11.07.1989 – Rs. C-265/87 – *Schräder HS Kraftfutter*, Slg. 1989, 2237, Leitsatz 4, Rn. 19 ff.

1087 U.a. EuGH-Urteil vom 17.12.1970 – Rs. C-25/70 – *Köster, Berodt & Co.*, Slg. 1970, 01161, Rn. 25; EuGH-Urteil vom 21.02.1979 – Rs. C-138/78 – *Stöling*, Slg. 1979, 00713, Rn. 7; EuGH-Urteil vom 11.03.1987 – Rs. C-279/84 – *Rau Lebensmittelwerke u.a./Komission*, Slg. 1987, 01069, Rn. 34; EuGH-Urteil vom 11.07.1989 – Rs. C-265/87 – *Schräder HS Kraftfutter*, Slg. 1989, 2237, Leitsatz 4, Rn. 21; EuGH-Urteil vom 13.11.1990 – Rs. C-331/88 – *Fedesa u.a.*, Slg. 1990, I-4023, Rn. 13, 15; EuGH-Urteil vom 07.03.1990 – C-8/89 – *Zardi*, Slg. 1990, I-02515, Rn. 7-8; EuGH-Urteil vom 17.07.1997 – Rs. C-183/95 – *Affish*, Slg. 1997, I-04315, Rn. 30; EuGH-Urteil vom 11.07.1996 – Rs. C-22/94 – *Irish Farmers Association u.a.*, Slg. 1997, I-01809, Rn. 31; EuGH-Urteil vom 17.11.2011 – Rs. C-434/10 – *Aldzhov*, EuZW 2012, 75,

eines zulässigen Zieles dienen. Die Eignungsprüfung verlangt eine klare Benennung des Ziels und eine Wirksamkeitsanalyse[1088].

Sie muss erforderlich sein, darf also nicht über das unbedingt Notwendige hinausgehen[1089]. Stehen mehrere Mittel zur Auswahl, so ist das am wenigsten belastende zu wählen[1090].

Die Verhältnismäßigkeit im engeren Sinne, die durch den EuGH im Gegensatz zur Erforderlichkeit nur eingeschränkt geprüft wird, verlangt, dass der Erfolg einer Maßnahme in einem angemessenen Verhältnis zu den Beeinträchtigungen steht[1091].

Zwar hat der EuGH materiell rechtlich den dreigliedrigen Aufbau der Verhältnismäßigkeitsprüfung dem deutschen Recht entnommen, bei der gerichtlichen Kontrolle der Anwendung jedoch hält er sich eher an das französische Recht, das den anderen Organen einen großen Beurteilungs- und Ermessenspielraum einräumt[1092].

Rn. 47; EuGH-Urteil vom 18.11.2010 – Rs. C-84/09, HFR 2011, 221, Rn. 36; EuGH-Urteil vom 26.10.2010 – Rs. C-97/09 – *Schmelz,* Slg. 2010, I-10465, Rn. 58; Bunjes-*Robisch*, vor § 1 Einleitende Hinweise zum Umsatzsteuerrecht, Rn. 145Geiger/Khan/Kotzur-*Geiger*, Art. 7 Rn. 41.

1088 *Koch*, Der Grundsatz der Verhältnismäßigkeit in der Rechtsprechung des Gerichtshofes der Europäischen Gemeinschaft, 581.

1089 U.a. EuGH-Urteil vom 20.02.1979 – Rs. C-122/78 – *Buitoni*, Slg. 1979, 00677, Rn. 16/18ff.; EuGH-Urteil vom 11.07.1989 – Rs. C-265/87 – *Schräder HS Kraftfutter*, Slg. 1989, 2237, Leitsatz 4, Rn. 20; EuGH-Urteil vom 13.11.1990 – Rs. C-331/88 – *Fedesa u.a.*, Slg. 1990, I-4023, Rn. 13; EuGH-Urteil vom 17.07.1997 – Rs. C-183/95 – *Affish*, Slg. 1997, I-04315, Rn. 30; EuGH-Urteil vom 09.07.1987 – Rs. C-182/85 – *Lütticke*, Slg. 1987, 03159, Rn. 18; EuGH-Urteil vom 21.01.1992 – Rs. C-319/90 – *Pressler*, Slg. 1992, I-00203, Rn. 12; EUGH-Urteil vom 18.12.1997 – Rs. C-286/94 – *Molenheide u.a.*, Slg. 1997, I-07281, Rn. 46; EuGH-Urteil vom 17.11.2011 – Rs. C-434/10 – *Aldzhov*, EuZW 2012, 75, Rn. 47; EuGH-Urteil vom 18.11.2010 – Rs. C-84/09, HFR 2011, 221, Rn. 36; EuGH-Urteil vom 26.10.2010 – Rs. C-97/09 – *Schmelz,* Slg. 2010, I-10465, Rn. 58; Geiger/Khan/Kotzur-*Geiger*, Art. 7 Rn. 41.

1090 EuGH-Urteil vom 17.12.1970 – Rs. C-25/70 – *Köster, Berodt & Co.*, Slg. 1970, 01161, Rn. 27; EuGH-Urteil vom 11.07.1989 – C-265/87 – *Schräder HS Kraftfutter*, Slg. 1989, 02237, Leitsatz 4; EuGH-Urteil vom 17.07.1997 – Rs. C-183/95 – *Affish*, Slg. 1997, I-04315, Rn. 36, 38 ff.; EuGH-Urteil vom 17.07.1997 – Rs. C-248/95 – *SAM Schiffahrt und Stapf*, Slg. 1997, I-04475, Rn. 6; Grabitz/Hilf/Nettesheim-*Mayer*, nach Art. 6 EUV Rn. 404.

1091 U.a. EuGH-Urteil vom 13.12.1979 – Rs. C-44/79 – *Hauer*, Slg. 1979, 03727, Rn. 30; EuGH-Urteil vom 21.02.1979 – Rs. C-138/78 – *Stöling*, Slg. 1979, 00713, Rn. 7; EuGH-Urteil vom 11.07.1989 – Rs. C-265/87 – *Schräder HS Kraftfutter*, Slg. 1989, 2237, Rn. 21; EuGH-Urteil vom 13.11.1990 – Rs. C-331/88 – *Fedesa u.a.*, Slg. 1990, I-4023, Rn. 13; EuGH-Urteil vom 17.07.1997 – Rs. C-183/95 – *Affish*, Slg. 1997, I-04315, Rn. 30f., 41 ff; EuGH-Urteil vom 16.02.2012 – Rs. C-594/10 – *Van Laarhoven*, HFR 2012, 457, Rn. 33.

1092 *Pache*, NVwZ 1999, 1033 (1038-1040); *Koch*, Der Grundsatz der Verhältnismäßigkeit in der Rechtsprechung des Gerichtshofes der Europäischen Gemeinschaft, 579; EuGH-Urteil vom 21.12.2011 – Rs. C-465/10 – *Chambre de commerce und d'industrie de l'Indre*, NZBau 2012, 125, Rn. 64.

Zudem fehlt es bei der Verhältnismäßigkeitsprüfung oft an einer klaren Herausarbeitung des beeinträchtigten Interesses und an einer deutlichen Gewichtung[1093].

Die Prüfung des Verhältnismäßigkeitsgrundsatzes findet nicht nur, wie im deutschen Recht, im Rahmen der Grundrechte statt, sondern stellt in einigen Entscheidungen einen eigenen Prüfungspunkt dar[1094].

cc) Anwendung auf den Vertrauensschutz bezüglich Angaben Dritter

Eine unverhältnismäßige Belastung durch überhöhte Anforderungen an die zu erbringenden Nachweise ist nach dem Grundsatz der Verhältnismäßigkeit unzulässig[1095]. Das legitime Ziel der Betrugsbekämpfung und die Sicherung der Einnahmen des Staates rechtfertigen zwar hohe Anforderungen an den Steuerpflichtigen, sie dürfen jedoch nicht über das Erforderliche hinausgehen[1096].

Dass der Steuerpflichtige, um Betrug zu verhindern, die Tatbestandsvoraussetzungen nachweisen muss, ist dem legitimen Ziel zuträglich, erforderlich und auch verhältnismäßig im engeren Sinne.

Die einseitige Verlagerung des Risikos eines Betruges zu Lasten des Steuerpflichtigen ist zwar grundsätzlich geeignet, den Steuerpflichtigen dazu zu bewegen gründlicher Nachforschungen anzustellen und so auch Betrug zu verhindern und die Einnahmen des Staates zu schützen, allerdings wäre als milderes Mittel eventuell ein Systemwechsel denkbar. In jedem Fall ist diese Risikoverlagerung – vor dem Hintergrund, dass der Steuerpflichtige als „Steuereinsammler" für den Staat tätig wird – dann unverhältnismäßig, wenn der Steuerpflichtige alles ihm Mögliche und Zumutbare getan hat, um zu verhindern, dass sein Umsatz an einem Betrug beteiligt ist[1097]. Die Anforderungen, die an den Steuerpflichtigen gestellt werden, dürfen nicht wirklichkeitsfremd und unpraktikabel sein und zu einer übermäßigen Belastung des Steuerpflichtigen führen. Nachweise, die dem ersten Anschein nach für das Vorliegen der Voraussetzungen sprechen, müssen daher von der Finanzverwaltung akzeptiert werden.

1093 *Koch*, Der Grundsatz der Verhältnismäßigkeit in der Rechtsprechung des Gerichtshofes der Europäischen Gemeinschaft, 581.

1094 Vgl. hierzu EuGH-Urteil vom 11.07.1996 – Rs. C-22/94 – *Irish Farmers Association u.a.*, Slg. 1997, I-01809, Rn. 17; *Kischel*, EuR 2000, 380 (384).

1095 *Englisch*, UR 2008, 481 (483).

1096 EuGH-Urteil vom 27.09.2007 – Rs. C-409/04 – *Teleos*, UR 2007, 774, Rn. 58; EuGH-Urteil vom 29.07.2010 – Rs. C-188/09 – *Profaktor Kulesza, Frankowski, Józwiak, Orlowski*, DStR 2010, 1520, Rn. 26; EuGH-Urteil vom 18.12.1997 – C-286/94 – *Molenheide u.a.*, Slg. 1997, I-07281, Leitsatz 2, Rn. 47; EUGH-Urteil 21.4.2005 –C- 25/03 – *HE*, Slg. 2005, I-03123, Rn. 80, EuGH-Urteil vom 08.05.2008 – C-95/07 – *Ecotrade*, Slg. 2008, I-03457, Rn. 66.

1097 EuGH -Urteil vom 21.02.2008 – Rs. C-271/06 – *Netto Supermarkt*, UR 2008, 508, Rn. 23; mit Anmerkung *Grube*, jurisPR-SteuerR 2009, Anm. 6.

Gibt der Bürger keinen Anlass für eine staatliche Inanspruchnahme, ist eine solche als rechtswidrig und unverhältnismäßig anzusehen[1098]. Die einzige Ausnahme ist der gesetzliche Notstand[1099].

Unverhältnismäßigkeit liegt dann vor, wenn der Bürger in Anspruch genommen wird, obwohl er die Drittmanipulation nicht erkannt hatte und auch nicht erkennen konnte[1100]. Fällt der Steuerpflichtige also selbst betrügerischen Machenschaften zum Opfer, kann er nicht zur Zahlung der Mehrwertsteuer verpflichtet werden[1101].

Das gilt erst recht, wenn die Fälschung in Folge von Umständen erleichtert wurde, die aus der Risikosphäre des Staates stammen (Grundsatz von Treu und Glauben)[1102]. Die Problematik liegt auch in dem System der Mehrwertsteuer begründet, welches von Staat entwickelt wurde. Daher muss die Risikoverteilung angemessen sein.

Eine Berufung auf den Grundsatz der Verhältnismäßigkeit ist lediglich dem Steuerpflichtigen zu verwehren, der sich vorsätzlich an einem Mehrwertsteuerbetrug beteiligt[1103].

2. Grundsatz der steuerlichen Neutralität

a) Herleitung

1967 fand der Grundsatz der Neutralität das erste Mal Erwähnung in der Ersten und Zweiten Richtlinie zur Harmonisierung des Mehrwertsteuersystems, in denen die Neutralität und Wettbewerbsneutralität der Mehrwertsteuer gefordert werden[1104]. In Beweggrund 5 der Ersten Richtlinie nennt der Richtliniengeber den Begriff der „Neutralität" ausdrücklich: „Die größte Einfachheit und Neutralität eines Mehrwertsteuersystems wird erreicht, wenn die Steuer so allgemein wie möglich erhoben wird und wenn ihr Anwendungsbereich alle Produktions- und Vertriebsstufen sowie den Bereich der Dienstleistung erfasst"[1105].

Zuvor galt in Deutschland das Allphasen-Brutto-Umsatzsteuersystem[1106]. Auf jeder Handelsstufe wurde die Umsatzsteuer erhoben. Das heißt je mehr Handelsstu-

---

1098 *Dietlein/Mehrbrey*, BB 2001, 446 (447).

1099 *Dietlein/Mehrbrey*, BB 2001, 446 (447).

1100 *Dietlein/Mehrbrey*, BB 2001, 446 (448).

1101 EuGH-Urteil vom 27.09.2007 – C-409/04 – *Teleos*, UR 2007, 774, Rn. 58; *Sterzinger*, DStR 2010, 2606 (2606); a.A. BT-Drs 15/3289 vom 14.06.2004, 3 f.

1102 *Dietlein/Mehrbrey*, BB 2001, 446 (448).

1103 EuGH-Urteil vom 07.12.2010 – Rs. C-285/09 – *R*, DB 2010, 2774 , Rn. 54.

1104 Richtlinie 67/227/EWG vom 11.04.1967, ABl. EG Nr. L 71 S. 1301, Beweggründe 5, 8; Richtlinie 67/228/EWG vom 11.04.1967, ABl. EG Nr. L 71, 1303; Beweggründe 3, 4.

1105 Richtlinie 67/227/EWG vom 11.04.1967, ABl. EG Nr. L 71 S. 1301, Beweggrund 5.

1106 Mehr hierzu in *Birk*, Steuerrecht, Rn. 1671 ff.

fen die Ware durchläuft, desto größer war die Steuerlast[1107]. Dies führte zu einer Wettbewerbsverzerrung. Gerade im innergemeinschaftlichen Handelsverkehr war nicht ersichtlich, mit wie viel Mehrwertsteuer die Leistung schon belastet war. Die MwStSystRL hat die Definition der Ersten Richtlinie wörtlich übernommen und erwähnt den Grundsatz der Neutralität mehrmals in den Beweggründen[1108].

In der Literatur wird immer wieder Kritik an dem Grundsatz der Neutralität geübt. Nach Ansicht von *Nieskens*[1109] ist er ungenau und nicht kodifiziert. Die Betrachtung nach dem Grundsatz der Neutralität beschränke sich auf den Leistungsempfänger[1110]. Würde man in die Betrachtung die Steuerverwaltung mit einbeziehen, käme es zu unlösbaren Interessenkonflikten[1111]. Die Umsatzsteuer werde nach dem Sollprinzip berechnet, die Vorsteuer jedoch schon bei Vorhandensein einer Rechnung gewährt[1112]. M.E. ist kein Grund ersichtlich, warum der Steuerpflichtige die Umsatzsteuer vorstrecken sollte, die er selbst erst mit der Zahlung der Rechnung erhält. Zudem ist die Frage, wann die Vorsteuer gewährt wird oder die Umsatzsteuer zu zahlen ist, keine Frage der Belastungsneutralität. Letztlich kommt es zu einem Ausgleich. Richtig scheint mir in diesem Zusammenhang, dass das Finanzamt bei Betrug durch einen Dritten die Umsatzsteuer nicht erhält, wenn der Steuerpflichtige die Sorgfalt eines ordentlichen Kaufmanns angewandt hat. Zwar könnte man in solchen Konstellationen einen Verstoß gegen den Grundsatz der Neutralität auf Seiten der Finanzverwaltung sehen, allerdings ist dieser dem System, das der Gesetzgeber geschaffen hat, immanent und daher als in dessen Risikosphäre liegend zu akzeptieren.

Der Grundsatz der Neutralität wird auch durch den EuGH in ständiger Rechtsprechung als maßgebendes Prinzip herangezogen[1113]. Er sei zwar kein allgemeiner Rechtsgrundsatz, jedoch ein Auslegungsgrundsatz[1114]. Der EuGH verwendet den Grundsatz der Neutralität jedoch in verschiedenen Zusammenhängen und Konstellationen[1115].

1107 *Henze*, Umsatzsteuer-Kongress-Bericht 2010, 8.

1108 Richtlinie 2006/112/EG vom 28.12.2006, ABl. EU Nr. L 347, 1, Erwägungsgründe 5, 7, 13, 30, 34.

1109 *Nieskens*, UR 2004, 441 (447).

1110 *Nieskens*, UR 2004, 441 (449).

1111 *Nieskens*, UR 2004, 441 (449).

1112 *Nieskens*, UR 2004, 441 (449).

1113 Vgl. mit weiteren Nachweisen u.a. EuGH-Urteil vom 19.09.2000 – Rs. C-454/98 – *Schmeink & Cofreth und Strobel*, Slg. 2000, I-06973, Rn. 59; EuGH-Urteil vom 29.10.2009 – Rs. C-174/08 – *NCC Construction Danmark*, Slg. 2009, I-10567, Rn. 40; EuGH-Urteil vom 29.07.2010 – Rs. C-188/09 – *Profaktor Kulesza*, UR 2010, 775, Rn. 26.

1114 EuGH-Urteil vom 19.07.2012 – Rs. C-44/11 – *V-Höchst*, DB 2012, 1662, Rn. 45.

1115 *Henze*, Umsatzsteuer-Kongress-Bericht 2010, 8.

Der Grundsatz der Neutralität umfasst zum einen die Belastungsneutralität und zum anderen die Wettbewerbsneutralität, auch komparative Neutralität genannt[1116]. Die Belastungsneutralität ergibt sich aus Art. 17 Abs. 2 der Sechsten Richtlinie[1117]. Die Wettbewerbsneutralität findet hingegen keine Verankerung im Richtlinientext, sondern ergibt sich aus dem Grundsatz der Gleichbehandlung[1118]. Es wird deutlich, dass die komparative Neutralität grundrechtlich fundiert ist, während die Belastungsneutralität eher Ausfluss der Regelungen der MwStSystRL ist[1119]. Der EuGH bezeichnet in dem Urteil *Marks & Spencer*[1120] den Grundsatz der steuerlichen Neutralität als Unterfall des Gleichbehandlungsgrundsatzes. Der Neutralitätsgrundsatz ist demnach dann einschlägig, wenn die Vergleichsgruppen in einem Wettbewerbsverhältnis zueinander stehen. Der Gleichbehandlungsgrundsatz hingegen umfasst alle Situationen, in denen Wirtschaftsteilnehmer nicht in Konkurrenz, aber in einer ähnlichen Beziehung zueinander stehen[1121]. *Lohse*[1122], der den Grundsatz der Gleichbehandlung als Ausprägung des Grundsatzes der Neutralität ansieht, übersieht m.E., dass der Gleichbehandlungsgrundsatz einen viel breiteren Anwendungsbereich hat. In dem Urteil *NCC Construction Danmark*[1123] ordnet der EuGH den Grundsatz der Neutralität dem Gleichbehandlungsgrundsatz unter, indem er davon ausgeht, dass der Grundsatz der Gleichbehandlung Verfassungsrang hat, wohingegen der Grundsatz der Neutralität einer „gesetzgeberischen Ausarbeitung“ in Form eines „Rechtsaktes des abgeleiteten Gemeinschaftsrechtes“

1116 *Henze*, Umsatzsteuer-Kongress-Bericht 2010, 14.

1117 EuGH-Urteil vom 06.03.2008 – Rs. C-98/07 – *Nordania Fians und BG Factoring*, Slg. 2008, I-01281, Rn. 19; EuGH-Urteil vom 29.10.2009 – Rs. C-174/08 – *NCC Construction Danmark*, Slg. 2009, I-10567, Rn. 39.

1118 U.a. EuGH-Urteil vom 27.04.2006 – Rs. C-443/04 und C 444/04 – *Solleveld und Van der Hout-Van Eijnsbergen*, Slg. 2006, I-3617, Rn. 35; zur Notwendigkeit der Beachtung des Gleichbehandlungsgrundsatzes durch die Mitgliedsstaaten siehe EuGH-Urteil vom 06.11.2003 – Rs. C-45/01 – *Christoph Dornier Stiftung*, Slg. 2003, I-1291, Rn. 69.

1119 *Henze*, Umsatzsteuer-Kongress-Bericht 2010, 20.

1120 EuGH-Urteil vom 10.04.2008 – Rs. C-309/06 – *Marks & Spencer*, Slg. 2008, I-2283, Rn. 49; der EuGH hat schon in einem früheren Urteil den Zusammenhang zwischen einem Wettbewerbsverhältnis und dem Grundsatz der steuerlichen Neutralität hergestellt: „Der Grundsatz der steuerlichen Neutralität schließt den Grundsatz der Beseitigung von Wettbewerbsverzerrungen ein, die sich aus einer unterschiedlichen Behandlung hinsichtlich der Mehrwertsteuer ergeben [...] Die Verzerrung ist nachgewiesen, wenn feststeht, dass Dienstleistungen miteinander in Wettbewerb stehen und hinsichtlich der Mehrwertsteuer ungleich behandelt werden [...] Dabei kommt es nicht darauf an, ob es sich um einen bedeutende Verzerrung handelt.“, EuGH-Urteil vom 28.06.2007 – Rs. C-363/05 – *JP Morgan Fleming Claverhouse Investment Trust und The Association of Investment Trust Companie*, Slg. 2007, I-05517, Rn. 47.

1121 EuGH-Urteil vom 10.04.2008 – Rs. C-309/06 – *Marks & Spencer*, Slg. 2008, I-2283, Rn. 49.

1122 *Lohse*, UR 2004, 582 (583).

1123 EuGH-Urteil vom 29.10.2009 – Rs. C-174/08 – *NCC Construction Danmark*, Slg. 2009, I-10567, Rn. 42.

bedarf. M.E. trifft dies unter Betrachtung des Urteils *Marks & Spencer* jedoch nur auf die Belastungsneutralität zu. Die Wettbewerbsneutralität der Mehrwertsteuer ergibt sich unmittelbar aus dem Gleichbehandlungsgrundsatz und bedarf keiner Ausarbeitung durch den Gesetzgeber.

b) Inhalt und Prüfungsmaßstab

aa) Wettbewerbsneutralität

Seit den 1990er Jahren verweist der EuGH in seiner Rechtsprechung zunehmend auf die Notwendigkeit der Neutralität bei im Wettbewerb zueinander stehenden Leistungen[1124].

Der EuGH versteht unter dem Neutralitätsgrundsatz, dass gleichartige miteinander im Wettbewerb stehende Leistungen nicht unterschiedlich behandelt werden dürfen [1125]. Neutralität bedeutet demnach auch die Verhinderung einer Wettbewerbsverzerrung. Daher dürfen auch Waren, die im innergemeinschaftlichen Verkehr gehandelt werden, nicht gegenüber Waren, die im Inland gehandelt werden, benachteiligt werden[1126]. Selbst legale und illegale Geschäfte können im Wettbewerb zueinander stehen[1127].

Zudem müssen auch Steuerermäßigungen und Steuerbefreiungen rechtsformneutral gewährt werden[1128]. Der Unternehmer soll die Organisationsform wählen können, die ihm am günstigsten erscheint[1129].

1124 *Henze*, Umsatzsteuer-Kongress-Bericht 2010, 13.

1125 U.a. EuGH-Urteil vom 07.12.2006 – Rs. C-240/05 – *Eurodental*, Slg. 2006, I-11476, Rn. 36; *Dziadkowski,* DStZ 1999, 625, (626 ff.); *Nieskens*, UR 2004, 441, (447 ff.); *Lohse*, UR 2004, 582 (587 ff.).

1126 EuGH-Urteil vom 27.09.2007 – Rs. C-409/04 – *Teleos*, Slg. 2007, I-07797, Rn. 60 EuGH-Urteil vom 07.12.2006 – Rs. C-240/05 – *Eurodental*, Slg. 2006, I-11476, Rn. 47.

1127 EuGH-Urteil vom 29.06.1999 – Rs. C-158/98 – *Coffeeshop „Siberië",* Slg. 1999, I-03971, Rn. 14; EuGH-Urteil vom 27.11.2003 – Rs. C-497/01 – *Zita Modes*, UR 2004, 19, Rn. 51; der unerlaubte Handel mit Betäubungsmitteln unterliegt nicht dem Grundsatz der Wettbewerbsneutralität EuGH-Urteil vom 05.07.1988 – Rs. C-289/86 – *Vereniging Happy Family*, Slg. 1988, 03655; der Handel mit nachgeahmten Parfümwaren unterliegt dem Grundsatz der Neutralität EuGH-Urteil vom 28.05.1998 – C-3/97 – *Goodwin und Unstead*, Slg. 1998, I-03257; genauso wie das Glücksspiel EuGH-Urteil vom 11.06.1998 – Rs. C-283/95 – *Fischer*, Slg. 1998, I-03369.

1128 Zur steuerlichen Neutralität bei Steuerbefreiungen: mit weiteren Nachweisen EuGH-Urteil vom 29.10.2009 – Rs. C-29/08 – *AB SFK*, Slg. 2009, I-101413, Rn. 67, steuerlichen Neutralität bei Anwendung eines ermäßigten Steuersatzes: EuGH-Urteil vom 06.11.2003 – Rs. C-45/01 – *Christoph Dornier Stiftung*, Slg. 2003, I-1291, EuGH-Urteil vom 17.02.2005 – Rs. C-453/02 – *Linneweber und Akritidis*, Slg. 2005, I-01131; EuGH-Urteil vom 12.01.2006 – Rs. C-246/04 – *Turn- und Sportverein Waldburg*, Slg. 2006, I-00589.

1129 EuGH-Urteil vom 04.05.2006 – Rs. C-169/04 – *Abbey National*, Slg. 2006, I-04027, Rn. 56; EuGH-Urteil vom 21.06.2007 – Rs.C-453/05 – *Ludwig*, Slg. 2007, I-05083, Rn. 35; EuGH-Urteil vom 03.04.2008 – Rs. C-124/07 – *J.C.M. Beheer*, Slg. 2008, I-02101, Rn. 28.

bb) Belastungsneutralität

Neben der Wettbewerbsneutralität gebietet der Grundsatz der Neutralität, dass durch die Möglichkeit des Vorsteuerabzuges eine vollständige Entlastung des Unternehmers von der Vorsteuer sichergestellt werden, also Belastungsneutralität hergestellt werden muss[1130]. Die steuerliche Belastung hinsichtlich aller wirtschaftlichen Tätigkeiten – unabhängig vom Zweck oder Ergebnis – muss neutral sein[1131]. Die Vorbelastung soll neutralisiert werden, indem die auf der Vorleistung ruhende Umsatzsteuer abgezogen werden kann[1132].

Das heißt, dass auch dem Unternehmer, der zunächst keine Umsätze tätigt, der Vorsteuerabzug möglich sein muss[1133]. Auch der erfolglose Unternehmer kann nicht einfach zum fiktiven Endverbraucher umqualifiziert werden, wenn zum Zeitpunkt der Aufnahme des Geschäftes Unternehmereigenschaft gemäß § 2 UStG vorlag[1134]. Der Vorsteuerabzug kann letztlich nicht von einem erfolgreichen Handeln abhängig gemacht werden, da dieses nicht vorhersehbar ist und auch in den unterschiedlichen Branchen divergiert. Gerade für Existenzgründer würde der Verlust des Vorsteuerabzuges eventuell eine Marktzutrittsbarriere bedeuten[1135]. Werden Umsätze nicht für den privaten Bereich verwendet, so können sie nicht zu Umsätzen an den Endverbraucher umdeklariert werden[1136]. Dem Grundsatz der steuerlichen Neutralität entspricht außerdem das Verbot des Vorsteuerabzuges, wenn lediglich steuerfreie Ausgangsumsätze gemäß Art. 168 MwStSystRL getätigt werden.

Auch die Besteuerung der Privatentnahme stellt eine Belastungsgleichheit im Vergleich zum Endverbraucher her[1137].

1130 EuGH-Urteil vom 27.11.2003 – Rs. C-497/01 – *Zita Modes*, Slg. 2003, I-14393, Rn. 38; EuGH-Urteil vom 01.04.2004 – Rs. C-90/02 – *Bockemühl*, Slg. 2004, I-03303, Rn. 39; EuGH-Urteil vom 29.04.2004 – Rs. C-137/02 – *Faxworld*, Slg. 2004, I-05547, Rn. 37; *Nieskens*, UR 2004, 441 (447); *Dziadkowski* DStZ 1999, 625 (626).

1131 EuGH-Urteil vom 14.02.1985 – Rs. C-268/83 – *Rompelman*, Slg. 1985, 00655, Rn. 19; EuGH-Beschluss vom 03.03.2004 – Rs. C-395/02, HRF 2005, 370, Rn. 25. EuGH-Urteil vom 27.11.2003 – Rs. C-497/01 – *Zita Modes*, Slg. 2003, I-14393, Rn. 38; EuGH-Urteil vom 01.04.2004 – Rs. C-90/02 – *Bockemühl*, Slg. 2004, I-03303, Rn. 39; EuGH-Urteil vom 29.04.2004 – Rs. C-137/02 – *Faxworld*, Slg. 2004, I-05547, Rn. 37.

1132 *Dziadkowski*, DStZ 1999, 625 (626).

1133 *Dziadkowski/Robisch/Sabitzer*, UR 1995, 434; *Winter*, UR 1993, 411 (413).

1134 *Dziadkowski/Robisch/Sabitzer*, UR 1995, 434.

1135 *Dziadkowski/Robisch/Sabitzer*, UR 1995, 435.

1136 *Dziadkowski/Robisch/Sabitzer*, UR 1995, 434.

1137 U.a. EuGH-Urteil vom 08.05.2003 – Rs. C-269/00 – *Seeling*, Slg. 2003, I-04101, Rn. 40 ff.; EuGH-Urteil vom 21.04.2005 – Rs. C-25/03 – *HE*, Slg. 2005, I-03123, Rn. 46-48; EuGH-Urteil vom 23.04.2009 – Rs. C-460/07 – *Puffer*, Slg. 2009, I-03251, Rn. 39 ff.

Der Staat darf nur den Betrag an Umsatzsteuer vereinnahmen, der dem Betrag entspricht, den der Endverbraucher aufbringt[1138]. Folglich muss nur die tatsächlich erhaltene Gegenleistung versteuert werden[1139]. Der Steuerpflichtige muss also nur die von ihm erwirtschaftete Mehrwertsteuer aufbringen[1140], sonst würde es zu einer Kumulation der Mehrwertsteuer kommen[1141].

Bereits bei Einführung der Umsatzsteuer mit Vorsteuerabzug ging der Gesetzgeber in der Bundesrepublik davon aus, dass die „Mehrwertsteuer [...] eine nur beim Verkauf an den Letztverbraucher sich realisierende Verbrauchssteuer" sei[1142]. Auch die Möglichkeit der Berichtigung der zu Unrecht in Rechnung gestellten Steuer ist auf den Neutralitätsgrundsatz zurückzuführen[1143]. Im Urteil *Karageorgou*[1144] führt der EuGH hierzu aus, „[...] dass es Sache der Mitgliedstaaten ist, die Neutralität der Mehrwertsteuer dadurch zu gewährleisten, dass sie in ihrem innerstaatlichen Recht vorsehen, dass jede zu Unrecht in Rechnung gestellte Steuer berichtigt werden kann, wenn der Aussteller der Rechnung seinen guten Glauben nachweist." Hat der Rechnungsaussteller die Gefährdung des Steueraufkommens vollständig und rechtzeitig beseitigt, so kommt es auf den guten Glauben nicht mehr an[1145].

Die Auslegungsmöglichkeiten der Vorschriften über den Vorsteuerabzug im Sinne des Neutralitätsgrundsatzes haben ihre Grenzen im Wortlaut der Richtlinie. Selbst, wenn eine andere Auslegung dem Zweck des Neutralitätsgrundsatzes mehr entsprechen würde, so darf doch keine den Richtlinien widersprechende Regelung getroffen werden[1146].

1138 EuGH-Urteil vom 15.10.2002 – Rs. C-427/98 – *Komission Bundesrepublik Deutschland*, BStBl. II 2004, 328, DStRE 2002, 1400, Rn. 30.

1139 Rau/Dürrwächter-*Stadie*, Einf. Rn. 606.

1140 *Sterzinger*, DStR 2010, 2606 (2607).

1141 U.a. EuGH-Urteil vom 21.04.2005 – Rs. C-25/03 – *HE*, Slg. 2005, I-03123, Rn. 71; EuGH-Urteil vom 23.04.2009 – Rs. C-460/07 – *Puffer*, Slg. 2009, I-03251, Rn. 46.

1142 Schriftlicher Bericht des Finanzausschusses des Deutschen Bundestages vom 30.03.1967 über den von den Fraktionen der CDU/CSU, FDP eingebrachten Entwurf eines Umsatzsteuergesetzes (Nettoumsatzsteuer) zu BT-Drs. V/1581, 2.

1143 Rau/Dürrwächter-*Stadie*, Einf. Rn. 606; EuGH-Urteil vom 06.11.2003 – Rs. C-78 bis C-80/02 – *Karageorgou, Petrova und Vlachos*, Slg. 2003, I-13295, Rn. 49 f; siehe auch EuGH-Urteil vom 19.09.2000 – Rs. C-454/98 – *Schmeink & Cofreth und Strobel*, EuGHE 2000, 470, Rn. 48, 49.

1144 EuGH-Urteil vom 06.11.2003 – Rs. C-78 bis C-80/02 – *Karageorgou, Petrova und Vlachos*, Slg. 2003, I-13295, Rn. 50.

1145 EuGH-Urteil vom 06.11.2003 – Rs. C-78 bis C-80/02 – *Karageorgou, Petrova und Vlachos*, Slg. 2003, I-13295, Rn. 50.

1146 EuGH-Urteil vom 08.11.2001 – Rs. C-338/98 – *Kommission/Niederlande*, Slg. 2001, I-08265, Rn. 55f; EuGH-Urteil vom 06.10.2005 – Rs. C-204/03 – *Komission/Spanien*, Slg. 2005, I-08389, Rn. 28.

cc) Einschränkungen des Grundsatzes der Neutralität

Wäre die Belastungsneutralität vollständig gegeben, würde also die Umsatzsteuer lediglich vom Verbraucher getragen werden, so wäre auch die Wettbewerbsneutralität gegeben[1147]. Kein Unternehmer hätte einen Vorteil und der Gewinn wäre ohne die Umsatzsteuer gleich[1148]. Allerdings unterliegt die Belastungsneutralität einigen Einschränkungen, wie beispielsweise in Art. 176 MwStSystRL, der es erlaubt, bestimmte Ausschlüsse der Vorsteuer, die bei Inkrafttreten der Sechsten Richtlinie bestanden haben, beizubehalten[1149]. In der Rechtssache *Eurodental*[1150] konnte der in Luxemburg ansässige Lieferer die Vorsteuer für verwendetes Material für Lieferungen nach Deutschland nicht in Abzug bringen, weil die Ausgangsumsätze in Luxemburg anders als in Deutschland nicht steuerpflichtig waren. Dem Steuerpflichtigen wird daher eine Mehrbelastung zugemutet, weil Luxemburg nicht die Konsequenzen dafür tragen soll, dass Deutschland sich dafür entschieden hat, zur vorübergehenden Ausnahmeregelung zu optieren[1151].

Auch im Bereich der Steuerbefreiungen gibt es Einschränkungen. Der Grundsatz der Neutralität wird dann eingeschränkt, wenn der Steuerpflichtige den Nachweis für das Vorliegen einer innergemeinschaftlichen Lieferung nicht erbringen kann und ihm deshalb der Vorsteuerabzug versagt wird[1152]. Die Einschränkungen der Belastungsneutralität sind entweder auf eine fehlende Harmonisierung oder die Bekämpfung der Steuerhinterziehung zurückzuführen[1153].

Einschränkungen finden sich ferner bei der komparativen Neutralität. Art. 13 Abs. 1 Unterabs. 2 MwStSystRL unterwirft zum Beispiel den Staat und seine Einrichtungen nur dann der Umsatzsteuer, wenn es im Rahmen der Ausübung einer wirtschaftlichen Tätigkeit zu größeren Wettbewerbsverzerrung kommt[1154]. Allerdings ist der Grundsatz der Neutralität auch schon bei kleineren Wettbewerbsverzerrungen verletzt[1155]. Der EuGH hat diese Regelung daher zu Recht restriktiv ausgelegt[1156].

1147 *Theile,* Wettbewerbsneutralität der harmonisierten Umsatzsteuer, 95.

1148 *Theile,* Wettbewerbsneutralität der harmonisierten Umsatzsteuer, 95.

1149 *Henze,* Umsatzsteuer-Kongress-Bericht 2010, 20.

1150 EuGH-Urteil vom 07.12.2006 – Rs. C-240/05 – *Eurodental,* Slg. 2006, I-11479.

1151 EuGH-Urteil vom 07.12.2006 – Rs. C-240/05 – *Eurodental,* Slg. 2006, I-11479, Rn. 50 ff.

1152 *Henze,* Umsatzsteuer-Kongress-Bericht 2010, 22.

1153 *Henze,* Umsatzsteuer-Kongress-Bericht 2010, 23.

1154 Siehe hierzu *Henze,* Umsatzsteuer-Kongress-Bericht 2010, 23.

1155 EuGH-Urteil vom 16.09.2008 – Rs. C-288/07 – *Isle of Wight Council u.a.,* Slg. 2008, I-07203, Rn. 44.

1156 EuGH-Urteil vom 16.09.2008 – Rs. C-288/07 – *Isle of Wight Council u.a.,* Slg. 2008, I-07203, Rn. 76-78.

Aufgrund der unterschiedlichen Rechtssysteme ist eine komplette Neutralität der Mehrwertsteuer jedoch nicht denkbar. Die unterschiedlichen Steuersätze und die Möglichkeit der Beibehaltung bestimmter Optionen führen letztlich doch zu einer unterschiedlichen Besteuerung[1157]. Beruht die unterschiedliche Behandlung der Umsätze auf einer unzureichenden Harmonisierung, so ist dies kein Verstoß gegen den Neutralitätsgrundsatz[1158].

c) Anwendung auf den Vertrauensschutz bezüglich Angaben Dritter

Wird der Steuerpflichtige deshalb zur Umsatzsteuer herangezogen, weil er den Umsatz trotz Anwendung der Sorgfalt eines ordentlichen Kaufmanns falsch beurteilt hat, so wird er mit Mehrwertsteuer belastet, die nicht lediglich den von ihm geschaffenen Mehrwert betrifft und es kommt gegebenenfalls zu einer Doppelbesteuerung beim Erbringer und beim Empfänger der Leistung. Folglich ist der Grundsatz der steuerlichen Neutralität – in Form der Belastungsneutralität – verletzt[1159]. Bei der innergemeinschaftlichen Lieferung beispielsweise sollen die Besteuerung des entsprechenden Erwerbes im Bestimmungsland und die Steuerbefreiung der Lieferung im Ursprungsland gewährleisten, dass ein und derselbe Umsatz nur einmal besteuert wird[1160]. Befreit das Ursprungsland den Umsatz nicht und findet zugleich eine Besteuerung im Bestimmungsland statt, so verstößt dies gegen den Grundsatz der Neutralität[1161].

Hieraus lässt sich die Notwendigkeit eines Schutzes des Vertrauens des Steuerpflichtigen auf die Angaben Dritter ableiten. Das Risiko eines Betruges kann nicht allein beim Steuerpflichtigen liegen. Der Staat darf sich nicht auf Kosten des Steuerpflichtigen bereichern, wenn dieser die ihm möglichen und erforderlichen Maßnahmen ergriffen hat, um sicherzustellen, dass er sich mit seinem Umsatz nicht an einer Steuerhinterziehung beteiligt.

1157 *Henze*, Umsatzsteuer-Kongress-Bericht 2010, 10.

1158 *Henze*, Umsatzsteuer-Kongress-Bericht 2010, 24; der EuGH hat in diesem Sinne auch für die direkten Steuer entschieden, dass eine Doppelbesteuerung aufgrund der Ausübung der Steuerhoheit verschiedener Staaten nicht gegen die Grundfreiheiten verstößt: EuGH-Urteil vom 14.11.2006 – Rs. C-513/04 – *Kerckhaert und Morres*, Slg. 2006, I-10967, Rn. 20; EuGH-Urteil vom 1.07.2009 – Rs. C-128/08 – *Damseaux*, Slg. 2009, I-06823, Rn. 35.

1159 *Sterzinger*, DStR 2010, 2606 (2607).

1160 Vgl. EuGH-Urteil vom 06.04.2006 – Rs..C-245/04 – *EMAG Handel Eder*, Slg. 2006, I-03227, Rn. 25 ff., 40; EuGH-Schlussanträge vom 10.11.2005 – Rs. C-245/04 – *EMAG Handel Eder*, Slg. 2006, I-03227, Rn. 23 ff.; EuGH-Schlussanträge vom 13.01.2004 – Rs. C-68/03 – *Lipjes*, Slg. 2004, I-05879 – Rn. 35.

1161 EuGH-Urteil vom 27.09.2007 – Rs. 409/04 – *Teleos*, UR 2007, 774, Rn. 25; EuGH-Urteil vom 27.09.2007 – Rs. C-146/05 – *Albert Collée*, UR 2007, 813, Rn. 23.

Rechtsmissbräuchlich kann sich der Steuerpflichtige nicht auf den Grundsatz der Neutralität der Mehrwertsteuer berufen[1162]. Daher widerspricht es diesem nicht, den Steuerpflichtigen, der sich vorsätzlich an einer Steuerhinterziehung beteiligt, mit Mehrwertsteuer zu belasten.

3. Zwischenergebnis

Der Vertrauensschutz bezüglich Angaben Dritter ergibt sich unmittelbar aus den Grundsätzen der Rechtssicherheit in der Ausprägung des Grundsatzes des Vertrauensschutzes, dem Grundsatz der Verhältnismäßigkeit und der Neutralität. Der Steuerpflichtige muss darauf vertrauen können, dass er nicht zur Mehrwertsteuer herangezogen wird, wenn die Belege, die er zum Nachweis des Vorliegens der Tatbestandsvoraussetzungen vorlegt, dem ersten Anschein nach für das Vorliegen der Voraussetzungen sprechen und sich erst später herausstellt, dass die Unterlagen gefälscht sind. Außerdem müssen die Mitgliedstaaten bei der Umsetzung der Vorgaben des Gemeinschaftsrechtes den Grundsatz der Verhältnismäßigkeit wahren. Sie dürfen keine Anforderungen an den Steuerpflichtigen stellen, die für ihn als Steuereinsammler nur mit unverhältnismäßigen Mitteln erbracht werden können. Zudem darf der Unternehmer nur mit dem Teil der Mehrwertsteuer belastet werden, den er selbst erwirtschaftet hat. Bei Inanspruchnahme des Steuerpflichtigen für die Mehrwertsteuer des Dritten würde es eventuell zu einer Doppelbesteuerung, aber zumindest zu einer Besteuerung über den selbstgeschaffenen Mehrwert kommen. Der EuGH hat das für die innergemeinschaftliche Lieferung und für die Ausfuhr in seiner Rechtsprechung auch so dargelegt. Beim Vorsteuerabzug, der Umkehrung der Steuerschuldnerschaft bei der sonstigen Leistung und dem Reverse-Charge-Verfahren ist der Steuerpflichtige jedoch ebenfalls auf Angaben Dritter angewiesen, die er nur bedingt überprüfen kann. Der Vertrauensschutz muss hier genauso zur Anwendung kommen.

Eventuell ergibt sich der Vertrauensschutz jedoch nicht nur aus den allgemeinen Rechtsgrundsätzen, sondern auch aus den europäischen Grundrechten, der EMRK und den nationalen Grundrechten. Hierzu bedarf es einer Überprüfung der aktuellen Rechtslage, um zu untersuchen, ob ein Verstoß gegen diese Rechte vorliegt.

1162 EuGH-Urteil vom 07.12.2010 – Rs. C-285/09 – *R*, DB 2010, 2774 , Rn. 54.

III. Überprüfung der aktuellen Rechtslage anhand des Europarechtes

1. Keine Anwendbarkeit der Grundfreiheiten im Regelungsbereich der MwStSystRL

Die Notwendigkeit des Vertrauensschutzes im Umsatzsteuerrecht lässt sich eventuell nicht nur aus allgemeinen Rechtsgrundsätzen herleiten, sondern aus dem Verstoß gegen Grundfreiheiten und nationale und europäische Grundrechte, sowie der EMRK. Dazu müssten diese jedoch zunächst anwendbar und durch die aktuelle Rechtslage verletzt sein.

Die Verwirklichung des Binnenmarktes erfolgt gemäß Art. 26 Abs. 2 AEUV durch den freien Verkehr von Waren, Personen, Dienstleistungen und Kapital. Im Gegensatz zu den Grundrechten dienen die Grundfreiheiten dem Abbau von Hindernissen im zwischenstaatlichen Austausch von Wirtschaftsgütern[1163].

Konfliktpotenzial ergibt sich bei der Umsatzbesteuerung besonders in Bezug auf die Warenverkehrsfreiheit gemäß Art. 28-37, Art. 110 AEUV.

Ihrem Wortlaut nach wenden sich die Grundfreiheiten besonders an die Mitgliedstaaten und verpflichten damit den nationalen Gesetzgeber[1164]. Sie begründen zudem aber auch subjektive Rechte des Einzelnen, auf die er sich berufen kann[1165]. Ist der freie Warenverkehr durch sekundäres Unionsrecht harmonisiert, gehen die unionsrechtlichen Vorschriften vor[1166]. Die Grundfreiheiten werden bei Existenz von sekundärrechtlichen Regelungen nicht mehr als Prüfungsmaßstab herangezogen[1167]. Die Problematik eines Verbotes mitgliedstaatlicher Maßnahmen, die zu Handelshemmnissen führen, stellt sich dann nicht mehr[1168]. Das Sekundärrecht ist die „positive Integration durch den Unionsgesetzgeber“[1169]. Dieser formuliert die Grundfreiheiten durch das Sekundärrecht aus[1170]. Die Grundfreiheiten gelten also gerade in dem Bereich, in dem die Mitgliedstaaten die ausschließliche oder zumindest parallele Regelungskompetenz besitzen[1171].

1163 *Herdegen*, Europarecht, § 14 Rn. 1.

1164 *Ehlers*, Europäische Grundrechte und Grundfreiheiten, § 7 Rn. 7; für die Warenverkehrsfreiheit siehe Streinz-*Schroeder*, Art. 34 Rn. 25-27.

1165 EuGH-Urteil vom 05.02.1963 – Rs. C-26/62 – *Van Gend & Loos*, Slg. 1963, 3, 25; *Ehlers*, Europäische Grundrechte und Grundfreiheiten, § 7 Rn. 10.

1166 Geiger/Kahn/Kotzur-*Kotzur*, Art. 34 Rn. 21; Callies/Ruffert-*Kingreen*, Art. 36, Rn. 18.

1167 Callies/Ruffert-*Kingreen*, Art. 36, Rn. 18.

1168 Geiger/Kahn/Kotzur-*Kotzur*, Art. 34 Rn. 21.

1169 Callies/Ruffert-*Kingreen*, Art. 36 Rn. 18.

1170 Callies/Ruffert-*Kingreen*, Art. 36 Rn. 18.

1171 Callies/Ruffert-*Kingreen*, Art. 36 Rn. 17.

Art. 113 AEUV erteilt als lex specialis zu Art. 114 ff. AEUV einen Harmonisierungsauftrag bezüglich der indirekten Steuern. Art. 113 AEUV war die Grundlage für den Erlass der MwStSystRL. Folglich kommt es im Regelungsbereich der MwStSystRL nicht mehr zu einer Anwendung der Grundfreiheiten auf das nationale Recht. Aus Art. 5 Abs. 2, Art. 13 Abs. 2 S. 2 EUV sowie aus Art. 2 Abs. 6 AEUV ergibt sich, dass der Unionsgesetzgeber keine Normen erlassen darf, die gegen die Grundfreiheiten verstoßen[1172]. Daher müssen die Regelungen der MwStSystRL den Anforderungen der Grundfreiheiten entsprechen. Eine Überprüfung der aktuellen nationalen Rechtslage anhand der Grundfreiheiten scheidet aber aus.

2. Überprüfung anhand der europäischen Grundrechte und der EMRK

a) Bedeutung der europäischen Grundrechte

Rechtsquellen der EU-Grundrechte sind gemäß Art. 6 Abs. 1 S. 1 EUV die Regelungen der Grundrechte-Charta, die grundrechtsbezogenen Regelungen der Verträge und gemäß Art. 6 Abs. 3 EUV die vom EuGH erarbeiteten Grundrechte aus allgemeinen Rechtsgrundsätzen[1173]. Rechtserkenntnisquellen stellen gemäß Art. 6 Abs. 3 EUV die EMRK und die gemeinsamen Verfassungsüberlieferungen dar. Die Grundrechte der Grundrechte-Charta sind seit dem Vertrag von Lissabon durch Art. 6 Abs. 3 EUV Teil des Primärrechts. Gemäß Art. 51 Abs. 1 S. 1 GRCh werden die Mitgliedstaaten und deren Stellen gebunden, soweit sie Unionsrecht durchführen. Die Charta-Grundrechte leiten sich zum Teil aus den Grundrechten ab, die auf gemeinsame Verfassungstraditionen der Mitgliedstaaten und völkerrechtliche Verträge rückführbar sind[1174]. Der EuGH hat erstmals 1969 festgestellt, dass sich „aus allgemeinen Grundsätzen der Unionsrechtsordnung" „Grundrechte der Person" ableiten lassen[1175]. Die Rechtsprechung zu den Grundrechten aus allgemeinen Rechtsgrundsätzen ist gemäß Abs. 5 S. 1 der Charta-Präambel bei der Auslegung der Charta-Grundrechte heranzuziehen. „Die Charta bekräftigt

---

1172 Streinz-*Schroeder*, Art. 34 Rn. 29; *Ehlers*, Europäische Grundrechte und Grundfreiheiten, § 7 Rn. 9; a.A. Callies/Ruffert-*Kingreen*, Art. 36, Rn. 220, *Kingreen* geht davon aus, dass der Unionsgesetzgeber an die Unionsgrundrechte, aber nicht an die Grundfreiheiten gebunden ist. Die Frage der Eingriffe in individuelle Freiheiten und die Ungleichbehandlung seien eine Frage der „supranationalen Legitimation"; so auch *Gundel*, EuR 2008, 248 (252 ff.).

1173 Die Grundrechte sind eigentlich allgemeine Rechtsgrundsätze und kommen nicht aus diesen; siehe *Jarass*, Einl. Rn. 28, Fn. 57.

1174 *Jarass*, Einl. Rn. 8.

1175 EuGH-Urteil vom 12.11.1969 – Rs. C-29/69 – *Stauder*, Slg. 1969, 419 Rn. 7.

[…] die Rechte, die sich aus den gemeinsamen Verfassungstraditionen und den gemeinsamen internationalen Verpflichtungen der Mitgliedstaaten, aus der Europäischen Konvention zum Schutz der Menschenrechte und Grundfreiheiten, aus den von der Union und dem Europarat beschlossenen Sozialchartas sowie aus der Rechtsprechung des Gerichtshofs für Menschenrechte ergeben“[1176]. Somit spiegeln die Charta-Grundrechte allgemeine Vorstellungen und Grundsätze wieder und eine Überprüfung anhand der europäischen Grundrechte gibt Anhaltspunkte für die Notwendigkeit eines allgemeinen Vertrauensschutzes bezüglich Angaben Dritter im Umsatzsteuerrecht.

Die zu betrachtende Maßnahme ist die Inanspruchnahme des Unternehmers für die Umsatzsteuer im Falle des Vertrauens auf Angaben Dritter, die sich später als falsch herausstellen. Die Inanspruchnahme wird letztlich durch einen Verwaltungsakt realisiert werden, also gemäß § 118 AO durch eine Verfügung, Entscheidung oder andere hoheitliche Maßnahme einer Behörde, zur Regelung eines Einzelfalls auf dem Gebiet des öffentlichen Rechts mit Rechtswirkung nach außen. Sollte dies einen Eingriff in die europäischen Grundrechte darstellen, der nicht zu rechtfertigen ist, so ist daraus zu schließen, dass es eines Vertrauensschutzes bedarf, der den Unternehmer in bestimmten Fällen vor einer Inanspruchnahme schützt.

b) Anwendbarkeit der europäischen Grundrechte und der EMRK im Regelungsbereich der MwStSystRL

Das Sekundärrecht muss immer den Anforderungen des höherrangigen Primärrechts entsprechen[1177]. Genauso wie sich das nationale Recht am Verfassungsrecht messen lassen muss, gilt dies auch für das Verhältnis von Umsatzsteuersekundärrecht und europäischen Grundrechten[1178], da sonst der Grundrechtsschutz des Bürgers ausgehöhlt werden würde[1179].

Die zentralen Impulse für die Gewährung eines Vertrauensschutzes entwickelt der EuGH[1180] aus allgemeinen Rechtsgrundsätzen[1181], die von allen Mitgliedstaaten

1176 Abs. 5 Präambel GRCh.

1177 *Fischer*, Die Rechtfertigung einer Umsatzbesteuerung und ihre Vereinbarkeit mit den Grundrechten, 271.

1178 *P. Kirchhof*, Der sanfte Verlust der Freiheit, 59.

1179 *Fischer*, Die Rechtfertigung einer Umsatzbesteuerung und ihre Vereinbarkeit mit den Grundrechten, 258.

1180 EuGH-Urteil vom 27.09.2007 – Rs. C-409/04 – *Teleos*, UR 2007, 774, Rn. 50, 58, 60, 65-67, Tenor 2; EuGH-Urteil vom 27.09.2007 – Rs. C-184/05 – *Twoh International*, UR 2007, 782, Rn. 25, 27; EuGH-Urteil vom 27.09.2007 – Rs. C-146/05 – *Albert Collée*, UR 2007, 813, Rn. 29-33, 34, 40, 41, Tenor.

1181 EuGH-Urteil vom 27.09.2007 – Rs. C-409/04 – *Teleos*, UR 2007, 774, Rn. 45, 47, 48; Grundsatz der Rechtssicherheit, Verhältnismäßigkeit und der steuerlichen Neutralität der Mehrwertsteuer.

bei der Umsetzung des Umsatzsteuersekundärrechts beachtet werden müssen. Die Bindung erstreckt sich auch auf die europäischen Grundrechte, die gemäß Art. 6 Abs. 1 EUV Teil des Primärrechts sind. Grundrechtsverpflichtete sind alle durch Art. 51 GrCh angesprochenen Personen, daher auch die Mitgliedstaaten, bei der Durchführung des Gemeinschaftsrechts in allen staatlichen Funktionen[1182]. Die Durchführung kann im Erlass von nationalen Rechtsvorschriften geschehen, daher sind die Mitgliedstaaten bei der Umsetzung von Richtlinien an die EU-Grundrechte gebunden[1183]. Demnach müssen Richtlinie und das nationale Umsetzungsrecht den europäischen Grundrechten entsprechend ausgelegt werden[1184]. Erfasst wird außerdem jede administrative Anwendung des Rechts durch die Verwaltung[1185]. Räumt das Unionsrecht den Mitgliedstaaten Spielräume bei der Umsetzung ein, so besteht die Bindung an die EU-Grundrechte trotzdem weiter und die EU-Grundrechte kommen dann neben den nationalen Grundrechten zur Anwendung[1186].

c) Unternehmerische Freiheit Art. 16 GRCh

aa) Schutzbereich

In der EMRK ist die unternehmerische Freiheit nicht normiert. In der Erläuterung zur Charta der Grundrechte wird das Grundrecht gemäß Art. 16 GrCh aus der Rechtsprechung des EuGH hergeleitet[1187]. Grundrechtsträger sind sowohl natürliche, als auch juristische Personen des Privatrechtes[1188].

1182 Tettinger/Stern-*Sachs*, Art. 20 GrCh, Rn. 18; Meyer-*Borowsky*, Art. 51 GrCh, Rn. 25.

1183 EuGH-Urteil vom 29.01.2008 – Rs. C-275/06 – *Promusicae*, Slg. 2008, I-00271, Rn. 68; *Jarass*, Art. 51, Rn. 16; Meyer-*Borowsky*, Art. 51 GrCh, Rn. 27; *Ehlers*, § 14 Rn. 50.

1184 EuGH-Urteil vom 20.05.2003 – Rs. C-465/00 – Österreichischer Rundfunk u.a., Slg. 2003, I-04989, Rn. 68 einerseits und Rn. 80 andererseits; *Jarass*, Art. 51, Rn. 16.

1185 Meyer-*Borowsky*, Art. 51 GrCh, Rn. 28; *Ehlers*, Europäische Grundrechte und Grundfreiheiten, § 14 Rn. 50.

1186 *Jarass*, Art. 51 Rn. 21, Art. 53 Rn. 10-13.

1187 *Jarass* Art. 16 Rn. 1; Charta-Erläuterungen, ABl. EU 2007 C 303/02, abrufbar unter http://eur-lex.europa.eu/LexUriServ/LexUriServ.do?uri=OJ:C:2007:303:0017:0035:DE:PDF (Zugriffsdatum: 20.05.2012), Erläuterung zu Art. 16 S. 23; für die Freiheit, eine Wirtschafts- oder Geschäftstätigkeit auszuüben, wird Bezug genommen auf EuGH-Beschluss vom 14.05.1974 – C-4/73 – *Nold/Kommission*, Slg. 1974, 00491, Rn. 14; EuGH-Urteil vom 27.09.1979 – C-230/78 – *Eridania-Zuccherfici*, Slg. 1979, 02749, Rn. 20, 31; für die Vertragsfreiheit wird verwiesen auf EuGH-Urteil vom 16.01.1979, C-151/78 – *Sukkerfabriken Nykøbing*, Slg. 1979, 00001, Rn. 19; EuGH-Urteil vom 05.10.1999 – C-240/97 – *Spanien/ Komission*, Slg. 1999, I-06571 Rn. 99.

1188 *Jarass*, Art. 16 Rn. 11; Callies/Ruffert-*Ruffert*, Art. 16 Rn. 3; *Schwarz*, EuZW 2001, 517 (518).

Art. 16 GrCh ist eine Ausprägung der Berufsfreiheit[1189]. Geschützt wird jede unternehmerische Betätigung[1190]. Darunter ist jede Tätigkeit zu verstehen, die dem Erwerb dient[1191]. In den Anwendungsbereich fallen alle Aspekte der Durchführung der Tätigkeit sowie die Art und Weise, wie das Unternehmen betrieben wird[1192]. Unternehmen i.S.v. Art. 16 GRCh ist jede Einheit, die ihre Tätigkeit mit Gewinnerzielungsabsicht ausübt, unabhängig von der Finanzierungsart oder der Rechtsform[1193].

Wird der Unternehmer für die Umsatzsteuer herangezogen, weil er auf Angaben Dritter vertraut hat, so wird das die Wahl der Vertragspartner beeinflussen. Daher könnten die dem Schutzbereich unterliegende Vertragsfreiheit[1194] und die Freiheit der Ein- und Ausfuhr von Waren[1195] betroffen sein.

bb) Eingriff

Ein Eingriff liegt dann vor, wenn der Staat eine Regelung trifft, die für den Inhaber der Grundrechte einen Nachteil bezüglich seiner unternehmerischen Tätigkeit bezweckt oder unmittelbar bewirkt[1196].

Die Indienstnahme des Unternehmers knüpft an seine unternehmerische Tätigkeit an und stellt einen Nachteil für den Unternehmer dar. Grundsätzlich findet eine Überwälzung der Mehrwertsteuer auf den Abnehmer statt, ist der Unternehmer zum Vorsteuerabzug berechtigt, und auch die Umkehr der Steuerschuld führt zu einer Neutralität der Mehrwertsteuer für den Unternehmer. Der EuGH geht bei der Möglichkeit der Überwälzung davon aus, dass das Grundrecht der Unternehmerfreiheit nicht betroffen oder nicht verletzt ist[1197]. Eine Ersatzheranziehung des Unternehmers zur Mehrwertsteuer findet letztlich nur im Einzelfall statt. Eine solche Inanspruchnahme wird den Unternehmer m.E. nicht grundlegend in

---

1189 Dies steht im Einklang mit der Rechtsprechung des EuGH: EuGH-Beschluss vom 14.05.1974 – C-4/73 – *Nold/Kommission*, Slg. 1974, 00491.

1190 *Jarass*, Art. 16 Rn. 7; *Frenz*, GewArch 2009, 427 (429); *Frenz*, Handbuch Europarecht 4: Europäische Grundrechte, Rn. 2679.

1191 *Jarass*, Art. 16 Rn. 7; *Frenz*, Handbuch Europarecht 4: Europäische Grundrechte, Rn. 2684.

1192 *Jarass*, Art. 16 Rn. 9; EuGH-Urteil vom 18.09.1986 – C-116/82 – *Komission/Deutschland*, Slg. 1986, 02519, Rn. 27.

1193 Tettinger/Stern-*Blanke*, Art. 16, Rn. 10.

1194 EuGH-Urteil vom 10.07.1991 – Rs. C-90/90 – *Neu u.a.*, Slg. 1991, I-03617, Rn. 13.

1195 EuGH-Urteil vom 17.07.1997 – Rs. C-183/95 – *Affish*, Slg. 1997, I-04315, Rn. 41; EuGH-Urteil vom 10.03.1998 – Rs. C-122/95 – *Deutschland/Rat*, Slg. 1998, I-00973, Rn. 77.

1196 *Jarass*, Art. 16 Rn. 12; EuGH-Urteil vom 28.04.1998 – C- 200/96 – *Metronome Musik*, Slg. 1998, I-01953 Rn. 28; *Frenz*, Handbuch Europarecht 4: Europäische Grundrechte , Rn. 2734.

1197 EuGH-Urteil vom 11.07.1989 – Rs. C-265/87 – *Schräder HS Kraftfutter*, Slg. 1989, 02237, Rn. 18; EuGH-Urteil vom 21.02.1991 – Rs. C-143/88 – *Zuckerfabrik Süderdithmarschen und Zuckerfabrik Soest*, Slg. 1991, I-00415, Rn. 76.

seiner Entscheidung, mit wem er Verträge schließt, beeinflussen und auch die Frage, ob er Waren ausführt oder nicht, wird letztlich nicht davon abhängen, ob im Einzelfall Betrugskonstellationen denkbar sind, in denen der Steuerpflichtige die Steuerlast zu tragen hat. Letztlich hat der Unternehmer selbst auch ein Interesse daran, mit unredlichen Vertragspartnern keine Geschäfte zu machen. Seine Geschäftspartnerwahl hängt daher nicht lediglich von der Tatsache ab, dass er im Zweifel die Umsatzsteuer tragen könnte. Auch die Tatsache, dass Waren eingeführt oder ausgeführt werden, wird nicht davon abhängen, ob der Unternehmer im Betrugsfall zur Umsatzsteuer herangezogen wird. Die Inanspruchnahme ist der Ausnahme- und nicht der Regelfall. Das Grundrecht wird hier lediglich am Rande berührt, ist aber in seinem Wesensgehalt nicht betroffen. Daher ist der Schutzbereich der Unternehmerfreiheit gemäß Art. 16 GRCh zwar grundsätzlich eröffnet, es liegt jedoch kein Eingriff vor.

c) Eigentumsrecht Art. 17 GRCh, Art. 1 des 1. ZP zur EMRK

Das Grundrecht aus Art. 17 GRCh wird in den Erläuterungen zur Charta zum einen auf Art. 1 EMRK-ZP[1198] gestützt und zum anderen aus der Rechtsprechung des EuGH hergeleitet[1199]. Im Verhältnis zu Art. 16 GRCh kommt die Eigentumsgarantie dann zur Anwendung, wenn es um das Erworbene – die Substanz – geht und nicht um den Erwerb, also die Handlungen an sich[1200].

Grundrechtsträger sind natürliche und juristische Personen und Vereinigungen mehrerer Personen[1201].

Erfasst wird jedes vermögenswerte Recht[1202], das dem Einzelnen so zugeordnet ist, dass er eigenverantwortlich im Befugnisbereich Entscheidungen zu seinem Nutzen darüber treffen kann[1203]. Nicht vom Schutzbereich erfasst sind bloße Hoffnungen, Aussichten und Chancen[1204]. Auch das Vermögen als solches fällt

---

1198 Charta-Erläuterungen, ABl. EU 2007 C 303/02, abrufbar unter http://eur-lex.europa.eu/LexUriServ/LexUriServ.do?uri=OJ:C:2007:303:0017:0035:DE:PDF (Zugriffsdatum: 20.05.2012), Erläuterungen zu Art. 17, S. 23.

1199 EuGH-Urteil vom 03.09.2008 – C-402/05 – *Kadi/Rat und Kommission*, Slg. 2008, I-06351, Rn. 356.

1200 BVerwG-Urteil vom 30.06.2005, DVBl. 2005, 1388, Rn. 2. a) bb); *Jarass*, Art. 17 Rn. 4; *Wunderlich*, Das Grundrecht der Berufsfreiheit, 127; Streinz-*Streinz*, Art. 17 GRCh Rn. 8.

1201 *Jarass*, Art. 17 Rn. 17.

1202 Meyer-*Ladewig*, EMRK, Art. 1 ZP Rn. 11.

1203 EGMR Urteil vom 05.01.2000 – Nr. 33202/96, NJW 2003, 654, Rn. 100; im deutschen Recht u.a. BVerfG-Beschluss vom 09.01.1991 – BvR 929/89, BVerfGE 83, 201, Leitsatz 1.

1204 EuGH-Urteil vom 14.05.1974 – C- 4/73 – *Nold/Kommission*, Slg. 1974, 00491, Rn. 14; EuGH-Urteil vom 18.03.1980 – C-154/78 – *Ferriera Valsabbia u.a./Kommission*, Slg. 1980, 00907, Rn. 89; EuGH-Urteil vom 09.09.2008 – C-120/06 – *FIAMM und FIAMM Technologies/*

nicht in den Schutzbereich des Art. 17 GRCh. Daraus folgt auch, dass die Erhebung von Steuern und Abgaben aus dem Anwendungsbereich herausfällt und damit auch die Heranziehung des Steuerpflichtigen zur Umsatzsteuer bei unrichtigen Angaben Dritter. In der Literatur wird ebenfalls zum Teil vertreten, dass die Erhebung von Steuern und Abgaben nicht in den Schutzbereich der Eigentumsgarantie fällt[1205]. Auch der EuGH lehnt in seiner Rechtsprechung bezüglich der Erhebung von Abgaben einen Verstoß gegen das Eigentumsrecht ab[1206]. Die Rechtsprechung ist jedoch nicht ganz eindeutig[1207].

Zudem dient die Pflicht, Steuern zu zahlen, der Finanzierung des Staatshaushaltes und kann grundsätzlich nicht als Eingriff in das Eigentum betrachtet werden. Das Eigentum hat auch ein soziale und eine gesellschaftliche Funktion, die in der Zahlung von Steuern zum Ausdruck kommt. Auch die Klarstellung in Art. 1 EMRK-ZP, dass durch den Schutz des Eigentums das Recht des Staates nicht beeinträchtigt wird, diejenigen Gesetze anzuwenden, die zur Sicherung der Zahlung der Steuern erforderlich sind, besagt nicht wie *Fischer*[1208] meint, dass die Steuern sonst grundsätzlich in den Anwendungsbereich fallen. Es geht um Gesetze, die die Zahlung der Steuern sichern sollen, also den Anspruch des Staates, und nicht um die Auferlegung von Steuern. Die Inanspruchnahme des Unternehmers bei falschen Angaben Dritter ist auch lediglich die Ausnahme, im Regelfall kommt es zu einer Überwälzung der Mehrwertsteuer, so dass vom Grundprinzip her, selbst bei Einbeziehung der Abgabenauferlegung in den Schutzbereich, das Vermögen des Steuerpflichtigen nicht beeinträchtigt wäre. Zudem geht auch der EuGH nicht von einer Überwälzungsgarantie aus[1209]. Lediglich die grundsätzliche Möglichkeit der Überwälzung muss gegeben sein. Daher ist schon der Schutzbereich der Eigentumsfreiheit nicht eröffnet und eine Verletzung der Eigentumsfreiheit liegt nicht vor.

Rat und Komission, Slg. 2008, I-06513 Rn. 185; Meyer-*Bernsdorff*, Art. 17 Rn. 15; Tettinger/Stern-*Depenheuer*, Art. 17 Rn. 27; *Jarass*, Art. 17 Rn. 16.

1205 Grabitz/Hilf-*Perince/Mayer*, 40 Egl., Art. 6 EUV, Rn. 148; von der Groeben/Schwarze-*Beutler*, Art. 6 EU, Rn. 145.

1206 EuGH-Urteil vom 21.02.1991 – C-143/88 – *Zuckerfabrik Süderdithmarschen und Zuckerfabrik Soest*, Slg. 1991, S. I-0415, Rn. 72 bis 75; EuGH-Urteil vom 11.07.1989 – Rs. C-265/87– *Schräder*, Slg. 1989, 02237, Rn. 14-17; anders der EGMR, der den Art. 14 EMRK als grundsätzlich anwendbar auf die Zahlung von Steuern ansieht: EGMR-Urteil vom 23.10.1990 – Nr. 17/1989/177/233; NJW 1991, 1404, Rz. 30.

1207 Hier lehnt der EuGH einen Eingriff ab, was grundsätzlich für die Eröffnung des Schutzbereiches sprechen würde: EuGH-Urteil vom 14.01.1987 – Rs. C-281/84 – *Zuckerfabrik Bedburg u.a./Rat und Kommission*, Slg. 1987, 00049, Rn. 26.

1208 *Fischer*, Die Rechtfertigung einer Umsatzbesteuerung und ihre Vereinbarkeit mit den Grundrechten, 285.

1209 U.A. EuGH-Urteil vom 26.06.2997 – C-370/95 – *Careda u.a.*, Slg. 1997, I-03721, Leitsatz 1, Rn. 15.

d) Recht auf Freiheit und Sicherheit Art. 6 GRCh, Art. 5 EMRK

In Art. 6 GRCh geht es nicht um eine Art der allgemeinen Handlungsfreiheit, wie sie in Art. 2 Abs. 2 GG garantiert wird[1210], sondern es ist – in Anlehnung an die Rechtsprechung des EuGH – die körperliche Bewegungsfreiheit gemeint[1211].

Folglich ist schon der Schutzbereich nicht eröffnet.

e) Gleichheitsgrundsatz Art. 20 GRCh, Art. 14 EMRK

aa) Schutzbereich

Schon in den 70er Jahren erwähnte der EuGH das Gleichbehandlungsgebot als Grundprinzip in seine Rechtsprechung[1212]. Die allgemeine Anerkennung erfolgte durch die Rechtssache *Ruckdeschel u.a.*[1213] 1977. Mittlerweile ist in Art. 20 GRCh der „allgemeine Gleichheitssatz"[1214] normiert. Grundrechtsträger sind sowohl natürliche, also auch juristische Personen, soweit sie Träger des Grundrechts sein können[1215]. Das Grundrecht knüpft nicht an die Staatsangehörigkeit an, so dass auch Drittstaatsangehörige sich auf dieses berufen können[1216]. Art. 20 GRCh schützt zum einen vor der Ungleichbehandlung vergleichbarer Sachverhalte und zum anderen vor der Gleichbehandlung nicht vergleichbarer Sachverhalte[1217].

1210 *Jarass*, Art. 6 Rn. 6; Tettinger/Stern-*Tettinger*, Art. 6 Rn. 12, Meyer-*Bernsdorff*, Art. 6 Rn. 11; *Schmitz*, EuR 2004, 691 (708); Callies/Ruffert-*Callies*, Art. 6 GRCh Rn. 10.

1211 *Jarass*, Art. 6 Rn. 6; Tettinger/Stern-*Tettinger*, Art. 6 Rn. 12, Meyer-*Ladewig*, Art. 5 Rn. 7.

1212 EuGH-Urteil vom 22.06.1972 – Rs. C-1/72 – *Frilli*, Slg. 1972, 00457, Leitsatz 3; EuGH-Urteil vom 12.12.1973 – Rs. C-131/73 – *Grosoli*, Slg. 1973, 01555, Rn. 8; EuGH-Urteil vom 20.02.1975 – Rs. C-21/74 – *Airola/Kommission*, Slg. 1975, 00221, Rn. 9/12.

1213 EuGH-Urteil vom 19.10.1977 – Rs. C-117/76 – *Ruckdeschel u.a.*, Slg. 1977, 01753, Leitsatz 3, Rn. 10 f.

1214 EuGH-Urteil vom 10.03.1998 – C-122/95 – *Deutschland/Rat*, Slg. 1998, I-00973 Rn. 62.

1215 In der Judikatur des EuGH findet der Gleichheitssatz ohne weitere Erläuterung auch auf juristische Personen Anwendung: EuGH-Urteil vom 19.10.1977 – Rs. C-124/76 – *Moulins et Huileries de Pont-à-Mousson et Providence agricole de la Champagne*, Slg. 1977, 01795, Rn. 14; EuGH-Urteil vom 15.07.1982 – Rs. C-245/81 – *Edeka Zentrale*, Slg. 1982, 02745, Rn. 11 ff.; EuGH-Urteil vom 10.03.1998 – Rs. C-364/95 – *T. Port*, Slg. 1998, I-01023, Rn. 81 ff.

1216 *Jarass*, Art. 20 Rn. 6; *Frenz*, Handbuch Europarecht 4: Europäische Grundrechte, Rn. 3211.

1217 *Kischel*, EuGRZ 1997, 1 (4); dies Ansätze finden sich schon bei *Platon*: „Wird doch für Ungleiche das Gleiche, wenn es das Maß nicht trifft, zum Ungleichen, und durch beides werden häufig Aufstände in Staaten erzeugt." *Platon*, Sämtliche Werke, Bd. 4, 6. Buch, 757 (316 f.). Hierauf bezieht sich auch *Aristoteles*: „Daher kommen die Streitigkeiten und Prozesse, daß entweder Gleiche Ungleiches oder Ungleiche Gleiches haben und zugeteilt erhalten.", *Aristoteles*, Die Nikomachische Ethik, 209.

Grund der Gleich- oder Ungleichbehandlung können sowohl personenbezogene[1218], als auch sachbezogene Merkmale[1219] sein. Der Gleichheitsgrundsatz gehört zu den tragenden Grundsätzen des Unionsrechts[1220] und hat im Steuerrecht große Bedeutung.

bb) Ungleichbehandlung vergleichbarer Sachverhalte

Als Vergleichsgruppen kommen die Unternehmer in Betracht, die innergemeinschaftliche Lieferungen gemäß § 6a UStG ausführen und somit den Vertrauensschutz nach § 6a Abs. 4 UStG in Anspruch nehmen können, und solche, die keine Lieferungen in das EU-Inland erbringen, sondern Ausfuhren gemäß § 6 UStG, sonstige Leistungen gemäß § 3a UStG, Lieferungen, die unter das Reverse-Charge-Verfahren gemäß § 13b UStG fallen, oder die Umsätze für ihr Unternehmen beziehen und die Vorsteuerabzug gemäß § 15 ff. UStG in Anspruch nehmen wollen und Vertrauensschutz lediglich im Billigkeitsverfahren oder gar nicht beanspruchen können. Beide Vergleichsgruppen sind von Angaben Dritter abhängig, um den Vorsteuerabzug, die Steuerfreiheit oder die Verlagerung der Steuerschuld in Anspruch nehmen zu können. Allerdings sind sehr viele unterschiedliche Sachverhaltvarianten denkbar, bei denen zwar grundsätzlich Angaben Dritter relevant werden, die aber in ihrer Unterschiedlichkeit nicht überschaubar und nicht vergleichbar sind[1221]. Die Bildung von Vergleichsgruppen ist in diesen Konstellationen nicht möglich, daher scheidet eine Verletzung des Gleichbehandlungsgrundsatzes ebenfalls aus.

1218 U.a. EuGH-Urteil vom 16.06.1971 – Rs. C-63/70 – *Bode u.a./ Kommission*, Slg. 1971, 00549, Rn. 8.

1219 EuGH-Urteil vom 19.10.1977 – Rs. C-117/76 – *Ruckdeschel u.a.*, Slg. 1977, 01753, Rn. 8; EuGH-Urteil vom 19.10.1977 – Rs. C-124/76 – *Moulins et Huileries de Pont-à-Mousson et Providence agricole de la Champagne,* Slg. 1977, 01795, Rn. 18; EuGH-Urteil vom 25.10.1978 – C-125/77 – *Koninklijke Scholten-Honig und De Bijenkorf*, Slg. 1978, 01991, Rn. 28 ff.; EuGH-Urteil vom 15.07.1982 – Rs. C-245/81 – *Edeka Zentrale*, Slg. 1982, 02745, Rn. 12.

1220 EuGH-Urteil vom 14.10.1999 – C-104/97 – *Atlanta/Europäische Gemeinschaft*, Slg. 1999, I-06983, Rn. 46.

1221 zur Ablehnung vergleichbarer Sachverhalte in der EuGH-Rechtsprechung siehe *Wahle*, Der allgemeine Gleichheitssatz in der Europäischen Union, 79-95.

IV. Herleitung aus nationalen Rechtsgrundsätzen und Überprüfung der aktuellen Rechtslage anhand der nationalen Grundrechte

1. Bindung an das nationale Verfassungsrecht bei der Umsetzung von Umsatzsteuersekundärrecht in nationales Recht

Grundsätzlich müssen gemäß Art. 1 Abs. 3 GG sämtliche Akte der deutschen öffentlichen Gewalt, einschließlich der Gesetzgebung, an den Grundrechten gemessen werden. Umsetzungsakte müssen daher grundsätzlich auch den nationalen Grundrechten entsprechen[1222]. Hier kommt es jedoch zu einem Konfliktverhältnis zwischen den nationalen Grundrechten und den europäischen Grundrechten. Art. 23 Abs. 1 S. 1 GG ist das Einfallstor des Europarechts in das nationale Recht, spricht aber nicht von einem grundsätzlichen Vorrang. Dem Vertrag von Lissabon wurde die Erklärung Nr. 17 beigefügt, die einen Vorrang des Europarechts vor dem nationalen Recht proklamiert[1223]. Aufgrund der immensen Bedeutung der nationalen Grundrechte und deren Geschichte gibt es immer wieder Unklarheiten bezüglich des Anwendungsvorrangs der europäischen Grundrechte. Art. 53 GrCh regelt, dass im Kollisionsfall ein über das Schutzniveau der europäischen Grundrechte hinausgehender Standard der EMRK oder der nationalen Grundrechte nicht ausgeschlossen wird, sondern dass diese daneben zur Anwendung kommen und das für den Grundrechtsträger günstigere Ergebnis gewählt wird[1224].

Der EuGH geht davon aus, dass Unionsrecht und auf ihm beruhendes nationales Recht nicht am Maßstab des nationalen Verfassungsrechtes überprüft werden können. Zur Begründung verweist der EuGH auf die Eigenständigkeit der europäischen Rechtsordnung und die damit einhergehende Notwendigkeit der einheitlichen Anwendung[1225] und des Vorranges des Unionsrechtes gegenüber nationalem Recht jeder Art und Form[1226].

Für das Primärrecht hat auch das BVerfG schon in seiner frühen Rechtsprechung festgestellt, dass eine Überprüfung anhand der nationalen Grundrechte

1222 Dietlein/Drüen – *Dietlein*, Grundlagen und Reichweiten des Vertrauensschutzes bei Ausfuhrlieferungen im nichtkommerziellen Reiseverkehr, 28.

1223 Erklärung Nr. 17 vom 09.05.2008 zur Schlussakte der Regierungskonferenz, die den am 13. Dezember 2007 unterzeichneten Vertrag von Lissabon angenommen hat, ABl. EU Nr. C 115/344.

1224 Streinz-*Streinz/Michel*, Art. 53 GRCh Rn. 2 ff.

1225 EuGH-Urteil vom 13.12.1979 – C-44/79 – *Hauer*, Slg. 1979, 03727, Rn. 14.

1226 EuGH-Urteil vom 09.03.2978 – C-106/77 – *Simmenthal*, Slg. 1978, 00629, Rn. 17/18.

nicht möglich ist, weil es sich nicht um Akte der deutschen Staatsgewalt handelt[1227]. Nach der *Solange I*-Rechtsprechung 1974[1228] hält das BVerfG hingegen eine Überprüfung von europäischen Sekundärrecht für erforderlich, da das damalige Gemeinschaftsrecht und die Rechtsprechung des EuGH keinen dem nationalen Grundrechtsschutz adäquaten Schutz der Grundrechte gewährleisten konnte. In der anschließenden Rechtsprechung deutet das BVerfG an, dass vielleicht eine Abkehr von der *Solange I*-Entscheidung in Betracht kommt[1229], da sich mittlerweile der Grundrechtsschutz in eine positive Richtung weiterentwickelt habe[1230]. Im Jahr 1986 hat das BVerfG die *Solange I*-Rechtsprechung dann endgültig aufgegeben. Die *Solange II*-Rechtsprechung 1986[1231] stellt klar, dass der Vorrang des Europarechts auch für die innerstaatliche Anwendung der Normen gilt. Nach der *Maastricht*-Entscheidung 1993[1232] bestehe ein Kooperationsverhältnis zwischen EuGH und BVerfG basierend auf der Annahme, dass Unionsrecht Vorrang vor den nationalen Grundrechten hat, und lediglich im Extremfall, also wenn die generelle Gewährleistung des unabdingbaren Grundrechtsstandards nach Maßstab des Grundgesetzes nicht mehr gegeben scheint, würden die nationalen Grundrechte zur Anwendung kommen. Auch in der *Bananenmarkt*-Entscheidung 2000[1233] macht das BVerfG noch einmal deutlich, dass die Letztentscheidungskompetenz über die Grundrechtswidrigkeit von Akten der europäischen Union ausschließlich durch den EuGH erfolgen kann. Lediglich wenn der Nachweis gelingt, dass die Rechtsentwicklung und die Rechtsprechung des EuGH unter das Niveau des erforderlichen Grundrechtsstandards hinabsinken, ist eine Zuständigkeit des BVerfG denkbar[1234]. Hinsichtlich des sekundären Unionsrechtes ist zusammenfassend festzustellen, dass nur in extremen Ausnahmefällen eine Überprüfung anhand der nationalen Grundrechte erfolgt[1235]. Ob diese Rechtsprechung auch für die Umsetzung von Richtlinien gilt, ist zunächst nur durch die Kammerrechtsprechung entschieden worden[1236]. Danach können auch Umsetzungsakte – soweit sie

---

1227 BVerfG-Urteil vom 18.10.1967 – 1 BvR 248/63, 1 BvR 216/67, BVerfGE 22, 293; BVerfG-Urteil vom 25.07.1979 – 2 BvL 6/77, BVerfGE 52, 187, Rn. B. 1. c).

1228 BVerfG Beschluss vom 29.05.1974 – 2 BvL 52/71 – *Solange I*, BVerfGE 37, 271, Leitsatz.

1229 BVerfG-Urteil vom 25.07.1979 – 2 BvL 6/77, BVerfGE 52, 187, Rn. B. 3.

1230 BVerfG-Beschluss vom 14.02.1983 – 2 BvR 1461/82, NJW 1983, 1258.

1231 BVerfG Beschluss vom 22.10.1986 – 2 BvR 197/83 – *Solange II*, BVerfGE 73, 339, Leitsatz 2.

1232 BVerfG Urteil vom 12.10.1993 – 2 BvR 2134/92, 2 BvR 2159/92 – *Maastricht-Urteil*, NJW 1993, 3047, Leitsatz 7.

1233 BVerfG Beschluss vom 07.06.2000 – 2 BvL 1/79 – *Bananenmarktordnung*, BVerfGE 102, 147, Rn. II 2. b).

1234 BVerfG Beschluss vom 07.06.2000 – 2 BvL 1/79 – *Bananenmarktordnung*, BVerfGE 102, 147, Leitsatz 1.

1235 *Terhechte*, JuS 2008, 403 (404).

1236 *Terhechte*, JuS 2008, 403 (404).

zwingendem Gemeinschaftsrecht folgen – nicht am Maßstab deutscher Grundrechte durch das BVerfG überprüft werden[1237]. 2007 hat das BVerfG die Überprüfung des Umsatzsteuergesetzes anhand des nationalen Verfassungsrechts verneint, weil die MwStSystRL bezüglich des problematischen Teils des Umsetzungsaktes keinen Gestaltungsspielraum zulässt[1238].

Eine „doppelte Grundrechtsloyalität“[1239] der Mitgliedstaaten, also die Anwendung von Verfassungsrecht neben Unionsrecht, ist aufgrund des Vorranges des Unionsrechts nur dann denkbar, wenn bei der Umsetzung von Unionsrecht Gestaltungsspielräume bleiben, bei deren Umsetzung sich der Normgeber auch an die Bundesgrundrechte halten muss[1240]. Die Rücknahme der Prüfungstätigkeit seit der *Solange II*-Rechtsprechung ist folglich nur soweit möglich, wie die europarechtlichen Vorgaben Bindungswirkung entfalten[1241]. Der EuGH geht davon aus, dass das Ausnutzen von Spielräumen immer auch eine „Durchführung“ von Unionsrecht ist[1242]. Nach Ansicht von *Schlink*[1243] müsste dann auch das Unionsrecht bei der Überprüfung wegen des Vorrangs einschlägig sein. Allerdings würde dies „[…] einen bedenklichen Rückschritt in der Geschichte der Grundrechte darstellen“[1244]. Dies ist nicht tragbar, weil die Umsetzung in diesem gerade nicht unionsrechtlich vorgeschrieben, sondern den Mitgliedstaaten überlassen wird. Daher ist m.E. der Auffassung von *Michael* und *Molok*[1245] zu folgen, die aufgrund der Anwendbarkeit von nationalen und europäischen Grundrechten von einer Durchsetzung des höchsten Standards ausgehen. Auch nach Auffassung der Rechtsprechung des BVerfG unterliegt die Umsetzung der Richtlinie der vollen verfassungsrechtlichen

---

1237 bereits BVerfG, 2. Kammer des Zweiten Senats, BVerfG-Kammerbeschluss vom 12.05.1989 – 2 BvQ 3/89, NJW 1990, 974; Kammer des Zweiten Senats, BVerfG-Kammerbeschluss vom 09.07.1992 – 2 BvR 1096/92 , NVwZ 1993, 883; Rn. II. Kammer des Ersten Senats, BVerfG-Kammerbeschluss vom 09.01.2001 – 1 BvR 1036/99, NJW 2001, 1267, Rn. II. 1. b); BVerfG-Kammerbeschluss vom 27.07.2004 – 1 BvR 1270/04, BVerfGK 3, 331, Rn. II aa).

1238 BVerfG-Nichtannahmebeschluss vom 31.05.2007 – 1 BvR 1316/04, BFH/NV 2004, Beilage 4, 449, Rn. IV 2. b).

1239 *Pernice*, NJW 1990, 2409 (2417).

1240 Dietlein/Drüen – *Dietlein*, Grundlagen und Reichweiten des Vertrauensschutzes bei Ausfuhrlieferungen im nichtkommerziellen Reiseverkehr, 30; vergleichbarer Grundrechtsstandard gewährleistet wird; zu dieser Problematik anhand der Vorratsdatenspeicherung zuletzt BVerfG Urteil vom 02.03.2010 – 1 BvR 256/08; 1 BvR 263/08; 1 BvR 586/08, BVerfGE 125, 260.

1241 Dietlein/Drüen – *Dietlein*, Grundlagen und Reichweiten des Vertrauensschutzes bei Ausfuhrlieferungen im nichtkommerziellen Reiseverkehr, 28.

1242 EuGH-Urteil vom 27.06.2006 – Rs. C-540/03 – *Parlament/Rat*, Slg. 2006, I-05769 Rn. 104 f.; *Jarass*, EU-Grundrechte, § 4 Rn. 13.

1243 *Pieroth/Schlink*, Grundrechte Staatsrecht II, Rn. 60.

1244 *Pieroth/Schlink*, Grundrechte Staatsrecht II, Rn. 60.

1245 *Michael/Molok*, Grundrechte, § 7 Rn. 104.

Überprüfbarkeit, wenn dem nationalen Gesetzgeber ein Gestaltungsspielraum bei der Umsetzung eingeräumt wird[1246]. Im praktischen Fall der Mehrfachbindung setzt sich dann der höchste Standard durch[1247]. Lässt jedoch der Wortlaut des Sekundärrechts keinen Gestaltungsspielraum zu, so unterliegt das Umsetzungsgesetz nur der Überprüfung anhand von europarechtlichem Primärrecht[1248].

Eine Überprüfung anhand der nationalen Grundrechte kann nach *Fischer* nur dann stattfinden, „[...] wenn z.B. den Mitgliedstaaten ausdrücklich Optionen erlaubt sind oder nach dem Wortlaut des Sekundärrechts ausreichender Umsetzungsraum besteht oder Begriffe anhand deren innerstaatlichem Recht selbstständig definiert werden können" [1249]. Folglich wird der Grundrechtsschutz im auf dem europäischen Sekundärrecht beruhenden nationalen Umsatzsteuerrecht nicht nur durch die europäischen Grundrechte und allgemeinen Rechtsgrundsätze, sondern auch durch die nationale Verfassung sichergestellt, wenn die nationale Norm auf zwingenden Bestimmungen des Sekundärrechts beruht und bei der Umsetzung Gestaltungsspielräume bleiben.

In Bezug auf die MwStSystRL ist zusammenfassend zu sagen, dass – soweit es um die Auslegung der Richtlinie geht – nur der EuGH zuständig ist. Hier greift dann das „Kooperationsverhältnis" zwischen BVerfG und EuGH. Sonst könnte es zu einem Konflikt mit einer gegenteiligen Entscheidung des BVerfG kommen. Die Zuständigkeit für die Auslegung liegt gemäß Art. 267 AEUV ausschließlich beim EuGH[1250]. Liegt hingegen ein Gestaltungsspielraum vor, so kommt es, weil es sich trotzdem noch um die Umsetzung der MwStSystRL handelt, zur Anwendung des nationalen Verfassungsrechtes neben dem europäischen Verfassungsrecht, wobei sich der höhere Standard durchsetzt.

2. Vorliegen eines zu überprüfenden Gestaltungsspielraums bei den vertrauensschutzrechtlich relevanten Konstellationen

Damit eine Überprüfung anhand der nationalen Grundrechte stattfinden kann, muss bei den vertrauensschutzrechtlich relevanten Konstellationen ein Umsetzungsspielraum bestehen.

1246 BVerfG Kammerbeschluss vom 09.07.1992 – 2 BvR 1096/92, DWiR 1992, 381; BVerfG Beschluss vom 09.01.2001 – 1 BvR 1036/99, NJW 2001, 1267, Rn. II. 1. b).

1247 *Michael/Molok*, Grundrechte, § 7 Rn. 104.

1248 BVerfG Beschluss vom 09.01.2001 – 1 BvR 1036/99, NJW 2001, 1267, Rn. II. 1. a).

1249 *Fischer*, Die Rechtfertigung einer Umsatzbesteuerung und ihre Vereinbarkeit mit den Grundrechten, 270, Fn. 1837.

1250 Siehe hierzu auch Rau/Dürrwächter-*Stadie*, Vorbemerkung Rn. 517 f.

Der BFH geht in den vertrauensschutzrechtlich relevanten Fällen nicht von einem Umsetzungsspielraum aus. Dies ergibt sich m.E. daraus, dass er in keinem Fall eine Richtervorlage gemäß Art. 100 Abs. 1 GG, §§ 13 Nr. 11, 80 ff. BVerfGG an das BVerfG in Erwägung gezogen hat. Zudem spricht er in seinen Folgeentscheidungen zur EuGH-Rechtsprechung lediglich von europäischen Grundsätzen zur Begründung eines Vertrauensschutzes[1251]. Im Fall der Umsetzung der MwStSystRL dürfte das Vorgehen des BFH in den meisten Fällen auch richtig sein, weil die MwStSystRL vieles abschließend regelt[1252]. Eine Nichtvorlage verkürzt jedoch dann das Prüfungsrecht des BFH, wenn die MwStSystRL einen Gestaltungsspielraum bei der Umsetzung gewährt[1253].

Die Neuregelung der sonstigen Leistung gemäß § 3 Abs. 9 UStG i.V.m. § 3a UStG basiert auf zwei europäischen Richtlinien und zwei Verordnungen[1254]. Weder diese noch die MwStSystRL regeln, wie die Voraussetzungen der Verlagerung der Steuerschuld auf den Bestimmungsort bei der sonstigen Leistung nachgewiesen werden sollen[1255]. Art. 18 der Durchführungsverordnung vom 15. März 2011 enthält lediglich Zusicherungen, wann der Steuerpflichtige von einer Verlagerung der Steuerschuld ausgehen kann[1256]. Da der Steuerpflichtige jedoch die für ihn günstigeren Tatsachen beweisen muss, ist eine solche Nachweispflicht gegeben[1257]. Demnach besteht bezüglich der Frage des Nachweises dieser Voraussetzungen und der damit verbundenen Inanspruchnahme des Steuerpflichtigen bei falschen Angaben Dritter ein Gestaltungsspielraum der Mitgliedstaaten.

Die MwStSystRL regelt in Art. 147 lediglich, dass der Nachweis der Ausfuhr durch Rechnungen oder durch entsprechende Belege erbracht werden soll und mit dem Sichtvermerk der Ausgangszollstelle der Europäischen Union versehen sein muss. Näheres bezüglich der Anforderungen an den Nachweis der Steuerfreiheit der Ausfuhr gemäß § 4 Nr. 1a i.V.m. § 6 UStG ist gemäß Art. 131 MwStSystRL den Mitgliedstaaten überlassen. Demnach ist auch hier ein Gestaltungsspielraum gegeben.

1251 U.a. BFH-Urteil vom 30.07.2008 – V R 7/03, BStBl. II 2010, 1075, Rn. II. 4; BFH-Urteil vom 11.08.2011 – V R 19/10, DB 2011, 2471, Rn. II. 2. a).

1252 Davon geht auch *Fischer* aus: *Fischer*, Die Rechtfertigung einer Umsatzbesteuerung und ihre Vereinbarkeit mit den Grundrechten,

1253 Siehe hierzu auch Rau/Dürrwächter-*Stadie*, Vorbemerkung Rn. 520 ff.

1254 Richtlinie 2008/8/EG vom 12.02.2008, ABl. EU Nr. L 44/2008; Richtlinie 2008/8/EG vom 12.02.2008, ABl. EU Nr. L 44/2008; Verordnung Nr. 143/2008 vom 12.02.2008, ABl. EU Nr. L 44/2008; Verordnung Nr. 282/2011 vom 15.03.2011, ABl. EU Nr. L 2011/77.

1255 *Matheis*, UVR 2010, 57 (58); *Becker/Müller-Lee*, UStB 2009, 320 (322).

1256 Verordnung Nr. 282/2011 vom 15.03.2011, ABl. EU Nr. L 2011/77.

1257 Siehe hierzu Abschnitt C. I. 3. a).

Auch bezüglich des Nachweises der Voraussetzungen der Steuerfreiheit der innergemeinschaftlichen Lieferung enthalten Art. 138 und 139 MwStSystRL keine abschließende Regelung. Aus Art. 131 MwStSystRL geht hervor, dass Mitgliedstaaten selbst die Voraussetzungen für die Steuerbefreiung festlegen. Art. 22 der Sechsten EG-Richtlinie regelte zwar bestimmte formelle Pflichten der Steuerschuldner in Bezug auf Aufzeichnungen, Rechnungen, Steuererklärungen und die der Finanzverwaltung vorzulegende Aufstellung. Nach Abs. 8 dieses Artikels konnten die Mitgliedstaaten jedoch weitere Pflichten vorsehen, die sie als erforderlich erachteten, um eine genaue Erhebung der Steuer sicherzustellen und Steuerhinterziehungen zu verhindern. Art. 22 der Sechsten EG-Richtlinie ist zudem bei der Neufassung weggefallen. Daher besteht auch in dieser Konstellation Gestaltungsspielraum für die Mitgliedstaaten.

Auch der EuGH geht in der Rechtsprechung zu den Steuerbefreiungen bei der innergemeinschaftlichen Lieferung und der Ausfuhr davon aus, dass bei der Umsetzung der Befugnisse, die durch die MwStSystRL, speziell durch Art. 131 MwStSystRL[1258] zur Verhinderung von Steuerhinterziehung, Steuerumgehung oder Missbrauch und zur korrekten Feststellung der Besteuerungsgrundlage, die allgemeinen Rechtsgrundsätze zu beachten sind[1259]. M.E. geht hieraus aber eindeutig hervor, dass es einen Umsetzungsspielraum für die Mitgliedstaaten gibt.

Die Regelung bezüglich des Übergangs der Steuerschuld basiert auf Art. 21 Abs. 1 Sechste EG-Richtlinie. Im Rahmen der Neufassung der Sechsten EG-Richtlinie wurde durch § 199 MwStSystRL den Mitgliedstaaten ausdrücklich ermöglicht, die Umkehrung der Steuerschuld auch auf inländische Unternehmen auszudehnen. Eine Regelung, wie der Nachweis der Umkehr der Steuerschuldnerschaft zu erfolgen hat, ist in der MwStSystRL nicht vorgesehen und eröffnet daher einen Gestaltungsspielraum für die Mitgliedstaaten.

Art. 178 MwStSystRL regelt die Einzelheiten der Ausübung des Rechts auf Vorsteuerabzug. Für den Vorsteuerabzug nach Art. 168 Buchst. a MwStSystRL muss der Steuerpflichtige eine den Voraussetzungen der MwStSystRL entsprechende Rechnung nachweisen. Wie jedoch zu verfahren ist, wenn sich die Angaben des Dritten als falsch herausstellen, ist bezüglich des Vorsteuerabzuges nicht geregelt und es besteht daher ein Handlungsspielraum für die Mitgliedstaaten.

Die Frage, ob die Tatbestandsvoraussetzungen vorliegen, ist abschließend in der MwStSystRL geregelt. Wie der Nachweis der Tatbestandsvoraussetzungen

---

1258 In der Rechtsprechung wird noch auf den alten Art. Art. 28c Teil A 1. HS oder auf Art. 15 der Sechsten Richtlinie verwiesen, diese entsprechen Art. 131 MwStSystRL.

1259 EuGH-Urteil vom 27.09.2007 – Rs. C-409/04 – *Teleos*, UR 2007, 774, Rn. 45; EuGH-Urteil vom 27.09.2007 – Rs. C-146/05 – *Albert Collée*, UR 2007, 813, Rn. 24-25; EuGH-Urteil vom 07.12.2010 – Rs. C-285/09 – *R*, DB 2010, 2774 , Rn. 43-45; EuGH-Urteil vom 21.02.2008 – Rs. C-271/06 – *Netto Supermarkt*, UR 2008, 508, Rn. 17-18.

erbracht werden soll, ist nicht abschließend geregelt. Die Mitgliedstaaten haben besonders bei der Feststellung der Besteuerungsgrundlage und der Verhinderung von Betrug Spielräume, die auch am nationalen Verfassungsrecht zu messen sind. Der Vertrauensschutz bezüglich Angaben Dritter ist eine Frage der Anforderungen, die an den Steuerpflichtigen gestellt werden. Es geht mehr um das „Wie", als um das „Ob" der Tatbestandsvoraussetzungen. Diese liegen letztlich aufgrund der falschen Angaben Dritter nicht vor. Daraus folgt dann auch die Inanspruchnahme des Steuerpflichtigen. Liegen die Voraussetzungen nicht vor, können die Rechtsfolgen nicht eintreten. Im Rahmen des gewährten Spielraums stellt sich die Frage des Vertrauensschutzes, der dann auch unter Beachtung des nationalen und europäischen Verfassungsrechtes, einschließlich der allgemeinen Rechtsgrundsätze, genutzt werden muss.

3. Herleitung des Vertrauensschutzes aus nationalen Rechtsgrundsätzen

Wie dargelegt findet aufgrund des Vorliegens eines Gestaltungsspielraumes bei der Umsetzung der MwStSystRL in nationales Recht das nationale Verfassungsrecht neben dem europäischen Primärrecht Anwendung. In Betracht kommt daher neben der Herleitung des Vertrauensschutzes bezüglich Angaben Dritter aus den europäischen allgemeinen Rechtsgrundsätzen, die Teil des Primärrechts sind, und dem Grundsatz der Neutralität, auch eine Herleitung aus den nationalen Rechtsgrundsätzen, die in der Verfassung verankert sind.

Der nationale Grundsatz der Rechtssicherheit in der Ausprägung des Grundsatzes des Vertrauensschutzes leitet sich aus dem in Art. 20 Abs. 3, Art. 1 Abs. 3 und Art. 28 Abs. 1 GG verankerten Rechtsstaatsprinzip ab. Das Bundesverfassungsgericht leitet den Grundsatz des Vertrauensschutzes aus folgender Gedankenkette ab „Rechtsstaatsprinzip – Rechtssicherheit – Verlässlichkeit der Rechtsordnung – Vorhersehbarkeit staatlicher Eingriffe – Schutz des Vertrauens auf Rechtskontinuität"[1260].

Die allgemeinen europäischen Rechtsgrundsätze leiten sich aus den nationalen Rechtsordnungen ab und sind letztlich als allgemeingültig anerkannt. Zwar gilt der Grundsatz der Rechtssicherheit in der Form des Vertrauensschutzes nicht in allen Mitgliedstaaten in gleichem Maße, jedoch wurden in vielen Mitgliedstaaten zumindest von der Rechtsprechung vergleichbare Regelungen für verwaltungsrechtliche

---

1260 BVerfG-Urteil vom 08.06.1977 – 2 BvR 499/74, 2 BvR 1042/75, BVerfGE 45, 142, B. II. 1. c); *Schwarze*, Europäisches Verwaltungsrecht, 863.

Einzelfragen entwickelt[1261]. Aufgrund des Vorranges des Europarechts gegenüber dem nationalen Recht[1262] setzt sich im Fall der Anwendbarkeit von nationalem Verfassungsrecht neben Unionsrecht im Kollisionsfall das Recht durch, welches das höhere Schutzniveau hat[1263]. Der Vertrauensschutz bei falschen Angaben Dritter wird vom EuGH auch aus dem europarechtlichen Grundsatz des Vertrauensschutzes hergeleitet. Dieser Grundsatz gewährleistet demnach auch einen Schutz davor, dass Belege, die dem Anschein nach für die Steuerbefreiung sprechen, nicht akzeptiert werden, weil sich herausstellt, dass die Angaben gefälscht waren. Zudem verstößt es gegen den Grundsatz, dass die Verwaltung Belege zunächst anerkennt und den Steuerpflichtigen später zur Umsatzsteuer heranzieht, wenn sich herausstellt, dass die Angaben gefälscht waren. Im deutschen Recht findet eine Prüfung anhand des Grundsatzes der Rechtssicherheit lediglich bei der Prüfung einschränkender Gesetze oder Verwaltungsakte statt. Die Herleitung eines allgemeinen Prinzips des Vertrauensschutzes bezüglich Angaben Dritter kann nicht auf den Grundsatz des Vertrauensschutzes gestützt werden, dieser wird im nationalen Recht nur zur Überprüfung eines Einzelfalls herangezogen.

Eine Herleitung anhand des nationalen Grundsatzes der Verhältnismäßigkeit findet in der deutschen Rechtsprechung nur in Verbindung mit anderen Rechtsinstituten statt[1264]. Das Verhältnismäßigkeitskonzept ist besonders der Grundrechtsgewährleistung immanent[1265]. Eine isolierte Herleitung aus dem Grundsatz der Verhältnismäßigkeit ist daher m.E. nicht möglich.

Der Grundsatz der Neutralität der Mehrwertsteuer, auf dem das gemeinsame Mehrwertsteuersystem beruht[1266], ist europarechtlichen Ursprungs und dient als Auslegungshilfe der Regelungen der MwStSystRL[1267]. Auch der BFH geht in seinen Entscheidungen von dem Grundsatz der Neutralität als europäischen Grundsatz aus[1268]. Eine Entsprechung im nationalen Recht gibt es daher nicht.

Der Vertrauensschutz bezüglich Angaben Dritter lässt sich folglich nicht aus den nationalen Rechtsgrundsätzen herleiten.

1261 *Schwarze*, Europäisches Verwaltungsrecht, 846.

1262 Erklärung Nr. 17 vom 09.05.2008 zur Schlussakte der Regierungskonferenz, die den am 13. Dezember 2007 unterzeichneten Vertrag von Lissabon angenommen hat, ABl. EU Nr. C 115/344.

1263 Siehe hierzu Abschnitt E. IV. 1.

1264 *Kischel*, EuR 2000, 380 (384).

1265 Dietlein/Drüen-*Dietlein*, Grundlagen und Reichweite des Vertrauensschutzes bei Ausfuhrlieferungen im nichtkommerziellen Reiseverkehr, 34.

1266 EuGH-Urteil vom 28.01.2010 – Rs. C-473/08 – *Eulitz*, DStR 2011, 218, Rn. 27; Bunjes-*Robisch*, Vor § 1 Rn. 14.

1267 *Leitl*, UVR 2008, 138 (143).

1268 BFH-Urteil vom 08.03.2012 – V R 30/09, BFH/NV 2012, 1275-1282, Rn. II. 5. b) ee) (2).

4. Berufsfreiheit Art. 12 GG

Aufgrund der Anerkennung einer doppelten Grundrechtsloyalität kommt auch eine Betroffenheit der Berufsfreiheit in Art. 12 GG in Betracht, weil die Anforderungen an die Nachweispflichten überhöht und damit eine Verlagerung des Risikos falscher Angaben auf den Steuerpflichtigen erfolgt.

Träger des Grundrechts aus Art. 12 GG sind alle Deutschen i.S.d. Art. 116 GG. Zudem steht die Berufsfreiheit auch EU-Ausländern – soweit dies EU-rechtlich geboten ist – zu[1269].

Das Grundrecht der Berufsfreiheit gemäß Art. 12 GG schützt neben der Freiheit der Wahl des Berufes, der Wahl des Arbeitsplatzes und der Ausbildungsstätte auch die Berufsausübung. Art. 12 GG ist ein einheitliches Grundrecht, weil die Ausübung des Berufs, die Wahl des Berufes jedes Mal aufs Neue bestätigt[1270].

Steuerrechtliche und sonstige abgabenrechtliche Vorschriften sind dann vom Schutzbereich des Art. 12 Abs. 1 GG erfasst, wenn sie eng im Zusammenhang mit der Ausübung des Berufes stehen und eine objektiv berufsregelnde Tendenz beinhalten[1271]. Eine objektiv berufsregelnde Tendenz ist dann anzunehmen, wenn sie die Berufswahl oder dessen Fortführung umfasst[1272]. Dies geschieht anhand objektiver Kriterien, die weder mit Eigenschaften des Betroffenen verbunden sind, noch von ihm beeinflusst werden können[1273].

Die Inanspruchnahme des Steuerpflichtigen für die Umsatzsteuer, wenn Angaben Dritter nicht korrekt sind, ist keine subjektive oder objektive Zulassungsregel. Die Zulassung zu einem Beruf oder die Wahl eines bestimmten Berufes werden nicht eingeschränkt[1274]. Zudem hängt die Wahl des Vertragspartners auch vom Steuerpflichtigen ab. Er hat damit Einfluss auf die Inanspruchnahme. Die Beeinträchtigung ist relativ gering, daher handelt es sich vielmehr nur um eine Berufsausübungsvorschrift[1275]. Die Inanspruchnahme im Ausnahmefall ist vom Schutzbereich des Art. 12 Abs. 1 GG folglich schon nicht umfasst.

1269 Jarass/Pieroth-*Jarass*, Art. 12 Rn. 12.

1270 Sachs-*Mann*, Art. 12 Rn. 14, 15.

1271 BVerfG-Urteil vom 05.03.1974 – 1 BvL 27/72, BVerfGE 37, 1, Rn. I. 2.; BVerfG-Urteil vom 30.10.1961 – 1 BvR 833/59, BVerfGE 13, 181, Rn. B. 1.; BVerfG-Beschluss vom 17.07.1974, 1 BvR 51/69 u.a., BVerfGE 38, 61, Rn. C.; BVerfG-Urteil vom 13.05.1981, 1 BvR 610/77, 1 BvR 451/80, BVerfGE 57, 139, Rn. III. 2.; Jarass/Pieroth-*Jarass*, Art. 12 Rn. 15, 16; Schmidt-Bleibtreu/Hoffmann/Hopfauf-*Hofmann*, Art. 12 Rn. 12-14; Umbach/Clemens-*Umbach*, Art. 12 Rn. 56.

1272 Jarass/Pieroth-*Jarass*, Art. 12 Rn. 36.

1273 Jarass/Pieroth-*Jarass*, Art. 12 Rn. 36.

1274 *Fischer*, Die Rechtfertigung einer Umsatzbesteuerung und ihre Vereinbarkeit mit den Grundrechten, 165.

1275 Siehe hierzu *Ipsen*, Staatsrecht II, Rn. 658.

5. Eigentumsfreiheit Art. 14 GG

Art. 14 GG steht sowohl natürlichen als auch juristischen Personen des Privatrechts gemäß Art. 19 Abs. 3 GG zu.

Der Schutzbereich der Eigentumsfreiheit enthält zwei Garantiebereiche. Zum Einen wird eine Institutsgarantie gewährleistet, also die Gewährung der Existenz von Eigentum, und zum Anderen eine Bestandsgarantie, die das konkrete Eigentum in der Hand des Eigentümers schützt[1276]. Das Eigentum als Individualrecht schützt die Summe der vom Gesetzgeber zu einem bestimmten Zeitpunkt gewährten vermögenswerten Rechte[1277].

Im Gegensatz zu Art. 12 GG, der den Erwerb – demnach die Betätigung selbst schützt – umfasst Art. 14 GG das Erworbene als Ergebnis der Betätigung[1278].

Ob der Schutzbereich des Art. 14 GG auch das Vermögen, also die in der Hand einer Person vereinigte Gesamtheit von Geld oder geldwerten Gütern, umfasst, ist umstritten[1279]. In der Literatur wird dies zum Teil bejaht[1280]. Begründet wird dies damit, dass die Möglichkeit der Entschädigung, also der in Art. 14 Abs. 3 GG enthaltene Tauschwert sämtlicher Sachen und Rechte, eine Einbeziehung des Vermögens an sich rechtfertige[1281], oder dass Art. 14 GG einen unbegrenzten Handlungsspielraum eröffne, der dem Eigentümer zur Verfügung steht und dessen Grundlage das Gesamtvermögen ist[1282]. Das BVerfG lehnt dies bisher ab[1283]. Daraus folgt, dass auch die Auferlegung von Abgaben und Steuern nicht vom Schutzbereich erfasst ist[1284]. Das BVerfG nimmt allerdings eine etwas wider-

1276 Jarass/Pieroth-*Jarass*, Art. 14 Rn. 2.

1277 BVerfG-Beschluss vom 19.06.1985 – 1 BvL 57/79, BVerfGE 70, 191, Rn. C. I. 3. a).

1278 Manssen, Staatsrecht II, Rn. 671, 672.

1279 Siehe hierzu *Heintzen*, Eigentumsschutz und Besteuerung, in: Kungi/Nagata, Persönlichkeitsschutz und Eigentumsfreiheit in Japan und Deutschland, 65-70.

1280 Dafür: *P. Kirchhof*, Besteuerung und Eigentum, in: Müller/Schlaich, VVDStRL 39, 213 (226 ff.); *P. Kirchhof*, Die Steuer, in: Kirchhof/Isensee, Handbuch des Staatsrechts Band V, § 118, Rn. 117 ff. (Fn. 333) mit zahlreichen Nachweisen; *Vogel*, Finanzverfassung und politisches Ermessen, 1972, 36 ff.; *Vogel*, BayVBl. 1980, 523 (525); *Seer*, FR 1999, 1280 ff. (1283); *Hahn*, StuW 2004, 167 (177); *Fischer*, Die Rechtfertigung einer Umsatzbesteuerung und ihre Vereinbarkeit mit den Grundrechten, 112- 114;Dreier-*Wieland*, Art. 14 Rn. 56; Jarass/Pieroth-*Jarass*, Art. 14 Rn. 32a; *Möstl*, DStR 2003, 720 (725).

1281 *Vogel*, Finanzverfassung und politisches Ermessen, 36 ff.; *Vogel*, BayVBl. 1980, 523 (525); *Seer*, FR 1999, 1280 ff. (1283); *Leisner*, Verfassungsrechtliche Grenzen der Erbschaftsbesteuerung, 76 ff.

1282 *P. Kirchhof*, Besteuerung und Eigentum, in: Müller/Schlaich, VVDStRL 39, 213 (226 ff.).

1283 U.A. BVerfG-Urteil vom 20.07.2954 – 1 BvR 459/52 u.a., BVerfGE 4,7, Leitsatz 4; BVerfG-Beschluss vom 31.05.1988 – 1 BvL 22/85, BVerfGE 78, 232, A. IV. 1. a); BVerfG-Beschluss vom 12.10.1994 – 1 BvL 19/90, BVerfGE 91, 207, Rn. C. II. 1.; *Berg*, JuS 2005, 961 (964).

1284 Epping/Hillgruber-*Axer*, Art. 14 Rn. 55.

sprüchliche Haltung ein. Zwar verbiete Art. 14 GG eine erdrosselnde Steuer[1285], schütze jedoch nicht vor der Auferlegung von Geldleistungen[1286]. Die Einbeziehung des Vermögens in den Schutzbereich vertrat 1995 der Zweite Senat in seiner Vermögensteuerentscheidung[1287]. In der neueren Rechtsprechung prüft der Zweite Senat das BVerfG die Einkommen- und Gewerbesteuer anhand des Art. 14 GG[1288]. Er bringt damit auch zum Ausdruck, dass er den Vermögensbegriff grundsätzlich als unter den Anwendungsbereich des Art. 14 GG fallend ansieht. Nach Auffassung des Zweiten Senats ist die Eigentumsfreiheit zumindest dann betroffen, wenn die Steuerpflicht an den Bestand des Hinzuerworbenen anknüpft[1289]. Die Umsatzsteuer knüpft jedoch lediglich an den Mehrwert an. Die Steuer ist überwälzbar und belastet das Vermögen des Steuerpflichtigen nicht[1290]. Auch im Falle der Nichtüberwälzbarkeit im Einzelfall liegt keine Besteuerung des Hinzuerworbenen vor, sodass der Anwendungsbereich m.E. – auch wenn man dem Zweiten Senat folgt – nicht eröffnet sein dürfte. Der Erste Senat hält außerdem in nachfolgenden Entscheidungen an seiner Auffassung fest, dass Vermögen kein Eigentum im Sinne von Art. 14 Abs. 1 GG ist, weil es der Inbegriff aller geldwerten Güter einer Person ist und kein Recht[1291]. Er hat außerdem erneut verdeutlicht, dass Art. 14 GG nicht vor der Auferlegung von Geldleistungen schützt, wenn diese keine erdrosselnde Wirkung haben[1292].

Indem der Steuerpflichtige zur Umsatzsteuer herangezogen wird, weil er auf Angaben Dritter vertraut, die sich später als falsch herausstellen, wird er nicht in der Nutzung seines Eigentums beschränkt und der Schutzbereich des Art. 14 GG ist daher nicht eröffnet.

1285 Ständige Rechtsprechung: BVerfG-Urteil vom 24.07.1962 – 2 BvL 15/61, 2 BvL 16/61, BVerfGE 14, 221, Rn. II. 5. a); BVerfG-Entscheidung vom 24.09.1965 – 1 BvR 228/65, BVerfGE 19, 119, Rn. B. 4.; BVerfG-Entscheidung vom 14.05.1968 – 2 BvR 544/63, BVerfGE 23, 288, Rn. C. III.; BVerfG-Beschluss vom 31.05.1990 – 2 BvL 12/88, 2 BvL 13/88, 2 BvR 1436/87, BVerfGE 82, 159, Rn. B. III. 1.

1286 BVerfG-Urteil vom 20.07.1954 – 1 BvR 459/52 u.a., BVerfGE 4,7, Rn. D. 4; Siehe hierzu *Waldhoff*, Die Verwaltung 2008, 259 (277 f.).

1287 BVerfG-Beschluss vom 22.06.1995, BVerfGE 93, 121, Rn. II. 3. a) b); dagegen: Sondervotum Böckenförde, Rn. II. 1. b).

1288 EuGH-Urteil vom 20.09.1992 – 2 BvL 5/91, 2 BvL 8/91; 2 BvL 14/91, BVerfGE 87, 153, 169, Rn. C. I. 1; BVerfG-Beschluss vom 13.07.2004 – 1 BvR 1298/94, 1 BvR 1299/94, 1 BvR 1332/95, 1 BvR 613/97, BVerfGE 111, 191, Rn. C. I., BVerfG-Beschluss vom 18.01.2006 – 2 BvR 2194/99, BVerfGE 115, 97, Rn. C. II 1. a).

1289 BVerfGE 111, 191, Rn. C. I., BVerfG-Beschluss vom 18.01.2006 – 2 BvR 2194/99, BVerfGE 115, 97, Rn. C. II. 1. a).

1290 So auch *P. Kirchhof*, Die Steuer, in: Kirchhof/Isensee, Handbuch des Staatsrechts Band V, § 118, Rn. 148.

1291 BVerfG-Beschluss vom 08.04.1997, BVerfGE 95, 267, Rn. C. I. 1.

1292 BVerfG-Beschluss vom 08.04.1997, BVerfGE 95, 267, Rn. C. I. 1.

6. Allgemeine Handlungsfreiheit Art. 2 Abs. 1 GG

a) Schutzbereich

Die allgemeine Handlungsfreiheit kommt lediglich subsidiär zur Anwendung, wenn andere Schutzbereiche nicht eröffnet sind[1293]. Der Schutzbereich der Art. 12 und 14 GG sind nicht eröffnet, folglich erfolgt eine Überprüfung anhand des Art. 2 Abs. 1 GG. Die allgemeine Handlungsfreiheit, schützt jegliches menschliches Handeln vor staatlichen Eingriffen[1294]. Es ist irrelevant, welche Bedeutung die Betätigung für die Persönlichkeitsentfaltung hat[1295]. Auch die Erhebung von Steuern, fällt dabei grundsätzlich in den Anwendungsbereich der allgemeinen Handlungsfreiheit gerade in ihrer Ausprägung als „persönliche Entfaltung im vermögensrechtlichen und im beruflichen Bereich"[1296], wenn sie keine erdrosselnde Wirkung hat[1297]. Demnach ist der Schutzbereich des Art. 2 Abs. 1 GG eröffnet.

b) Eingriff

Unzweifelhaft liegt nach dem klassischen Eingriffsbegriff ein Eingriff in die allgemeine Handlungsfreiheit dann vor, wenn ein Vorgang „[...] unmittelbar und gezielt (final) durch ein vom Staat verfügtes, erforderlichenfalls zwangsweise durchzusetzendes Ge- oder Verbot, also imperativ, zu einer Verkürzung grundrechtlicher Freiheiten führt"[1298]. Die unmittelbare Beeinträchtigung muss daher ohne Hinzutreten weiterer Faktoren bereits in dem Verhalten der öffentlichen Gewalt liegen. Die Erhebung der Umsatzsteuer bei falschen Angaben Dritter selbst beschränkt die Handlungsfreiheit noch nicht. Hinzukommen muss noch, dass der Steuerpflichtige den Anspruch nicht gegenüber dem Dritten geltend machen kann.

1293 *Hufen*, Staatsrecht II, 3. Teil § 14, Rn. 16.

1294 Jarass/Pieroth-*Jarass*, Art. 2 Rn. 2.

1295 BVerfG-Urteil 10.03.1998 – 1 BvR 178/97, BVerfGE 97, 332, Rn. II. 1. a); BVerfG-Urteil vom 07.06.2005 – 1 BvR 1508/96, BVerfGE 113, 88, Rn. B. I. 1.; BVerfG-Beschluss vom 26.10.2005 – 1 BvR 396/98, BVerfGE 114, 371, Rn. C. I. 1.; a.A. *Grimm*, abweichende Meinung zu BVerfG-Beschluss vom 06.06.1989 – 1 BvR 921/85, BVerfGE 80, 137, Rn. II.

1296 BVerfG-Urteil vom 20.09.1992 – 2 BvL 5/91, 2 BvL 8/91; 2 BvL 14/91, BVerfGE 87, 153, 169, Rn. C. I. 1.; a.A.: V. Mangold/Klein/Starck-*Starck*, Art. 2 Abs. 1, Rn. 80, 161.

1297 Bei erdrosselnder Wirkung ist Art. 14 GG einschlägig siehe BVerfG-Urteil vom 24.07.1962 – 2 BvL 15/61, 2 BvL 16/61, BVerfGE 14, 221, Rn. II. 5. a); BVerfG-Entscheidung vom 24.09.1965 – 1 BvR 228/65, BVerfGE 19, 119, Rn. B. 4.; BVerfG-Entscheidung vom 14.05.1968 – 2 BvR 544/63, BVerfGE 23, 288, Rn. C. III.; BVerfG-Beschluss vom 31.05.1990 – 2 BvL 12/88, 2 BvL 13/88, 2 BvR 1436/87, BVerfGE 82, 159, Rn. B. III. 1.

1298 BVerfG-Beschluss vom 26.06.2002 – 1 BvR 670/91, BVerfGE 105, 279, Rn. I. 3. b).

Grundsätzlich greift die Umsatzsteuer nicht in die allgemeine Handlungsfreiheit des Unternehmers ein, da sie für ihn aufgrund der Überwälzbarkeit neutral ist. Daher liegt nach dem klassischen Eingriffsbegriff kein Eingriff vor.

Ob ein Eingriff in die allgemeine Handlungsfreiheit auch dann vorliegen kann, wenn die allgemeine Handlungsfreiheit nur mittelbar beeinträchtigt wird, ist umstritten[1299]. Dies würde dazu führen, dass jede beliebige Belastung des Einzelnen als Eingriff in Art. 2 Abs. 1 GG zu verstehen wäre[1300]. Art. 2 Abs. 1 GG soll aber nur die Selbstbestimmung, also die Entscheidungsfreiheit des Einzelnen schützen[1301]. Ein Schutz vor jedem beliebigen Nachteil ist daher nicht gewollt. Damit es nicht zu einer uferlosen Ausdehnung der Handlungsfreiheit kommt, kann als Leitlinie gelten, dass ein mittelbarer staatlicher Eingriff nur dann vorliegt, wenn eine erhöhte Betroffenheitsintensität festgestellt werden kann[1302]. Die Inanspruchnahme des Unternehmers bei falschen Angaben Dritter ist eine Regelung im Einzelfall, die nicht zu einer hohen Beeinträchtigung der Freiheit, Verträge zu schließen oder seine Vertragspartner frei zu wählen, führt. Seine Freiheit wird nicht in einer rechtlich verbindlichen Weise beschnitten[1303]. Von Rechtswegen ist der Unternehmer in seiner Entscheidungsfreiheit nicht beeinträchtigt, es handelt sich vielmehr um eine Reflexwirkung[1304]. Die bloße Eignung zur Beeinflussung oder Steuerung des Verhaltens reicht aber nicht aus[1305]. Eine erhöhte Betroffenheitsintensität ist daher nicht gegeben und ein Eingriff in die allgemeine Handlungsfreiheit scheidet aus.

7. Allgemeiner Gleichbehandlungsgrundsatz Art. 3 Abs. 1 GG

Grundrechtsträger sind alle natürlichen Personen und nach Maßgabe des Art. 19 III GG auch juristische Personen.

1299 Umbach/Clemens-*Hillgruber*, Art. 2 Abs. 1, Rn. 132 f.; Sachs-*Murswiek*, Art. 2 Rn. 79 f.; *Pieroth/Schlink*, Grundrechte, Staatsrecht II, Rn. 380: halten eine Einschränkung auf den klassischen Eingriffsbegriff für sinnvoll.

1300 Sachs-*Murswiek*, Art. 2 Rn. 79.

1301 Sachs-*Murswiek*, Art. 2 Rn. 81.

1302 Mangold/Klein/Starck-*Starck*, Art. 2 Abs. 1, Rn. 20; von Münch/Kunig-*Kunig*, Art. 2 Rn. 18; Jarass/Pieroth-*Jarass*, Art. 2 Rn. 13.

1303 Das verlangt *Hillgruber* in Umbach/Clemens-*Hillgruber*, Art. 2 Abs. 1, Rn. 134.

1304 Umbach/Clemens-*Hillgruber*, Art. 2 Abs. 1, Rn. 135.

1305 Umbach/Clemens-*Hillgruber*, Art. 2 Abs. 1, Rn. 135.

Durch Art. 3 Abs. 1 i.V.m. Art. 1 Abs. 3 GG wird die Rechtsanwendungsgleichheit geschützt. Außerdem wird durch Art. 3 Abs. 1 GG die Rechtssetzungsgleichheit geschützt.

Der Gleichheitssatz gebietet Ungleiches ungleich und Gleiches gleich zu behandeln[1306]. Die Regelungen des Umsatzsteuergesetzes sind so auszugestalten, dass Gleichheit im Belastungserfolg für alle Steuerpflichtigen hergestellt werden kann[1307]. Die Unternehmer müssen rechtlich und tatsächlich gleich belastet werden[1308]. Dazu gehören die Gleichheit der normativen Steuerpflicht und die Gleichheit bei der verfahrenstechnischen und prozessualen Durchsetzung des Steuerrechts[1309].

Auch bezüglich des nationalen Gleichbehandlungsgrundsatzes scheidet dessen Anwendbarkeit aus, weil die unterschiedlichen Konstellationen, in denen der Vertrauensschutz bezüglich Angaben Dritter zur Anwendung kommt, nicht miteinander vergleichbar sind.

V. Zwischenergebnis

Die Gewährung von Vertrauensschutz im Umsatzsteuerrecht basiert auf den allgemeinen europäischen Rechtsgrundsätzen der Rechtssicherheit, in der Ausprägung des Grundsatzes des Vertrauensschutzes, dem Verhältnismäßigkeitsgrundsatz und dem Grundsatz der Neutralität der Mehrwertsteuer[1310]. Die materielle Grundlage des Vertrauensschutzes entspringt folglich dem primären Unionsrecht[1311]. Der EuGH hat sich konsequenterweise nicht auf europäische Grundrechte der Art. 16, 17 und 20 GrCh berufen. Eine Verletzung dieser Grundrechte ist durch das Fehlen eines Vertrauensschutzes bezüglich Angaben Dritter nicht gegeben. Auch die zwar neben den europäischen Grundrechten anwendbaren nationalen Grundrechte sind nicht verletzt. Folglich setzt sich der höhere Standard des Europarechts durch. Demnach kann der Vertrauensschutz bezüglich Angaben Dritter nur aus den allgemeinen Grundsätzen abgeleitet werden.

1306 U.a. BVerfG-Beschluss vom 15.07.1998 – 1 BvR 1554/89, 963, 964/94 – BVerfGE 98, 365, Rn. C. I. 1.

1307 Für die Einkommensteuer: BVerfG-Beschluss vom 10.04.1997 – 2 BvL 77/92, BVerfGE 96, 1.

1308 BVerfG-Urteil vom 27.06.1991 – 2 BvR 1493/89, BVerfGE 84, 239, Leitsatz 1; BVerfG-Urteil vom 09.03.2004 – 2 BvL 17/02, BVerfGE 110, 94, Leitsatz 1.

1309 BVerfG-Urteil vom 27.06.1991 – 2 BvR 1493/89, BVerfGE 84, 239, Leitsatz 1; BVerfG-Urteil vom 09.03.2004 – 2 BvL 17/02, BVerfGE 110, 94, Leitsatz 1.

1310 Dietlein/Drüen-*Dietlein*, Grundlagen und Reichweite des Vertrauensschutzes bei Ausfuhrlieferungen im nichtkommerziellen Reiseverkehr, 23.

1311 So auch Dietlein/Drüen-*Dietlein*, Grundlagen und Reichweiten des Vertrauensschutzes bei Ausfuhrlieferungen im nichtkommerziellen Reiseverkehr, 23.

Die europarechtlichen Grundsätze verlangen ein Mindestmaß an Vertrauensschutz für den gutgläubigen Unternehmer. Sekundärrechtlich ist bislang keine Normierung erfolgt. Lediglich in § 6a Abs. 4 UStG wurde auf nationaler Ebene der Vertrauensschutz geregelt. Damit dem Vertrauensschutz Genüge getan wird, ist m.E. eine Normierung in der Mehrwertsteuersystemrichtlinie und darauf folgend auf nationaler Ebene erforderlich, wenn das Vertrauen des Steuerpflichtigen nicht schon auf nationaler Ebene ausreichend geschützt wird.

F. Entbehrlichkeit des Vertrauensschutzes aufgrund nationaler Regelungen

I. Relevanz nationaler Regelungen für den Vertrauensschutz

Die Normierung des Vertrauensschutzes wäre dann überflüssig, wenn andere Instrumentarien zur Verfügung stehen, die den Steuerpflichtigen ausreichend schützen. Vor Ausführung des Umsatzes könnte der Steuerpflichtige eine verbindliche Auskunft gemäß § 89 Abs. 2 AO einholen. Nach Ausführung käme noch ein Erlassverfahren gemäß §§ 163, 227 AO oder eine verbindliche Zusage gemäß § 204 AO in Betracht. Fraglich ist jedoch, ob diese nationalen Institute den hohen Anforderungen an den Vertrauensschutz ausreichend Rechnung tragen.

In der Folgeentscheidung in der Rechtssache *Netto Supermarkt* vom 30.07.2008[1312] betont der BFH nochmals, dass aufgrund einer mangelnden Normierung des Vertrauensschutzes eine Berücksichtigung lediglich im Billigkeitsverfahren gemäß §§ 163 AO und § 227 AO möglich ist. In weiteren Entscheidungen führt der BFH diese Rechtsprechung fort[1313].

In den Entscheidungen des BFH vom 30.04.2009[1314] und vom 11.01.2012[1315] geht dieser davon aus, dass eine Berücksichtigung des Grundsatzes des Vertrauensschutzes lediglich im Billigkeitsverfahren erfolgen kann, wenn die materiellen Voraussetzungen für den Vorsteuerabzug wegen falscher Rechnungsangaben nicht vorliegen. Zwar stehe die Entscheidung gemäß § 163 AO im Ermessen der Finanzbehörde, allerdings sei das Ermessen auf Null reduziert, wenn die effektive Durchsetzbarkeit des Unionsrechts eine Billigkeitsmaßnahme erfordere[1316].

1312 BFH-Urteil vom 30.07.2008 – V R 7/03, BStBl. II 2010, 1075, Rn. 48.

1313 BFH-Beschluss vom 26.03.2009 – V B 179/07, BFH/NV 2009, 1477, Leitsatz 3, Rn. II. 1. b) bb); BFH-Urteil vom 23.04.2009 – V R 84/07, BStBl. II 2010, 509, Rn. II 3; BFH-Urteil vom 08.07.2009 – X I R 51/07, Leitsatz 2, Rn. II. 1. c).

1314 BFH-Urteil vom 30.04.2009 – V R 15/07, BStBl. II 2009, 1342.

1315 BFH-Urteil vom 11.01.2012 – V B 88/11, BFH/NV 2012, 714.

1316 Dietlein/Drüen-*Drüen*, Grundlagen und Reichweiten des Vertrauensschutzes bei Ausfuhrlieferungen im nichtkommerziellen Reiseverkehr, 88; so auch *Dietlein/Mehrbrey*, BB 2001, 446 (450).

II. Absicherung vor Ausführung des Umsatzes

1. Verbindliche Auskunft gemäß § 89 Abs. 2 AO

a) Voraussetzungen für eine verbindliche Auskunft gemäß § 89 Abs. 2 AO

Gemäß § 89 Abs. 2 S. 1 AO ist eine verbindliche Auskunft nur über genau bestimmte und noch nicht verwirklichte Sachverhalte möglich[1317]. An der Auskunft muss im Hinblick auf erhebliche steuerliche Auswirkungen ein besonderes Interesse des Steuerpflichtigen bestehen[1318]. Der Steuerpflichtige muss also eine wirtschaftliche Entscheidung von der Auskunft abhängig machen[1319]. Will der Steuerpflichtige ein Geschäft abschließen und ist er bezüglich der Angaben des Dritten nachweispflichtig könnte er bei Anbahnung des Vertrages bei den Finanzbehörden anfragen, wie dieser Sachverhalt bei Verwirklichung bezüglich der nachzuweisenden Tatsachen beurteilt werden würde.

b) Zuständigkeit und Verfahren

Zuständig für die Erteilung der Auskunft ist gemäß § 89 Abs. 2 S. 2 AO diejenige Finanzbehörde, die bei Verwirklichung des dem Antrag zugrunde liegenden Sachverhaltes örtlich zuständig sein würde. Ist eine solche örtliche Zuständigkeit noch nicht begründet, so ist das Bundeszentralamt für Steuern zuständig.

Von der in § 89 Abs. 2 S. 4 AO vorgesehenen Verordnungsermächtigung zur Regelung der Form und der Bindungswirkung der verbindlichen Auskunft hat der Gesetzgeber durch die Steuerauskunftsverordnung (StAuskV) vom 08.12.2007 Gebrauch gemacht[1320]. StAuskV und AEAO regeln Form und Inhalt des Antrages.

Eine verbindliche Auskunft wird gemäß § 1 Abs. 1 S. 1 StAuskV und AEAO zu § 89 Abschn. 3.4.1. nur auf schriftlichen Antrag erteilt. Im Antrag ist der ernsthaft geplante und noch nicht verwirklichte Sachverhalt gemäß § 1 Abs. 1 Nr. 2 StAuskV und AEAO zu § 89 Abschn. 3.4.2. ausführlich und vollständig

---

1317 Vor Einführung des § 89 Abs. 2 AO durch das Föderalismusreform-Begleitgesetz (BGBl. I 2006, 2098, Art. 18), bestand die Rechtsgrundlage für die Erteilung von verbindlichen Auskünften lediglich in der einschlägigen Rechtsprechung (siehe hierzu BFH-Urteil vom 04.08.1961 – VI 269/60 S, BStBl. III 1961, 562, Leitsatz 2; BFH-Urteil vom 19.03.1981 – IV R 49/77, BStBl. II 1981, 538, Rn. 4.; BFH-Urteil vom 16.03.1983 – IV R 36/79, BStBl. II 1983, 459, Leitsatz 2) und dem BMF-Schreiben vom 29.12.2003 (BMF-Schreiben vom 29.12.2003, BStBl. I 2003, 742; siehe zur damaligen Regelung *Lehr*, StStud 2005, 195 (195 ff.)).

1318 HHSp-*Söhn*, § 89 Rn. 190.

1319 *Leicht*, Beck'sches Steuer- und Bilanzrechtslexikon, verbindliche Zusage, Rn. 11.

1320 BGBl. I 2007, 2783.

darzulegen. Der Auskunftsersuchende muss zudem gemäß § 1 Abs. 1 Nr. 7 StAuskV versichern, dass alle für die Beurteilung notwendigen Angaben gemacht wurden und der Wahrheit entsprechen. Ferner darf gemäß § 1 Abs. 1 Nr. 6 StAuskV bei keiner anderen Finanzbehörde über den zur Beurteilung gestellten Sachverhalt eine verbindliche Auskunft beantragt worden sein.

Der Auskunftssuchende muss zudem sein eigenes steuerliches Interesse gemäß § 1 Abs. 1 Nr. 4 StAuskV und AEAO zu § 89 Abschn. 3.4.3. darlegen. Die Formulierung einer konkreten Rechtsfrage, wie sie in § 1 Abs. 1 Nr. 5 StAuskV und AEAO zu § 89 Abschn. 3.4.4. vorgesehen ist, könnte in Anbetracht der Komplexität des Steuerrechtes schwierig sein[1321]. Zudem ist das Verfahren langwierig und in der Praxis wird die verbindliche Auskunft nur selten erteilt.

c) Bindungswirkung der verbindlichen Auskunft

Woraus sich die Bindungswirkung der verbindlichen Auskunft ergibt, war lange Zeit umstritten[1322].

Mit der verbindlichen Auskunft wird ein Einzelfall auf dem Gebiet des Steuerrechts geregelt. Diese ist auch bindend für die zukünftige Steuerfestsetzung und hat somit unmittelbare Rechtswirkung nach außen. Sie stellt daher einen Verwaltungsakt im Sinne des § 118 S. 1 AO dar. Dafür spricht letztlich auch die Gebührenpflicht der Auskunft[1323].

Problematisch in Bezug auf den Vertrauensschutz ist, dass die Bindungswirkung gemäß § 2 Abs. 1 S. 1 StAuskV und AEAO zu § 89 Abschn. 3.6.1. S. 2 von der verbindlichen Auskunft nur ausgeht, wenn der später verwirkliche Sachverhalt von dem der Auskunft zugrunde gelegten Sachverhalt nicht oder nur unwesentlich abweicht.

Eine Bindungswirkung ist gemäß § 2 Abs. 1 S. 2 StAuskV und AEAO zu § 89 Abschn. 3.6.3. S. 1 dann ausgeschlossen, wenn zuungunsten des Steuerpflichtigen vom geltenden Recht abgewichen wird. Durch den Wegfall der Bindungswirkung wird die günstigere Rechtslage für den Steuerpflichtigen nicht bindend festgestellt[1324]. Daher muss dann für diesen Zweck ein neuer Antrag gestellt werden.

1321 Pahlke/Koenig-*Wünsch,* § 89 Rn. 26.

1322 Zum Teil wurde die Bindungswirkung aus dem Grundsatz von Treu und Glauben hergeleitet; BFH-Urteil vom 04.08.1961 – VI 269/60 S, BStBl. III 1961, Rn. II. 6., BFH-Urteil vom 16.03.1983 – IV R 49/77, BStBl. II 1981, 538, Rn. 4.; BFH-Urteil vom 13.12.1989 – X R 208/87, BStBl. II 1990, 27, Leitsatz; BFH-Urteil vom 16.11.2005 – X R 3/04, BStBl. II 2006, 155, Rn. II. 2. i); BFH-Urteil vom 07.07.1999 – X R 52/96, BFH/NV 2000, 174, Rn. II. 2. c); Tz. 4.1. des Auskunftserlasses vom 29.12.2003; BStBl. I 2003, 742*;* Klein-*Rüsken*, § 204, Rn. 21 ; Kühn/von Wedelstädt-*Lemarie*, § 89 Rn. 18; *Thiel*, DB 1988, 1343 (1349); *Ling*, DStZ 1989, 424 (424f.); siehe zum Streit auch *von Wedelstädt*, AO-StB 2001, 232 (235).

1323 Pahlke/König-*Wünsch*, § 89 Rn. 24 AO.

1324 *Von Cölln/Franke*, BB 2008, 584 (586).

Bei Aufhebung oder Änderung der Rechtsvorschriften, auf denen die Auskunft beruht, entfällt die Bindungswirkung gemäß § 2 Abs. 2 StAuskV und AEAO zu § 89 Abschn. 3.6.4. S. 1 automatisch.

Die verbindliche Auskunft ist daher mit großen Unsicherheiten für den Steuerpflichtigen verbunden. Es ist auch unrealistisch vor jeder Transaktion eine solche Auskunft einzuholen, da es zu aufwendig ist und letztlich auch viel zu lange dauert.

d) Gebührenpflicht der verbindlichen Auskunft

Im Hinblick auf die Tatsache, dass der Vertrauensschutz gewährleistet werden muss, ist die Gebührenpflicht der verbindlichen Auskunft besonders problematisch. Im Rahmen der Beratungen zum JStG 2007 wurde die Gebührenpflicht für Anträge auf eine verbindliche Auskunft nach § 89 Abs. 2 AO erst auf Anregung des Bundesrates durch den Bundestag beschlossen[1325]. Zur Begründung führt der Bundesrat an, dass durch die Normierung des Anspruchs auf eine verbindliche Auskunft die Anzahl der Anträge steigen werde und dies zu einem erheblichen zusätzlichen Arbeitsaufwand führe. Die Erteilung der Auskunft stelle zudem eine Dienstleistung dar, die letztlich nicht mehr in den Aufgabenbereich der Finanzbehörde falle[1326]. Diese sei lediglich für die Steuererhebung und -festsetzung zuständig[1327].

Die Erteilung der Auskunft kann bis zur Zahlung der Gebühr zurückgehalten werden. Für die Entstehung der Gebühr[1328] ist der Inhalt der Entscheidung irrelevant. Sie kann höchstens aus Billigkeitsgründen erlassen werden.

Die Abzugsfähigkeit der Gebühr als steuerliche Nebenleistung gemäß § 3 Abs. 4 AO hängt von der Abzugsfähigkeit der von der Auskunft betroffenen Steuer ab[1329].

Die neu eingeführte Gebührenpflicht ist „verfassungsrechtlich höchst problematisch“[1330]. Auch die Höhe der Gebühr ist umstritten. Der in § 89 Abs. 4 AO

1325 BR-Drs. 622/1/06, 32.

1326 BR-Drs. 622/1/06, 32.

1327 BR-Drs. 622/1/06, 32 f.

1328 Die Gebühr wird gemäß § 89 Abs. 4 S. 1 AO nach dem Gegenstandswert berechnet, also dem Wert, den die verbindliche Auskunft für den Antragsteller hat. Ist der Gegenstandswert nicht durch Schätzung bestimmbar, so ist eine Zeitgebühr zu berechnen, die 50 € je angefangene halbe Stunde beträgt und mindestens 100 € zu betragen hat. Die Erhebung der Gebühr richtet sich gemäß § 89 Abs. 5 AO nach § 34 GKG und wird mit einem Gebührensatz von 1,0 erhoben. Beträgt der Gegenstandswert weniger als 10.000 € wird keine Gebühr erhoben.

1329 *Simon*, DStR 2007, 557 (558).

1330 *Lahme/Reiser*, BB 2007, 408 (410); Von den Wirtschaftsverbänden wird die Gebühr als „schlichtweg unverschämt“ und „völlig verrückt“ bezeichnet; http://www.spiegel.de/wirtschaft/0,1518,449632,00.html (Zugriffsdatum: 13.09.2011). Es werden zudem Bedenken gevorgesehene Stundensatz von 50 € je angefangener halber Stunde übersteigt die in § 13 S. 2 StBGebV gesetzlich vorgesehenen maximale Zeitgebühr der Steuerberater von 46 €[1331].

Dem Steuerpflichtigen die Last des Steuervollzuges und der Vereinnahmung der Umsatzsteuer aufzuerlegen und ihn dann noch mit einer Gebühr zu belasten, damit er weiß wie der Umsatz beurteilt wird, ist auch vor dem Hintergrund, dass diese Gebühr selbst nicht unumstritten ist m.E. unverhältnismäßig und nicht tragbar. Der Gesetzesbegründung zu § 25 VwVfG ist wörtlich zu entnehmen, dass „in einem Rechtsstaat niemand aus Unkenntnis seiner Rechte verloren gehen soll“[1332]. Es als Vorteil zu bezeichnen, dass der Steuerpflichtige vor Ausführung des Umsatzes bereits Kenntnis von der steuerlichen Beurteilung hat und die Finanzbehörde an diese Aussage gebunden ist[1333], rechtfertigt m.E. nicht die Erhebung einer Gebühr. Es ist kein Sondervorteil, die Rechtslage zu kennen. Auch besteht für den Steuerpflichtigen nicht die Möglichkeit, anderweitig Rechtssicherheit zu erlangen.

äußert, dass nun auch weitere Tätigkeiten der Finanzbehörden steuerpflichtig werden könnten; http://www.dstv.de/presse/pressemitteilungen/pm2006-11-14-45.pdf (13.09.2011). Der BFH hat zwar in zwei aktuellen Entscheidungen die Verfassungsmäßigkeit der Gebühr bestätigt; BFH-Beschluss vom 30.03.2011 – I B 136/10, DB 2011, 1035; BFH-Urteil vom 30.03.2011 – I R 61/10, DB 2011, 1032, allerdings konnten m.E. nicht alle Bedenken, die in der Literatur geäußert wurden, beseitigt werden. Fraglich ist schon, ob eine Gebühr gemäß § 89 Abs. 4 AO dem Grunde nach zu rechtfertigen ist. Einen Verstoß gegen den Grundsatz von Treu und Glauben ist m.E. überzogen. Es ist Aufgabe des Gesetzgebers, ein Steuerrecht zu schaffen, das wenn schon nicht vom Steuerpflichtigen zumindest von Experten eindeutig nachvollziehbar ist. Die Auskunft bei Unklarheit stellt an sich keinen Sondervorteil dar. Zumal der Steuerpflichtige einer Ordnungswidrigkeit nicht lediglich dadurch entgehen darf, dass er sich kostenpflichtig informiert; *Simon*, DStR 2007, 557 (563). Die Möglichkeit Rechtssicherheit zu erlangen, sollte nicht nur selektiv denen zustehen, die in der Lage sind, die Gebühren zu zahlen. Der Literatur schließe ich mich in dem Punkt an, dass der Steuerpflichtige, um seine Rechte effektiv wahrnehmen zu können, diese auch kennen muss; siehe hierzu *Simon*, DStR 2007, 557 (563); *Stark*, DB 2007, 2333 (2335); *Bruschke*, DStZ 2007, 267 (272-273).

1331 Siehe hierzu *Simon*, DStR 2007, 557 (561); *Wienbracke*, NVwZ 2007, 749 (753). Der BFH begründet die Höhe mit der Bindungswirkung für die Finanzverwaltung; BFH-Beschluss vom 30.03.2011 – I B 136/10, DB 2011, 1035, Rn. II 2. c) aa) bbb). Dieses Argument greift nicht. Der Steuerberater trägt das Haftungsrisiko bei einer falschen Auskunft. Zudem ist mir nicht ersichtlich, warum die Finanzverwaltung sich die Bindungswirkung bezahlen lassen können sollte

1332 Damals § 21 VwVfG BT-Drs. 7/910 vom 18.07.1973, 49.

1333 Dieser Ansicht ist der BFH: BFH-Beschluss vom 30.03.2011 – I B 136/10, DB 2011, 1035, Rn. II. 1. b) bb); BFH-Urteil vom 30.03.2011 – I R 61/10, DB 2011, 1032, Rn. II. 2. b).

e) Zwischenergebnis

Problematisch bei der Einholung einer verbindlichen Auskunft nach § 89 Abs. 2 AO ist m.E. zum einen die Gebührenpflichtigkeit nach § 89 Abs. 3 S. 1 AO und die Bindungswirkung nur für bestimmte Sachverhalte. Zum anderen darf der Sachverhalt bis zur Erteilung der Auskunft nicht verwirklicht worden sein. In der Praxis wird die Auskunft zudem oft verweigert, weil der Sachverhalt nicht zur Zufriedenheit des Finanzamtes dargelegt wurde. Die Einholung einer verbindlichen Auskunft für die einzelnen geplanten Umsätze im Vorhinein erscheint mir zudem unrealistisch, da der zuvor dargestellte Sachverhalt oft nicht mit dem später verwirklichten Sachverhalt übereinstimmen wird. Die verbindliche Auskunft nach § 89 Abs. 2 AO gewährt dem Steuerpflichtigen keinen ausreichenden Schutz und kann eine Normierung des Vertrauensschutzes nicht ersetzen.

2. Verbindliche Zusage § 204 AO

a) Voraussetzungen der verbindlichen Zusage § 204 AO

Die Erteilung einer verbindlichen Zusage ist gemäß § 204 AO lediglich im Anschluss an eine Außenprüfung für einen Sachverhalt möglich, der in der Vergangenheit geprüft und im Prüfungsbericht dargestellt ist[1334]. Notwendig ist ein zeitlicher Zusammenhang mit der Prüfung[1335]. Zweck der verbindlichen Zusage ist, dem Interesse des Steuerpflichtigen an Planungs- und Rechtssicherheit Rechnung zu tragen[1336]. Im Gegensatz zur tatsächlichen Verständigung regelt die verbindliche Zusage die steuerliche Behandlung für zukünftige Besteuerungszeiträume[1337]. Der Sachverhalt muss folglich in die Zukunft wirken. Dies ist insbesondere bei Sachverhalten mit Dauerwirkung wie Miet-, Leasing-, Gesellschafts- oder Darlehensverhältnissen der Fall[1338].

Antragsberechtigt ist der Steuerpflichtige, der Vertretungsberechtigte der Gesellschaft, oder sind alle Gesellschafter gemeinsam[1339]. Der Antrag ist zwingende Voraussetzung für die Erteilung der verbindlichen Zusage[1340]. Schriftlichkeit ist nicht zwingend, aus Gründen der Rechtssicherheit jedoch zu empfehlen[1341].

1334 *Klein*, § 204 Rn. 1.

1335 Beermann/Gosch-*Sauer*, § 204 Rn. 3.

1336 Beermann/Gosch-*Sauer*, § 204 Rn. 2.

1337 Pahlke/Koenig-*Intemann*, § 204 Rn. 4.

1338 Tipke/Kruse-*Seer*, § 204 Rn. 18.

1339 Pahlke/Koenig-*Intemann*, § 204 Rn. 35.

1340 Pahlke/Koenig-*Intemann*, § 204 Rn. 34.

1341 Tipke/Kruse-*Seer*, § 204 Rn. 7; a.A. HHSp-*Schallmoser*, § 204 Rn. 15.

Die Darstellung im Prüfungsbericht ist unentbehrlich und kann nicht durch die Schilderung bei Beantragung der Zusage ersetzt werden[1342]. Der Steuerpflichtige kann allerdings die Darstellung im Prüfbericht erzwingen.

§ 204 AO setzt ein Zusageinteresse des Steuerpflichtigen voraus. Die Zusage muss Bedeutung für eine „geschäftliche" Maßnahme des Steuerpflichtigen haben[1343]. „Geschäftlich" ist jede wirtschaftliche Maßnahme, die Gegenstand einer Außenprüfung sein kann[1344]. Zudem darf noch nicht abschließend disponiert worden sein. Es muss also noch möglich sein, Einfluss auf den Sachverhalt nehmen zu können[1345]. Liegt eine Verwaltungsanweisung vor oder ist die Rechtsfrage abschließend geklärt, besteht ebenfalls kein Zusageinteresse[1346].

b) Rechtsfolge der verbindlichen Zusage

Die Entscheidung über die verbindliche Zusage steht zwar im Ermessen der Behörde, es handelt sich bei § 204 jedoch um eine Sollvorschrift[1347]. Das heißt, dass eine Zusage nur in besonderen Ausnahmefällen verweigert werden kann[1348]. Eine Ablehnung kommt dann in Betracht, wenn die steuerliche Beurteilung des Sachverhaltes von Entwicklungen abhängt, die noch in der Zukunft liegen[1349]. Unverhältnismäßiger Verwaltungsaufwand hingegen ist kein Ablehnungsgrund[1350].

c) Form und Umfang der verbindlichen Zusage § 205 AO

Die verbindliche Zusage erstreckt sich lediglich auf den im Prüfungsbericht dargestellten Sachverhalt.

Gemäß § 205 Abs. 1 AO wird die verbindliche Zusage schriftlich erteilt und muss als verbindlich gekennzeichnet sein. Durch die Schriftlichkeit soll die Rechtssicherheit gewahrt werden[1351].

1342 *Klein*, § 204 Rn. 10, Schwarz-*Frotscher*, 106. Egl.,§ 204 Rn. 5, Pahlke/Koenig-*Intemann*, § 204 Rn. 21.

1343 Pahlke/Koenig-*Intemann*, § 204 Rn. 8.

1344 *Klein*, § 204 Rn. 12, Tipke/Kruse-*Seer*, § 204 Rn. 13; a.A. Schwarz-*Frotscher*, 106. Egl. , § 204 Rn. 3.

1345 Pahlke/Koenig-*Intemann*, § 204 Rn. 29.

1346 HHSp-*Schallmoser*, § 204 Rn. 24.

1347 Pahlke/Koenig-*Intemann*, § 204 Rn. 45.

1348 *Buciek*, DStZ 1999, 389 (389).

1349 FG Hessen Urteil vom 26.7.1989 – 13 K 1637/89, EFG 1990.

1350 Pahlke/Koenig-*Intemann*, § 204 Rn. 47; a.A. *Klein*, § 204 Rn. 6.

1351 Pahlke/Koenig-*Intemann*, § 205 Rn. 6.

Enthalten müssen sein:

1. der zugrunde gelegte Sachverhalt,
2. die Entscheidung über den Antrag und die dafür maßgebende Gründe und
3. eine Angabe darüber, für welche Steuer und für welchen Zeitraum die verbindliche Zusage gilt.

Die verbindliche Zusage nach § 204 AO ist ein Verwaltungsakt[1352]. Die Regelung eines Einzelfalls ist auch durch die Verpflichtung der Behörde zu einem Verhalten in der Zukunft möglich[1353].

Die Zuständigkeit für die Erteilung der verbindlichen Auskunft ist in § 204 AO zwar nicht geregelt, es ist jedoch davon auszugehen, dass das Veranlagungs- oder Feststellungsfinanzamt, welches gemäß § 195 S. 1 AO für die Abschlussprüfung berufen ist, oder bei einem Außenprüfungs-Auftrag das gemäß § 195 S. 2 AO beauftragte Finanzamt zuständig ist[1354].

d) Bindungswirkung der verbindlichen Zusage § 206 AO

Vorbehalte in der verbindlichen Zusage schließen die Bindungswirkung aus[1355]. Die Finanzverwaltung bindet sich nur insoweit, wie der später verwirklichte Sachverhalt mit dem der verbindlichen Zusage zugrunde gelegten Sachverhalt deckungsgleich ist[1356]. Irrelevant ist eine Abweichung jedoch in den Punkten, die für die in Frage stehende Besteuerung ohne Bedeutung sind[1357]. In der Regel weichen gerade in Fällen, in denen der Vertrauensschutz relevant wird, die verwirklichten von denen in der verbindlichen Zusage geschilderten Sachverhalt ab.

e) Zwischenergebnis

Problematisch bei der verbindlichen Zusage gemäß §§ 204-207 AO ist, dass die Bindungswirkung nur für einen konkreten Sachverhalt eintritt. Zudem ist unklar, wie der Sachverhalt bei einer späteren Gesetzesänderung zu beurteilen ist. Gemäß § 207 Abs. 1 AO tritt die verbindliche Zusage nämlich außer Kraft, wenn die Rechtsvorschriften, auf denen die Entscheidung beruht, geändert werden. Zur

---

1352 Pahlke/Koenig-*Intemann*, § 204 Rn. 57; *Ax/Große/Melchior/Lotz/Zieger*, AO und FGO, Rn. 2326;Beermann/Gosch-*Sauer*, § 204 Rn. 24; Tipke/Kruse-*Seer*, § 204 Rn. 2;

1353 HHSp-*Schallmoser*, § 204 Rn. 8.

1354 Pahlke/Koenig-*Intemann*, § 204 Rn. 9; HHSp-*Schallmoser*, § 204 Rn. 9; Tipke/Kruse-*Seer*, § 204 Rn. 3.

1355 AEAO zu § 205.

1356 Pahlke/Koenig-*Intemann*, § 205 Rn. 16, § 206 Rn. 6; von Wedelstädt, AO-StB 2001, 232 (234).

1357 *Klein*, § 206 Rn. 1.

Erteilung einer neuen Zusage ist die Finanzbehörde jedoch nicht verpflichtet. Die Finanzbehörde hat außerdem gemäß § 207 Abs. 2 AO die Möglichkeit, die Zusage mit Wirkung für die Zukunft aufzuheben oder zu ändern. Zudem lässt sich in der Praxis generell eine Zurückhaltung bei der Erteilung von verbindlichen Zusagen feststellen[1358]. Die Finanzbehörde kann die Zusage gemäß AEAO zu § 204 Abschn. 5 auch ablehnen, wenn zu dem Sachverhalt die Herausgabe von allgemeinen Verwaltungsvorschriften oder eine Grundsatzentscheidung des BFH nahe bevorsteht. Zudem gehen sämtliche Unklarheiten zu Lasten des Steuerpflichtigen[1359]. Jedenfalls ist für bereits geprüfte Sachverhalte eine Korrektur nicht mehr möglich. Bezüglich des Vertrauensschutzes stellt sich meist die Frage nicht, wie ein Umsatz der schon geprüft und dargestellt wurde, in Zukunft behandelt wird. Vielmehr geht es um einzelne zu beurteilende Sachverhalte, die meist vor ihrer Ausführung der Überprüfung bedürfen. Für die Frage, ob eine noch zu vollziehende Leistung der Umsatzsteuer unterliegt, ist die verbindliche Zusage nicht adäquat.

III. Dispositionsschutz nach Ausführung des Umsatzes: Erlassverfahren und Antrag auf abweichende Steuerfestsetzung §§ 163, 227 AO

1. Abgrenzung Erlassverfahren § 227 AO und abweichende Steuerfestsetzung nach § 163 AO

Nach Ausführung des Umsatzes besteht für den Steuerpflichtigen die Möglichkeit des Erlasses oder der abweichenden Festsetzung aus Billigkeitsgründen. Der BFH sieht aus diesem Grund keine Notwendigkeit für den Vertrauensschutz im Festsetzungsverfahren[1360].

§ 163 AO normiert die Möglichkeit der abweichenden Festsetzung von Steuern aus Billigkeitsgründen. Danach können Steuern niedriger festgesetzt werden, und einzelne Besteuerungsgrundlagen, die die Steuer erhöhen, bei der Festsetzung der Steuer unberücksichtigt bleiben.

1358 *Dziadkowski*, UR 1998, 302 (304).

1359 AEAO zu § 204 Abschn. 3.; BFH-Urteil vom 13.12.1989 – X R 208/87, BStBl. 1990 II, 274, Rn. 3. c).

1360 BFH-Urteil vom 30.07.2008 – V R 7/03, BStBl. II 2010, 1075, Rn. 48; BFH-Beschluss vom 26.03.2009 – V B 179/07, BFH/NV 2009, 1477, Leitsatz 3, Rn. II. 1. b) bb); BFH-Urteil vom 23.04.2009 – V R 84/07, BStBl. II 2010, 509, Rn. II 3; BFH-Urteil vom 08.07.2009 – X I R 51/07, Leitsatz 2, Rn. II. 1. c).

§ 227 AO regelt hingegen die Gewährung von Billigkeitsmaßnahmen im Erhebungsverfahren[1361]. Hiernach ist es möglich, dass die Finanzbehörde Ansprüche aus dem Steuerschuldverhältnis ganz oder zum Teil erlässt, wenn deren Einziehung nach Lage des einzelnen Falls unbillig wäre. Zudem können unter den gleichen Voraussetzungen bereits entrichtete Beträge erstattet oder angerechnet werden.

Der Erlass kann bis zum Eintritt der Zahlungsverjährung gemäß § 228 AO erfolgen und der Antrag auf abweichende Steuerfeststellung bis zum Eintritt der Festsetzungsverjährung gemäß § 169 AO gestellt werden. Der zeitliche Anwendungsbereich ist folglich weitgehend parallel[1362]. Nach § 163 AO unterliegen lediglich Steuern gemäß § 3 Abs. 1 S. 1 AO der Möglichkeit der abweichenden Feststellung[1363]. § 227 AO hingegen umfasst alle Ansprüche aus dem Steuerschuldverhältnis[1364].

2. Begriff der Unbilligkeit gemäß § 163 AO und § 227 AO

Die Tatbestandsvoraussetzungen des § 163 AO und des § 227 AO sind trotz unterschiedlicher Rechtsfolgen kongruent[1365].

Sowohl in § 163 AO, also auch in § 227 AO geht es um die Frage, ob die Erhebung der Steuer unbillig ist, auch wenn § 163 AO dem Festsetzungsverfahren zuzuordnen ist[1366].

Voraussetzung ist zunächst eine unbillige Steuerfestsetzung, wobei die Unbilligkeit sowohl auf sachlichen, als auch auf persönlichen Gründen basieren kann[1367]. Durch die Billigkeit soll Einzelfallgerechtigkeit geschaffen werden[1368]. Härten, die typischerweise mit der Gesetzesanwendung verbunden sind, fallen jedoch nicht darunter[1369]. Es gibt keine abschließende Definition, was als unbillig anzusehen ist[1370]. Folglich handelt es sich um einen unbestimmten Rechtsbegriff[1371]. In jedem Einzelfall ist der Begriff neu auszufüllen und zu definieren[1372].

1361 *Ohlf*, UR 1994, 264 (264).

1362 Landesamt für Steuern Bayern Verfügung vom 24.06.2008, DStR 2008, 1834.

1363 Pahlke/Koenig-*Cöster*, § 163 Rn. 9.

1364 Pahlke/Koenig-*Cöster*, § 163 Rn. 9.

1365 BFH-Urteil vom 26.10.1994 – X R 104/92, BStBl. II 1995, 297, Rn. II. 3.;BFH-Beschluss vom 30.08.1999 – X B 67/99, BFH/NV 2000, 301, Rn. 3.

1366 Pahlke/Koenig-*Cöster,* § 163 Rn. 18.

1367 Tipke/Kruse-*Loose*, § 227 Rn. 86; AEAO zu § 227 Abschn. 1.

1368 Pahlke/Koenig-*Fritsch*, § 227 Rn. 10; Tipke/Kruse-*Loose*, § 227 Rn. 18; Tipke/Lang-*Seer*, Steuerrecht, § 21 Rn. 329; *Uhlf*, UR 1994, 264 (264).

1369 Pahlke/Koenig-*Fritsch*, § 227 Rn. 10; Beermann/Gosch-*Kögel*, § 227 Rn.42.

1370 Beermann/Gosch-*Kögel*, § 227 Rn. 42.

1371 Klein-*Gersch*, § 5 Rn. 15.

1372 Beermann/Gosch-*Kögel*, § 227 Rn. 42.

Die Einziehung der Steuer ist aus persönlichen Gründen unbillig, wenn Erlassbedürftigkeit und Erlasswürdigkeit gegeben sind[1373]. Eine persönliche Unbilligkeit kommt bei den vertrauensschutzrechtlich relevanten Konstellationen nicht in Betracht, die Erhebung der Steuer kann hier allein aus sachlichen Gründen unbillig sein.

Sachlich unbillig ist die Erhebung der Steuer, wenn der Sachverhalt zwar den Tatbestand des Steuergesetzes erfüllt, eine Besteuerung aber mit Sinn und Zweck des Steuergesetzes unvereinbar wäre[1374]. Nachteile, die der Gesetzgeber so gewollt und bewusst in Kauf genommen hat, rechtfertigen keinen Erlass[1375]. Im Gegensatz zur persönlichen Unbilligkeit ist die sachliche Unbilligkeit grundsätzlich unabhängig von der Person des Schuldners[1376].

Gründe für eine sachlich unbillige Steuererhebung können beispielsweise bei unbeabsichtigter Doppelbelastung[1377], Verlorengehen von Buchführungsunterlagen durch höhere Gewalt[1378], Fehlverhalten der Finanzbehörde[1379], falscher Auskunft[1380] und qualifizierter Verletzung von Unionsrecht[1381] vorliegen. Sachliche Unbilligkeit wird auch bei einem Verstoß gegen das Gebot der Gleichheit oder den Vertrauensschutz angenommen[1382]. Kein Kriterium für eine sachliche Billigkeitsentscheidung können allgemeine sozial-, wirtschafts- oder ordnungspolitische Gründe sein[1383]. Hier kann eine Korrektur nur durch den Gesetzgeber selbst vorgenommen werden[1384].

Hat der Steuerpflichtige die Möglichkeit, sich gegen eine fehlerhafte Steuerfestsetzung im Rechtsbehelfsverfahren zu wehren, so ist ihm dies grundsätzlich

1373 Pahlke/Koenig-*Fritsch*, § 227 Rn. 12; AEAO zu § 227 Abschn. 3.1.

1374 BFH-Urteil vom 26.10.1994 – X R 104/92, BStBl. II 1995, 297, Rn. II. 3.; BFH-Urteil vom 25.01.1996 – IV R 91/94, BStBl. II 1996, 289, Rn. 1., BFH-Urteil vom 12.04.2000 – XI R 21/97, BFH/NV 2000, 1178, Rn. II. 2. a); AEAO zu § 227 Abschn. 2.1.

1375 BFH-Urteil vom 20.02.1991 – II R 63/88, BStBl. II 1991, 541, Rn. II. 3. a), BFH-Urteil vom 09.09.1994 – III R 17/93, BStBl. II 1995, 8, Rn. 2.; AEAO zu § 227 Abschn. 2.1.

1376 Beermann/Gosch-*Kögel*, § 227 Rn. 77.

1377 BFH-Urteil vom 21.08.1997 – V R 47/96, BStBl. 1997, 781.

1378 HHSp-*v. Groll*, § 227 Rn. 257; a.A. Beermann/Gosch-*Kögel*, § 227 Rn. 81, geht von einer persönlichen Unbilligkeit aus.

1379 Pahlke/Koenig-*Fritsch*, § 227 Rn. 21.

1380 HHSp-*v. Groll*, § 227 Rn. 271.

1381 BFH-Urteil vom 21.04.2005 – V R 16/04, BStBl. II 2006, 96, Rn. II. 2.; BFH-Urteil vom 29.05.2008 – V R 45/06, BFH/NV 2008, 1889.

1382 Pahlke/Koenig-*Fritsch*, § 227 Rn. 13.

1383 HHSp-*v. Groll*, § 227 Rn. 257; Kuhn/von Wedelstädt-*Lemaire*, § 227 Rn. 6; Beermann/Gosch-*Kögel*, § 227 Rn. 80.

1384 Pahlke/Koenig-*Fritsch*, § 227 Rn. 33; *Thouet/Baluch*, DB 2008, 1595 (1597).

zumutbar und er kann sich nicht auf das Billigkeitsverfahren berufen, wenn er die Rechtsbehelfsfrist versäumt hat[1385].

Auch nach Unanfechtbarkeit der Steuerfestsetzung bleibt § 227 AO subsidiär. Ist Abhilfe auch auf anderem Weg, beispielsweise durch eine Berichtigung einer offenbaren Unrichtigkeit nach § 129 AO, durch Wiedereinsetzung in den vorigen Stand nach § 110 AO oder durch eine Aufhebung oder Änderung gemäß §§ 172 ff. AO erreichbar, so kommen Billigkeitsmaßnahmen nicht in Betracht[1386].

3. Einschränkung des Ermessens bei Unbilligkeit

Bezüglich der Frage, ob es sich beim Billigkeitserlass um eine Kopplung des unbestimmten Rechtsbegriffes der Unbilligkeit mit einem anschließenden Ermessen handelt oder um eine Ermessensausübung, die insofern an den unbestimmten Rechtsbegriff gekoppelt ist, dass sie sich an ihm zu orientieren hat, besteht Uneinigkeit[1387]. Diese Problematik hat Bedeutung für die Frage, inwiefern die Entscheidung der Behörde, durch die Gerichte überprüft werden kann[1388]. Gemäß § 102 FGO ist das Gericht berechtigt bei einer Ermessensentscheidung zu prüfen, ob der Verwaltungsakt oder die Ablehnung oder Unterlassung des Verwaltungsaktes rechtswidrig ist, weil die gesetzlichen Grenzen des Ermessen überschritten sind oder von dem Ermessen in einer dem Zweck der Ermächtigung nicht entsprechenden Weise Gebrauch gemacht ist. Dic Überprüfungskompetenz beschränkt sich jedoch auf die fehlerfreie Ermessensausübung. Es dürfen von Seiten des Gerichts keine Lösungen gesucht werden, die sachgerechter oder zweckmäßiger sind[1389]. Mit dem Sinn und Zweck des Ermessens ist eine vollständige Justitiabilität nicht vereinbar[1390]. Geht man davon aus, dass der Begriff der Unbilligkeit in den Tatbestand gehört und sich die Ermessensentscheidung daran anschließt, besteht für eine Ermessensausübung kein Spielraum mehr[1391]. Der Rechtsbegriff wäre dann durch die Gerichte voll überprüfbar und es gäbe nur

1385 BFH-Urteil vom 30.04.1981 – VI R 169/78, BStBl. II 1981, 611, Leitsatz; BFH-Urteil vom 26.02.1987 – IV R 298/84, BStBl. II 1987, 612, Rn. 2. a); BFH-Urteil vom 29.06. 1987 – X R 22/81, BFH/NV 1987, 693, BFH-Urteil vom 04.05.1995 – V R 83/93, BFH/NV 1996, 190, Leitsatz 1; BFH-Urteil vom 17.12.1997 – III R 8/94, BFH/NV 1998, 935, Leitsatz 1; BFH-Beschluss vom 26.05.2000 – V B 28/00, BFH/NV 2000, 1326, Leitsatz 1; Pahlke/Koenig-*Fritsch,* § 227 Rn. 14.

1386 Pahlke/Koenig-*Fritsch,* § 227 Rn. 15; GmS-OGB Beschluss vom 19.10.1971, GmS-OGB 3/70, BStBl. II 1972, 603, Rn. 5.

1387 GmS-OGB Beschluss vom 19.10.1971, GmS-OGB 3/70, BStBl. II 1972, 603, Rn. 4.

1388 Tipke/Kruse-*Loose*, § 227 Rn. 24;

1389 Gräber-*von Groll*, § 102 Rn. 1.

1390 GmS-OGB Beschluss vom 19.10.1971, GmS-OGB 3/70, BStBl. II 1972, 603, Rn. 6.

1391 FG-Düsseldorf Urteil vom 19.07.2000 – 7 K 237/97 AO, EFG 2000, 1420; Tipke/Kruse-*Loose*, § 227 Rn. 25.

eine richtige Lösung[1392]. Nimmt man dagegen eine Ermessenvorschrift an, wobei sich bei der Ausübung des Ermessens an der Unbilligkeit zu orientieren ist, so ist die Frage der Unbilligkeit in die Ermessensentscheidung einzubeziehen, es besteht jedoch weiterhin die Möglichkeit der Verwaltung auch bei Unbilligkeit in freiem Ermessen über den Erlass des Verwaltungsaktes zu entscheiden[1393]. Geht man beim Vorliegen der Voraussetzungen für die Gewährung von Vertrauensschutz vom Vorliegen der Unbilligkeit aus und würde dies dazu führen, dass das Ermessen der Finanzbehörde auf Null reduziert ist, so würde dies m.E. den Vorstellungen des EuGH von der Gewährung des Vertrauensschutzes näher kommen, als wenn die Entscheidung im Ermessen der Finanzbehörde steht.

Der gemeinsame Senat der obersten Gerichtshöfe des Bundes hat bereits 1971 zur Vorgängervorschrift § 131 AO entschieden, dass die Billigkeitsentscheidung eine Ermessensentscheidung darstellt, wobei der Inhalt und die Grenzen des pflichtgemäßen Ermessens durch den Rechtsbegriff der Unbilligkeit bestimmt würde[1394]. Es bestehe daher kein Anspruch auf eine Billigkeitsmaßnahme[1395].

Diese Auffassung wird in der Literatur kritisiert[1396]. Es werde verkannt, dass die Unbilligkeit Tatbestandsvoraussetzung sei und Ermessen nur hinsichtlich der Rechtsfolge eingeräumt werden könne[1397]. Ein „Tatbestandsermessen" gäbe es nicht[1398]. Dies hätte zur Folge, dass es sich bei der Unbilligkeit um einen unbestimmten Rechtsbegriff handelt, der durch die Gerichte voll überprüfbar sei[1399]. Eine lediglich eingeschränkte Überprüfungsmöglichkeit führe zu einer „Rechtsunsicherheit und Rechtszersplitterung"[1400].

Dagegen ist einzuwenden, dass es sich bei § 227 und § 163 AO um Kopplungsvorschriften handelt, welche die Frage der Unbilligkeit mit einem Ermessen der Behörde verbinden und somit nur im Zusammenhang betrachtet werden können[1401].

Durch die Verwendung des Begriffes „unbillig" kommt es nicht zu einer vollständigen Schrumpfung des Ermessens der Finanzbehörde[1402]. Dafür spricht auch, dass die Vorgängervorschriften zu § 227 AO, die § 131 I RAO und § 108 I RAO 1991 als Ermessensvorschriften konzipiert waren[1403]. Wäre der Begriff Unbilligkeit durch die Gerichte voll überprüfbar, so gäbe es nur eine Möglichkeit der Ent-

1392 GmS-OGB Beschluss vom 19.10.1971, GmS-OGB 3/70, BStBl. II 1972, 603, Rn. 5.
1393 GmS-OGB Beschluss vom 19.10.1971, GmS-OGB 3/70, BStBl. II 1972, 603, Rn. 5.
1394 GmS-OGB Beschluss vom 19.10.1971, GmS-OGB 3/70, BStBl. II 1972, 603, Leitsatz b).
1395 Klein-*Rüsken*, § 163 Rn. 118.
1396 Tipke/Kruse-*Loose*, § 227 Rn. 22; HHSp-*v. Groll*, § 227 Rn. 114.
1397 Tipke/Kruse-*Loose*, § 227 Rn. 22.
1398 Tipke/Kruse-*Loose*, § 227 Rn. 22.
1399 Tipke/Kruse-*Loose*, § 227 Rn. 24.
1400 Tipke/Kruse-*Loose*, § 227 Rn. 24.
1401 So entschieden zu § 131 AO: GmS-OGB Beschluss vom 19.10.1971, GmS-OGB 3/70, BStBl. II 1972, 603,
1402 GmS-OGB Beschluss vom 19.10.1971, GmS-OGB 3/70, BStBl. II 1972, 603, Rn. 5.
1403 GmS-OGB Beschluss vom 19.10.1971, GmS-OGB 3/70, BStBl. II 1972, 603, Rn. 5.

scheidung[1404]. Dies entspricht aber nicht dem Sinn und Zweck einer Ermessensvorschrift[1405].

Bei Vorliegen von Unbilligkeit ist von einer Pflicht zur Ermessensausübung auszugehen, ein Rechtsanspruch auf eine Billigkeitsmaßnahme besteht jedoch nicht, auch wenn nach allgemeiner Tendenz in der neueren Rechtsprechung von einer weitreichenden Überprüfungsmöglichkeit der Einzelfallbewertung unter dem Gesichtspunkt der Billigkeit auszugehen ist und die Unterscheidung mehr rechtsdogmatischer Natur ist[1406].

Den Vertrauensschutz in das Ermessen der Finanzbehörde zu stellen, entspricht m.E. nicht den Vorstellungen des EuGH, der ein Recht auf Vertrauensschutz aus den europäischen allgemeinen Rechtsgrundsätzen herleitet. Für Ermessen ist in diesem Fall kein Raum.

4. Rechtsfolge der § 163 AO und § 227 AO

Gemäß § 163 S. 1 AO können Steuern niedrigerer festgesetzt werden oder einzelne Besteuerungsgrundlagen, die die Steuer erhöhen, bei der Festsetzung der Steuer unberücksichtigt bleiben, wenn die Erhebung der Steuer nach Lage des einzelnen Falls unbillig wäre.

Wird die Entscheidung nach § 163 AO bekanntgegeben, so erlischt die Steuerschuld gemäß § 47 AO in der Höhe der Differenz zwischen dem kraft Gesetz entstandenen Steueranspruch gemäß § 38 AO und dem tatsächlich festgesetzten Betrag.[1407]. Die Billigkeitsentscheidung ist ein bindender Grundlagenbescheid gemäß § 171 Abs. 5 AO[1408]. Der Steuerbescheid, der daher einen Folgebescheid darstellt, muss dann gemäß § 175 Abs. 1 Nr. 1 entsprechend angepasst werden[1409]. Stattdessen kann die Steuer aber auch nach § 227 AO gleich erlassen werden[1410].

1404 GmS-OGB Beschluss vom 19.10.1971, GmS-OGB 3/70, BStBl. II 1972, 603, Rn. 5.

1405 GmS-OGB Beschluss vom 19.10.1971, GmS-OGB 3/70, BStBl. II 1972, 603, Rn. 5.

1406 Klein-*Rüsken*, § 163 Rn. 118.

1407 Pahlke/Koenig-*Cöster*, § 163 Rn. 53; a.A. Steuerschuld gelangt rückwirkend nicht zur Entstehung Schwarz-*Frotscher*, 143. Egl., § 163 Rn. 65.

1408 BFH-Urteil vom 21.01.1992 – VIII R 51/88, BStBl. 1993, 3, Rn. 4. bb); BFH-Urteil vom 21.09.2001 – IV R 54/99, BStBl. 2001, 178, Rn. 2.; Tipke/Kruse-Loose, § 163 Rn. 21; a.A. Schwarz-*Frotscher*, 143. Egl., § 163 Rn. 66 f.

1409 BFH-Urteil vom 21.01.1992 – VIII R 51/88, BStBl. II 1993, 3, Rn. 4. b) bb); BFH-Urteil vom 26.02.1991 – IX R 95/88, BStBl. II 1991, 572, Rn. 3.; BFH-Beschluss vom 18.03.1996 – V B 131/95, BFH/NV 1996, 692, Rn. II. 2. b) aa); BFH-Beschluss vom 31.07.1997 – IX B 13/97, BFH/NV 1998, 201, Rn. II. 1. a); a.A. Schwarz-*Frotscher*, 143. Egl.,§ 163 Rn. 66, der nicht von einem rückwirkenden Ereignis ausgeht.

1410 Pahlke/Koenig-*Cöster*, § 163 Rn. 38.

Der Erlass nach § 227 AO führt zum Erlöschen des gesamten oder eines Teils des Anspruches aus dem Steuerschuldverhältnis. Wurden die Beträge bereits erbracht, so werden sie gemäß § 227 HS. 2 AO erstattet oder angerechnet. Nur Steuern, die bereits festgesetzt wurden, können erlassen werden. Eine Erstattung künftiger Ansprüche ist ausgeschlossen[1411].

Die Entscheidung über die Billigkeitsmaßnahme ist ein Verwaltungsakt im Sinne des § 118 S. 1 AO[1412]. Sie kann daher mit dem Einspruch gemäß § 347 AO angefochten werden[1413]. Gegen eine ablehnende Entscheidung bezüglich des Einspruches kann Verpflichtungsklage gemäß § 40 Abs. 1 AO beim Finanzamt erhoben werden[1414].

5. Vertrauensschutz im Billigkeits- oder Festsetzungsverfahren

a) Verfahrensautonomie der Mitgliedstaaten

Nach der aktuellen Rechtslage ist der Vertrauensschutz für die innergemeinschaftliche Lieferung in § 6a Abs. 4 UStG geregelt. Daher sind Vertrauensschutzgesichtspunkte schon im Festsetzungsverfahren zu berücksichtigen[1415]. Problematisch sind jedoch die Konstellationen, in denen der Vertrauensschutz nicht normiert, aber nach Ansicht des EuGH Vertrauensschutz zu gewähren ist. Fraglich ist, ob hier eine Berücksichtigung im Festsetzungs- oder im Billigkeitsverfahren zu erfolgen hat. Eine Verfahrenstrennung könnte dem europarechtlichen Effektivitätsgebot und der verfassungsrechtlichen Garantie eines effektiven Rechtsschutzes widersprechen[1416]. Bezüglich der Verfahrensmodalitäten findet sich keine Regelung im Europarecht. In der Konsequenz gilt der Grundsatz der Verfahrensautonomie der Mitgliedstaaten[1417]. Die Mitgliedstaaten müssen aber eine effektive Durchsetzung des Europarechts und die äquivalente Behandlung gegenüber gleichartigen innerstaatlichen Sachverhalten gewährleisten und die allgemeinen Rechtsgrundsätze, die Bestandteil der Ordnung der Europäischen

---

1411 Beermann/Gosch-*Kögel*, § 227 Rn. 99; a.A. HHSp-*v. Groll*, § 227 Rz. 211.

1412 Pahlke/Koenig-*Cöster*, § 163 Rn. 37.

1413 Pahlke/Koenig-*Cöster*, § 163 Rn. 53; Schwarz-*Frotscher*, 143. Egl., § 163 Rn. 63.

1414 Pahlke/Koenig-*Fritsch*, § 227 Rn. 5.

1415 *Wäger*, DStR 2009, 1621 (1625).

1416 *Wäger*, DStR 2009, 1621 (1625).

1417 EuGH-Entscheidung vom 15.03.2007 – Rs. C-35/05 – *Reemtsma*, Slg. 2007, I-2425, Rn. 40; BFH-Urteil vom 30.07.2008 – V 7/03, BStBl. II 2010, 1075, Rn. 48. *Sterzinger*, DStR 2010, 2606 (2607).

Union sind, beachten[1418]. Dazu zählen insbesondere der Grundsatz der Rechtssicherheit, der Verhältnismäßigkeit und des Vertrauensschutzes[1419]. Zu prüfen ist daher, ob die Berücksichtigung des Vertrauensschutzes im Billigkeitsverfahren dem Effektivitätsgrundsatz und dem Äquivalenzprinzip gerecht wird.

b) Rechtsprechung des EuGH und des BFH zur verfahrenstechnischen Umsetzung des Vertrauensschutzes

Der EuGH macht in seiner Entscheidung vom 06.07.2006[1420] bereits deutlich, dass Wirtschaftsteilnehmer, die alle erforderlichen Maßnahmen getroffen haben, um sicherzustellen, dass ihr Umsatz nicht in einen Betrug verwickelt ist, nicht Gefahr laufen dürfen, ihr Recht auf Vorsteuerabzug zu verlieren. Diese Richtung verfolgt der EuGH auch in der Entscheidung *Netto Supermarkt* vom 21.02.2008[1421]. Er betont, dass die Grundsätze der Rechtssicherheit, Verhältnismäßigkeit und des Vertrauensschutzes Bestandteil der Unionsrechtsordnung sind[1422]. Sie stehen dem Steuerpflichtigen daher unmittelbar zu[1423].

Der BFH hingegen hält eine Gewährung lediglich im Billigkeitsverfahren für ausreichend[1424].

c) Darlegungs- und Feststellungslast für die Gutgläubigkeit

In den Entscheidungen vom 21.06.2012[1425] und 06.09.2012[1426] macht der EuGH deutlich, dass nicht der Steuerpflichtige die Darlegungs- und Feststellungslast für seine Gutgläubigkeit trägt, sondern die Finanzverwaltung. Die Gutgläubigkeit ist

1418 EuGH-Urteil vom 21.02.2008 – Rs. C-271/06 – *Netto Supermarkt*, UR 2008, 508, Rn. 18. EuGH-Entscheidung vom 15.03.2007 – Rs. C-35/05 – *Reemtsma*, Slg. 2007, I-2425, Rn. 42; Dietlein/Drüen-*Drüen*, Grundlagen und Reichweiten des Vertrauensschutzes bei Ausfuhrlieferungen im nichtkommerziellen Reiseverkehr, 86.

1419 EuGH-Urteil vom 21.02.2008 – Rs. C-271/06 – *Netto Supermarkt*, UR 2008, 508, Rn. 18.

1420 EuGH-Urteil vom 06.07.2006 – Rs. 439/04 – *Kittel und Recolta Recycling*, Slg. 2006, I-06161, Rn. 51.

1421 EuGH-Urteil vom 21.02.2008 – Rs. C-271/06 – *Netto Supermarkt*, UR 2008, 508.

1422 EuGH-Urteil vom 21.02.2008 – Rs. C-271/06 – *Netto Supermarkt*, UR 2008, 508, Rn. 18

1423 *Stapperfend*, Vortrag Management Circle, 04.11.2010, 47.

1424 BFH-Urteil vom 30.07.2008 – V R 7/03, BStBl. II 2010, 1075, II. 5.; BFH-Beschluss vom 26.03.2009 – V B 179/07, BFH/NV 2009, 1477, Leitsatz 3, Rn. II. 1. b) bb); BFH-Urteil vom 23.04.2009 – V R 84/07, BStBl. II 2010, 509, Rn. II 3; BFH-Urteil vom 08.07.2009 – X I R 51/07, Leitsatz 2, Rn. II. 1. c); BFH-Urteil vom 30.04.2009 – V R 15/07, BStBl. II 2009, 1342; BFH-Urteil vom 11.01.2012 – V B 88/11, BFH/NV 2012, 714.

1425 EuGH-Urteil vom 21.06.2012 – Rs. C-80/11 und 142/11 – *Mahagében und Dávid*, UR 2012, 591, Rn. 61, 62.

1426 EuGH-Urteil vom 06.09.2012 – Rs. C-324/11 – Gábor Tóth, DB 2012, 2142, Rn. 42, 51.

genau genommen eine Voraussetzung der Steuerfreiheit und bisher ist die nationale Rechtsprechung davon ausgegangen, dass die Darlegungs- und Feststellungslast beim Steuerpflichtigen liegt[1427]. M.E. spricht die Tatsache, das die Finanzverwaltung letztlich die Darlegungs- und Feststellungslast trägt deutlich dafür, dass der Steuerpflichtige nicht auf das Billigkeitsverfahren verwiesen werden kann. Kann die Finanzverwaltung die Bösgläubigkeit nicht zweifelsfrei nachweisen, so ist dem Steuerpflichtigen der Vorsteuerabzug zu gewähren. Das ist letztlich keine Frage der Einzelfallgerechtigkeit und einer Ermessensentscheidung nicht zugänglich.

d) Billigkeitsverfahren als adäquate Umsetzungsmöglichkeit des Vertrauensschutzes

Auch *Drüen* ist der Ansicht, die Billigkeitsvorschriften seien „europarechtlich aufgeladen", was dazu führe, dass bei Vorliegen der Voraussetzungen, der Vertrauensschutz zwingend zu gewähren sei[1428]. Das Billigkeitsverfahren bezeichnet *Drüen*[1429] als „verfahrensrechtlichen Notbehelf", der der effektiven Durchsetzung des Europarechts dient. Auch unterliege die behördliche Entscheidung der uneingeschränkten Kontrolle durch die Gerichte, da eine unkontrollierbare Ermessenentscheidung beim europarechtlich begründeten Vertrauensschutz undenkbar sei[1430]. Zudem sei die Entscheidung über die Billigkeitsmaßnahme regelmäßig mit der Steuerfestsetzung gemäß § 163 S. 3 AO zu verbinden[1431]. Das Gebot der Verfahrenskonzentration gebiete eine Zusammenlegung der Verfahren, wenn durch den Dualismus der Verfahren der Rechtsschutz für den Steuerpflichtigen erschwert und das Verfahren verlängert wird[1432]. Sobald vertrauensschutzrechtliche Argumente im Festsetzungsverfahren angebracht werden, sei

1427 Rechtsprechungsänderung in den neuen Urteilen u.a. FG-Hamburg vom 21.12.2012 – 6 K 33/11, abrufbar unter http://www.legios.de (Zugriffsdatum: 21.03.2013), Leitsatz 1.

1428 Dietlein/Drüen-*Drüen*, Grundlagen und Reichweiten des Vertrauensschutzes bei Ausfuhrlieferungen im nichtkommerziellen Reiseverkehr, 87-88.

1429 Dietlein/Drüen-*Drüen*, Grundlagen und Reichweiten des Vertrauensschutzes bei Ausfuhrlieferungen im nichtkommerziellen Reiseverkehr, 87.

1430 Dietlein/Drüen-*Drüen*, Grundlagen und Reichweiten des Vertrauensschutzes bei Ausfuhrlieferungen im nichtkommerziellen Reiseverkehr, 88, *Wäger* in Drüen, JFStR 2009/2010, 626 (Diskussionsbeitrag), der von einer „[...]vorgeprägten ermessensgebundenen Entscheidung" spricht.

1431 *Wäger* in Drüen, JFStR 2009/2010, 627 (Diskussionsbeitrag): „[...] in einer Netto-Supermarkt-Konstellation [...] muss die Billigkeitsentscheidung mit der Festsetzungsentscheidung nach § 163 S. 3 AO verbunden werden".

1432 Dietlein/Drüen-*Drüen*, Grundlagen und Reichweiten des Vertrauensschutzes bei Ausfuhrlieferungen im nichtkommerziellen Reiseverkehr, 91.

das Billigkeitsverfahren damit zu verbinden[1433]. Auch verfahrenstechnisch geht *Drüen* von einer „Überlagerung“ durch das Europarecht aus, die zu einer zwingenden Verbindung von Billigkeits- und Festsetzungsverfahren führt[1434]. Die Billigkeitsnorm verliere durch die „europarechtliche Aufladung“ ihren Ausnahmecharakter[1435]. Es werde nicht mehr nur der atypische Einzelfall erfasst sondern die Masse an Fällen, die dieses Problem betreffen. Genau wie die Rechtsprechung geht auch *Drüen* davon aus, dass – sofern die Voraussetzungen des Vertrauensschutzes erfüllt sind – das Ermessen auf Null reduziert sei[1436].

Auch nach Ansicht von *Sterzinger*[1437] ist das Billigkeitsverfahren geeigneter, wenn der Vertrauensschutz nicht normiert ist. Das Ziel des Steuerpflichtigen, nicht mit der Umsatzsteuer belastet zu werden, würde in beiden Verfahren verwirklicht werden[1438]. Im Festsetzungsverfahren seien lediglich das Gesetz und dessen Auslegung heranzuziehen[1439]. Im Erlassverfahren hingegen bestünde die Möglichkeit, atypische Einzelsachverhalte und Vertrauensschutzaspekte zu berücksichtigen[1440]. Der Vertrauensschutz sei zudem nicht normiert und das Billigkeitsverfahren daher das passendere Verfahren um Unzulänglichkeiten in der Gesetzgebung auszugleichen[1441].

e) Stellungnahme

aa) Keine Ermessensreduzierung auf Null wegen der Überlagerung des Billigkeitsverfahrens durch Europarecht

Die Gewährung des Vertrauensschutzes im Billigkeitsverfahren geht m.E. nicht weit genug. Auch wenn man mit *Drüen* davon ausgeht, dass die Billigkeitsvorschriften der §§ 163, 227 AO lediglich „Vehikel für den europarechtlich gebotenen

1433 Dietlein/Drüen-*Drüen*, Grundlagen und Reichweiten des Vertrauensschutzes bei Ausfuhrlieferungen im nichtkommerziellen Reiseverkehr, 88.

1434 Dietlein/Drüen-*Drüen*, Grundlagen und Reichweiten des Vertrauensschutzes bei Ausfuhrlieferungen im nichtkommerziellen Reiseverkehr, 91.

1435 Dietlein/Drüen-*Drüen*, Grundlagen und Reichweiten des Vertrauensschutzes bei Ausfuhrlieferungen im nichtkommerziellen Reiseverkehr, 87-88.

1436 Dietlein/Drüen-*Drüen*, Grundlagen und Reichweiten des Vertrauensschutzes bei Ausfuhrlieferungen im nichtkommerziellen Reiseverkehr, 88; auch *Wagner* der frühere Vorsitzende des V. Senats des BFH sagt: “ Mit Billigkeit als solcher hat das nichts mehr zu tun, da kein Ermessen mehr möglich ist.“, Wagner in: Drüen, JFStR 2008/2009, 601 Diskussionsbeitrag.

1437 *Sterzinger*, DStR 2008, 2450 (2452).

1438 *Sterzinger*, DStR 2008, 2450 (2452).

1439 *Sterzinger*, DStR 2008, 2450 (2452).

1440 *Sterzinger*, DStR 2008, 2450 (2452).

1441 *Sterzinger*, DStR 2008, 2450 (2452).

Vertrauensschutz“ sind und durch die Gerichte uneingeschränkt überprüft werden könnten[1442], so wird man m.E. dem europarechtlich fundierten Grundsatz auf Vertrauensschutz lediglich dann gerecht, wenn der Vertrauensschutz bereits bei der Auslegung der Norm berücksichtigt wird. Eine Anwendung erst in einem Verfahren, das grundsätzlich auf eine Billigkeitsentscheidung hinausläuft, ist nicht zielführend, auch wenn versucht wird, wegen der Überlagerung des nationalen Verfahrensrechts durch das Europarecht eine Ermessensreduzierung auf Null eine zwingende Anwendung zu erreichen[1443]. Auch unter der Annahme, dass es aufgrund der effektiven Wirksamkeit des Europarechts und damit auch des Grundsatzes des Vertrauensschutzes zu einer Ermessensreduzierung auf Null kommen würde, ist m.E. fraglich, ob eine Reduzierung des Vertrauensschutzes auf das Billigkeitsverfahren dem Recht auf Vertrauensschutz[1444] gerecht wird.

Hierbei ist letztlich nicht ausschlaggebend, inwiefern eine Gewährung des Vertrauensschutz im Billigkeits- oder im Festsetzungsverfahren im Einzelfall auf das Gleiche hinauslaufen würden, sondern allein die Frage, ob die Gewährung von Vertrauensschutz grundsätzlich eine Einzelfallentscheidung ist, die zumindest theoretisch einer Ermessensentscheidung zugänglich ist.

bb) Unanwendbarkeit des Billigkeitsverfahrens bei Unmöglichkeit eines Analogieschlusses

Becker arbeitet richtig heraus, dass bei der Annahme der Unmöglichkeit eines Analogieschlusses zu § 6a Abs. 4 UStG auch das Billigkeitsverfahren unanwendbar ist[1445]. Beim Erlass gemäß §§ 163 und 227 AO sollen Fälle umfasst werden, die dem Gesetzeszweck und der Belastungswirkung eines Gesetztes zuwiderlaufen, also der atypische Einzelfall, der zu einem Ergebnis führt, dass mit dem Zweck des Gesetzes nicht vereinbar ist[1446]. Das Billigkeitsverfahren dient nicht dem Ausgleich rechtspolitischer Fehler im Gesetz. Im Billigkeitsverfahren wird die Intention des Gesetzgebers im Einzelfall fortgeschrieben[1447].

1442 Dietlein/Drüen-*Drüen*, Grundlagen und Reichweiten des Vertrauensschutzes bei Ausfuhrlieferungen im nichtkommerziellen Reiseverkehr, 93.

1443 Dietlein/Drüen-*Drüen*, Grundlagen und Reichweiten des Vertrauensschutzes bei Ausfuhrlieferungen im nichtkommerziellen Reiseverkehr, 88; so auch *Dietlein/Mehrbrey*, BB 2001, 446 (450).

1444 Dietlein/Drüen-*Drüen*, Grundlagen und Reichweiten des Vertrauensschutzes bei Ausfuhrlieferungen im nichtkommerziellen Reiseverkehr, 88, *Dietlein/Mehrbrey*, BB 2001, 446 (450).; das Recht auf Vertrauensschutz erkennt auch der BFH an zuletzt in BFH-Urteil vom 30.04.2009 – V R 15/07, BStBl. II 2009, 1342, Rn. II 3.

1445 *Becker*, UR 2009, 664 (669).

1446 *Becker*, UR 2009, 664 (669).

1447 *Take*, BB 1990, 1790 (1795).

Eine Fortschreibung der Intention des Gesetzgebers kommt aber beim Vertrauensschutz nicht in Frage[1448], weil der Gesetzgeber sich bewusst gegen eine Anwendung der Vertrauensschutzregelung auf andere Sachverhalte entschieden hat.

cc) Vertrauensschutz ist als Primärrecht im Festsetzungsverfahren zu berücksichtigen

Zutreffend stellt auch *Looks*[1449] heraus, dass der Vertrauensschutz als Primärrecht bei der Auslegung des nationalen Rechts unmittelbar zu beachten ist[1450].

Zwar stellen sowohl der BFH in seinem Vorlagebeschluss[1451], als auch der Generalanwalt *Ján Mazák*[1452] in seinen Schlussanträgen zur Rechtssache *Netto Supermarkt* auf die Gewährung der Steuerbefreiung im Billigkeitsverfahren ab, im EuGH-Urteil ist davon jedoch keine Rede mehr[1453]. Dies könnte seine Ursache darin haben, dass die Verfahrensfrage Sache der Mitgliedstaaten ist oder darin, dass eine Berücksichtigung bereits im Festsetzungsverfahren stattzufinden hat[1454]. *Streit*[1455] ist der Ansicht, dass der EuGH letztlich einfach davon ausging, dass es sich um die Festsetzung der Steuer handelt, weil der BFH in seiner Vorlage von der Steuerbefreiung gesprochen hat und diese nur im Festsetzungsverfahren gewährt werden kann. Der EuGH hat lediglich auf die Vorlagefrage geantwortet, ob Art. 15 Nr. 2 der Sechsten Richtlinie 77/388/EWG einer Steuerbefreiung nicht entgegensteht, wenn zwar die Voraussetzungen für die Befreiung nicht vorliegen, dies aber auch bei Beachtung der Sorgfalt eines ordentlichen Kaufmanns nicht erkennbar war[1456]. Dabei hat er betont, dass der Vertrauensschutz aufgrund der allgemeinen Rechtsgrundsätze der Rechtssicherheit, Verhältnismäßigkeit und des Vertrauensschutzes zu gewähren ist[1457]. Der Steuerpflichtige kann sich unmittelbar darauf berufen und es ist m.E. kein Platz für eine Ermessensentscheidung.

1448 *Becker*, UR 2009, 664 (669).

1449 *Looks*, DStR 2009, 513 (516).

1450 So auch Streit, UStB 2012, 288 (292).

1451 BFH EuGH-Vorlage vom 02.03.2006 – V R 7/03, BFHE 2013, 127, Leitsatz, Rn. 2.

1452 EuGH Schlussanträge des Generalanwalts *Mazák* vom 25.10.2007 zu C 271/06 – *Netto Supermarkt*, UVR 2008, 38, Rn. 54.

1453 *Langer/Zugmaier*, DStR 2008, 450 (453).

1454 *Langer/Zugmaier*, DStR 2008, 450 (453).

1455 *Streit*, UStB 2012, 288 (291).

1456 EuGH-Urteil vom 21.02.2008 – Rs. C-271/06 – *Netto Supermarkt*, UR 2008, 508, Tenor; *Looks*, DStR 2009, 513 (514).

1457 EuGH-Urteil vom 21.02.2008 – Rs. C-271/06 – *Netto Supermarkt*, UR 2008, 508, Rn. 18; *Looks*, DStR 2009, 513 (514).

6. Zwischenergebnis

Das Erlassverfahren gemäß §§ 163, 227 AO ist langwierig und führt in der Praxis eher selten zum Erfolg. Zudem handelt es sich um eine Ermessensentscheidung, die vom Gericht nur beschränkt überprüfbar ist.

Gegen eine Gewährung des Vertrauensschutzes lediglich im Billigkeitsverfahren sprechen zusätzlich Rechtsschutzgesichtspunkte. Damit dem Staat die finanziellen Mittel, die er zur Erfüllung seiner Aufgaben benötigt, ständig zufließen[1458], hemmen Einspruch oder Klage gemäß § 361 Abs. 1 AO und § 69 Abs. 1 FGO die Vollziehung des Verwaltungsaktes grundsätzlich nicht, bis auf wenige Ausnahmen in § 361 Abs. 4 AO und § 69 Abs. 5 FGO. Im Festsetzungsverfahren gibt es die Möglichkeit der Aussetzung der Vollziehung gemäß § 361 AO und § 69 FGO. § 361 AO kommt beim außergerichtlichen Rechtsbehelfsverfahren zur Anwendung und § 69 Abs. 2 FGO erst im erst- oder zweitinstanzlichen gerichtlichen Verfahren[1459]. § 361 AO und § 69 Abs. 3 FGO stehen hingegen gleichberechtigt nebeneinander[1460]. Aussetzung der Vollziehung kann lediglich dann gewährt werden, wenn die Vollziehung eines Verwaltungsaktes verhindert werden soll. Im Hauptverfahren würde das Rechtsschutzbegehren auf eine Anfechtungsklage hinauslaufen. Es geht daher um die Herbeiführung des Suspensiveffekts nach § 19 Abs. 4 GG. Im Billigkeitsverfahren geht es dagegen um den Erlass eines begünstigenden Verwaltungsaktes. Im Hauptsacheverfahren würde dem Begehren des Klägers eine Verpflichtungsklage gerecht werden. Einstweiliger Rechtsschutz ist daher beim Billigkeitsverfahren nur im Rahmen einer, gegenüber der Aussetzung der Vollziehung gemäß § 114 Abs. 5 FGO subsidiären, einstweiligen Anordnung gemäß § 114 FGO in Form einer Regelungsanordnung gemäß § 114 Abs. 1 S. 2 FGO erreichbar[1461]. Diese verpflichtet den Antragsgegner zur Vollziehung oder Duldung einer bestimmten Handlung oder zu einem Unterlassen und muss erst vollzogen werden[1462].

Die Aussetzung der Vollziehung kann schon bei ernstlichen Zweifeln gemäß § 361 Abs. 2 AO an der Rechtmäßigkeit des angefochtenen VA gewährt werden[1463]. Für den Erlass einer einstweiligen Anordnung hingegen bedarf es eines

---

1458 *Birk*, Verfassungsfragen bei der Gewährung vorläufigen Rechtsschutzes im finanzgerichtlichen Verfahren, in: Erichsen/Hoppe/v.Mutius, System des verwaltungsgerichtlichen Rechtsschutzes, Festschrift für Christian-Friedrich Menger, 161 (163).

1459 Gräber-*Koch*, § 69 Rn. 10; Klein-*Brockmeyer*, § 361 Rn. 1.

1460 Gräber-*Koch*, § 69 Rn. 12.

1461 *Stapperfend*, Vortrag Management Circle, 04.11.2010, 51; siehe hierzu auch Gräber-*Koch*, § 69 FGO Rn. 55, ablehnende Verwaltungsakte; Gräber-*Koch*, § 114 Rn. 45.

1462 Gräber-*Koch*, § 114 Rn. 97.

1463 Gräber-*Koch*, § 69 Rn. 4.

Anordnungsanspruches und eines Anordnungsgrundes[1464]. Ein Anordnungsgrund liegt vor, wenn bei einer Sicherungsanordnung gemäß § 114 Abs. 1 S. 1 FGO ein Individualrecht des Antragstellers gefährdet ist oder bei einer Regelungsanordnung gemäß § 114 Abs. 1 S. 2 FGO die vorläufige Regelung eines Zustandes erforderlich ist[1465]. Notwendig ist eine Anordnung lediglich dann, wenn das Interesse des Antragstellers, das öffentliche Vollzugsinteresse überwiegt und die vorläufige Maßnahme unumgänglich ist, um eine erhebliche Beeinträchtigung der Rechte des Antragstellers zu verhindern[1466]. Diese Voraussetzung unterliegt strengen Anforderungen und eine vorläufige Regelung ist gemäß § 114 Abs. 1 S. 2 FGO nur notwendig, wenn durch die erwünschte Maßnahme Nachteile verhindert werden, die über das hinausgehen, was üblicherweise mit der Steuerzahlung verbunden ist[1467]. Droht dem Steuerpflichtigen lediglich ein Zinsverlust[1468] oder kann eine Bezahlung nur durch Raten[1469] oder Aufnahme eines Kredites[1470] bewirkt werden, so liegt kein Anordnungsgrund vor. Eine einstweilige Anordnung hat daher selten Aussicht auf Erfolg[1471]. Folglich ist das Billigkeitsverfahren grundsätzlich nachteilig für den Steuerpflichtigen.[1472]

Die Auffassung, dass bezüglich der Rechnungsangaben Vertrauensschutz im Festsetzungsverfahren nicht zu gewähren ist[1473], verstößt gegen das Verhältnismäßigkeitsprinzip und missachtet die Tatsache, dass der Steuerpflichtige bezüglich des Vorsteuerabzuges lediglich Gehilfe des Staates ist[1474].

Folglich ist der gutgläubigen Unternehmer nicht auf das Billigkeitsverfahren gemäß § 163 AO oder § 227 AO zu verweisen, sondern ihm steht der Vorsteuerabzug unmittelbar zu. Um dem europarechtlichen Effektivitätsgrundsatz und den verfassungsrechtlichen Garantien eines effektiven Rechtsschutzes gerecht zu

1464 Gräber-*Koch*, § 114 Rn. 48, 49.

1465 Gräber-*Koch*, § 114 Rn. 37.

1466 Gräber-*Koch*, § 114 Rn. 48.

1467 BFH-Urteil vom 12.04.1984 – VIII B 115/82, BStBl. II 1984, 492, Rn. 2. a); BFH-Urteil vom 15.04.1992 – VII B 29/92, BFH/NV 1993, 660; BFH-Urteil vom 19.09.1991 – VII B 139/91, BFH/NV 1992, 321; BFH-Urteil vom 25.02.1997 – VII B 231/96, BFH/NV 1997, 428.

1468 BFH-Urteil vom 13.06.1975 – VI B 22/75, BFH BStBl. II 1975, 717; BFH-Urteil vom 22.04.1991 – III B 537/90, BFH/NV 1992, 118, Rn. 2.

1469 BFH-Urteil vom 19.01.1993 – VII B 202/92, BFH/NV 1994, 38.

1470 BFH-Urteil vom 12.04.1984 – VIII B 115/82, BStBl. II 1984, 492, Leitsatz 2; BFH-Urteil vom 10.08.1993 – VII B 262/92, BFH/NV 1994, 719.

1471 Gräber-*Koch*, § 69 Rn. 4.

1472 *Stapperfend*, Vortrag Management Circle, 04.11.2010, 51.

1473 BFH-Urteil vom 27.06.1996 – V R 51/93, BStBl. II 1996, 620, Leitsatz 1; BFH-Beschluss vom 26.06.2004 – V B 230/03, BFH/NV 2005, 80, Rn. II. 1.; BFH-Urteil vom 06.12.2007 – V R 61/05, BStBl. II 2008, 695, Leitsätze 1-3, Rn. II. 1. a), 4.;vgl. auch FG Düsseldorf Urteil vom 21.09.2005 – 5 K 4658/01 U, EFG 2006, 610; Abschn. 15.2. Abs. 3 S. 7 UStAE.

1474 *Englisch/Becker/Kurzenberger*, UR 2010, 285 (287); *Stadie*, § 15 Rn. 176.

werden, muss eine Beachtung des Vertrauensschutzes bereits im Festsetzungsverfahren stattfinden.

Gesetzliche normierte Möglichkeiten der Aufklärung sind unzureichend und teilweise schwierig zu handhaben. Daher bedarf es eines umfangreichen Vertrauensschutzes im Umsatzsteuerrecht.

Die Möglichkeit der Rechnungskorrektur kann eventuell zu einer Zinsbelastung gemäß § 233a AO oder zu einer Definitivbelastung mit Umsatzsteuer führen, wenn der Leistungsempfänger nicht mehr nachzahlt. Sie ist daher auch nicht ausreichend.

IV. Analoge Anwendung des § 6a Abs. 4 UStG

1. Analoge Anwendung bei der Ausfuhr

a) Voraussetzungen einer Analogie

Als Grundlage des Vertrauensschutzes wäre eine analoge Anwendung des für die innergemeinschaftliche Lieferung normierten Vertrauensschutzes in § 6a Abs. 4 UStG denkbar.

Die Verfassungsmäßigkeit der belastenden Analogie im Steuerrecht ist jedoch umstritten[1475]. Das noch bis in die 1980er Jahre von der herrschenden Meinung vertretene Analogieverbot wird seit der Jahrestagung der DStJG von 1982 stark zurückgedrängt. Im Gegensatz zum strafrechtlichen Analogieverbort, welches in Art. 103 II GG verankert ist, sei es gerade im Steuerrecht notwendig, aufgrund des oft „tagespolitisch gesteuerten Gesetzgebers“ eine konsistente und widerspruchsfreie Rechtsfortbildung durch die Rechtsprechung und die Wissenschaft vorzunehmen und würde auch so schon praktiziert werden[1476]. Problemtisch ist m.E. jedoch, dass es sich beim Steuerrecht um Eingriffsverwaltung handelt und daher aus Rechtssicherheitsgründen von einem Analogieschluss abgesehen werden sollte. Grundsätzlich widerspricht der Analogieschluss auch dem Bestimmtheitsgebot und dem Parlamentsvorbehalt[1477]. Andererseits dient die Analogie dem

1475 Vgl. zum Meinungsstand mit Historie und ausländischer Literatur und Rechtsprechung *Tipke*, StRO I, 177-204 und Tipke/Lang-*Tipke*, Steuerrecht, § 5 Rn. 58 ff.

1476 Tipke/Lang-*Tipke*, Steuerrecht, § 5 Rn. 61.

1477 Für ein steuerverschärfendes Analogieverbot sprechen sich auch *Bühler/Strickrodt*, Steuerrecht, Bd. I, 1. Hbb., 218; *Tipke*, StuW 1972, 264, 268 f.; *Friauf*, Unser Steuerstaat als Rechtsstaat, in: StbJb. 1977/78, 39, (58 ff.) aus; ausführlich in *Barth*, Richterliche Rechtsfortbildung im Steuerrecht, 341ff.

Gleichheitssatz und damit auch der Steuergerechtigkeit[1478]. Grundsätzlich gibt es auch im Steuerrecht analogiefähige Prinzipien, wie beispielsweise das Leistungsfähigkeitsprinzip oder das objektive Nettoprinzip[1479]. Aufgrund des Vorbehalts des Gesetzes sollte jedoch zumindest ein belastender Analogieschluss vermieden werden. Eine steuerverschärfende Analogie ist in jedem Fall dann unzulässig, wenn sie einen steuerbegründenden Tatbestand schaffen würde[1480]. Die analoge Anwendung des § 6a Abs. 4 UStG würde einen begünstigenden Analogieschluss bedeuten.

Der Analogieschluss erfolgt durch Heranziehung einer Norm, deren Voraussetzungen nicht vorliegen, die aber einen ähnlichen Fall regelt, sodass es sinnvoll erscheint, die Norm auch auf den vorliegenden Fall anzuwenden[1481]. Es wird darauf abgestellt, dass der hypothetische Gesetzgeber, hätte er das Problem erkannt, eine ähnliche Regelung erlassen hätte[1482]. Besonders bei der Ausfuhr gemäß § 6 UStG wird eine analoge Anwendung des Vertrauensschutzes in der Literatur diskutiert[1483].

Dann müsste zunächst eine planwidrige Regelungslücke vorliegen.

b) Vorliegen einer Regelungslücke

Becker[1484] nimmt eine Regelungslücke mit der Begründung an, § 26 Abs. 1 UStG enthalte einen verbindlichen Regelungsauftrag für die Schaffung von Normen für die Beseitigung unbilliger Härten, der durch den Gesetzgeber nicht umgesetzt worden sei. Diese Regelungslücke basiere auf einem mangelnden Überblick des Gesetzgebers und sei daher auch ungewollt. Eine reine Umsetzung von Sekundärrecht sei ebenfalls nicht gewollt gewesen, da Art. 28c Teil A der Sechste EG-Richtlinie eine Vertrauensschutzregeleung nicht zu entnehmen sei.

Sterzinger [1485] arbeitet dagegen zutreffend heraus, dass die Vertrauensschutzregelung nach der Gesetzesbegründung auf Art. 21 Nr. 1 Buchst. a und Art. 28c Teil A der 6 EG-RL beruht und diese nur die Regelung zur innergemeinschaftli-

---

1478 *Bydlinski*, Juristische Methodenlehre und Rechtsbegriffe, 81.

1479 *Tipke*, StRO I, 197 f.

1480 BVerfG-Beschluss vom 24.01.1962 – 1 BvR 232/60; BVerfGE 13, 318, Rn. III. 3.; BVerfG-Beschluss vom 30.01.1985 1 BvR 279/83, NJW 1985, 1891.

1481 *Rüthers*, Rechtstheorie, 539, Rn. 889 ff., 894.

1482 *Rüthers*, Rechtstheorie, 543, Rn. 895.

1483 *Becker*, UR 2009, 664; *Sterzinger*, DStR 2008, 2450; Dietlein/Drüen-*Drüen*, Grundlagen und Reichweite des Vertrauensschutzes bei Ausfuhrlieferungen im nichtkommerziellen Reiseverkehr, 43; *Weimann*, UStB 2009, 273.

1484 *Becker*, UR 2009, 664 (668).

1485 *Sterzinger*, DStR 2008, 2450 (2452), so auch Plückebaum/Malitzky/Widmann-*Schwarz*, § 6a Rn. 312.

chen Lieferung betrifft[1486], zumal gleichzeitig zur Änderung des § 6a UStG die Regelung zur Ausfuhr geändert worden sei, ohne dass eine Normierung des Vertrauensschutzes erfolgte[1487]. Dies spricht eher für einen bewussten Verzicht, als für eine planwidrige Regelungslücke.

M. E. kann auch die Annahme eines von den Mitgliedstaaten umzusetzenden allgemeinen europäischen Grundsatzes des Vertrauensschutzes nicht den Schluss auf eine planwidrige Regelungslücke rechtfertigen[1488]. Lediglich die Tatsache, dass Vertrauensschutz auch bei der Ausfuhr zu gewähren ist, lässt sich daraus ableiten. Aus der Tatsache, dass § 6 UStG nicht ergänzt wurde, kann weder darauf geschlossen werden, dass dies bewusst geschehen ist, noch darauf, dass dies ungewollt war. Auch die Tatsache, dass die MwStSystRL einen Vertrauensschutz nicht ausdrücklich verlangt, spricht nicht für die Planwidrigkeit der Regelungslücke[1489]. Letztlich wäre eine Normierung die Niederlegung eines Grundsatzes, der aber bereits zuvor als Primärrecht existent war, und durch die Normierung in § 6a Abs. 4 UStG beweist der Gesetzgeber, dass er das Problem gesehen hat.

Auch der BFH geht in seiner Folgeentscheidung zur Rechtssache *Netto Supermarkt*[1490] davon aus, dass die Steuerschuld des Abnehmers gemäß § 6a Abs. 4 S. 2 UStG untrennbar mit der Vertrauensschutzregelung in § 6a Abs. 4 S. 1 UStG zusammenhängt und eine Steuerschuld des Abnehmers bei der Ausfuhr nicht in Betracht kommt, eine analoge Anwendung aus diesem Grund also ausscheidet. Dem ist zuzustimmen. Überträgt man lediglich die Vertrauensschutzregelung – ohne den Übergang der Steuerschuld – wäre dies wohl nicht interessengerecht[1491]. Würde man aber auch diese Regelung analog heranziehen, würde dies zu einer Analogie zu Lasten des Abnehmers führen[1492]. Allerdings wäre ein Übergang der Steuerschuld bei Ausfuhrlieferungen im nichtkommerziellen Reiseverkehr, aufgrund der Tatsache, dass es sich beim Erwerber nicht um einen Unternehmer handelt, sehr kompliziert, aber möglich. Eine analoge Anwendung von § 6a Abs. 4 S. 2 UStG kommt daher nicht in Betracht[1493].

Demnach liegt schon keine ungewollte Regelungslücke vor.

1486 BT-Drs. 12/2463 vom 27.04.1992 , 31.

1487 *Sterzinger*, DStR 2008, 2450 (2452).

1488 So aber *Becker*, UR 2009, 664 (668).

1489 So aber *Becker*, UR 2009, 664 (668).

1490 BFH-Urteil vom 30.07.3008 – V R 7/03, BStBl. II 2010, 1075, Rn. II. 3. b); der BFH hat den Vertrauensschutz schon in seinem Beschluss vom 06.05.2004 – V B 101/03, BStBl. II 2004, 748 abgelehnt.

1491 Dietlein/Drüen-*Drüen*, Grundlagen und Reichweite des Vertrauensschutzes bei Ausfuhrlieferungen im nichtkommerziellen Reiseverkehr, 43.

1492 Dietlein/Drüen-*Drüen*, Grundlagen und Reichweite des Vertrauensschutzes bei Ausfuhrlieferungen im nichtkommerziellen Reiseverkehr, 43.

1493 *Weimann*, UStB 2009, 273 (273).

Eine Analogie ist m.E. nicht abzulehnen, weil bei der Ausfuhr nicht allein auf die Auskünfte eines Dritten vertraut werde, sondern zusätzlich auf die amtliche Bestätigung der Ausfuhrunterlagen[1494]. Letztlich ist der Sachverhalt m.E. immer noch ähnlich und der Lieferer bei der Ausfuhr sogar schützenswerter. Denn er vertraut auf die Angaben staatlicher Behörden. Der Unternehmer befindet sich in einer ähnlichen Lage, die eine angemessene Risikoverteilung zwischen Staat und Bürger unerlässlich macht[1495]. Liegt keine ungewollte Regelungslücke vor, reicht die Ähnlichkeit der Sachverhalte für einen Analogieschluss jedoch nicht aus.

2. Analoge Anwendung bei der Ortsbestimmung der sonstigen Leistung und dem Vorsteuerabzug

Becker will die Regelung des § 6a Abs. 4 UStG auch für die Ortsbestimmung der sonstigen Leistung und den Vorsteuerabzug analog anwenden[1496]. Auch *Lohse, Spilker* und *Zitzl* halten eine analoge Anwendung für möglich[1497]. Die Probleme, aufgrund derer die analoge Anwendung bei der Ausfuhr abgelehnt wurde, würden bei der Ortsbestimmung der sonstigen Leistung nicht bestehen[1498]. Auch bei der sonstigen Leistung bestehe nicht die Möglichkeit des Nachweises durch Zolldokumente, daher habe der Steuerpflichtige die gleichen Nachweisprobleme, wie bei der innergemeinschaftlichen Lieferung[1499]. Zudem gelte das Bestimmungslandprinzip für Dienstleistungen erst seit dem 01.01.2010[1500]. Bei Einführung des § 6a Abs. 4 UStG könne die Verlagerung der Steuerschuld auf den Leistungsempfänger daher noch nicht mitgedacht worden sein. Somit sei unwahrscheinlich, dass eine Normierung absichtlich nicht stattgefunden hat[1501]. Für eine Schutzbedürftigkeit des Steuerpflichtigen spreche zudem, die mit BMF-Schreiben vom 04.09.2009 eingeführte Regelung, dass bei Verwendung einer UStIdNr. von der Unternehmereigenschaft des Leistungsempfängers und der Tatsache ausgegangen werden kann, der Unternehmer verwendet den Gegenstand für sein Unternehmen[1502].

1494 So aber OFD Karlsruhe v. 25.03.2002 – 03-25 S 7134; Dietlein/Drüen-*Drüen*, Grundlagen und Reichweite des Vertrauensschutzes bei Ausfuhrlieferungen im nichtkommerziellen Reiseverkehr, 43.

1495 So auch *Becker*, UR 2009, 664 (668).

1496 *Becker*, UR 2009, 664 (669).

1497 *Lohse/Spilker/Zitzl*, UR 2010, 633 (639).

1498 *Lohse/Spilker/Zitzl*, UR 2010, 633 (639).

1499 *Lohse/Spilker/Zitzl*, UR 2010, 633 (639).

1500 *Lohse/Spilker/Zitzl*, UR 2010, 633 (639).

1501 *Lohse/Spilker/Zitzl*, UR 2010, 633 (639, 640).

1502 *Lohse/Spilker/Zitzl*, UR 2010, 633 (640).

M.E. stellen sich auch bei der Ortsbestimmung bei der sonstigen Leistung, und beim Vorsteuerabzug dieselben Probleme betreffend der analogen Anwendung des § 6a Abs. 4 UStG wie bei der Ausfuhr. Vertrauensschutz bezüglich der Unternehmereigenschaft und der unternehmerischen Verwendung bei der sonstigen Leistung wird durch ein BMF-Schreiben, eine europäische Verordnung und den UStAE gewährt, wenn die UStIdNr. des Abnehmers gemäß § 18e UStG in einem qualifizierten Bestätigungsverfahren verifiziert wurde[1503]. Das Problem des Vertrauensschutzes bezüglich Angaben Dritter wurde daher m.E. gesehen und ganz bewusst nicht normiert.

Würde man eine analoge Anwendung für die sonstige Leistung und den Vorsteuerabzug annehmen, so müsste man dies auch bei der Steuerschuldumkehr gemäß § 13b UStG bedenken. Für Gebäudereinigungsleistungen gemäß § 13b Abs. 2 Nr. 8 UStG wurde durch das BMF-Schreiben vom 04.01.2011 Vertrauensschutz eingeführt und der Leistungsempfänger bleibt auch dann Steuerschuldner, wenn gefälschte Nachweise vorgelegt wurden[1504]. Daher wurde das Problem der falschen Angaben Dritter und der Schutzwürdigkeit des Steuerpflichtigen erkannt. Die analoge Anwendung einer Norm dient nur der Ausfüllung planwidriger Gesetzeslücken. Die Problematik des Vertrauensschutzes ist jedoch verfassungsrechts- und europarechtswidrig absichtlich nicht normiert worden. Eine grenzenlose Ausdehnung der analogen Anwendung des Vertrauensschutzes aus § 6a Abs. 4 UStG widerspricht dem Prinzip der analogen Anwendung, die im Einzelfall unbillige Härten verhindern soll. Lediglich eine Überarbeitung und Neunormierung kann hier Abhilfe schaffen.

3. Zwischenergebnis

Eine analoge Anwendung des § 6a Abs. 4 UStG auf alles vertrauensschutzrechtlich relevanten Konstellationen scheitert schon daran, dass es keine Regelungslücke gibt. Für den Steuerpflichtigen ist eine analoge Anwendung undurchsichtig und hindert ihn somit an der Wahrnehmung seiner Rechte. Auch eine Neunormierung für die Ortsbestimmung bei der sonstigen Leistung führt zur Unübersichtlichkeit. Es wäre sinnvoller eine Norm zu schaffen, die den Vertrauensschutz generell im Umsatzsteuerrecht normiert.

1503 Verordnung Nr. 282/2011 vom 15.03.2011, ABl. EU Nr. L 2011/77, Art. 19 Abs 1; BMF-Schreiben vom 04.09.2009, BStBl. I 2009, 1005, Rn. 15; Abschn. 3a.2 Abs. 9 S. 4 und 5 UStAE; bezüglich der Ausführung eines Umsatzes von einer Betriebsstätte aus Verordnung Nr. 282/2011 vom 15.03.2011, ABl. EU Nr. L 2011/77, Art. 53 Abs. 2; Abschn. 13b.11 Abs. 1 S. 6 UStAE

1504 BMF-Schreiben vom 04.01.2011, BStBl. I 2011, 48.

Gegen eine analoge Anwendung spricht außerdem allgemein, dass die Anwendung des § 6a Abs. 4 UStG insgesamt umstritten und die Rechtsprechung noch nicht einheitlich ist[1505].

V. Verfassungskonforme Reduktion der Nachweispflichten und Wertungsrückgriff auf § 6a Abs. 4 UStG

Erwähnenswert ist die Idee von *Dietlein* und *Mehrbrey*[1506], einen Vertrauensschutz durch eine verfassungskonforme Reduktion der Nachweispflichten des § 6 Abs. 4 UStG erreichen zu können. Eine verfassungswidrige Extension wird im Wege einer Normreduktion zurückgenommen und so ein verfassungsgemäßer Zustand erreicht[1507]. Solange die Reduktion nicht gegen das Gesetzeskorrekturverbot verstößt, ist sie grundsätzlich zulässig[1508]. Eine Interpretation gegen den Willen des Gesetzgebers, um die Verfassungsmäßigkeit zu wahren, ist daher unzulässig[1509]. § 6a Abs. 4 UStG ist nach *Dietlein* und *Mehrbrey* als „deklaratorische Positivierung" eines ohnehin allgemein gültigen Grundsatzes zu sehen und durch eine verfassungskonforme Auslegung als Schranke der unternehmerischen Inanspruchnahme auch auf die Ausfuhrlieferung zu übertragen[1510]. Eine einheitliche Risikozuordnung könne nur erreicht werden, wenn der Unternehmer generell bei Anwendung der Sorgfalt eines ordentlichen Kaufmanns freigestellt wäre[1511]. Die Grenzen der Ausfallhaftung seien verfassungsrechtlich in verbindlicher Weise vorgegeben[1512]. Daher beschränke die Reduktion auch den Gestaltungsspielraum des Verordnungsgebers nicht unberechtigterweise[1513].

Problematisch hierbei ist m.E. jedoch, dass der Gesetzgeber – wie schon erläutert – auf eine Normierung des Vertrauensschutzes im Rahmen der Ausfuhr bewusst verzichtet hat. Daher würde eine Reduktion gegen das Gesetzeskorrekturverbot verstoßen. Bei der Bestimmung des Ortes der Leistung gemäß § 3a UStG wird durch die Finanzverwaltung ein eingeschränkter Vertrauensschutz gewährt,

---

1505 *Grube*, jurisPR-SteuerR 2009, Anm. 6; zu rechtspolitischen Problemen der Norm *Pump*, UStB 2007, 165.

1506 *Dietlein/Mehrbrey*, BB 2001, 446 (449 f.).

1507 Tipke/Lang-*Lang*, Steuerrecht, § 5 Rn. 42, 74.

1508 Tipke/Lang-*Lang*, Steuerrecht, § 5 Rn. 74.

1509 Tipke/Lang-*Lang*, Steuerrecht, § 5 Rn. 74.

1510 *Dietlein/Mehrbrey*, BB 2001, 446 (449).

1511 *Dietlein/Mehrbrey*, BB 2001, 446 (450).

1512 *Dietlein/Mehrbrey*, BB 2001, 446 (449).

1513 *Dietlein/Mehrbrey*, BB 2001, 446 (449).

wenn die UStIdNr. des Leistungsempfängers beim Bundeszentralamt für Steuern in einem qualifizierten Verfahren gemäß § 18e UStG bestätigt wurde[1514]. Stellt sich später heraus, dass die Leistung vom Empfänger nicht für das Unternehmen bezogen wurde, bestimmt sich der Ort der Leistung trotzdem nach § 3a Abs. 2 UStG. Ist keine UStIdNr. vorhanden, so müssen andere Nachweise für die Unternehmereigenschaft erbracht werden. Für diese Nachweise ist kein Vertrauensschutz vorgesehen. Auch hier wurde wissentlich auf eine Normierung verzichtet, so dass eine Reduktion der Nachweispflichten nicht in Betracht kommt.

Auch bezüglich § 13b UStG und des Rechtes auf Vorsteuerabzug gemäß § 15 Abs. 1 S. 1 UStG wäre eine Normierung des Vertrauensschutzes möglich gewesen. Bei § 13b UStG war sie sogar zunächst angedacht[1515]. Das heißt auch hier wurde der Vertrauensschutz bewusst nicht ins Gesetz aufgenommen und eine Reduktion der Nachweispflichten scheidet aus.

Genauso verbietet sich die Bezugnahme auf den Rechtsgedanken des § 6a Abs. 4 UStG[1516] oder die BMF-Schreiben zu § 6a Abs. 4 UStG. § 6a Abs. 4 UStG wurde zwar als europarechtskonform durch den EuGH anerkannt[1517], es ist aber nicht klar, ob der Schutz, den der normierte Vertrauensschutz gewährt, auch ausreichend[1518] und somit eine Übertragung überhaupt sinnvoll ist.

Dietlein und *Drüen* stellen richtig fest, dass sich methodische Unklarheiten und Unsicherheiten nur durch eine Normierung unabhängig von § 6a Abs. 4 UStG umgehen lassen[1519]. Das gilt nicht nur für die Ausfuhr, sondern auch für die anderen Konstellationen, in denen der Vertrauensschutz relevant wird.

1514 BMF-Schreiben vom 04.09.2009, BStBl. I 2009, 1005, Rn. 15; Abschn. 3a.1 Abs. 9 UStAE.

1515 *Wagner*, UVR 2006, 141 (144 f.), dieser Beitrag beruht auf einem Vortrag bei der Fiscalis-Konferenz am 15./16.03.2006 in Berlin „Intensivierung der Bekämpfung des Mehrwertsteuer-Betruges – Möglichkeiten und Einschränkungen im Mehrwertsteuerrecht der Gemeinschaft".

1516 So aber Sölch/Ringleb-*Treiber*, § 6 Rn. 147, 149; *Sterzinger*, DStR 2008, 2450 (2453).

1517 EuGH-Urteil vom 27.09.2007 – Rs. C-409/04 – *Teleos*, UR 2007, 774, Rn. 50, 58, 60, 65-67, Tenor 2; EuGH-Urteil vom 27.09.2007 – Rs. C-184/05 – *Twoh International*, UR 2007, 782, Rn. 25, 27; EuGH-Urteil vom 27.09.2007 – Rs. C-146/05 – *Albert Collée*, UR 2007, 813, Rn. 29-33, 34, 40, 41, Tenor; Siehe auch Winter, UR 2007, 881; *Küffner/Langer*, DB 2008 1116 (1118).

1518 *Stadie*, § 6a Rn. 54 f.

1519 Dietlein/Drüen-*Drüen*, Grundlagen und Reichweite des Vertrauensschutzes bei Ausfuhrlieferungen im nichtkommerziellen Reiseverkehr, 45.

VI. Vertrauensschutz als Umkehrschluss aus § 25d Abs. 1 S. 1 UStG bei den Karussellgeschäften

Aufgrund der immens hohen Steuerausfälle durch Umsatzsteuerkarusselle wurden mit dem Steuerverkürzungsbekämpfungsgesetz[1520] weitreichende Regelungen zur repressiven und präventiven Verhütung von Umsatzsteuerhinterziehung und Umsatzsteuerbetrug geschaffen[1521]. Neben den Änderungen in der AO wurde unter anderem mit Wirkung vom 01.01.2002 der § 25d Abs. 1 S. 1 UStG eingeführt[1522]. Es wurde allerdings durch den Bundesrechnungshof bemängelt, dass die Vorschrift praxisuntauglich sei, da sie zu hohe Anforderungen an eine mögliche Haftung stelle[1523]. Mit dem StÄndG 2003 vom 19.12.2003 wurde diese Kritik aufgegriffen und eine Umkehr der Beweislast nach dem Vorbild der Niederlande und Großbritanniens eingeführt und zudem in § 25d Abs. 2 UStG an die Preisgestaltung angeknüpft.[1524]

§ 25d UStG begründet die Haftung eines Unternehmers für die nicht abgeführte Umsatzsteuer aus einem vorangegangenen Umsatz. Voraussetzung dafür ist, dass die Umsatzsteuer gemäß § 14 UStG in der Rechnung ausgewiesen wurde und der Lieferer absichtlich die in der Rechnung ausgewiesene Steuer nicht an das Finanzamt abführt oder sich vorsätzlich außer Stande setzt, die Steuer zu entrichten. Außerdem muss der Leistungsempfänger zum Zeitpunkt des Vertragsabschlusses bezüglich dieser Tatsache Kenntnis haben oder nach der Sorgfalt eines ordentlichen Kaufmanns Kenntnis hätte haben müssen. Die Haftung erstreckt sich auch auf die nicht abgeführte Steuer von Vorlieferanten oder Vor-

---

1520 Steuerverkürzungsbekämpfungsgesetz vom 19.12.2001, BStBl. 2002 I, 32.

1521 *Hahn/Kortschak,* Umsatzsteuer, 467-468.

1522 Zur Begründung der Einführung § 25d UStG Bericht des Finanzausschusses zum Entwurf StVBG BT-Drs. 14/7471 vom 23.11.2001, 1: „Die Umsatzsteuereinnahmen von Bund, Ländern und Gemeinden betrugen im Jahr 2000 275,5 Mrd. DM, das sind 30 Prozent ihrer gesamten Steuereinnahmen. Dieser außerordentlich bedeutenden Steuerquelle der Gebietskörperschaft droht die Erosion durch zunehmende betrügerische Aktivitäten bei der Umsatzsteuer, insbesondere durch sog. Karussellgeschäfte. Bei dieser Form des organisierten Verbrechens wird das in Deutschland sehr großzügig ausgestaltete Recht des Vorsteuerabzuges missbräuchlich ausgenutzt, während die vom Leistenden zu entrichtende, ausgewiesenen und dem Leistungsempfänger in Rechnung gestellte Umsatzsteuer nicht an das Finanzamt abgeführt wird."; siehe auch *Forster/Schorer*, UR 2002, 361 (362); *Leonard*, UR 2002, 241 (243).

1523 Weimann/Lang-*Weimann*, § 25d UStG, 1769; Rau/Dürrwächter-*Nieskens*, § 25d UStG, Rn. 9.

1524 Weimann/Lang-*Weimann*, § 25d UStG, 1769; Rau/Dürrwächter-*Nieskens*, § 25d UStG, Rn. 16.3; BT-Drs. 15/1945 vom 06.11.2003, 14.

leistungserbringern[1525]. Wenn mehrere Unternehmer positive Kenntnis des Nichtabführungsvorsatzes haben, haften sie gemäß § 25d Abs. 1 S. 2 UStG als Gesamtschuldner. Der Haftungszusammenhang ist jedoch nur gegeben, wenn es sich innerhalb der Liefer- oder Leistungskette um denselben Gegenstand handelt[1526].

Nach § 25d Abs. 2 UStG kann man von der Kenntnis oder dem Kennenmüssen ausgehen, wenn der Unternehmer für seinen Umsatz einen Preis in Rechnung stellt, der zum Zeitpunkt des Umsatzes unter dem marktüblichen Preis liegt oder der ihm in Rechnung gestellte Preis unter dem Preis liegt, der seinem Lieferanten oder anderen Lieferanten, die am Erwerb der Ware beteiligt waren, in Rechnung gestellt wurde.

Fraglich ist, ob sich aus einem Umkehrschluss aus § 25d Abs. 1 S. 1 UStG folgern lässt, dass der gutgläubige Unternehmer zu schützen ist.

Bei der Anwendung des Umkehrschlusses (argumentum e contrario) wird unterstellt, dass der Gesetzgeber die nicht geregelten Fälle bewusst nicht geregelt hat, weil er die Rechtsfolge nicht gewollt hat. Dabei wird nicht nur auf den hypothetischen Gesetzgeber abgestellt, sondern auch erforscht, was der historische Gesetzgeber intendierte[1527]. Es geht folglich um die Ergründung des Normzwecks[1528].

Zweck des § 25d Abs. 1 S. 1 UStG ist laut Gesetzesbegründung, zu verhindern, dass der Staat Vorsteuern auszahlen muss, obwohl er die Umsatzsteuer aus dem dazugehörigen Umsatz nicht erhalten hat[1529]. Zudem wird in der Gesetzesbegründung ausdrücklich erwähnt, dass § 25d UStG so ausgestaltet ist, dass „rechtstreue Unternehmer nicht belastet werden“[1530]. Daraus folgt, dass der Unternehmer, der keine Kenntnis über die Umstände hatte oder hätte haben müssen, mithin gutgläubig ist, nicht für die Umsatzsteuer aus dem Karussellgeschäft haftet. Für den gutgläubigen Unternehmer war folglich die Rechtsfolge des § 25d Abs. 1 S. 1 UStG nicht gewollt, auch wenn der Aussteller der Rechnung entsprechend seiner vorgefassten Absicht die Steuer nicht entrichtet oder sich vorsätzlich außer Stande gesetzt hat, die ausgewiesene Steuer zu erbringen.

Zu betonen ist allerdings, dass es sich letzten Endes hierbei nur um die Frage eines Vertrauensschutzes bezüglich der Haftung aus § 25d Abs. 1 S. 1 UStG handelt. Die Frage des Vorsteuerabzuges bei Rechnungen aus einem Karussellgeschäft ist hier nicht tangiert. Wie bereits erläutert, ist dies eine Frage des Vorsteuerabzuges

1525 Sölch/Ringleb-*Klenk*, § 25d Rn. 9.
1526 Sölch/Ringleb-*Klenk*, § 25d Rn. 19.
1527 *Rüthers,* Rechtstheorie, 545, Rn. 900.
1528 *Rüthers,* Rechtstheorie, 545, Rn. 900.
1529 BT-Drs. 14/6883 vom 10.09.2001, 8 Begründung zu Nummer 5 (§ 25d).
1530 BT-Drs. 14/6883 vom 10.09.2001, 8 Begründung zu Nummer 5 (§ 25d).

gemäß § 15 Abs. 1 Nr. 1 UStG oder des Vertrauensschutzes gemäß § 6a Abs. 4 UStG[1531].

VII. Zwischenergebnis

Alle vereinzelten Ansätze, den Vertrauensschutz aus nationalen Normen abzuleiten, sind nicht ausreichend. Letztlich kommen die einzelnen Ansätze auch nur in bestimmten Konstellationen in Frage und bieten keine Gesamtlösung für das Problem des Vertrauensschutzes bezüglich Angaben Dritter. Um eine Verkomplizierung und Unübersichtlichkeit durch analoge Anwendung und unterschiedliche Regelungsformen des Vertrauensschutzes zu verhindern, kann die Lösung nur in einer einheitlichen Normierung liegen.

1531 Siehe hierzu Erläuterungen unter Abschnitt C. V. 3. g).

G. Schaffung einer Vertrauensschutznorm de lege ferenda

I. Normierung in der Mehrwertsteuersystemrichtlinie

1. Standort

Um eine einheitliche Rechtssetzung auf Ebene der Mitgliedstaaten und eine wirksame Durchsetzung des Vertrauensschutzes zu erreichen, ist es m.E. wichtig zunächst eine Normierung auf europarechtlicher Ebene vorzunehmen. Der MwStSystRL kommt bei der Harmonisierung des Mehrwertsteuerrechts große Bedeutung zu. Eine Normierung in dieser Richtlinie scheint mir daher notwendig.

M.E. könnte man den Vertrauensschutz unter Titel VI „Steuertatbestand und Steueranspruch", XI „Pflichten der Steuerpflichtigen und bestimmter nichtsteuerpflichtiger Personen" oder Titel XII „Sonderregelungen" normieren.

Für eine Regelung unter Titel XI „Pflichten der Steuerpflichtigen und bestimmter nichtsteuerpflichtiger Personen" spricht, dass es zu den Pflichten des Steuerpflichtigen gehört, alles zu unternehmen, um sicherzustellen, dass er sich durch seinen Umsatz nicht an einer Steuerhinterziehung beteiligt, und der Vertragspartner hat die Pflicht, korrekte Angaben zu machen, wenn diese für die richtige Besteuerung notwendig sind.

In Titel XI Kapitel 7 ist Verschiedenes geregelt. Art. 273 besagt, dass die Mitgliedstaaten weitere Pflichten beim innergemeinschaftlichen Geschäftsverkehr vorsehen dürfen, um die Sicherstellung der Steuererhebung zu gewährleisten und Betrug zu verhindern. Den Vertrauensschutz könnte man danach regeln, um eine ungerechte Risikoverteilung und überhöhte Anforderungen zu vermeiden. Allerdings bezieht sich Kapitel 7 eher auf die innergemeinschaftliche Lieferung und die Ausfuhr. Der Vertrauensschutz hingegen wird in mehreren auch nationalen Konstellationen relevant.

Titel XII befasst sich mit den Sonderregelungen, beispielsweise für Kleinunternehmer, Wiederverkäufer und dem Handel mit Anlagengold. Unter diesem Abschnitt werden Sachverhalte geregelt, die von dem normalen Besteuerungsverfahren abweichen und Besonderheiten aufweisen. M.E. handelt es sich beim Vertrauensschutz bezüglich Angaben Dritter nicht um eine Besonderheit in der

Besteuerung. Der Vertrauensschutz ist eine Nachjustierung im Einzelfall, der aber nicht an bestimmte besondere Sachverhalte oder Gegebenheiten anknüpft, sondern eine Inanspruchnahme im normalen Besteuerungsverfahren ausschließt. Einzelfallgerechtigkeit ist keine Sonderregelung.

Es geht also eher um die Frage des Steueranspruches. Es stellt sich die Frage, wann der Steuerpflichtige bei falschen Angaben Dritter in Anspruch genommen werden darf und wann der Staat das Risiko tragen muss. Die Frage des Steueranspruches ist unter Titel VI geregelt. Die Problematik, dass ein Steueranspruch nicht entsteht, ist m.E. auch unter diesem Titel zu normieren. Die Kapitel unter Titel VI beschäftigen sich mit der Frage, wann in den einzelnen Konstellationen ein Steueranspruch entsteht. Der Vertrauensschutz bezüglich Angaben Dritter wird in diesen Fällen nicht relevant. Es erscheint mir daher am besten, dem Titel VI ein Kapitel 5 mit der Überschrift „Vertrauensschutz bei Angaben Dritter" anzufügen und dort in Art. 71a den Vertrauensschutz zu normieren. Ein Kapitel, das sich nur mit dem Vertrauensschutz befasst, wird auch eher dessen Bedeutung gerecht.

2. Vorschlag für die Änderung der MwStSystRL

a) Deutsche Fassung

Die Richtlinie 2006/112/EG wird wie folgt geändert:

Folgender Artikel wird eingefügt:

„Artikel 71 a

Ist der Steuerpflichtige für den Nachweis der Steuerbefreiung der innergemeinschaftlichen Lieferung und der Ausfuhr, des Vorsteuerabzuges oder der Verlagerung der Steuerschuld auf den Leistungsempfänger, auf Angaben Dritter angewiesen und stellen sich diese Angaben im Nachhinein als falsch heraus, so ist ihm Vertrauensschutz zu gewähren, wenn er alles Erforderliche getan hat, um zu verhindern, dass er sich mit seinem Umsatz an einer Steuerhinterziehung beteiligt. Der Dritte schuldet dann die Mehrwertsteuer.

Welche Anforderungen für die Gewährung von Vertrauensschutz an den Steuerpflichtigen zu stellen sind, können die Mitgliedstaaten selbst bestimmen. Dabei sind besonders der Grundsatz der Verhältnismäßigkeit, der Rechtssicherheit und der Neutralität der Mehrwertsteuer zu beachten.

Es ist Sache der Steuerbehörde, nachzuweisen, dass der Steuerpflichtige wusste oder hätte wissen müssen, dass eine Steuerhinterziehung vorlag."

b) Englische Fassung

Directive 2006/112/EC is hereby amended as follows:

The following Article shall be inserted:

"Article 71a

Is the taxpayer dependent on the information of third parties to demonstrate the exemption of intra-Community supplies and exports, deduction of input tax or the reverse charge procedure imposing the tax liability on the customer and this information turns out to be false in disguise, his legitimate expectations will be protected, if he takes every reasonable measure in his power to ensure that the turnover he was effecting did not lead to his participation in tax evasion. In that case the third party owes the value added tax.

It is for the Member States to lay down the conditions for the application of the protection of legitimate expectations. Particularly the principles of proportionality, legal certainty and the value added tax neutrality must be respected.

It is for the tax authority to establish that the taxable person was aware, or ought to have been aware, of the existence of a fraud."

c) Französische Fassung

La directive 2006/112/CE est modifiée comme suit:

L'article suivant est inséré:

"Article 71a

Si le contribuable dépend des déclarations de tiers pour prouver l'exonération fiscale de la livraison intercommunautaire et des exportations, la retenue pour la TVA déductible ou le transfert de la dette fiscale sur le prestataire et si ces déclarations s'avèrent fausses a posteriori, il faut lui accorder la protection des personnes de bonne foi s'il a fait tout le nécessaire pour empêcher qu'il participe par son chiffre d'affaires à une fraude fiscale. Le tiers doit dans ce cas la TVA.

Les Etats membres peuvent décider eux-mêmes ce qu'ils exigent du contribuable pour lui accorder la protection des personnes de bonne foi. Ils doivent respecter ce faisant les principes de proportionnalité, de sécurité juridique et de neutralité de la TVA.

Il incombe à l'autorité fiscale de prouver que l'assujetti était ou aurait dû être au courant de l'existence d'une fraude."

II. Normierung im Umsatzsteuergesetz

1. Standort der Norm

Denkbar wäre eine Normierung unter dem ersten Abschnitt „Steuergegenstand und Geltungsbereich", dem zweiten Abschnitt „Steuerbefreiung und Steuervergütung", dem vierten Abschnitt „Steuer und Vorsteuer" oder dem sechsten Abschnitt „Sonderregelungen".

Der erste Abschnitt beschäftigt sich eher mit der Frage, was besteuert wird und wo der Ort der Lieferung oder sonstigen Leistung ist. Zwar stellen sich beim Ort der sonstigen Leistung vertrauensschutzrechtliche Probleme, allerdings fehlt der Bezug zu den Voraussetzungen der Steuerbefreiung der innergemeinschaftlichen Lieferung und der Ausfuhr, sowie des Vorsteuerabzuges, die erst später geregelt sind. Daher erscheint mir der Abschnitt nicht passend.

Eine Normierung im zweiten Abschnitt würde den Zusammenhang zu den Steuerbefreiungen deutlich machen, aber letztlich fehlt m.E. dann der Bezug zum Vorsteuerabzug.

Auch der Abschnitt sechs, der mit „Sonderregelungen" überschrieben ist, ist m.E. nicht adäquat. Beim Vertrauensschutz handelt es sich nicht um eine Besonderheit in der Art der Besteuerung, sondern um die Niederlegung einer adäquaten Risikoverteilung.

Vorrangig geht es um die Problematik, wer die Umsatzsteuer für einen Umsatz schuldet und ob der Vorsteuerabzug möglich ist. Die Normierung in Abschnitt vier „Steuer und Vorsteuer" ist daher einzig sinnvoll. Dieser Abschnitt beschäftigt sich mit der Entstehung der Steuer, der Frage der Steuerschuldnerschaft, dem Vorsteuerabzug und den Rechnungsformalia.

2. Gesetzesentwurf

Änderungen des Umsatzsteuergesetzes[1532]

1. In § 6a UStG wird Absatz 4 gestrichen.

2. In § 13 UStG wird Absatz 1 Nummer 8 wie folgt ersetzt:

„8. im Falle des § 15b UStG in dem Zeitpunkt, in dem die Lieferung oder sonstige Leistung ausgeführt worden ist."

3. In § 13a UStG wird Absatz 1 Nummer 3 wie folgt ersetzt:

„3. des § 15b Abs. 1 UStG der Dritte;"

4. § 15 Abs. 1 Nr. 1 wird wie folgt geändert:
   a) Folgender Satz 2 wird eingefügt

„[2]Die Steuer auf Umsätze, für die dem Steuerpflichtigen Vertrauensschutz gemäß § 15b UStG gewährt wird."

   b) Die bisherigen Sätze 2 und 3 werden Sätze 3 und 4.

5. Nach § 15a UStG wird folgender Paragraf eingefügt:

„§ 15b UStG Vertrauensschutz bezüglich Angaben Dritter[1533]

(1) [1]Beruht die Inanspruchnahme einer Steuerbefreiung, des Vorsteuerabzuges oder der Verlagerung der Steuerschuld auf den Leistungsempfänger auf unrichtigen Angaben Dritter und konnte der Unternehmer auch bei Beachtung der Sorgfalt eines ordentlichen Kaufmanns die Unrichtigkeit der Angaben nicht erkennen, so ist ihm Vertrauensschutz zu gewähren. [2]Der Dritte schuldet dann die Umsatzsteuer.
(2) Die Sorgfalt eines ordentlichen Kaufmanns erfordert, dass der Unternehmer alle ihm zumutbaren und erforderlichen Maßnahmen ergriffen hat, um zu verhindern, dass er sich mit seinem Umsatz an einer Steuerhinterziehung beteiligt.

1532 Für die rechtsförmliche Gestaltung von Gesetzesentwürfen ist gemäß § 42 Abs. 4 GGO das Handbuch der Rechtsförmlichkeiten maßgeblich: BMJ, Handbuch der Rechtsförmlichkeiten.

1533 Dieses Gesetz dient der Umsetzung des Art. 71a der Richtlinie 2006/112/EG der Rate vom 28.11.2006 (ABl. L 347 vom 11.12.2006, 1) zuletzt geändert durch Richtlinie .../.../... des Rates vom ... (ABl. L ... vom ..., S. ...).

(3) Die Darlegungs- und Feststellungslast für das Nichtvorliegen der Gutgläubigkeit des Unternehmers obliegt der Finanzverwaltung."

6. In § 16 UStG wird in Absatz 1 Satz 4 der § 6a Abs. 4 Satz 2 durch § 15b Abs. 1 Satz 2 ersetzt.

7. In § 18 UStG wird in Absatz 4b der § 6a Abs. 4 Satz 2 durch § 15b Abs. 1 Satz 2 ersetzt.

3. Erläuterung der Tatbestandsmerkmale

a) Angaben Dritter als vertrauensbildende Handlungen

Der Vertrauensschutz setzt zunächst einmal voraus, dass der Leistende oder beim Vorsteuerabzug der Leistungsempfänger auf Angaben Dritter vertraut hat. Die Bezugspunkte für die falschen Angaben des Dritten können alle Voraussetzungen der Steuerbefreiung, der Verlagerung der Steuerschuld und der Vorsteuerabzug sein. Die Nachweise spiegeln diese Voraussetzungen wieder und sind eng mit ihnen verknüpft, daher muss sich der gute Glaube zwingend auf die inhaltliche Richtigkeit jener Nachweise stützen[1534].

Im Fall der Steuerfreiheit und der Verlagerung der Steuerschuld auf den Leistungsempfänger bedarf es der Klarstellung, ob es sich bei dem Dritten um den Abnehmer der Ware handeln muss oder ob dieser Dritte auch eine fiktive Person beziehungsweise ein Scheinabnehmer sein kann. Geht man davon aus, dass es sich um Angaben des wirklichen Abnehmers handeln muss, so sind zwar die Konstellationen umfasst, in denen der Abnehmer über seine Identität täuscht, aber genau die Konstellationen nicht, in denen der Dritte lediglich vorgibt, der Abnehmer zu sein, also über seine Abnehmereigenschaft täuscht. Dies ist beispielsweise bei den Scheinunternehmerkonstellationen der Fall. M.E. handelt es sich dabei jedoch letztlich auch um die Problematik falscher Angaben, die genauso unter die Anwendung des Vertrauensschutzes fallen sollte.

Ausschlaggebend für die Beurteilung, auf wessen Angaben der Steuerpflichtige bei der innergemeinschaftlichen Lieferung und sonstigen Leistung vertrauen durfte, ist die Frage, wen der Leistende glaubt vor sich zu haben. Verwendet der tatsächliche Leistungsempfänger die UStIdNr. eines fremden Unternehmers so sind seine Angaben ausschlaggebend, denn der tatsächliche Leistungsempfänger tritt in Erscheinung[1535].

1534 Für die innergemeinschaftliche Lieferung *Englisch/Becker/Kurzenberger*, UR 2010, 285 (298).

1535 *Englisch/Becker/Kurzenberger*, UR 2010, 285 (298).

Tritt der Abnehmer erkennbar für einen Anderen auf, so sind lediglich die Angaben des wirklichen Abnehmers relevant, auch wenn der Auftretende seine eigene gültige UStIdNr. verwendet[1536]. Die Täuschung muss sich also auf dessen Verhältnisse beziehen[1537].

Handelt es sich bei dem Auftretenden um einen Strohmann, handelt er also nicht erkennbar für einen Dritten, so sind die Angaben des als Abnehmer Auftretenden relevant[1538].

b) Anwendbarkeit des § 347 Abs. 1 HGB oder § 276 Abs. 2 BGB im Steuerrecht

aa) Bei Kaufleuten

(1) Sorgfaltsmaßstab

Vertrauensschutz setzt die Gutgläubigkeit des Unternehmers voraus. Gutgläubigkeit kann aber nur dann vorliegen, wenn dem Unternehmer bestimmte Informationen zur Verfügung stehen, die Grundlage seines Vertrauens sind. Aus Gründen der Nachvollziehbarkeit muss hier ein objektiver Maßstab gefunden werden. Welche Anforderungen erfüllt sein müssen, um der Sorgfalt eines ordentlichen Kaufmanns gerecht zu werden, sollte den Mitgliedstaaten überlassen werden. Nur so kann den unterschiedlichen Systemen, Traditionen, Kulturen und Vorstellungen in den verschiedenen Mitgliedstaaten Rechnung getragen werden. In Deutschland könnte die Sorgfalt eines ordentlichen Kaufmanns gemäß § 347 Abs. 1 HGB maßgeblich für die Anforderungen an den Sorgfaltsmaßstab sein[1539].

(2) Übertragbarkeit des § 347 Abs. 1 HGB ins Steuerrecht

Fraglich ist, ob sich § 347 Abs. 1 HGB ins Steuerrecht übertragen lässt. Dies ist nur dann möglich, wenn die zivilrechtlichen Maßstäbe auch für das Steuerrecht von Bedeutung sind[1540].

Schuhmann[1541] und *Theile*[1542] sind der Meinung, dass nicht einfach auf § 347 Abs. 1 HGB abgestellt werden kann. Aus dem Wortlaut ließen sich Sorgfalts-

---

1536 *Englisch/Becker/Kurzenberger*, UR 2010, 285 (298).

1537 *Englisch/Becker/Kurzenberger*, UR 2010, 285 (298).

1538 *Englisch/Becker/Kurzenberger*, UR 2010, 285 (298).

1539 Nach Ansicht von *Becker*, UR 2009, 664 (671); *Englisch/Becker/Kurzenberger*, UR 2010, 285 (296); *Englisch*, UR 2008, 481 (489); *Hentschel*, DStR 2003, 102 (104); Sölch/Ringleb-*Treiber*, § 6a Rn. 93; *Sopp*, Umsatzbesteuerung beim Handel in der EU, 298 ist § 347 Abs. 1 HGB als Sorgfaltsmaßstab für die innergemeinschaftliche Lieferung heranzuziehen.

1540 *Englisch/Becker/Kurzenberger*, UR 2010, 285 (296).

pflichten gegenüber dem Finanzamt nicht entnehmen. Die Verwendung eines Rechtsbegriffes, wie die Sorgfalt des ordentlichen Kaufmanns, sei zu unbestimmt und würde der nötigen Vereinfachung des Umsatzsteuerrechts widersprechen[1543]. Der Wille des Gesetzgebers könne auch nicht durch Auslegung festgestellt werden[1544]. Für den Steuerpflichtigen sei daher nur schwer nachvollziehbar, welche Anforderungen an ihn gestellt werden[1545].

Zudem sei für die Überprüfung der Einhaltung der Sorgfalt eines ordentlichen Kaufmanns im Einzelfall ein zu hoher Personalaufwand notwendig[1546]. Ferner schulde der Kaufmann die Sorgfalt nur gegenüber dem anderen Marktteilnehmer und nicht gegenüber dem Finanzamt[1547].

In der Gesetzesbegründung zu § 6a Abs. 4 S. 1 UStG ist der Sorgfaltsmaßstab „auf Grundlage der Vorschriften des § 347 HGB unter Berücksichtigung der besonderen Verhältnisse der einzelnen Berufs- und Gewerbezweige zu beurteilen“[1548]. Daraus lässt sich schließen, dass der Gesetzgeber grundsätzlich auch für das Steuerrecht auf die Maßstäbe des Zivilrechts zurückgreift. *Widmann*[1549] stellt ferner zu Recht fest, dass die Sorgfalt des ordentlichen Kaufmanns schon seit langen ein gängiger Maßstab für die Beurteilung der Pflichten der Parteien im Handelsverkehr ist. Letztlich auch schon vor der Normierung in § 347 HGB. Es ist m.E. aber sinnvoll generell auf die Norm zurückzugreifen, in der der allgemeine Grundsatz normiert ist. Zwar ist es richtig, dass die Sorgfalt des ordentlichen Kaufmanns ein unbestimmter Rechtsbegriff ist, aber um der Problematik des Einzelfalls gerecht zu werden, kann für die Frage, wann der Steuerpflichtige alles getan hat um zu verhindern, dass er sich an einer Steuerhinterziehung beteiligt, nur auf einen unbestimmten Rechtsbegriff zurückgegriffen werden. Es gibt keine allgemeingültige Formel, wann man vertrauen darf. Die Überprüfung ist natürlich mit einem hohen Personalaufwand verbunden. Dies ergibt sich aber nicht aus der Tatsache, dass dem Steuerpflichtigen Vertrauensschutz gewährt wird, sondern aus der Kompliziertheit des Umsatzsteuerrechts. Dass der Steuerpflichtige die Sorgfalt nach § 347 Abs. 1 HGB dem anderen Marktteilnehmer gegenüber schuldet, schließt nicht aus, diesen Maßstab für das Verhalten der Steuerpflichtigen, die auf dem Markt agieren, heranzuziehen. Ganz im Gegenteil scheint es sinnvoll, aufgrund der Betrugsanfälligkeit der Konstellationen, in

---

1541 *Schuhmann*, UVR 1993, 300 (302).

1542 *Theile*, UR 1993, 73 (75).

1543 *Pump*, UStB 2007, 165 (167); *Schuhmann*, UVR 1993, 300 (302); *Theile*, UR 1993, 73 (76).

1544 *Pump*, UStB 2007, 165 (167).

1545 *Pump*, UStB 2007, 165 (167).

1546 *Pump*, UStB 2007, 165 (169).

1547 *Schuhmann*, UVR 1993, 300 (302); *Theile*, UR 1993, 73 (76).

1548 BT-Drs. 12/2463 vom 27.04.1992, 31.

1549 *Widmann*, UR 1992, 249 (261).

denen Vertrauensschutz zur Anwendung kommt, den strengen Maßstab, der auch unter den Marktteilnehmern gilt, auch bezüglich der Pflichterfüllung gegenüber dem Finanzamt anzusetzen. Dass der Gesetzeswortlaut auf das Handelsgeschäft Bezug nimmt, bedeutet lediglich, dass der Unternehmer im Privatverkehr die kaufmännischen Sorgfaltspflichten nicht erfüllen muss[1550]. Der Gedanke, dass ein Kaufmann höhere Sorgfaltspflichten zu erfüllen hat, gilt auch außerhalb des Vertragsrechts[1551].

Im Rahmen einer Normierung eines Vertrauensschutzes für das gesamte Umsatzsteuerrecht scheint mir daher § 347 Abs. 1 HGB ein sinnvoller Maßstab für die Frage der Anforderungen an die Sorgfaltspflichten.

(3) Anforderungen des § 347 Abs. 1 HGB

In § 347 Abs. 1 HGB wird auf einen objektiven und normativ-typisierenden Maßstab abgestellt[1552]. Individuelle Fähigkeiten und Kenntnisse spielen daher keine Rolle bei der Beurteilung der Einhaltung der Sorgfaltspflichten[1553]. Bedeutung für den Maßstab haben aber die Art und Weise des Handelsgeschäftes[1554].

bb) Bei Nichtkaufleuten

Der Begriff des Kaufmanns nach §§ 1 ff. HGB deckt sich nicht mit dem Begriff des Unternehmers in § 2 UStG. Freiberufler und Land- und Forstwirte sind nach dem HGB keine Kaufleute, nach dem UStG aber als Unternehmer zu klassifizieren.

§ 347 Abs. 1 HGB bestimmt die Sorgfaltspflichten eines Kaufmanns und ergänzt daher § 276 Abs. 2 BGB. Wäre § 347 Abs. 1 HGB nicht auf Nichtkaufleute anwendbar, so würden diese lediglich für Vorsatz und Fahrlässigkeit haften[1555].

Nach Ansicht *Kurzenbergers*[1556] wird in § 6a Abs. 4 UStG auf die „Sorgfalt eines ordentlichen Kaufmanns" rekurriert, weil so deutlich gemacht werden soll, dass der Maßstab für Kaufleute und Nicht-Kaufleute gelten solle. Gutglaubens-

1550 MK-*Schmidt*, § 347 Rn. 15.

1551 MK-*Schmidt*, § 347 Rn. 15.

1552 OLG München Urteil vom 08.08.1970 – 12 U 2560/65, NJW 1970 1924, Rn. 2. c) aa); Staub-*Koller*, § 347 Rn. 5; Oetker-*Pamp*, § 347 Rn. 14; Ebenroth/Boujong/Joost/Strohn-*Joost*, § 347 Rn. 27; Koller/Roth/Morck-*Roth*, § 347 Rn. 3.

1553 Staub-*Koller*, § 347 Rn. 5.

1554 Oetker-*Pamp*, § 347 Rn. 14.

1555 Vgl. § 347 Abs. 1 HGB: „Wer aus einem Geschäft, das auf einer Seite ein Handelsgeschäft ist, einem anderen zur Sorgfalt verpflichtet ist, hat für die Sorgfalt eines ordentlichen Kaufmanns einzustehen."

§ 276 Abs. 2 BGB „Fahrlässig handelt, wer die im Verkehr erforderliche Sorgfalt außer Acht lässt.".

1556 *Kurzenberger*, Nachweisproblematik und Gutglaubensschutz bei innergemeinschaftlichen Lieferungen, 59.

schutz sei demnach dann zu gewähren, wenn die Angaben des Dritten sich als falsch herausstellen, dies für den Unternehmer nicht erkennbar war und dieser egal ob Kaufmann oder nicht, die Sorgfalt eines ordentlichen Kaufmanns angewendet hat. *Kurzenberger* ist zuzustimmen. Auch der EuGH erlaubt ausdrücklich hohe Anforderungen an die Einhaltung der Sorgfaltspflichten anzulegen, solange sie sich im Rahmen der Verhältnismäßigkeit bewegen. Ferner deckt sich § 347 HGB mit § 276 Abs. 1 S. 2 HGB[1557]. Das Prinzip des § 347 HGB ist daher nicht auf die §§ 1 ff. HGB beschränkt[1558]. Vielmehr muss jeder Unternehmer die von einem ordentlichen Unternehmer in diesem Geschäftskreis zu erwartenden Sorgfaltspflichten einhalten[1559]. Der Begriff der kaufmännischen Sorgfalt ist einer Verallgemeinerung zugänglich[1560].

Zudem müssen auch aufgrund des Gleichbehandlungsgebotes in Art. 3 Abs. 1 GG alle Unternehmer in Bezug auf den Vertrauensschutz gleichbehandelt werden[1561]. Maßgeblich im Steuerrecht ist daher ein einheitlicher Maßstab für Unternehmer[1562]. Daher ist die Anwendung des § 347 Abs. 1 HGB sowohl für kaufmännische, als auch für nichtkaufmännische Unternehmen sachgerecht[1563].

cc) Differenzierung der Sorgfaltspflichten

Bestimmte Branchen, wie die Mobilfunkbranche oder die Kfz-Branche, sind eher von Betrugs- und Steuerhinterziehungsdelikten betroffen. Es ist daher verständlich, dass gerade für diese Branchen seitens der Finanzverwaltung der Wunsch besteht, höhere Anforderungen an die Einhaltung der Sorgfaltspflichten zu stellen[1564]. *English, Becker und Kurzenberger*[1565] halten eine Differenzierung aufgrund des Gleichbehandlungsgrundsatzes gemäß Art. 3 Abs. 1 GG für nicht tragbar. Zudem widerspreche die unterschiedliche Behandlung einzelner Berufs- und Gewerbezweige dem Grundsatz der Gleichmäßigkeit der Besteuerung[1566].

1557 MK-*Schmidt*, § 347 Rn. 11.
1558 MK-*Schmidt*, § 347 Rn. 11.
1559 MK-*Schmidt*, § 347 Rn. 11.
1560 MK-*Schmidt*, § 347 Rn. 16; Schmidt stellt beispielsweise darauf ab, dass bei den Vertrauensschutzvoraussetzungen etwa bei der Anscheinsvollmacht oder beim gutgläubigen Erwerb nach §§ 932 BGB und § 366 HGB auch die Sorgfalt eines ordentlichen Kaufmanns anzuwenden ist.
1561 *Englisch/Becker/Kurzenberger*, UR 2010, 285 (296).
1562 *Englisch/Becker/Kurzenberger*, UR 2010, 285 (296).
1563 So auch für die innergemeinschaftliche Lieferung *Englisch/Becker/Kurzenberger*, UR 2010, 285 (296); *Englisch*, UR 2008, 481 (489).
1564 Vgl. zum Barverkauf hochwertiger Fahrzeuge: BFH-Urteil vom 08.11.2007 – V R 26/05, DStR 2008, 819.
1565 *Englisch/Becker/Kurzenberger*, UR 2010, 285 (296).
1566 *Schuhmann*, UVR 1993, 300 (303); *Theile*, UR 1993, 73 (76).

Die Steigerung der Sorgfaltspflichten aufgrund eines Pauschalverdachtes gegenüber einer Branche ist m.E. nicht vertretbar[1567]. Es kann jedoch in einzelnen Konstellationen sinnvoll sein, nach der Art und der Größe der Handelsgeschäfte zu unterschieden und die Sorgfalt eines ordentlichen Kaufmanns daran zu orientieren. Es geht darum, dass der Steuerpflichtige bei der Überprüfung der Angaben Dritter noch sorgfältiger vorgehen muss und damit auch höhere Anforderungen an die Gewährung von Vertrauensschutz gestellt werden. Die unterschiedlichen Anforderungen an die Sorgfaltspflichten müssen aber auch normiert werden, damit der Steuerpflichtige Rechtssicherheit hat. Über die normierten Anforderungen hinausgehende Sorgfaltspflichten widersprechen dem Bestimmtheitsgebot. Es geht nicht um die Problematik der Nachweispflichten, sondern darum, was nachgewiesen werden muss. Wie der Steuerpflichtige den Nachweis erbringt, bleibt ihm überlassen.

Folgende Faktoren können Einfluss auf den Umfang der Sorgfaltspflicht haben[1568]:

1. Art und Wert des Liefergegenstands,
2. Dauer und Intensität der Geschäftsbeziehung zum Abnehmer,
3. Art der Geschäftsabwicklung (Abholfall, Barverkauf),
4. Art des Geschäftes (Verkauf an eine Vielzahl von Abnehmern oder einzelne Abnehmer),
5. Auffälligkeit des Verhaltens des Abnehmers/Leistenden,
6. Art und Größe des Unternehmens des Abnehmers/Leistenden.

Wird nach den oben genannte Faktoren entschieden und nicht nach der Branche, so liegt zwar eine Differenzierung vor, diese gilt aber für alle Branchen gleich und es liegt kein Verstoß gegen Art. 3 Abs. 1 GG und den Grundsatz der Gleichmäßigkeit der Besteuerung vor.

Ein abschließender Katalog bezüglich der anzuwendenden Sorgfalt kann aufgrund der verschiedenen Einflussfaktoren und Nachweismöglichkeiten nicht aufgestellt werden[1569]. Letztlich handelt es sich um eine Einzelfallentscheidung, die den Anforderungen des Grundsatzes der Verhältnismäßigkeit gerecht werden muss[1570].

1567 So auch FG Hessen vom 05.01.2001 – 6 V 4543/00, EFG 2003, 860, Rn. II 1. c).

1568 Vgl. hierzu *Sopp*, Umsatzbesteuerung beim Handel in der EU, 306, die aber von der Möglichkeit einer branchenspezifischen Differenzierung ausgeht.

1569 *Sopp*, Umsatzbesteuerung beim Handel in der EU, 306-307.

1570 *Sopp*, Umsatzbesteuerung beim Handel in der EU, 307.

c) Kein Vertrauensschutz bei der Beteiligung an einer Steuerhinterziehung

In Absatz 2 ist geregelt, dass Vertrauensschutz dann nicht zu gewähren ist, wenn der Unternehmer nicht die Sorgfalt eines ordentlichen Kaufmanns angewendet hat. Hieraus ergibt sich auch, dass der Steuerpflichtige bei einer Beteiligung an einer Steuerhinterziehung nicht die Möglichkeit hat, sich auf Vertrauensschutz zu berufen. Ein Steuerpflichtiger, der wusste oder hätte wissen müssen, dass er sich mit einem Umsatz an einer Steuerhinterziehung seines Vertragspartners oder eines anderen Wirtschaftsteilnehmers auf einer vorhergehenden Umsatzstufe der Lieferkette beteiligt, ist für die Zwecke der MwStSystRL als an dieser Hinterziehung Beteiligter anzusehen[1571]. Letztlich ist daher Vertrauensschutz bei vorsätzlicher und fahrlässiger Beteiligung zu versagen.

d) Darlegungs- und Feststellungslast der Finanzverwaltung

Grundsätzlich hat die Finanzverwaltung die Darlegungs- und Feststellungslast für Tatsachen, die den Steueranspruch begründen und der Steuerpflichtige für die Umstände, die einen Steueranspruch einschränken oder aufheben oder eine Steuerbefreiung oder Steuerermäßigung bewirken[1572]. In seiner neueren Rechtsprechung[1573] beschäftigt sich der EuGH erstmals mit der Frage der Darlegungs- und Feststellungslast[1574] und erklärt, dass die Steuerbehörden anhand der objektiven Umstände darzulegen haben, dass der Steuerpflichtige wusste oder hätte wissen müssen, dass sein Umsatz in einen Betrug vom Leistende oder einem anderen Wirtschaftsteilnehmer in der vorhergegangen Umsatzstufe einbezogen ist. Es ist nicht Sache des Steuerpflichtigen zu prüfen, ob der Leistende tatsächlich in der Lage ist die Leistung zu erbringen, er seinen steuerlichen Erklärungspflichten nachkommt oder die Steuer abführt[1575].

1571 EuGH-Urteil vom 21.06.2012 – Rs. C-80/11 und 142/11 – *Mahagében und Dávid*, UR 2012, 591, Rn. 46.

1572 Klein-*Rätke*, § 88 Rn. 51; Kühn/von Wedelstädt-*Wagner*, § 88 Rn. 7; BFH-Urteil vom 13.04.2010 – VIII R 27/08; BFH/NV 2010, 2038, Rn. II. 2 a).

1573 EuGH-Urteil vom 21.06.2012 – Rs. C-80/11 und 142/11 – *Mahagében und Dávid*, UR 2012, 591, Rn. 61-63; EuGH-Urteil vom 31.01.2013 – Rs. C-643/11 – *LVK – 56 EOOD*, BeckRS 2013, 80177, Rn. 61, 64; EuGH-Urteil vom 31.01.2013 – Rs. C-642/11 – *Stroy trans EOOD*, UR 2013, 275, Rn. 49; hierzu auch FG Hamburg Urteil vom 21.12.2012 – 6 K 33/11, abrufbar unter http://www.legios.de (Zugriffsdatum 21.03.2013); siehe hierzu auch Pressemitteilung vom 21.07.2012 Nr. 85/12; abrufbar unter http://www.curia.europa.eu (Zugriffsdatum: 23.07.2012).

1574 *Maunz*, UR 2012, 591 (599).

1575 EuGH-Urteil vom 21.06.2012 – Rs. C-80/11 und 142/11 – *Mahagében und Dávid*, UR 2012, 591, Rn. 61; *Maunz*, UR 2012, 591 (599).

Als integraler Bestandteil des Mehrwertsteuersystems darf der Vorsteuerabzug nur im Ausnahmefall eingeschränkt werden. Die Versagung ist folglich eine Ausnahme von dem Grundsatz der Abziehbarkeit der Vorsteuer[1576]. Der Vorsteuerabzug wird unabhängig davon gewährt, ob der Leistende die Umsatzsteuer abgeführt hat[1577]. Nach Ansicht des EuGH handelt es sich demnach nicht um eine steuermindernde Tatsache, die vom Steuerpflichtigen darzulegen wäre[1578]. Auch bei der Frage der Steuerfreiheit, der Verlagerung des Leistungsortes und der Umkehr der Steuerschuldnerschaft geht es darum, dem Steuerpflichtigen die Steuerfreiheit nicht zu gewähren bzw. ihn zur Mehrwertsteuer heranzuziehen, die er nach der gesetzlichen Lage nach Erfüllen der Tatbestandsvoraussetzungen nicht schuldet.

Gegen Unionsrecht verstoße nicht, von dem Steuerpflichtigen zu verlangen, alle Maßnahmen zu treffen, um seine Beteiligung an einer Steuerhinterziehung zu verhindern[1579]. Was das im Einzelfall bedeutet sei jedoch unterschiedlich. Grundsätzlich könne von dem Steuerpflichtigen vernünftigerweise nur dann verlangt werden Nachprüfungen anzustellen, wenn sich der Verdacht einer Steuerhinterziehung aufdrängt[1580]. Ergeben sich für den Steuerpflichtigen allerdings keine Anhaltspunkte, die auf eine Steuerhinterziehung schließen lassen, so sei er auch nicht dazu verpflichtet Auskünfte über seinen Vertragspartner einzuholen und sich von dessen Zuverlässigkeit zu überzeugen[1581]. Diese Kontrollen durchzuführen sei Sache der Finanzverwaltung und könne nicht auf den Steuerpflichtigen abgewälzt werden[1582]. Die Behörden seien dazu verpflichtet, die erforderlichen Kontrollen beim Steuerpflichtigen vorzunehmen und Sanktionen zu verhängen[1583].

Dem ist zuzustimmen, würde man dem Steuerpflichtigen die Darlegungs- und Feststellungslast für seine Gutgläubigkeit auferlegen und gelingt ihm dies

---

1576 *Weber*, Stgb 2013, 49 (51).

1577 *Prätzler*, jurisPR-SteuerR 43/2012, Anm. 5.

1578 *Weber*, Stgb 2013, 49 (51).

1579 EuGH-Urteil vom 21.06.2012 – Rs. C-80/11 und 142/11 – *Mahagében und Dávid*, UR 2012, 591, Rn. 54.

1580 EuGH-Urteil vom 21.06.2012 – Rs. C-80/11 und 142/11 – *Mahagében und Dávid*, UR 2012, 591, Rn. 61; EuGH-Urteil vom 31.01.2013 – Rs. C-643/11 – *LVK – 56 EOOD*, BeckRS 2013, 80177, Rn. 61; EuGH-Urteil vom 31.01.2013 – Rs. C-642/11 – *Stroy trans EOOD*, UR 2013, 275, Rn. 49.

1581 EuGH-Urteil vom 21.06.2012 – Rs. C-80/11 und 142/11 – *Mahagében und Dávid*, UR 2012, 591, Rn. 61; EuGH-Urteil vom 31.01.2013 – Rs. C-643/11 – *LVK – 56 EOOD*, BeckRS 2013, 80177, Rn. 61; EuGH-Urteil vom 31.01.2013 – Rs. C-642/11 – *Stroy trans EOOD*, UR 2013, 275, Rn. 49; *Sterzinger*, UR 2012, 591 (602); *Huschens*, EU-UStB 2012, 94 (96); *von Streit*, EU-UStB 2013, 9 (11).

1582 EuGH-Urteil vom 21.06.2012 – Rs. C-80/11 und 142/11 – *Mahagében und Dávid*, UR 2012, 591, Rn. 62; EuGH-Urteil vom 31.01.2013 – Rs. C-643/11 – *LVK – 56 EOOD*, BeckRS 2013, 80177, Rn. 62.

1583 EuGH-Urteil vom 21.06.2012 – Rs. C-80/11 und 142/11 – *Mahagében und Dávid*, UR 2012, 591, Rn. 62; siehe hierzu auch DB-Meldung vom 21.06.2012, DB0481526.

nicht, so käme dies einer verschuldensunabhängigen Haftung gleich. Daher kann er nur zur Mehrwertsteuer herangezogen werden, wenn er augenscheinlichen Anhaltspunkten nicht nachgegangen ist. Lediglich objektive Anhaltspunkte dürfen ausschlaggebend für die Frage der Gutgläubigkeit sein. Es ist natürlich auch für die Finanzverwaltung schwer die Bösgläubigkeit des Steuerpflichtigen anhand objektiver Anhaltspunkte darzulegen. Letztlich kann es aber nicht Sache des Steuerpflichtigen sein, seine positiven Absichten zu beweisen.

III. Gesetzgebungsverfahren

1. Auf europäischer Ebene

Auf europäischer Ebene müsste zunächst eine Richtlinie erlassen werden, die die MwtStSystRL ändert. Gemäß Art. 113 AEUV erlässt der Rat in einem besonderen Gesetzgebungsverfahren und nach Anhörung des Europäischen Parlamentes und des Wirtschafts- und Sozialausschusses einstimmig die Bestimmungen zur Harmonisierung der Rechtsvorschriften über die Umsatzsteuer, soweit diese Harmonisierung für den gemeinsamen Binnenmarkt und die Vermeidung von Wettbewerbsverzerrungen notwendig ist.

2. Auf nationaler Ebene

Die EU-Richtlinien gelten nicht unmittelbar gegenüber dem Bürger[1584]. Für die Mitgliedstaaten sind sie hinsichtlich des Ziels verbindlich[1585]. Aus diesem Grund ist die Richtlinie von allen Organen innerhalb ihrer Kompetenzen zu beachten[1586]. Daraus folgt für den nationalen Gesetzgeber die Verpflichtung zur inhaltlich übereinstimmenden Umsetzung in das nationale Recht[1587]. Daher bedarf es der Transformation des Art. 71a MwStSystRL in nationales Recht, konkret in das Umsatzsteuergesetz.

Der Bund besitzt gemäß § 105 Abs. 2 GG i.V.m. Art. 106 Abs. 2 GG die konkurrierende Gesetzgebungskompetenz für die Umsatzsteuer. Mit der Regelung im Umsatzsteuergesetz hat der Bund von seiner Gesetzgebungsbefugnis Gebrauch gemacht. Das Gesetzgebungsverfahren richtet sich daher nach Art. 76 ff. GG.

1584 *Herdegen*, Europarecht, § 8 Rn. 45.

1585 Vedder/Heintschel von Heinegg-*Vedder*, Art. 288 AEUV Rn. 22.

1586 EuGH-Urteil vom 12.06.1990 – Rs. C 8/88 – *Deutschland/Komission*, Slg. 1990, I-02321, Leitsatz 1 Rn. 13.

1587 BVerfG-Beschluss vom 12.05.1989 – 2 BvA 3/89, NJW 1990, 974.

H. Zusammenfassung der wichtigsten Ergebnisse und Schlussbemerkung

I. Wichtigste Thesen

1. Der Schutz des Vertrauens im Recht hat grundsätzlich etwas Unbefriedigendes und dient der Erhaltung eines unvollständigen und fehlerhaften Systems[1588]. Die Schaffung eines lückenlosen Rechtssystems ist bei der Komplexität der Handlungsmöglichkeiten jedoch unmöglich. Daher ist eine Nachsteuerung durch die Normierung von Vertrauensschutz – besonders bei der Problematik der Angaben Dritter im Umsatzsteuerrecht – notwendig[1589].

2. Vertrauensschutz dient der Rettung des Bestimmungslandprinzips. Das Ursprungslandprinzip ist aufgrund der Nichtanerkennung durch die Mitgliedstaaten und der Probleme bei der praktischen Umsetzung keine Alternative zum Bestimmungslandprinzip[1590].

3. Die Problematik des Vertrauens auf Angaben Dritter tritt bei der sonstigen Leistung § 3 Abs. 9 UStG i.V.m. § 3a UStG, der Ausfuhrlieferung gemäß § 4 Nr. 1a i.V.m. § 6 UStG, der innergemeinschaftliche Lieferung § 4 Nr. 1b i.V.m. § 6a UStG, der Umkehrung der Steuerschuldnerschaft nach § 13b UStG und dem Vorsteuerabzug gemäß §§ 15 ff. UStG auf.

   Die Möglichkeit der Fremdmanipulation durch Dritte stellt hier eine sehr praxisrelevante Gefahr dar. In diesem Rahmen stellt sich die Frage, wer letztendlich das Risiko einer Fremdmanipulation tragen muss und inwiefern das Vertrauen des Steuerpflichtigen schützenswert ist[1591].

4. Warum eine Normierung des Vertrauensschutzes, wie sie für die innergemeinschaftliche Lieferung gemäß § 6a Abs. 4 UStG vorgesehen ist, bei der

1588 Siehe Abschnitt A; Abschnitt B. II. 3.; Abschnitt C. V. 3. g).

1589 Siehe Abschnitt A.

1590 Siehe Abschnitt H. II.; Abschnitt C. V. 3. g).

1591 Siehe Abschnitt C.

Neunormierung des Leistungsortes für die sonstige Leistung nach § 3 Abs. 9 i.V.m. § 3a UStG nicht erfolgt ist, ist nicht nachvollziehbar[1592].

Der durch den UStAE und die Richtlinie vom 23.03.2011 gewährte Vertrauensschutz in Bezug auf die UStIdNr. und die Unternehmereigenschaft ist vor dem Hintergrund der Vergleichbarkeit der innergemeinschaftlichen Lieferung und der sonstigen Leistung nicht ausreichend[1593].

5. Die Nachweispflichten bei der Ausfuhr gemäß § 6 Abs. 4 i.V.m. §§ 8, 11, 13 UStDV und der innergemeinschaftlichen Lieferung gemäß § 6a Abs. 3 UStG i.V.m. § 17a, 17b und 17c UStDV haben für den Vertrauensschutz aufgrund ihrer rein formellen Natur keine grundsätzliche Bedeutung. Es müssen Nachweise erbracht werden, wie dies erfolgt, obliegt jedoch dem Steuerpflichtigen[1594]. Die Umwandlung der Regelungen in der UStDV von Soll- zu Mussvorschriften widerspricht der EuGH-Rechtsprechung und wirkt sich daher nicht auf den formellen Charakter der Nachweispflichten aus[1595].

6. Die Normierung des Vertrauensschutzes für die innergemeinschaftliche Lieferung in § 6a Abs. 4 UStG erfolgte, weil durch den Wegfall der Grenzkontrollen ein immenses Betrugspotenzial entstanden ist, das zu Konflikten zwischen Steuerpflichtigem und Finanzverwaltung führt. Diese antwortet darauf mit überzogenen Nachweispflichten, die an die Grenze der Angemessenheit stoßen und einen Risikoausgleich erfordern[1596].

7. Bezüglich der Unternehmereigenschaft hat der Steuerpflichtige alles Erforderliche getan, wenn die UStIdNr. in einem qualifizierten Bestätigungsverfahren nach § 18e UStG überprüft wurde. Durch das qualifizierte Bestätigungsverfahren wird lediglich bestätigt, dass dem Unternehmer die UStIdNr. irgendwann einmal erteilt wurde. Vertrauensschutz ist daher auch dann zu gewähren, wenn die UStIdNr. überprüft, aber nicht korrekt ist[1597].

8. Die Umkehrung der Steuerschuldnerschaft nach § 13b Abs. 2 UStG ist in der praktischen Anwendung für den Steuerpflichtigen kompliziert und problembehaftet[1598]. Obwohl in der Literatur davon ausgegangen wird, dass Vertrauens-

1592 Siehe Abschnitt C. I. 4.
1593 Siehe Abschnitt C. I. 4.
1594 Siehe Abschnitt C. II. 2. a); C. III. 2. c); C. III. 3. b).
1595 Siehe Abschnitt C. II. 2. a).
1596 Siehe Abschnitt C. III. 4.
1597 Siehe Abschnitt C. III. 3. c).
1598 Siehe Abschnitt C. IV.

schutz im Festsetzungsverfahren nicht zu gewähren sei, weil § 13b UStG einen solchen nicht vorsieht, wird durch BMF-Schreiben Vertrauensschutz bezüglich der Nachweisbescheinigung bei der Erbringung von Gebäudereinigungsleistungen eingeführt[1599]. Auch hier würde eine einheitliche Regelung zu mehr Übersichtlichkeit führen.

9. Der Steuerpflichtige kann bezüglich der für den Vorsteuerabzug gemäß § 15 UStG notwendigen Voraussetzungen oft nicht endgültige Rechtssicherheit erlangen[1600]. Besonders problematisch ist die in den vergangenen Jahren zunehmende organisierte Kriminalität durch sogenannte Karussellgeschäfte[1601]. Allerdings besteht nach Ansicht des BFH kein Raum für Vertrauensschutz im Festsetzungsverfahren. Vor dem Hintergrund der aktuellen EuGH-Rechtsprechung sollte dies hinterfragt werden[1602].

10. Die unterschiedliche Herleitung des Vertrauensschutzes aus dem Gesetz, aus Richtlinien, aus der Rechtsprechung und dem UStAE ist für den Steuerpflichtigen nicht nachvollziehbar und zu kompliziert. Um Rechtssicherheit und Rechtsklarheit zu schaffen, ist eine einheitliche Normierung des Vertrauensschutzes für alle Konstellationen erforderlich[1603].

11. Der Rechtsprechung des EuGH ist zu entnehmen, dass dem Steuerpflichtigen, der keine Kenntnis von einem Betrug hatte oder hätte haben können, weil er alle zumutbaren und möglichen Maßnahmen ergriffen hat, um seine Beteiligung an einer Steuerhinterziehung auszuschließen, Vertrauensschutz zu gewähren ist. Der Vertrauensschutz leitet sich nach der EuGH-Rechtsprechung aus den allgemeinen Rechtsgrundsätzen der Rechtssicherheit, des Vertrauensschutzes, der Verhältnismäßigkeit und dem Auslegungsgrundsatz der Neutralität der Mehrwertsteuer ab[1604].

12. Zudem obliegt – nach der EuGH-Rechtsprechung – der Finanzverwaltung die Pflicht, die Gutgläubigkeit des Steuerpflichtigen nachzuweisen[1605].

13. Die Rechtsprechung des EuGH schlägt sich nur zum Teil in der nationalen Rechtsprechung nieder. Bei der Ausfuhr, dem Vorsteuerabzug, der sonstigen

1599 Siehe Abschnitt C. IV. 4.
1600 Siehe Abschnitt C. V. 3. a)-g); C. V. 4.
1601 Siehe Abschnitt C. V. 3. g).
1602 Siehe Abschnitt C. V. 4.; D. I. 1.-3.
1603 Siehe Abschnitt C. Fazit zu I.-V.
1604 Siehe Abschnitt D. I.
1605 Siehe Abschnitt D. I. 1. c) cc) (2).

Leistung und der Verlagerung der Steuerschuld ist die Rechtsprechung zurückhaltend und gewährt Vertrauensschutz lediglich im Billigkeitsverfahren[1606].

14. Der Vertrauensschutz bezüglich Angaben Dritter ergibt sich unmittelbar aus dem europäischen Grundsatz der Rechtssicherheit in seiner Ausprägung des Grundsatzes des Vertrauensschutzes. Der Steuerpflichtige muss darauf vertrauen können, dass er nicht zur Zahlung der Mehrwertsteuer herangezogen wird, wenn sich Belege, die dem ersten Anschein nach für das Vorliegen der nachzuweisenden Voraussetzungen sprechen, im Nachhinein als falsch herausstellen[1607].

15. Der Grundsatz der Verhältnismäßigkeit verbietet es, unverhältnismäßige Anforderungen an den Steuerpflichtigen zu stellen, die über das hinausgehen, was zur Betrugsbekämpfung erforderlich ist. Die einseitige Risikoverlagerung durch die Inanspruchnahme des Steuerpflichtigen bei falschen Angaben Dritter, wenn der Steuerpflichtige hiervon keine Kenntnis hatte oder haben konnte, ist unverhältnismäßig[1608].

16. Der Vertrauensschutz bezüglich Angaben Dritter leitet sich auch aus dem Auslegungsgrundsatz der Neutralität der Mehrwertsteuer ab. Der Steuerpflichtige darf nur mit dem Teil der Mehrwertsteuer belastet werden, den er selbst erwirtschaftet hat. Wird der Steuerpflichtige für die Umsatzsteuer herangezogen, weil sich die Angaben Dritter später als falsch herausstellen, obwohl er die Sorgfalt eines ordentlichen Kaufmanns angewandt hat, so ist der Neutralitätsgrundsatz in Form der Belastungsneutralität verletzt[1609].

17. Die derzeitige Gesetzeslage verletzt weder die Grundfreiheiten, europäischen Grundrechte, Grundrechte aus der EMRK, nationalen Grundrechte und nationalen allgemeinen Rechtsgrundsätze, sodass der EuGH den Vertrauensschutz richtigerweise ausschließlich auf die allgemeinen europäischen Rechtsgrundsätze stützt. Die Grundfreiheiten finden in dem Bereich, der durch die MwStSystRL bereits harmonisiert ist, keine Anwendung[1610].

    Durch die Heranziehung zur Umsatzsteuer bei falschen Angaben Dritter ist kein Eingriff in die unternehmerische Freiheit gemäß Art. 16 GRCh gegeben. Der Schutzbereich der Eigentumsfreiheit gemäß Art. 17 GrCh und

1606 Siehe Abschnitt D. II.
1607 Siehe Abschnitt E. II. 1. b), c).
1608 Siehe Abschnitt E. II. 1. d); E. II. 3.
1609 Siehe Abschnitt E. II. 2.; E. II. 3.
1610 Siehe Abschnitt E. III. 1.

Art. 1 des 1. ZP zur EMRK ist durch die Erhebung von Steuern nicht eröffnet, weil das Vermögen als solches nicht geschützt ist. Das Recht auf Freiheit und Sicherheit gemäß Art 6 GRCh und Art. 5 EMRK schützt lediglich die körperliche Bewegungsfreiheit. Die Gleichheitsgrundsatz gemäß Art. 20 GrCh und Art. 14 EMRK kommt aufgrund der unmöglichen Vergleichsgruppenbildung nicht zur Anwendung[1611].

18. Eine doppelte Grundrechtsloyalität der Mitgliedsstaaten ist denkbar, weil die nationalen Grundrechte neben den europäischen Grundrechten und den Grundrechten der EMRK zur Anwendung kommen, wenn Gestaltungsspielräum bei der Umsetzung bestehen[1612]. Allerdings lässt sich der Vertrauensschutz bezüglich Angaben Dritter nicht aus den nationalen Rechtsgrundsätzen der Rechtssicherheit und der Verhältnismäßigkeit herleiten, da diese lediglich im Zusammenhang mit anderen Instituten geprüft werden, aber keine eigenständige Bedeutung haben[1613].

    Zudem verletzt die Heranziehung zur Umsatzsteuer weder die Berufsfreiheit gemäß Art. 12 GG, die Eigentumsfreiheit gemäß Art. 14 GG, die allgemeine Handlungsfreiheit nach Art. 2 Abs. 1 GG noch den allgemeinen Gleichbehandlungsgrundsatz nach Art. 3 Abs. 1 GG[1614]. Daher setzt sich der höhere Standard des Europarechts durch[1615].

19. Der Vertrauensschutz ist jedoch keineswegs aufgrund nationaler Regelungen entbehrlich. Die Absicherungsmöglichkeiten vor Ausführung des Umsatzes bieten keinen ausreichenden Schutz für den Steuerpflichtigen. Die verbindliche Auskunft gemäß § 89 AO entfaltet ihre Bindungswirkung lediglich für einen bestimmten, in der Anfrage im Vorhinein festgelegten Sachverhalt und dieser darf vor Erteilung der Auskunft noch nicht verwirklicht worden sein[1616]. Zudem wird die verbindliche Auskunft in der Praxis oft verweigert und ist gebührenpflichtig[1617].

    Auch die verbindliche Zusage gemäß § 204 AO stellt kein adäquates Mittel zur Durchsetzung des Vertrauensschutzes dar, weil auch hier die Bindungswirkung entfällt, wenn der der verbindlichen Zusage zugrundeliegende Sachver-

1611 Siehe Abschnitt E. III. 2. e).
1612 Siehe Abschnitt E. IV. 1., 2.
1613 Siehe Abschnitt E. IV. 3.
1614 Siehe Abschnitt E. IV. 4.-7.
1615 Siehe Abschnitt E. V.
1616 Siehe Abschnitt F. II. 1. c).
1617 Siehe Abschnitt F. II. 1. d).

halt mit dem später verwirklichten Sachverhalt nicht deckungsgleich ist und es gemäß § 207 Abs. 2 AO Aufhebungs- und Änderungsmöglichkeiten gibt[1618].

20. Auch das Erlassverfahren gemäß §§ 163, 227 AO bietet keinen ausreichenden Schutz. Dieses läuft auf eine Billigkeitsentscheidung hinaus. Folglich handelt es sich um eine Einzelfallentscheidung, die grundsätzlich einer Ermessensentscheidung zugänglich ist[1619]. Der Anspruch auf Vertrauensschutz ergibt sich jedoch aus dem europarechtlichen Primärrecht. Daher muss er unmittelbar im Festsetzungsverfahren gewährt werden und der Steuerpflichtige darf nicht auf das Erlassverfahren verwiesen werden[1620]. Zudem ist einstweiliger Rechtsschutz im Billigkeitsverfahren nur durch eine einstweilige Anordnung gemäß § 114 FGO möglich, die nicht schon bei ernstlichen Zweifeln, wie die Aussetzung der Vollziehung gemäß § 361 AO gewährt werden kann, sondern es müssen ein Anordnungsgrund und ein Anordnungsanspruch vorliegen[1621].

21. Die analoge Anwendung des § 6a Abs. 4 UStG auf sämtliche Konstellationen, in denen der Vertrauensschutz zur Anwendung kommt, scheitert schon an dem Vorliegen einer Regelungslücke. Der Gesetzgeber hätte die Möglichkeit gehabt, den Vertrauensschutz auch für die Ausfuhr, die Umkehrung der Steuerschuldnerschaft, den Vorsteuerabzug und die sonstige Leistung zu normieren, und hat es bewusst nicht getan[1622].

    Der bewusste Verzicht auf die Normierung des Vertrauensschutzes verbietet auch eine verfassungskonforme Reduktion der Nachweispflichten, da dies gegen das Gesetzeskorrekturverbot verstoßen würde[1623].

    Der Umkehrschluss aus § 25d UStG besagt lediglich, dass keine Haftung besteht, wenn der Unternehmer rechtstreu, also gutgläubig, ist. Die für den Vertrauensschutz relevanten Konstellationen sind daher nicht umfasst[1624].

22. Die Lösung liegt allein in der Normierung des Vertrauensschutzes bezüglich Angaben Dritter. Um eine Einheitlichkeit zu gewährleisten, sollte der Vertrauensschutz zunächst in der MwStSystRL geregelt werden. Vertrauensschutz beinhaltet auch die Frage der Entstehung eines Steueranspruches. Da-

---

1618 Siehe Abschnitt F. II. 2.
1619 Siehe Abschnitt F. III. 1.-5.
1620 Siehe Abschnitt F. III. 5. e) cc).
1621 Siehe Abschnitt F. III. 6.
1622 Siehe Abschnitt F. IV. 1., 2.
1623 Siehe Abschnitt F. V.
1624 Siehe Abschnitt F. VI.

her ist dem Titel VI ein Kapitel 5 mit der Überschrift „Vertrauensschutz bezüglich Angaben Dritter" hinzufügen[1625]. Die Umsetzung erfolgt dann in Abschnitt 4, der sich mit Steuern und Vorsteuern, also auch der Frage wer die Steuer schuldet, beschäftigt[1626].

23. Ob der Steuerpflichtige alles Erforderliche getan hat, um sicherzustellen, dass er sich mit seinem Umsatz nicht an einer Steuerhinterziehung beteiligt, richtet sich nach der Sorgfalt eines ordentlichen Kaufmanns[1627]. Der Sorgfaltsmaßstab bestimmt sich nach der Zumutbarkeit der Maßnahme, die sich aufgrund einer Abwägung im Einzelfall feststellen lässt. Die Frage des Vertrauensschutzes ist immer eine Frage des Einzelfalls[1628]. Der Maßstab des § 347 Abs. 1 HGB ist schon seit langem ein gängiger Maßstab, der auch außerhalb des Vertragsrechts Anwendung findet. Auch für die Frage der Sorgfaltspflichten im Zusammenhang mit der Gewährung von Vertrauensschutz bezüglich Angaben Dritter sollte der strengere Maßstab Anwendung finden[1629].

II. Schlussbemerkungen

Die Annahme, der Vertrauensschutz sei ursächlich für Steuerdelikte, führt zu einer absurden Risikoverlagerung zu Lasten des Steuerpflichtigen[1630]. Meines Erachtens ist es kaum möglich, ein Mehrwertsteuersystem zu schaffen, das keine Betrugsmöglichkeiten zulässt. Besonders das Bestimmungslandprinzip ist anfällig für diverse Betrugsmöglichkeiten. Momentan gibt es viele Überlegungen, wie gegen Mehrwertsteuerbetrug vorgegangen und das System robuster gemachen werden kann.

Am 06.12.2011 erfolgte eine Mitteilung der Europäischen Kommission an das Europäische Parlament, den Rat und den Europäischen Wirtschafts- und Sozialausschuss[1631] zur Zukunft einer einfacheren, robusteren und effizienteren Mehrwertsteuer, die auf den Binnenmarkt zugeschnitten ist. Die Mitteilung ist das Ergebnis der Anhörungen zum Grünbuch über die Zukunft der Mehrwertsteuer

1625 Siehe Abschnitt G. I. 1., 2.

1626 Siehe Abschnitt G. II. 1., 2.

1627 Siehe Abschnitt G. II. 3. b).

1628 Siehe Abschnitt G. II. 3. b) cc).

1629 Siehe Abschnitt G. II. 3. b) aa) (2).

1630 So aber *Pump*, UStB 165 (166-170).

1631 KOM (2011) 851 vom 06.12.2011, abrufbar unter http://ec.europa.eu/taxation_customs/resources/documents/taxation/vat/key_documents/communications/com_2011_851_de.pdf (Zugriffsdatum: 01.08.2012).

vom 01.12.2010[1632]. Sie soll die Schwerpunktbereiche darlegen, in denen es in den folgenden Jahren zu Änderungen kommen wird. Mit Beschluss vom 26.06.2012 wurde schließlich eine Expertengruppe zur Änderung der Mehrwertsteuer eingesetzt, die sich mit der Umsetzung der Mitteilung beschäftigen wird[1633]. Mit aller Deutlichkeit wird die Reformbedürftigkeit des MwSt-Systems der EU angeprangert[1634]. „Die besorgniserregenden Zustände, die nahezu 20 Jahre nach Einführung des Binnenmarktes bestehen, zeigen, dass ein einfaches „Weiter so" nicht die passende Antwort auf die Probleme ist. Die Bewältigung dieser Herausforderungen erfordert eine ambitionierte Reform des aktuellen MwSt-Systems."[1635] Die Kommission verdeutlicht noch einmal, dass der Grundsatz der Besteuerung nach dem Ursprungslandprinzip nicht mehr relevant und politisch nicht durchsetzbar sei[1636]. Daher sei der pragmatischeren Lösung des Bestimmungslandprinzips zu folgen. Das Konzept des Ursprungslandprinzips solle demnach komplett aufgegeben werden[1637].

Eine zentrale Anlaufstelle für die Erfüllung von MwSt-Pflichten bei grenzüberschreitender Tätigkeit wäre m.E. eine sehr gute Alternative zur Betrugsbekämpfung und würde in erheblichem Maße die Verwaltungslast verringern. Es wäre dann viel leichter ersichtlich, wenn Steuerpflichtige ihren Verpflichtungen nicht nachkommen. Auch in der Mitteilung der Kommission wird das Konzept einer zentralen Anlaufstelle („One-Stop-Shop") als Plan zur Verringerung des Verwaltungsaufwandes vorgeschlagen[1638]. Eine solche zentrale Anlaufstelle existiert seit Juli 2003 für Anbieter elektronischer Dienstleistungen für den EU-Endverbraucher. Die Zahlungen werden automatisch an die jeweiligen Mitgliedstaaten übermittelt. Am 01.01.2015 werden die Vorschriften bezüglich des Ortes bei Dienstleistungen im Bereich der Telekommunikation, des Rundfunks und elektronischer Dienste für den Endverbrauch in der EU geändert. Diese folgen dann auch dem Prinzip des Bestimmungslandes.

Meines Erachtens wird das Bestimmungslandprinzip auch in Zukunft das tragende Prinzip des Mehrwertsteuersystems der Mitgliedsstaaten sein. Aufgrund der Betrugsanfälligkeit dieses Systems müssen Mechanismen der Überprüfung

---

1632 KOM (2010) 695 vom 01.12.2010, abrufbar unter http://eur-lex.europa.eu/LexUriServ/LexUriServ.do?uri=COM:2010:0695:FIN:DE:PDF (Zugriffsdatum: 01.08.2012).

1633 Beschluss der Kommission zur Einsetzung der Expertengruppe zur Mehrwertsteuer vom 26.06.2012, 2012/C 188/02, abrufbar unter http://eur-lex.europa.eu/LexUriServ/Lex UriServ.do?uri=OJ:C:2012:188:0002:0003:DE:PDF (Zugriffsdatum: 01.08.2012).

1634 KOM (2011) 851 vom 06.12.2011, 3.

1635 KOM (2011) 851 vom 06.12.2011, 4.

1636 KOM (2011) 851 vom 06.12.2011, 5-6.

1637 KOM (2011) 851 vom 06.12.2011, 5.

1638 KOM (2011) 851 vom 06.12.2011, 8.

geschaffen werden. Diese können jedoch nicht einseitig zu Lasten des Steuerpflichtigen gehen. Der EuGH macht deutlich, dass er den Steuerpflichtigen, der alles Erforderliche getan hat, um zu verhindern, dass er mit seinem Umsatz an einer Steuerhinterziehung beteiligt ist, schützen will. Momentan hat Deutschland dem Vertrauensschutzgedanken weder in der Rechtsprechung, noch im normierten Recht ausreichend Rechnung getragen. Durch meinen Gesetzesentwurf soll Abhilfe geleistet werden. Deutschland würde so den Anforderungen des EuGH gerecht werden und eine ausgeglichene Risikoverteilung erreichen.

Finanz- und Steuerrecht in Deutschland und Europa

Herausgegeben von Klaus-Dieter Drüen, Hanno Kube
und Rainer Wernsmann

Band 1 Gordon Dreher: Das Alterseinkünftegesetz. Systematische Darstellung und verfassungsrechtliche Zweifelsfragen. 2007.

Band 2 Nils Meyer-Sandberg: Die Duale Einkommensteuer als Modell ungleicher Besteuerung von Arbeit und Kapital. 2008.

Band 3 Alexander Pfab: Die Behandlung von Bildungsaufwendungen im deutschen Einkommensteuerrecht. 2008.

Band 4 Christian Johannes Müller: Einnahmeverzicht im Einkommensteuerrecht – insbesondere durch verbilligte Wohnungsüberlassung an nahe Angehörige. 2009.

Band 5 Melanie Falkner: Die Einkunftserzielungsabsicht als subjektives Besteuerungsmerkmal. Eine Analyse subjektiver Tatbestandsmerkmale im Steuerrecht. Zugleich ein Beitrag zur Liebhaberei im Steuerrecht. 2009.

Band 6 Steffen Ott: Die Vertreterbetriebsstätte nach OECD-MA. 2009.

Band 7 Christoph Wagner: Steuergleichheit unter Standortvorbehalt? Verfassungsrechtliche Grenzen einer ungleichen Einkommensbesteuerung von Kapital und Arbeit. 2010.

Band 8 Andreas Goetze: Die Ersetzung der sieben Einkunftsarten des EStG durch eine einzige. Zur Gleichheit aller Erwerbsgrundlagen in einem vereinfachten Steuerrecht. 2010.

Band 9 Hanno Kube: Der bundesstaatliche Finanzausgleich. Verfassungsrechtlicher Rahmen, aktuelle Ausgestaltung, Entwicklungsperspektiven. 2011.

Band 10 Katharina Brauer: Abgrenzung der Lebensmittellieferung von der Restaurationsdienstleistung im Umsatzsteuerrecht. 2011.

Band 11 Marc Schubert: Die Verfassungswidrigkeit der Erbschaft- und Schenkungsteuer und die verfassungsrechtlichen Anforderungen an eine Neuregelung. 2011.

Band 12 Martin Rehberg: Der Zuzug und Wegzug von Kapitalgesellschaften in gesellschafts- und steuerrechtlicher Hinsicht. 2011.

Band 13 Dirk Wünschig: Perspektiven eines europarechtskonformen Gemeinnützigkeits- und Zuwendungsrechts. Eine Untersuchung nach „Stauffer" und „Persche" bei gleichzeitiger Kritik an der Neufassung des Gemeinnützigkeitsrechts nach dem Jahressteuergesetz 2009. 2011.

Band 14 Sebastian Grimm: Die negative Konkurrentenklage im Steuerrecht. 2011.

Band 15 Arne von Freeden: Minder- und Mehrabführungen nach § 14 Abs. 4, § 27 Abs. 6 KStG. Ausgleichspostenlösung und Einlagelösung. 2011.

Band 16 Anne Keller: Rechtsschutz gegen Maßnahmen der steuerlichen Außenprüfung. 2011.

Band 17 Larissa Maier-Bledjian: Sondervermögen des Bundes. 2011.

Band 18 Philipp Riedl: Die internationale Doppelbesteuerung im EU-Binnenmarkt. 2012.

Band 19 Anna Schwarz: Die Pensionszusage an den Mitunternehmer der Personengesellschaft im Einkommensteuerrecht. 2012.

Band 20 Carsten Höink: Nichtsteuerbare Vermögensübertragungen im Umsatzsteuerrecht. Eine rechtssystematische Analyse der Entwicklung des Rechtsinstituts der Geschäftsveräußerung im Ganzen. 2013.

Band 21 Christian Kniese: Europarechtlicher Rahmen einer steuerlichen Förderung von Forschung und Entwicklung. 2013.

Band 22 Katarina Günther: Vertrauensschutz bei Angaben Dritter im Umsatzsteuerrecht. 2013.

www.peterlang.de